D1640852

JAHRBUCH DES FREIEN DEUTSCHEN HOCHSTIFTS

JAHRBUCH DES FREIEN DEUTSCHEN HOCHSTIFTS

2023

HERAUSGEGEBEN VON
ANNE BOHNENKAMP

WALLSTEIN VERLAG

Berichte des Freien Deutschen Hochstifts 1861–1901
Jahrbuch des Freien Deutschen Hochstifts 1902–1940
Neue Folge seit 1962

Wissenschaftlicher Beirat:
Jeremy Adler – Gottfried Boehm – Nicholas Boyle – Gabriella Catalano –
Elisabeth Décultot – Heinrich Detering – Andreas Fahrmeir – Fotis Jannidis –
Gerhard Kurz – Klaus Reichert

Redaktion:
Dietmar Pravida

Freies Deutsches Hochstift
Frankfurter Goethe-Museum
Großer Hirschgraben 23–25
60311 Frankfurt am Main

Bibliografische Information der Deutschen Nationalbibliothek
Die Deutsche Nationalbibliothek verzeichnet diese Publikation
in der Deutschen Nationalbibliografie; detaillierte bibliografische Daten
sind im Internet über http://dnb.d-nb.de abrufbar.

© Autorinnen und Autoren 2024
Publikation: Wallstein Verlag GmbH, Göttingen 2024
www.wallstein-verlag.de
Vom Verlag gesetzt aus der Aldus
Druck und Verarbeitung: Hubert & Co, Göttingen
Gedruckt auf alterungsbeständigem Papier
ISBN (Print) 978-3-8353-5509-5
ISBN (Open Access) 978-3-8353-8044-8
ISSN (Print) 0071-9463
DOI https://doi.org/10.46500/83535509

Inhalt

Wozu Philologie?
Symposium für Hendrik Birus zum 80. Geburtstag

Freies Deutsches Hochstift

Aus den Sammlungen / Jahresbericht 2022

Wozu Philologie?
Symposium für Hendrik Birus zum 80. Geburtstag

Vorbemerkung

Am 16. April 2023 beging Hendrik Birus seinen 80. Geburtstag. Zu diesem Anlass kamen Freunde und Weggefährten zu einem Symposium im Freien Deutschen Hochstift zusammen, wo der Jubilar im letzten Jahrzehnt an mehreren Ausstellungen und Veranstaltungen mitgewirkt hat.

Das Symposion war dem Thema Philologie gewidmet – ein Begriff, mit dem sich Hendrik Birus immer wieder beschäftigt hat. In seinem Aufsatz »*Wir Philologen …*«: *Überlegungen zu Nietzsches Begriff der Interpretation* zitiert er durchaus zustimmend Friedrich Nietzsches Charakterisierung der Philologie als »die Kunst, gut zu lesen«, nämlich »Thatsachen ablesen zu können, *ohne* sie durch Interpretation zu fälschen, *ohne* im Verlangen nach Verständniss die Vorsicht, die Geduld, die Feinheit zu verlieren«.[1] So beispielhaft Hendrik Birus selbst in seinen Untersuchungen zu historisch, sprachlich und kulturell außerordentlich breit gestreuten literarischen Werken diese Herausforderung eingelöst hat, so drängend ist die Literaturwissenschaft heute wieder ganz grundsätzlich mit der Frage konfrontiert, wie Aufgaben und Funktionen von Philologie zu bestimmen und zu bewerten sind. Hendrik Birus hat diese Frage in grundlegenden Beiträgen vor allem mit Bezug auf hermeneutische, strukturalistische, dekonstruktivistische und psychoanalytische Theorien diskutiert. Wie sind Leistungen und Grenzen philologischer Arbeit heute zu beurteilen? Welche Potentiale haben tradierte Konzepte der Philologie angesichts von aktuellen empirischen Paradigmen wie Cognitive Poetics, Quantitativer Formalismus oder Distant Reading, aber auch von politisch ambitionierten Ansätzen wie Postcolonial, Queer und Gender Studies? Zu fragen wäre aber auch: Wie sieht philologische Praxis gegenwärtig aus? Wie relevant ist Philo-

---

1   Jetzt in: Hendrik Birus, Gesammelte Schriften, Bd. 1: Komparatistik im Spannungsfeld von Philologie und Philosophie, Göttingen 2020 (= Münchener Komparatistische Studien 12), S. 245–265, hier: S. 250.

logie heute noch? In einer Zeit, in der die selbstverständliche Präsenz und das Prestige von Literatur spürbar abnimmt, stellt sich umso mehr die Frage nach dem Stellenwert des philologischen Umgangs mit ihr.

Die in diesem Jahrbuch versammelten, aus dem Symposium hervorgegangenen Beiträge werfen vor dem Hintergrund dieser Fragen einige Schlaglichter auf historische Konzepte und Konstellationen, die zur Vorgeschichte heutiger Verständnisse von Philologie gehören.

Anne Bohnenkamp und Matías Martínez

JÜRGEN TRABANT

La filosofia la riduce in forma di scienza

Über die Verwissenschaftlichung der Philologie bei Giambattista Vico

Ich begebe mich ins »Spannungsfeld von Philologie und Philosophie«, in dem Hendrik Birus den ersten Band seiner ›Gesammelten Schriften‹ ansiedelt.[1] Vicos ›Scienza nuova‹ von 1744[2] beginnt mit einem Bild, mit einer dipintura, die die ganze Neue Wissenschaft vor Augen führt und die dann in einer langen Erklärung, it. spiegazione, in zweiundvierzig Absätzen (je nach Druck dreißig bis vierzig Seiten) erläutert wird:[3]

1 Hendrik Birus, Gesammelte Schriften, Bd. 1: Komparatistik im Spannungsfeld von Philologie und Philosophie, Göttingen 2020.
2 Principj di scienza nuova di Giambattista Vico d'intorno alla comune natura delle nazioni, Neapel 1744. Dt.: Prinzipien einer neuen Wissenschaft über die gemeinsame Natur der Völker. Übersetzt von Vittorio Hösle und Christoph Jermann und mit Textverweisen von Christoph Jermann, 2 Bde., Hamburg 1990 (= Philosophische Bibliothek 418 a–b).
3 Ich zitiere hier allerdings die schönere und deutlichere Abbildung aus der zweiten Auflage der ›Scienza nuova‹ von 1730.

In den Absätzen 1 bis 6 der spiegazione werden die Gesamtheit des Bildes und seine zentralen Figuren vorgestellt.[4] Absatz 1: Die neue Wissenschaft beschäftigt sich mit der zivilen oder politischen Welt, dem mondo civile. Absatz 2: Diese wird von der Metaphysik, das heißt von der Philosophie, beleuchtet. Absatz 3 und 4: Die beiden Haupt-Gestalten des mondo civile sind Homer und Herkules (der nur indirekt, symbolisch dargestellt ist), die von dem Licht der göttlichen Vorsehung (Absatz 5 und 6) erhellt werden. Anders gesagt: es geht in Absatz 1 bis 6 um den Gegenstand des Werks, den mondo civile, mit den beiden Hauptdimensionen Poetik, das heißt kognitive Welterschließung des Menschen (Homer), und Politik, das heißt gesellschaftliche Organisation des Menschen (Herkules), welche beide von der Philosophie mit göttlichem Licht erleuchtet werden.

In Absatz 7 macht Vico Halt, bevor er mit der Erklärung weiterer Gegenstände des Bildes im Absatz 8 fortfährt. Im Absatz 7 wird gesagt, was mit dem mondo civile geschehen soll. Der Satz, der das sagt und dem ich den Titel meines Vortrags verdanke, geht über eine halbe Seite. Ich gebe hier zunächst nur den von allerlei Nebensätzen befreiten Kern des Satzes wieder. Dieser beginnt mit »qui si accenna che«, also »hier deuten wir an, dass«

> mit einer neuen kritischen Kunst [...]
> auf der Suche nach dem Wahren [vero] über die Gründer der Nationen selbst [...]
> die Philosophie sich daran macht, die Philologie zu überprüfen [...]
> und sie auf die Form von Wissenschaft zu bringen,
> indem sie darin den Plan einer ewigen idealen Geschichte entdeckt [...].[5]

> con una nuova arte critica [...|,
> entrando nella ricerca del vero sopra gli autori delle nazioni medesime [...],
> qui la filosofia si pone ad esaminare la filologia [...]
> e la riduce in forma di scienza,
> col discovrirvi il disegno di una storia ideal eterna [...].

---

4 In der Vico-Literatur ist es üblich, die ›Scienza nuova‹ nach der von Fausto Nicolini eingeführten Absatznumerierung zu zitieren.

5 Die Übersetzung der Vico-Zitate stammt von mir. Vgl. die deutsche Übersetzung von Hösle und Jermann (wie Anm. 2).

Auf der Suche nach dem vero, dem wahren Wissen, soll die Philosophie die Philologie einer kritischen Prüfung unterwerfen und zur Wissenschaft machen. Es stellen sich angesichts dieses kryptischen Satzes einige Fragen. Was ist Philologie, die von der Philosophie auf die Form der Wissenschaft gebracht werden soll. Was ist Wissenschaft. Und: Wie stehen Philologie und Philosophie zueinander?

I. Filologia

In einem anderen Teil des zitierten Satzes sagt Vico ganz genau, was Philologie ist, nämlich:

> die Lehre von allen Dingen, die vom menschlichen Willen abhängen, wie es alle Geschichten der Sprachen, der Sitten und der Fakten des Friedens wie des Kriegs der Völker sind.

> la dottrina di tutte le cose le quali dipendono dall'umano arbitrio, come sono tutte le storie delle lingue, de' costumi e de' fatti così della pace come della guerra de' popoli.

Anders gesagt: die Philologie hat nicht nur Texte zum Gegenstand, wie es im heutigen Verständnis des Ausdrucks der Fall ist, sondern beschäftigt sich mit allen Gegenständen des mondo civile, mit allen vom Menschen gemachten Dingen, »tutte le cose le quali dipendono dall'umano arbitrio«, mit der gesamten menschlichen Kultur. Das wichtige Wort vor der Aufzählung der philologischen Gegenstände ist dottrina. Die Philologie ist eine dottrina. Philologie ist also das, was die dottori, die Gelehrten, von der menschlichen Welt wissen und lehren (docere). Sie ist Gelehrsamkeit, Kunde, aber keine Wissenschaft, scienza. Für scienza ist die Philosophie zuständig. Die Philosophie hat aber bisher nichts Philologisches behandelt, weil die Gegenstände der Philologie dunkel und vielfältig sind, wie Vico in einem weiteren Nebensatz erläutert:

> wegen der beklagenswerten Dunkelheit ihrer Ursachen und wegen der fast unendlichen Verschiedenheit ihrer Wirkungen ist die Philosophie bisher gleichsam davor zurückgeschreckt, von der Philologie zu handeln.

> per la di lei deplorata oscurezza delle cagioni e quasi infinita varietà degli effetti, ha ella avuto quasi un orrore di ragionarne.

Nun aber überwindet die Philosophie ihre Abneigung und bemächtigt sich der philologischen Gegenstände und – und das ist das Neue der neuen Wissenschaft – bringt die Philologie in die Form von Wissenschaft, »la riduce in forma di scienza«.

II. Scienza

Was ist Wissenschaft, was ist scienza, auf die die Philologie reduziert werden soll, was heißt: »ridurre a scienza«? Und dann: wie ist das möglich? Zur Beantwortung dieser Frage ziehe ich die berühmte spätere Stelle aus den »Elementen« der ›Neuen Wissenschaft‹ heran, die vom Verhältnis von Philosophie und Philologie handelt, das Axiom 10. Vico zählt hier die Gegenstände der Philologie ein bisschen anders auf, nämlich von den philologischen Akteuren her. Philologen sind:

> (139) alle Grammatiker, Historiker, Kritiker, die sich mit der Kenntnis der Sprachen und der Fakten der Völker beschäftigen, sowohl im Inneren, wie es die Sitten und die Gesetze sind, als auch im Äußeren, wie es die Kriege, die Friedensschlüsse, die Bündnisse, die Reisen und der Handel sind.

> (139) tutti i gramatici, istorici, critici, che son occupati d'intorno alla cognizione delle lingue e de' fatti de' popoli, così in casa, come sono i costumi e le leggi, come fuori, quali sono le guerre, le paci, l'alleanze, i viaggi, i commerzi.

Also auch hier: Das Ensemble der kulturellen und historischen Tatsachen ist der Gegenstand der Philologie. Und hier wird dann gleich etwas deutlicher, was »dottrina« ist, welcher Art das Wissen der Philologie ist. Denn hier wird die Philologie explizit und ausführlich der Philosophie gegenübergestellt:

> (138) Die Philologie betrachtet die Hervorbringung des menschlichen Willens, woraus das Bewusstsein des Sicheren hervorgeht.

> (138) La filologia osserva l'autorità dell'umano arbitrio onde viene la coscienza del certo.

Diese immer noch ziemlich kryptische Formulierung bedeutet, kurz gefasst, dass die Philologie die Erzeugnisse des menschlichen Tuns betrachtet und damit ein Wissen erlangt, das zwar sicher ist, aber nicht das höchste Wissen. Sie erlangt »coscienza del certo«, Bewusstsein des certum, des Sicheren. Erich Auerbach übersetzt »coscienza del certo« mit »Bewusstsein vom geschichtlich Gegebenen«.[6] Das ist sicher richtig. Die »coscienza del certo«, das Bewusstsein des Sicheren, ist gewiss das Wissen vom geschichtlich Gegebenen. Nur steht »geschichtlich Gegebenes« nicht da. Sondern nur »certo«, »Sicheres«. In der Gegenüberstellung zur Philosophie wird diese Eigenart des philologischen Wissens deutlicher:

> (138) La filosofia contempla la ragione onde viene la scienza del vero.

> (138) Die Philosophie betrachtet die Vernunft, woraus die Wissenschaft des Wahren hervorgeht.

Die deutschen Übersetzungen sagen hier »Vernunft« für ragione. Ich würde ragione lieber mit »Grund« übersetzen. Ragione ist im Italienischen zweideutig, wie englisch reason. Also: »Die Philosophie erkundet den rationalen Grund, woraus die Wissenschaft des Wahren hervorgeht«. Scienza ist rational begründetes Wissen des Wahren. Die philologische »coscienza del certo« basiert im Gegensatz dazu nicht auf rationaler Begründung sondern allenfalls auf der Kenntnis der Hervorbringungen des menschlichen »arbitrio«.

Was ist nun aber dieser Grund, aus dem die Wissenschaft, also das wahre Wissen, stammt?

Der erste Grund, die Basis und Ursache alles wahren Wissens, ist, so Vicos Überzeugung, dass scienza, also wahres Wissen von einer Sache, nur der Macher dieser Sache haben kann. Und da der mondo civile von den Menschen gemacht worden ist, können die Menschen wahre Erkenntnisse vom mondo civile haben. Die Natur ist dagegen von Gott gemacht, der daher allein wahres Wissen von ihr haben kann.

Der zweite Grund, der in der Vico-Literatur gern übersehen wird, ist das traditionelle aristotelische Konzept von Wissenschaft: Wissenschaft, wahres Wissen, gibt es, wenn es gelingt, in dem Erforschten das Ewige

---

6 Erich Auerbach, Giambattista Vico und die Idee der Philologie (1936), jetzt in: Gesammelte Aufsätze zur romanischen Philologie, Bern und München 1967, S. 233–241, hier: S. 241.

und Universelle zu erkennen. An diesem aristotelischen Maßstab für scienza hält Vico ausdrücklich fest. Er ist:

(163) […] jene von Aristoteles festgestellte Eigenschaft jeder Wissenschaft, dass scientia debet esse de universalibus et aeternis [dass Wissenschaft vom Universellen und vom Ewigen handelt].

(163) […] quella propietà di ciascuna scienza, avvertita da Aristotile, che scientia debet esse de universalibus et aeternis.

In anderen Worten: Wenn der Philologe die partikularen fatti des mondo civile behandelt (osserva), gewinnt er zwar ein sicheres Mit-Wissen, co-scienza del certo. Aber nur wenn er philosophisch herangeht und die fatti zu universellen Einsichten führt, erreicht er Wissen des Wahren: scienza del vero.

Auf dieses Universale und Ewige bezieht sich der letzte Teil des eingangs zitierten Satzes aus dem §7: Die Philosophie macht scienza aus der Philologie, wenn sie in der Dunkelheit der Ursachen und in der Vielfalt der Wirkungen der philologischen Fakten den Plan einer ewigen idealen Geschichte entdeckt:

(7) col discovrirvi il disegno di una storia ideale eterna.

Die Hauptintention der neuen Wissenschaft ist es von Anfang an, wie Vico schon in der ersten Fassung der ›Scienza nuova‹ von 1725 sagt, Philologie (dort sagt er »Geschichte«) und Philosophie zu vermählen.[7] Hier – in der ›Scienza nuova‹ von 1744 – sagt er, dass die Philosophie die Philologie zur Wissenschaft machen soll, also das Wahre, verum, das universale et aeternum, in den chaotischen (varietà) und dunklen (oscurità) Fakten und Sprachen erkennen soll. Oder: Wo bisher nur Doktrin (dottrina) war, soll Wissenschaft (scienza) werden. Und er deutet hier auch gleich an, wie das geschieht, eben »indem in ihr die ewige ideale Geschichte entdeckt wird, »col discovrirvi una storia ideale eterna«. Das Wort »discovrire«, »entdecken«, ist entscheidend.

Aber wie geht dieser Entdeckungsvorgang konkret vor sich? Er ist der dritte Grund für Wissenschaftlichkeit. Vicos neue Wissenschaft will

---

7 Giambattista Vico, Principj di una Scienza Nuova intorno alla natura delle nazioni, Neapel 1725. Dt. Die Erste Neue Wissenschaft, übersetzt und eingeleitet von Jürgen Trabant, Hamburg 2022 (= Philosophische Bibliothek 759), §23.

ja nicht nur Wissenschaft, sondern auch neu sein, sie will modern sein. Eine Modernität, die ihm die Vermittlung von Philologie und Philosophie erlaubt, findet er bei Bacon: Der Erfinder der modernen, empirischen Form von Wissenschaft liefert die Methode. Vico verfährt

> (163) nach der bewährtesten Methode zu Philosophieren, nämlich derjenigen von Francis Bacon, Lord Verulam, die wir von den natürlichen Gegenständen, über die er das Buch ›Cogitata visa‹ geschrieben hat, auf die zivilen menschlichen Gegenstände übertragen haben.

> (163) giusta il metodo di filosofare più accertato di Francesco Bacone signor di Verulamio, dalle naturali, sulle quali esso lavorò il libro Cogitata visa, trasportato all'umane cose civili.

Bacons Wissenschaft ist empirische Wissenschaft, das heißt: Ausgehend von konkreten Erfahrungstatsachen werden universelle und ewige Gesetze gefunden. Die universalia et aeterna sind aus dem empirischen Material zu gewinnen. Die Empirie, auf die sich Vico bezieht, ist nun natürlich nicht das naturwissenschaftliche Experiment, sondern das philologische Material, das ihm das alte mediterrane Corpus zur Verfügung stellt, also Hesiod, Herodot, Homer, Tacitus, das römische Recht und die Geschichte Roms und Griechenlands etc. In diesem Corpus ist das Ewige und Universelle zu entdecken.

»Universell« heißt nicht, dass das Ewige überall dasselbe ist. Sondern: Die partikularen Gestalten präsentieren das Universelle in verschiedenen Ansichten. »Aspetti« ist das so wichtige Wort der Vicoschen Auffassung des Partikularen. Die partikularen Gestalten sind Ansichten des Universellen. Das Partikulare versammelt sich in seiner Verschiedenheit zum Universellen. Klassisch hat Vico das im Kapitel über des universelle geistige Wörterbuch in der Ersten Neuen Wissenschaft gezeigt:[8] Die Väter, die Gründer der Nationen, haben viele verschiedene Namen in den verschiedenen Nationen, die verschiedene Aspekte dieser Ur-Gestalten darstellen: Leviti, Caldei, Maghi, Poeti, Eroi, Re, Aristoi, Cureti-Quiriti, Eraclidi, Optimi, Heri, Viri, Padri. Aber alle diese Namen sind doch Ansichten desselben. Vico findet in den Wörtern für den Vater, den Gründern der Nationen, zwölf verschiedene Eigenschaften,

---

8 Ebd., Kap. 3, 41 (§§ 387–389).

die verschieden auf die Wörter verteilt sind. Zusammengenommen sind die Wörter mit den verschiedenen Eigenschaften dann die voce mentale comune, das gemeinsame geistige Wort. Das Ensemble solcher gemeinschaftlichen geistigen Wörter ist das dizionario mentale comune, das universale geistige Wörterbuch. Philologie auf die Form von Wissenschaft reduzieren heißt also: die verschiedenen partikularen Fakten zum Universellen zusammenfügen.

III. Philologie – Philosophie

Ist mit dieser Reduktion der Philologie auf Wissenschaft die Philologie nun insgesamt Philosophie geworden? Oder ist die Philosophie Philologie geworden? Erich Auerbach nimmt in seinem berühmtesten Vico-Aufsatz letzteres an. Er schließt aus der »riduzione a scienza«, dass dadurch die ›Scienza nuova‹ als *philologisches* Werk zu betrachten sei, und zwar als erstes Werk der »verstehenden Philologie«.[9] Auerbach und mit ihm eine wichtige Tradition der – deutschen – Geistes-Wissenschaften komprimiert im Wort »verstehen« Vicos Verwissenschaftlichung der Philologie.

Man kann die Suche nach dem Universellen und Ewigen im philologischen Material natürlich »Verstehen« nennen, Vico verwendet aber das Wort »verstehen«, »intendere«, nicht in diesem Sinne. Intendere ist kein Terminus technicus seiner Wissenschaftstheorie, ebenso wenig wie interpretare, das er auf die juristische Auslegung bezieht. Er verwendet für das Auffinden des »Wissenschaftlichen«, das Wort »discovrire«, entdecken. Es geht um die »Entdeckung« der ewigen und idealen Geschichte in den Fakten der Philologie ([7] »col discovrirvi la storia ideale eterna«). Entdecken ist aber eindeutig das Verfahren von Wissenschaft/Philosophie, nicht von Philologie.

Das Wort »verstehen« in »verstehende Philologie« dient bei Auerbach ganz offensichtlich dazu, Vicos Verwissenschaftlichung der Philologie an die Hermeneutik anzuschließen. Ich sehe darin folgendes Problem. Das hermeneutische »Verstehen« zielt ja nicht prinzipiell auf universelle Gesetzmäßigkeiten, die Vicosche Verwissenschaftlichung

---

9 Auerbach, Vico und die Idee der Philologie (Anm. 6), S. 241.

aber schon. Das hermeneutische Verstehen richtet sich doch eher auf die in einem Partikularen verborgenen partikularen Intentionen und Gedanken. Entdeckung des Universellen ist dagegen Vicos Motiv für die Verwissenschaftlichung. Man sollte daher die ›Scienza nuova‹ eher als ein Werk der »philologischen Philosophie« betrachten und nicht der verstehenden Philologie. Der Ausdruck scienza im Titel rückt das Werk ja ganz entschieden in den Bereich der Philosophie. Und die tiefe Suche Vicos war immer die philosophische Suche nach der ersten Wahrheit, nach der »connaissance claire et assurée«, wie bei seinem Vorbild und Erzgegner Descartes.[10]

Ob die neue Wissenschaft Philosophie oder Philologie ist, ist aber letztlich gar nicht zu entscheiden. Ja dass sie beides (oder keines von beiden?) ist, macht gerade ihre Neuheit aus. Das Axiom 10 stellt in seinem weiteren Fortgang das Verhältnis von Philologie und Philosophie als ein Wechselverhältnis dar, nicht als eine Aufhebung der Philologie in der Philosophie oder umgekehrt. Dort schreibt Vico: Die Philosophen müssen ihre rationalen Einsichten *sicher* machen (accertare) mit der Autorität der Philologie. Und die Philologen müssen ihr Wissen von der Autorität *wahr* machen (avverare) mit den rationalen Gründen der Philosophen. Dieses gegenseitige Sichermachen und Wahrmachen hat aber bisher gefehlt. Versäumt haben das

> (140) sowohl die Philosophen, die ihre rationalen Gründe nicht mit den Fakten der Philologen abgesichert haben, als auch die Philologen, die sich nicht darum gekümmert haben, ihre Fakten mit den rationalen Gründen der Philosophen wahr zu machen.

> (140) così i filosofi che non accertarono le loro ragioni con l'autorità de' filologi, come i filologi che non curarono d'avverare le loro autorità con la ragion de' filosofi.

Dieses Wechselverhältnis von Sichermachen und Wahrmachen des jeweiligen Wissens ist aber gerade die neue Wissenschaft. Denn wenn die Philosophen und die Philologen das jeweilige accertare beziehungsweise das avverare betrieben hätten, dann

---

10 René Descartes, Discours de la méthode pour bien conduire sa raison et chercher la vérité dans les sciences. Texte établi, avec introduction et notes, par Louis Liard, Paris 1960, S. 33.

(140) […] wären sie den menschlichen Gesellschaften nützlicher gewesen und hätten unsere neue Wissenschaft vorweggenommen.

(140) […] sarebbero stati più utili alle repubbliche e ci avrebbero prevenuto nel meditare questa Scienza

IV. Wozu Philologie?

Damit ist Vicos Antwort auf die Frage »Wozu Philologie?« klar. Das philosophiehistorisch Revolutionäre bei Vico ist ja, dass die Möglichkeit des Wissens des Wahren, also die Möglichkeit von Wissenschaft (scienza) im mondo civile, der Grund für Vicos Wende der Philosophie auf den mondo civile ist und für die Abwendung der Philosophie von der Natur. Die Meta-Physik der dipintura beleuchtet ja nicht den Globus, die Natur, sondern die Welt der zivilen, das heißt politischen Gegenstände. Die Meta-Physik wird Meta-Politik. Die Philologie, das sichere Mit-Wissen vom mondo civile, ist das Substrat der philosophischen Wahrheit. Die zivilen Sachen haben wir selbst gemacht, deswegen können wir »Wissenschaft« von der zivilen Welt haben: (331) »conseguirne la scienza«.

Wozu also Philologie: Sie bereitet den Boden für die wahre Erkenntnis der Welt. Nichts weniger!

KONRAD FEILCHENFELDT

»Sieh! Der Jude spielt den Ehrlichen«

Neue historische Indizien zur Identität des Majors von Tellheim in Lessings ›Minna von Barnhelm‹

Wie Theodor Mommsen in seiner berühmten Rektoratsrede 1874 öffentlich darlegte, verfügt das Studium der Geschichte nicht über eine diesem Studiengang eingeschriebene eigene Methodik. Vielmehr müsste sich der angehende Geschichtsstudent darauf einstellen, dass er für die Erschließung seiner historischen Gegenstände einerseits auf Jurisprudenz zurückgreifen sollte und andererseits auf Philologie, die darin eine grundlegende Funktion erfüllt.[1] Mit dieser Feststellung verbindet sich das Plädoyer einer interdisziplinär angelegten geschichtswissenschaftlichen Methodik, die vor allem dann vielversprechend wird, wenn das Quellenmaterial, auf das sich die historische Forschung bezieht und stützt, eine eigene literarische Qualität aufweist, und unter solchen Voraussetzungen verdient die Philologie eine besondere Wertschätzung. In der mediävistischen Geschichts- und Literaturwissenschaft, aber natürlich auch in der Klassischen Philologie, besteht über den Quellenwert, die quellenkundliche Bedeutung, sowohl pragmatischer als auch fiktionaler Textdokumente schon lange kein Zweifel mehr.[2] In der neueren deutschen, aber auch allgemeinen Literaturwissenschaft sind jene Disziplinen, die die traditionellen Wissenschaftsakademien noch unter die philologisch-historische Klasse als einer Facheinheit zusammengefasst haben, methodengeschichtlich mehr und mehr auseinandergedriftet, und die insbesondere von Friedrich Nietzsche in seinen Schriften vertretene Auffassung von Philologie markiert immer wieder

---

1 Vgl. Theodor Mommsen, Rede bei Antritt des Rektorates. 15. Oktober 1874, in: ders., Reden und Aufsätze, Berlin ³1912, S. 3–16, hier: S. 10–12. Ich danke für den Textnachweis Dr. Simon Strauß, Berlin.
2 Vgl. A[hasver] von Brandt, Werkzeug des Historikers. Eine Einführung in die historischen Hilfswissenschaften, Stuttgart ²1960 (= Urban Bücher 38), S. 64 f., 72 f.

© 2024 Konrad Feilchenfeldt, Publikation: Wallstein Verlag
DOI https://doi.org/10.46500/83535509-5-003 | CC BY-NC-SA 4.0

einen polemischen Ton, in dem sich der Autor als Philologe vor allem von gewissen philosophisch-theoretischen Interpretationstendenzen seiner Zeitgenossen abgrenzen will.[3] Doch wie aktuell eine solche Haltung immer noch sein kann und Philologie deswegen immer noch geradezu stimulierend, zeigt der Versuch, in Lessings Lustspiel ›Minna von Barnhelm‹ durch eine neue Interpretation, am Beispiel der Figur des Majors von Tellheim sowohl Lessings Lustspiel selbst, als auch Lessings Person neu zu beleuchten. Dabei profitiert die philogische Methode nicht nur im Sinne Mommsens von der Tatsache, dass es beim Versuch einer Neuinterpretation des Majors von Tellheim um Argumente geht, die sich auf bisher unbeachtete, teilweise sogar ganz neue quellenkundliche Hinweise für seine historische Identität stützen. Vielmehr profitiert die philologische Methode auch von der Tatsache, dass es sich bei Lessings Lustspiel um einen literarischen Text von noch dazu höchster künstlerischer Qualität handelt.[4] Ein erster Versuch, der deswegen nicht ohne Grund bereits einmal stattgefunden hat, sollte für Tellheim den Nachweis einer These erbringen, dass es sich bei ihm in Lessings Lustspiel um eine Person handelt, die mit Merkmalen einer jüdischen Identität ausgestattet ist.[5] Mit dieser These war der bisher unbeachtete Gedanke

3 Vgl. Hendrik Birus, »Wir Philologen …«. Überlegungen zu Nietzsches Begriff der Interpretation, in: ders., Gesammelte Schriften, Bd. 1: Komparatistik im Spannungsfeld von Philologie und Philosophie, Göttingen 2020, S. 245–265, hier: S. 248, 250, 257 f. – Eine natürliche Nachwirkung aus den kritischen Anfängen der Philologie-Diskussion erörtert Matías Martínez, Dialogizität, Intertextualität, Gedächtnis, in: Grundzüge der Literaturwissenschaft, hrsg. von Heinz Ludwig Arnold und Heinrich Detering, München 1996 (= dtv 4704), S. 430–445, hier: S. 440 f.
4 Vgl. Johann Wolfgang von Goethe, Dichtung und Wahrheit, 7. Buch (1812), zitiert in: Gotthold Ephraim Lessing, Werke und Briefe in zwölf Bänden, Frankfurt am Main 1985–2003, Bd. 6: Minna von Barnhelm. Hamburgische Dramaturgie. Werke 1767–1769, hrsg. von Klaus Bohnen, Frankfurt am Main 1985 (= Bibliothek deutscher Klassiker 6), S. 827–830.
5 Konrad Feilchenfeldt, A propos Lessing: Ist Tellheim jüdisch? Eine Personalfrage zu ›Minna von Barnhelm‹, in: Zwischen Aufklärung und Romantik. Neue Perspektiven der Forschung. Festschrift für Roger Paulin, hrsg. von dems., Ursula Hudson, York-Gothart Mix und Nicholas Saul, Würzburg 2006 (= Publications of the Institute of Germanic Studies 89), S. 185–206. – Ich bevorzuge die Formel ›jüdische Identität‹ gegenüber dem Substantiv ›Jude‹ oder ›jüdisch‹ im Zuammenhang mit der attributiven Kenntlichmachung ›jüdischer Menschen‹. Obwohl sich diese Kennung inzwischen entgegen Gerhard Lauers Verdikt durchaus behauptet hat, ist sie sicher auch nicht glücklich, aber immer noch vertretbarer als die Bezeichnung

an eine neue Werkinterpretation verbunden, die jedoch in der seiner-
zeitigen Kritik nur teilweise angenommen, wenn nicht sogar mit einem
inzwischen allerdings relativierbaren historischen Argument geradezu
abgelehnt wurde. Von den zwei Antworten, die auf die inzwischen fünf-
zehn Jahre zurückliegende Veröffentlichung bekannt geworden sind,
lautet die eine entschieden »Nein!«, die andere unter Einschränkung
»Ja!«.

David Pugh von der Queen's University, Canada, fand die Idee der
These und die vorgetragenen Argumente abwegig, »an eccentric reflection on the theme«, und kritisierte deren Autor [K. F.]:

> While he offers a variety of unfamiliar facts and arguments, the sim-
> ple answer is surely no. The fact that Tellheim effectively acts as a
> banker for the Saxon estates is surely less relevant than that there
> were no Jews in the Prussian officer corps in the Seven Years War
> (nor would there be for many years to come). I find it hard to see
> what Feilchenfeldt is trying to accomplish here.[6]

Pugh begründete seine Ablehnung zwar allein mit der Feststellung,
dass es während des Siebenjährigen Kriegs im preußischen Offizier-
korps keine Juden gegeben habe. Gerade diese Feststellung erweist sich
jedoch als eine Annahme, gegen die argumentiert werden kann. Zwar
ist es historisch richtig, dass die Handlung in Lessings ›Minna von
Barnhelm‹ von den Folgen des Siebenjährigen Kriegs bestimmt wird
und in der damaligen preußischen Armee keine jüdischen Soldaten re-

---

›Jude‹, wie sie zum Beispiel Wilfried Barner nicht unähnlich der Indizierung in der
Fachliteratur des Dritten Reichs verwendet, wenn von ihm »der Jude Michael Ber-
nays«, »der Jude Ludwig Geiger« und »der Jude Eduard von Simson« so erwähnt
werden. Nicht weniger, sondern im Gegenteil erheblich anstößiger ist die Verwendung des Adjektivs ›jüdisch‹, wenn damit sogar säkulare Gruppen oder nicht selten
auch Begriffe bezeichnet werden sollen, weil es sich dabei immer um ausgrenzende
Kollektivierungen handelt. Vgl. Wilfried Barner, Jüdische Goethe-Verehrung vor
1933, in: Juden in der deutschen Literatur. Ein deutsch-israelisches Symposion,
hrsg. von Stéphane Mosès und Albrecht Schöne, Frankfurt am Main 1986 (= Suhrkamp-Taschenbuch Materialien 2063), S. 127–151, hier: S. 128 f. Gerhard Lauer,
[Rezension zu:] Martina Vordermayer, Antisemitismus und Judentum bei Clemens Brentano, in: Internationales Jahrbuch der Bettina-von-Arnim-Gesellschaft
13/14 (2001/2002), S. 248–250, hier: S. 250.

6 David Pugh, [Rezension zu:] Zwischen Aufklärung und Romantik, hrsg. von Konrad
Feilchenfeldt u. a., in: Modern Language Review 103 (2008), S. 884–886, hier: S. 885.

krutiert worden sind, aber sogar Friedrich II. selbst hat mit der aus-
nahmsweisen Ernennung eines herausragenden Offiziers mit jüdischer
Herkunft und seiner Beförderung zum Major und schließlich zum Generallieutenant Tatsachen geschaffen, die historisch in der Beurteilung
nicht nur der Tellheim-Figur wirksam werden können, sondern auch
die historischen Kenntnisse in der Kritik von Pugh relativieren; denn
auf den von Friedrich II. 1757 in sein Offizierskorps aufgenommenen
Konstantin Nathanael von Salemon folgte sogar schon bald nach 1800
in der Person des ebenfalls zum Major aufgestiegenen Meno Burg ein
weiterer Offizier jüdischer Abstammung und sogar jüdischen Glaubens
in den preußischen Armeedienst. Auf ihn geht der für seinesgleichen
auch durch ihn in Umlauf gekommene Ehrentitel »Judenmajor« zurück, der unter Bezugnahme auf seinen militärischen Rang bereits für
den Major von Tellheim ebenfalls hätte zur Geltung gekommen sein
können oder zumindest rückblickend zu bedenken sein sollte.[7]

Ganz anders als David Pugh reagierte dagegen der Historiker und
Kenner jüdischer Themen aus der deutschen Geschichte, Manfred Jehle,
der bereits die Entstehung des erwähnten ersten Versuchs zu Tellheims
jüdischer Identität begleitet hatte.[8] In einem Aufsatz, der auf eine Ge-
samtwürdigung des in württembergischen Diensten stehenden Juden
Joseph Süß Oppenheimer angelegt ist, kommt Jehle auch auf Friedrich
den Großen von Preußen und dessen kritische Judenpolitik zu sprechen
und benutzt die These, dass Tellheim ›jüdisch‹ sein könnte, als willkom-
menen historischen Beleg eines unter Juden im Kaufmannsstand und
Bankwesen angeblich sogar stereotyp verbreiteten hypokritischen Ver-
haltens, für das er sich als Quelle auf die im Jahr 1807 erschienenen
Erinnerungen des aus jüdischem Hause stammenden Bankiers Benja-

---

7 Vgl. Meno Burg, Geschichte meines Dienstlebens. Mit einem Geleitwort von Ludwig Geiger. Vorwort von Hermann Simon, Teetz 1998; darin Ludwig Geiger, Geleitwort, S. XXII–XXIV und Hermann Simon, Vorwort, S. X. – Ferner Gerhard
   Lauer, Die Rückseite der Haskala. Geschichte einer kleinen Aufklärung, Göttingen
   2008, S. 313 f. Dazu lexikographisch Bernhard von Poten, Constantin Nathanael
   von Salenmon, in: Allgemeine Deutsche Biographie 30 (1890), S. 215 f. – [Artikel]
   Konstantin Nathanael von Salenmon, http://www.juedischer-adel.de/salemon/
   (aufgerufen am 13.6.2023). – [Artikel] Konstantin Nathanael von Salenmon, in:
   Wikipedia (Bearbeitungsstand: 15.1.2023, 10:21 UTC), https://de.wikipedia.org/w/
   index.php?title=Konstantin_Nathanael_von_Salenmon&oldid=229865602, aufgerufen am 6.10.2023).
8 Vgl. Feilchenfeldt, A propos Lessing (Anm. 5), S. 203, Anm. 50.

min Veitel Ephraim bezieht. Die originale Textstelle betrifft eine Episode kurz vor 1772 und lautet etwas ausführlicher wie folgt:

> Um diese Zeit begann meine politische Epoche. Der Preußische Staat war immer nur ein gekünstelter Staat. In Polen regte sich ein gewisser Tiessenhausen, dessen Absicht dahin ging, den Erwerb- und Kunstfleiß daselbst einzuführen. Dieß beunruhigte Friedrich den Großen aufs äußerste. Er betrachtete Polen immer nur als eine Preußische Kolonie und nahm in der weitesten Ausdehnung den klugen und schlauen Satz des weisen Solomon an: »Gnade gegen Nachbarn ist Sünde.«
>
> Um diese Zeit wollte der König eine Abänderung und Verminderung des innern Gehalts im Münzfuß machen; hatte aber falsche und schädliche Grundsätze in diesem Fache. Er wollte sich nicht bereden lassen, dass das Münzen zu keinem Regal gemacht werden müsse. – Um ihn von dieser Idee abzubringen, führte ich ihn auf die Verringerung der Scheidemünze. Ich habe Muth genug mich anzuklagen; ich gab leider die erste Veranlassung zu diesem pestilenzischen Regal: Aber Gott ist mein Zeuge, dass ich stets den Satz predigte: daß man von allem zirkulirenden gemünzten Gelde nicht mehr als den zehnten Theil an Scheidemünze in Umlauf bringen müsste. Wie konnte ich voraus sehen, daß andere einst die häufige Ausprägung derselben zu einer Landplage machen würden?
>
> Diese Ausprägung der Scheidemünze brachte den König auf folgende Gedanken.
>
> »Um die Industrie in Polen nicht aufkommen zu lassen, müsste man den Grundpfeiler, die Schätzung und Repräsentirung aller Gegenstände – das polnische Geld – verfälschen.« Eines Theils konnte ich ihm die Ungerechtigkeit dieser Handlung nicht vorrücken. Er würde gewiß gesagt haben. »Sieh, der Jude spielt den Ehrlichen;« andern Theils war mein Interesse damit verknüpft. I nun, dachte ich, du hast einen vornehmen Herrn zum Gefährten, und ich war schwach genug, mich dazu brauchen zu lassen.[9]

9 B[enjamin] V[eitel] Ephraim, Ueber meine Verhaftung und einige andere Vorfälle meines Lebens, Berlin 1807, S. 96–98. Zwischen Ephraim und Lessing bestanden Verbindungen, die auf Ephraims Ausbildungszeit zurückgehen; ebd., S. 83 f. Später erlebte Lessing Ephraim auch im Zusammenhang mit dessen Beteiligung an kriegswirtschaftlich relevanten Maßnahmen zur »Verschlechterung der Währung«.

Die Aktualität dieser Textstelle verdankt sich im Zusammenhang mit Lessings ›Minna von Barnhelm‹ allerdings nicht der Geldpolitik Friedrichs II., der sich in der Auseinandersetzung mit Polen nicht scheute, das polnische Wirtschaftsleben durch die Herstellung von polnischem Falschgeld zu schwächen, wenn nicht sogar einfach lahmzulegen.[10] Was aber den Vergleich mit einem Rechtsstreit nahelegt, in den Tellheim verwickelt ist, lässt sich in Lessings Lustspiel auf ein fast schon krankhaft wirkendes Festhalten an einem Ehrbegriff beziehen, der durch die zitierte Bemerkung Friedrichs II. zum Merkmal jüdischer Identität stilisiert wird.

Jehle geht, indem er der These von Tellheims jüdischer Identität zustimmen kann, von der Tatsache aus, dass das Kernproblem, mit dem Tellheim sich im Verlauf des Stücks immer wieder konfrontiert sieht, ein gegen ihn geführtes öffentliches Gerichtsverfahren darstellt; dabei geht es ihm um die Wiederherstellung seiner Ehre, die durch ein von seiner Seite im Grunde mitmenschliches Verhalten beim Friedensschluss angezweifelt worden war. Tellheim wird zu Unrecht vorgeworfen, als preußischer Verhandlungsführer bei der Festsetzung der Kontributionsforderungen gegenüber dem im Siebenjährigen Krieg unterlegenen Sachsen nicht im Interesse Preußens auf den höchstmöglichen Betrag gedrungen, sondern sich mit den Sächsischen Landständen frühzeitig auf einen niedrigeren geeinigt zu haben; außerdem habe er ihnen diesen Betrag zu ihrem Vorteil nicht einfach herabgesetzt, sondern sogar zinslos vorgestreckt und sei dafür allerdings infolge seines persönlichen Entgegenkommens von den Sachsen im Gegenzug auch noch privat honoriert worden. Wegen dieses Verdachts, letztlich aus Eigennutz und nicht für Preußen gehandelt zu haben, sieht sich Tellheim in seiner militärischen und zivilen Ehre verletzt und erklärt sich deswegen

---

10 Vgl. Hugh Barr Nisbet, Lessing. Eine Biographie. Aus dem Englischen übersetzt von Karl S. Guthke, München 2008, S. 373 f. Ferner Liliane Weissberg, Wie schnell kann man verhaftet werden? Benjamin Veitel Ephraim, Preußens erster jüdischer Geheimrat, reflektiert über das Berufsrisiko um 1800, in: Preußens Himmel breitet seine Sterne … Beiträge zur Kultur-, Politik- und Geistesgeschichte der Neuzeit. Festschrift zum 60. Geburtstag von Julius H. Schoeps, hrsg. von Willi Jasper und Joachim H. Knoll, 2 Bde., Hildesheim, Zürich, New York 2002 (= Haskala. Wissenschaftliche Abhandlungen 26,1–2), Bd. 1, S. 85–105, hier: S. 89, zu korrigieren »Gottfried (!) E. Lessing«.

außer Stande das seiner Braut Minna gegebene Eheversprechen ein-
zulösen (IV/6).[11] Er besteht auf der Wiederherstellung seiner Ehre als
Voraussetzung einer ehelichen Verbindung und kommt vor allem in
seinen Gesprächen mit Minna immer wieder auf den Verlust seines
guten Rufs, seiner Ehrbarkeit, zu sprechen. ›Ehrenhaft‹ ist deswegen bei
Tellheim auch schon als eine für ihn prägende Charaktereigenschaft
festgestellt und darin das Lustspiel als bezeichnendes Beispiel einer
Sächsischen Typenkomödie interpretiert worden, die nach den Regeln
der zeitkonformen Poetik ›Der Ehrenhafte‹ hätte heißen müssen.[12]

Unter dieser Voraussetzung kommt jedenfalls ein Merkmal jüdischer
Identität ins Blickfeld, das durch das zeitgenössische Zitat einer antisemitischen Bemerkung aus dem Munde Friedrichs II. in den Memoi-
ren von Benjamin Ephraim Veitel historisch belegt werden kann. Jehle
kommentiert die Beobachtung dieses Sachverhalts in seinem Aufsatz:

> Prekär war die Stellung jüdischer Kaufleute ohnehin. Einerseits wa-
> ren gerade sie zu einem Höchstmaß an Zuverlässigkeit gezwungen,
> andererseits standen sie stets unter dem Generalverdacht des Be-
> trugs, der den christlichen Geschäftspartnern den Vorwand geben
> mochte, ihrerseits die Juden zu betrügen. Gotthold Ephraim Lessing
> hat das Dilemma des ehrlichen Maklers, der gerade seiner Ehrlichkeit
> wegen in Verdacht gerät, an der Figur des christlichen Majors von
> Tellheim in ›Minna von Barnhelm‹ (1766, Druck 1767) dargestellt;
> ihm hat Lessing, wie Konrad Feilchenfeldt gezeigt hat, Eigenschaften
> zugelegt, die von den Zeitgenossen als jüdisch verstanden worden
> sind. Benjamin Veitel Ephraim, der erfolgreiche Berliner Manufak-
> turbesitzer und Münzentrepreneur, wurde wenige Jahre nach dem
> Erscheinen von Lessings Drama mit der Forderung des Königs Fried-
> rich II. konfrontiert, sich an einem Geldfälscherring gegen Polen zu
> beteiligen; Ephraim schrieb, er habe sich nicht getraut, dem betrüge-
> rischen König zu widersprechen, weil er dessen vorhersehbare Re-
> aktion fürchtete: »Sieh, der Jude spielt den Ehrlichen«. Es bedurfte

---

11 Lessing, Minna von Barnhelm (Anm. 4), S. 79–87, hier: S. 79, Z. 31 – S. 80, Z. 33.
12 Vgl. Emil Staiger, Lessing. Minna von Barnhelm, in: ders., Die Kunst der Inter-
     pretation. Studien zur deutschen Literaturgeschichte, Zürich ³1961, S. 75–96,
     hier: S. 81 f.

besonderer Vorkehrungen, um unter solchen Umständen die Handlungsfähigkeit jüdischer Unternehmer zu erhalten.[13]

Was Jehle allerdings nicht erklärt, ist die Tatsache, dass die, wie er annimmt, schon »von den Zeitgenossen als jüdisch« verstandenen »Eigenschaften«, wie die nur vorgetäuschte, nur gespielte, Ehrlichkeit, von Lessing »an der Figur« eines »christlichen Majors […] dargestellt« worden sein könnte, also nicht an einer, seinem äußeren Erscheinungsbild und Verhalten nach eindeutig identifizierbaren, Figur aus jüdischem Hause; denn damit ist Tellheim unter Hinweis auf das Friedrich-Zitat aus Veitel Ephraims Erinnerungen selbst noch lange nicht eindeutig als jüdisch zu bezeichnen. Die wohl einzige plausible Lösung dafür, dass literarisch auch »an der Figur« eines »christlichen Majors« Merkmale jüdischer Identität aufgezeigt werden könnten, würde bedeuten, dass Tellheim zwar jüdischer Herkunft, aber mit Rücksicht auf seine Religion getauft worden und damit auch eine entscheidende Voraussetzung seiner Akzeptanz im preußischen Offizierskorps unter Friedrich II. erfüllt gewesen wäre; denn seiner Taufe verdankte auch der einzige bis dato unter Friedrich II. historisch bezeugte jüdische Major Konstantin Nathanael von Salemon seinen militärischen Aufstieg als preußischer Offizier.[14] Was bisher von Lessing im Umfeld seiner zeitgenössischen Kontakte während des Siebenjährigen Kriegs bekannt geworden ist, stützte sich zwar immer auf die Tatsache, dass er den Krieg selbst miterlebt und im Kreis des Offizierskorps als Sekretär auch mitgewirkt hat. Die bekannt gewordenen Namen beschränken sich aber auf seinen Vorgesetzten, General von Tauentzien, und auf seinen persönlichen Freund, »den Major und Dichter Ewald von Kleist, […] wie auch eine mögliche Namensanspielung auf dessen Geliebte Wilhelmine [Minna] von der Goltz […] als Vorbild ausgemacht« worden ist, ohne dass aber aus

---

13 Manfred Jehle, Joseph Süß Oppenheimer und die literarische Verarbeitung seines Schicksals durch Wilhelm Hauff, in: Zeitschrift für Württembergische Landesgeschichte 67 (2008), S. 143–182, hier: S. 150 f.

14 von Poten, Salenmon (Anm. 7), S. 215 f.; Lauer, Die Rückseite der Haskala (Anm. 7), S. 313 f. – Im Gegensatz zum getauften Salemon konnte sich ohne Folgen für seine militärische Karriere Meno Burg einer Taufe verweigern; Simon, Vorwort (Anm. 7), S. XI.

diesen Verbindungen inhaltliche Beziehungen zum Handlungsverlauf der ›Minna von Barnhelm‹ nachgewiesen worden wären.[15]

Soweit dagegen ›Minna von Barnhelm‹ als Zeitstück interpretiert worden ist, gab Tellheims Gerichtsfall immerhin Anlass, seine gegen ihn erhobenen Anschuldigungen mit zeitgenössischen Beispielen vergleichbarer Gerichtsfälle in Bezug zu setzen, unter denen vor allem das Verfahren gegen Johann Ernst Gotzkowsky in gewissen Einzelheiten geradezu als Muster für Tellheims angebliche Vergehen beim Umgang mit Kontributionszahlungen gedient haben könnte. Dabei wird aber auch in der einschlägigen Fachliteratur ausdrücklich darauf hingewiesen, dass Gotzkowsky kein Bankier aus jüdischem Hause gewesen sei,[16] und das Thema jüdische Identität im Zusammenhang mit ›Minna von Barnhelm‹ und Tellheim zwar nicht negiert, aber im Ergebnis doch ausgeschlossen.

Auch sind von Lessing keine Selbstzeugnisse oder Äußerungen aus seinem Umkreis überliefert, aus denen hervorginge, dass ihm das Schicksal des getauften ›Judenmajors‹ Konstantin Nathanael von Salemon bekannt gewesen wäre. Es kann nur vermutet werden, dass jeder im Heerwesen während des Siebenjährigen Kriegs tätige und noch so untergeordnete Sekrerär über Salemon und seinen Aufstieg, obwohl aus jüdischer Familie stammend, Bescheid gewusst hat, denn seine militärischen Beförderungen waren doch mit der höchstpersönlichen Beteiligung des preußischen Königs in die Tat umgesetzt worden. Im Fall von Tellheim wäre es allerdings im Sinne seiner jüdischen Identität eine Zuspitzung der Ausgangsthese, wenn Lessing ihn geradezu auf das zeitgenössische Vorbild des historischen Salemon hin gschaffen und entsprechend ausgestattet hätte. Das Moment der Ungewissheit bleibt also, und ein Vorbehalt ist angezeigt. Es empfiehlt sich deswegen, angesichts der Differenziertheit des Problems zwischen historischen Referenzen aus der Geschichte der Juden und ihren denkbaren Auswirkungen auf

---

15 Joachim Dyck, Minna von Barnhelm oder: Die Kosten des Glücks. Komödie von Gotthold Ephraim Lessing. Über Wirte als Spitzel, preußische Disziplin, Lessing im Kriege, frisches Geld und das begeisterte Publikum, Berlin 1981 (= Wagenbachs Taschenbücher 72), S. 25–43; Klaus Bohnen, Kommentar, in: Lessing, Minna von Barnhelm (Anm. 4), S. 808 f.

16 Vgl. Dieter Hildebrandt, Lessing. Biographie einer Emanzipation, München und Wien 1979, S. 290 f.; Dyck, Minna von Barnhelm (Anm. 15), S. 58–68.

eine literarische Umsetzung einen Blick auch auf die weiteren Judenfiguren zu werfen, die aus Lessings Œuvre bekannt und in ihrer jüdischen Identität keineswegs unumstritten geblieben sind, fragt es sich
am Ende überhaupt nur, wieviele jüdische oder – besser gesagt – als
jüdisch qualifizierte Eigenschaften diese Figuren haben müssen, damit
man sie terminologisch als Juden bezeichnen darf.[17]

*

Bekannt ist aus Lessings Œuvre, dass in seinem Lustspiel ›Die Juden‹
nachweislich ein Jude auftritt, der durch das Wort »Jude« im Text identifiziert werden kann, und der Titel des Lustspiels bereitet außerdem
darauf vor. Das Stück entwickelt in den Dialogen des Personals eine
grundsätzliche Erörterung über die zwischen Christen und Juden bestehenden Vorbehalte. Die Unterscheidung basiert auf der Grundlage
ihrer Religionen und weist damit voraus auf die in Lessings letztem
Drama ›Nathan der Weise‹, in der Ringparabel, behandelte Bewertungsfrage, die allerdings neben Judentum und Christentum auch den
Islam in den dramatischen Dialog einbezieht. Was ›Die Juden‹ als Lustspiel betrifft, bleibt die Frage nach der höchsten Verbindlichkeit einer
Religion letztlich auf oberflächlich Philosophisches beschränkt, was an
die sogenannte Goldene Regel erinnert: »Wenn zwei Nationen redlich
mit einander umgehen sollen, so müssen beide das ihre dazu beitragen.
Wie aber, wenn es bei der einen ein Religionspunkt und beinahe ein
verdienstliches Werk wäre, die andre zu verfolgen?« (I/3)[18]

17 Vgl. Nike Thurn, »Falsche Juden«. Performative Identitäten in der deutschsprachigen Literatur von Lessing bis Walser, Göttingen 2015, S. 11–23.
18 Gotthold Ephraim Lessing, Die Juden. Ein Lustspiel in einem Aufzug. Verfertigt
    im Jahr 1749, in: ders., Werke und Briefe (Anm. 4), Bd. 1: Werke 1743–1750, hrsg.
    von Jürgen Stenzel, Frankfurt am Main 1989 (= Bibliothek der deutschen Klassiker 47), S. 447–488, hier: S. 454, Z. 27–31. Vgl. Aleida Assmann, Menschenrechte
    und Menschenpflichten. Auf der Suche nach einem neuen Gesellschaftsvertrag,
    Wien 2017 (= Wiener Vorlesungen im Rathaus 188), S. 83–89. Etwas näher am
    Text der Goldenen Regel lautet die zitierte Textstelle, in: Gotthold Ephraim Lessing, Die Juden. Ein Lustspiel in einem Aufzuge. Verfertigt im Jahr 1749. Mit
    Dokumenten zur Entstehung und Wirkung hrsg. von Wilhelm Grosse, Stuttgart
    1981 (= Universal-Bibliothek 7679), S. 11: »Sollen Treu' und Redlichkeit unter
    zwei Völkerschaften herrschen, so müssen beide gleichviel dazu beitragen.«

Konkret taucht das Thema Judentum im Zusammenhang mit einem
Überfall auf, dessen Opfer ein wohlhabender Baron werden sollte, der
aber durch das Einschreiten eines zufällig als Zeuge des Überfalls auf-
tretenden Reisenden gerettet wird. Dieser Überfall hat in der Diskussion um das Auftreten der Juden in der Öffentlichkeit eine sinnbildliche
Bedeutung, weil sich an ihn Bewertungen anknüpfen lassen, die aus der
Sicht des überfallenen Barons Juden ganz grundsätzlich schlecht aussehen lassen. Es sollen nämlich nach seinem Eindruck »wirkliche Juden
gewesen« sein, »die mich überfallen haben? […] Ein Volk, das auf den
Gewinst so erpicht ist, fragt wenig darnach, ob es ihn mit Recht oder
Unrecht, mit List oder Gewaltsamkeit erhält.« Der überfallene Baron
erweist sich als Fürsprecher einer auf äußere Merkmale gerichteten
Wahrnehmung jüdischer Identität, die ebenso strikt wie unzutreffend
vorgibt, »wirkliche Juden« von unwirklichen unterscheiden zu können,
und sich zur Identifizierung jüdischer »Gesichtsbildung« auf deren
»Physiognomie« beruft (I/6).[19] Allerdings waren die beiden am Überfall auf den Baron beteiligten Männer, wie sich später herausstellt,
keine ›wirklichen Juden‹, sondern als Juden so, wie man sie sich damals
vorstellte, verkleidet und sogar maskiert, und so haben sie sich vor
allem durch das Tragen künstlicher Bärte schließlich selbst verraten
(I/16).[20]

Die Frage nach der Verbindlichkeit jüdischer Identität wird zu einem
Prüfstein ihrer eigenen Widersprüchlichkeit; denn der Reisende gibt bis
kurz vor Schluss der Handlung seine jüdische Identität nicht preis und
verschweigt sogar auch seinen Namen während des ganzen Stücks. Er
bezeichnet sich erst dann selbst als Juden (I/22),[21] als er nicht mehr länger zulassen kann, dass der Baron sich in Verkennung der dafür fehlen-
den Voraussetzungen darum bemüht, ihn mit seiner Tochter zu ver-
heiraten. Der Reisende muss diesen Gedanken deswegen zurückweisen,
nicht weil er, wie der Baron meint, »schon verheiratet« sein könnte,
sondern weil er ihn grundsätzlich ablehnen muss, da Mischehen zwischen Christen und Juden, sofern sie ungetauft sind, nicht nur nicht
automatisch geschlossen werden können, sondern außerdem auch be-

19 Lessing, Die Juden (Anm. 18), S. 460, Z. 23 f.; S. 461, Z. 10, 16.
20 Ebd., S. 477, Z. 35 – S. 478, Z. 22.
21 Ebd., S. 486, Z. 18.

sonderen Schwierigkeiten ausgesetzt sind.[22] Die Verlegenheit des Barons, der die verkleideten Straßenräuber für ›wirkliche Juden‹ gehalten hatte und den Reisenden am Ende trotz angeblich physiognomischer Expertise nicht als Juden identifizieren konnte, ist groß (I/6).[23]

Das andere, zweite, von Lessings Theaterstücken, in dem das Personal nachweislich und unbestritten auch einen Juden miteinschließt, ist neben dem Lustspiel ›Die Juden‹ unter dem Blickwinkel auch seiner Gattungszuordnung ›Nathan der Weise. Ein dramatisches Gedicht‹. Was Lessings ›Nathan der Weise‹ betrifft, so sind der Name des Titelhelden und seine Beschreibung im Personenverzeichnis, »ein reicher Jude in Jerusalem«, hinlängliche Wortbelege für seine jüdische Identität. Auch der Text belegt Nathans Judentum in ausreichendem Maß an weiteren Belegstellen allein durch das Wort »Jude«,[24] und es steht fest, dass seine jüdische Identität auch seine Religion mit einbezieht. An ihr entzündet sich aus jüdischer Sicht auch die Kontroverse mit den Christen, die durch den extrem judenfeindlichen Patriarchen von Jerusalem, einen Klosterbruder, einen Tempelherrn und die christliche Gesellschafterin im Hause Nathans vertreten werden, sowie mit dem Sultan Saladin, seiner Schwester Sittah, einem Derwisch und einem Emir als den Vertretern des Islam. Als einzige Figur aus dem Kreis der handelnden Personen, deren Identität dem Leser nicht von Anfang an klar vermittelt wird und die darin dem Reisenden aus ›Die Juden‹ vergleichbar ist, versteht sich aus der Sicht des Juden Nathan Recha als »dessen angenommene Tochter«, von der sich erst im Laufe der Handlung herausstellt, dass sie in ihrer Identität als ›falsche Jüdin‹ bezeichnet werden

22 Ein historisches Beispiel aus der Epoche beleuchtet die Lebensgeschichte des Literaten Franz Michael Leuchsenring, der sich in Adele Ephraim, die Tochter des Geheimrats und Bankiers Ephraim verliebte. Er versuchte die Heirat, allerdings erfolglos, durchzusetzen, ohne dass seine Braut deswegen ihre jüdische Religion hätte aufgeben müssen und zerstritt sich wegen dieser Absicht sogar mit Moses Mendelssohn. Vgl. Karl August Varnhagen von Ense, Leuchsenring, in: ders., Ausgewählte Schriften, [hrsg. von Ludmilla Assing,] 19 Bde., Leipzig ³1871–1876, Bd. 18: Vermischte Schriften. Zweiter Theil, S. 20–50, hier: S. 32 f.

23 Lessing, Die Juden (Anm. 18), S. 461, Z. 10, 16.

24 Gotthold Ephraim Lessing, Nathan der Weise der Weise. Ein dramatisches Gedicht, in fünf Aufzügen, in: ders., Werke und Briefe (Anm. 4), Bd 9: Werke 1778–1780, hrsg. von Klaus Bohnen, Frankfurt am Main 1993 (= Bibliothek deutscher Klassiker 94), S. 483–627, hier: S. 487, v. 56; S. 529, v. 13; S. 530, v. 444 f.; S. 533, v. 519; S. 549, v. 216; S. 551, v. 281; S. 553, v. 326; S. 554, v. 368–371; S. 578, v. 168; S. 585, v. 343.

könnte.[25] Auch die Figur der Daja beschreibt das Personenverzeichnis als »eine Christin«, schränkt diesen Status allerdings mit einer Zusatzbemerkung ein, derzufolge sie »aber in dem Hause des Juden«, gemeint ist Nathan, »als Gesellschafterin der Recha« lebt. Nur sie weiß im übrigen, abgesehen natürlich von Nathan, dem sie darüber vollkommene Verschwiegenheit zusichern musste (III/10),[26] dass auch der Name Recha nur ein ›angenommener‹ Name ist, der trotz seiner Entlehnung aus dem Hebräischen bei Recha auch nur eine ›angenommene‹ jüdische Identität belegt, die ihr in Wirklichkeit auf Grund ihres historischen Herkommens fehlt.[27] Ursprünglich stammt sie aus der Familie einer christlichen Mutter und eines muslimischen Vaters und kam als Waisenkind in Nathans Obhut, der sie wie eine eigene Tochter aufzog (IV/7).[28]

Recha heißt eigentlich Blanda von Filneck, aus derselben Familie wie der Tempelherr, der, wie sich herausstellt, ihr Bruder ist. Auch er ist sich seiner historischen Herkunft nicht sicher gewesen und hat sich deswegen zunächst nach seinem Onkel den Namen Curd von Stauffen gegeben. Er heißt aber Leu und wie seine Schwester von Filneck, ebenso wie der Vater von beiden den Namen von Filneck führte, mit dem Vornamen Wolf, und mit einer einer Stauffin verheiratet war. Ursprünglich hieß er aber Assad und war ein Bruder des Sultans Saladin und von dessen Schwester Sittah. In der dramatischen Handlung des Stücks geht es letztlich also nicht um die Frage nach der jüdischen Identität eines der Akteure, sondern um die Auflösung einer Konfliktsituation zwischen den Religionen, deren in diesen Konflikt verwickelte Angehörige sich dankbar darüber verständigen können, dass sie sich als Verwandte einer gemeinsamen Familie verbunden fühlen und über ihre Namen identifzieren können (V/8).[29] Es geht nicht um, soweit denkbar, ihre jüdische Identität, weder des weisen Nathan noch seiner angenommenen Tochter Recha, deren Mutter christlicher und deren Vater muslimischer Herkunft waren. Wenn die jüdische Identität eine vergleichsweise

25 Tilmann, »Falsche Juden« (Anm 17), S. 156–203.
26 Lessing, Nathan der Weise der Weise (Anm. 24), S. 570, v. 800 – S. 572, v. 861.
27 Vgl. Hendrik Birus, Poetische Namengebung. Zur Bedeutung der Namen in Lessings ›Nathan der Weise‹, Göttingen 1978, S. 166–171.
28 Lessing, Nathan der Weise der Weise (Anm. 24), S. 596, v. 659 – S. 597, v. 688. Vgl. Tilmann, »Falsche Juden« (Anm 17), S. 164–172.
29 Lessing, Nathan der Weise (Anm. 24), S. 622, v. 574 – S. 625, v. 643. Vgl. Tilmann, »Falsche Juden« (Anm 17), S. 160–163.

noch umstrittene Maßgabe ihrer eigenen kollektiven Zuordnung darstellt, ermöglicht das Zusammenfinden der Familiengemeinschaft im
Laufe der dramatischen Handlung eine Neubestimmung der eigenen
Identität, in der die betroffen Religionen ihren alleinigen Geltungs-
anspruch verlieren und ihre Angehörigen sich als Menschen eines
gemeinsamen verwandtschaftlichen Zusammenhalts vorkommen können. Es geht deswegen gar nicht nur um die Juden, sondern genauso
auch um die Nicht-Juden. Gerade Nathan der Weise, dessen Autor Lessing einen Juden als Titelfigur in den Mittelpunkt eines dramatischen
Werks gerückt hat, erweist sich als Repräsentant eines Kollektivs, in
dem er als Jude seine Identität nicht so sehr durch sein Judentum, sondern durch die Mitgliedschaft in einer Familie und letztlich durch seine
Menschlichkeit definiert und identifizierbar sieht.

Mit diesem Ergebnis verbindet sich in Lessing Stück eine Darstellung der Personen, in der die Bestimmung ihrer kollektiven Identität als
Teil der jüdischen Gemeinschaft verschwimmt. Das gilt für Nathan und
noch deutlicher für Recha, deren Entwicklung vom Kind christlich-
muslimischer Eltern zum jüdischen Waisenkind und wieder zurück zu
ihrem Ursprung in der Varianz ihrer Namen gespiegelt wird. Blanda
wird zu Recha und Recha wieder zu Blanda, ohne dass die wechselnden
Namen Rückschlüsse auf die einseitige Zugehörigkeit zu einer kollektiven Identität zuließen. Vor allem die Unbestimmtheit der jüdischen
Identität im Fall der Figur des Nathan hat auch die jüdische Interpretationsgeschichte beschäftigt und zu einer Bewertung geführt, die bei
ihm den Verlust an jüdischer Identität zwar bestätigt, darin aber einen
Mangel und keinen Gewinn beobachtet.

*

Trotzdem, wenn nicht gerade deswegen, sind aber die Einwände von
Interesse, die auch vonseiten des gelehrten Judentums gegen das jüdische Profil in der Figur des Nathan, aber überraschenderweise auch in
der Figur des Reisenden aus Lessings ›Die Juden‹ vorgetragen worden
sind. Schon in diesem Lustspiel, aus dem dramatischen Frühwerk des
Autors, stört sich die Kritik an der von ihr hervorgehobenen Tatsache,
dass »der Reisende in Nichts als Jude charakterisiert ist, selbst sein Äußeres verrät nichts davon, sodaß auch sein Diener keine Ahnung hat –
eine wunderbare Vorstellung! Es ist einfach ein Idealmensch: tapfer,
edel, feingebildet, reich – kurz der Typus, wie ihn eine spätere Periode

den Engländer repräsentieren läßt«.[30] Nicht weniger kritisch ist die bekanntere Kritik, die Ernst Simon an der ahistorischen Judendarstellung
ebenfalls sowohl beim Reisenden, als auch bei der Nathanfigur festgestellt hat: »Der historisch wirksamste Kern: der Judentyp, ist in beiden
Stücken genau der gleiche.« Und: »Im Übrigen gehört er genau zu dem
Typ, ›dem man gar nichts anmerkt‹: er ist in der glücklichsten Weise an den
gebildeten Durchschnittsbürger des 18. Jahrhunderts assimiliert [...].«[31]
    Wenn es demnach also einen Juden oder einen Fall von jüdischer
Identität geben sollte, »dem man gar nichts anmerkt«, dann unterscheidet sich Tellheim sowohl von Nathan als auch von dem Reisenden nur
dadurch, dass diese beiden Figuren im Text des dramatischen Werks, in
dem sie auftreten, ausdrücklich als Juden bezeichnet werden, und auch
wenn der Reisende, sogar erst ganz am Schluss sich selbst als Juden
ausdrücklich zu erkennen gibt, fehlt ein solcher Wortbeleg im ganzen
Text der ›Minna von Barnhelm‹ völlig, wodurch Hinweise, die über das
Wort ›Jude‹ hinaus die Wahrnehmung einer jüdischen Identität nahelegen, nicht hinreichend überzeugen können. Vergleicht man aber Tellheim im dramatischen Kontext seiner Figurengestaltung mit den ver-
bürgten Judenfiguren in Lessings Werk, deren Hinweise auf eine jüdische Identität im Grunde ebenso unspezifisch sind wie diejenigen, die
an der Figur des kurländischen Majors festgestellt werden können,
dann ist der Kampf, den Tellheim um die Wiederherstellung seiner Ehre
führt, immerhin ein auffallendes Indiz für ein zeitgenössisch als jüdisch
verbürgtes und dabei auch kritisiertes Verhalten, das anders als in ›Die
Juden‹ in ›Minna von Barnhelm‹ von Anfang an präsent ist, und wie
nah Lessing mit den Überlegungen des Bankiers Ephraim, den er übrigens persönlich kannte,[32] am Ende doch vertraut war, zeigt an seinen
beiden unbestrittenen Judenfiguren ausgerechnet Nathan im Dialog

30 Georg Liebe, Das Judentum in der deutschen Vergangenheit. Mit 106 Abbildun-
    gen und Beilagen nach Originalen, größtentheils aus dem fünfzehnten bis acht-
    zehnten Jahrhundert, Leipzig 1903 (= Monographien zur deutschen Kulturge-
    schichte 11), S. 118 f.
31 Ernst Simon, Lessing und die jüdische Geschichte, in: Jüdische Rundschau 34
    (1929), Heft 6, Berlin, den 22. Januar 1929, S. 35. Vgl. Wilfried Barner, Vorurteil,
    Empire, Rettung. Der junge Lessing und die Juden, in: Juden und Judentum in
    der Literatur, hrsg. von Herbert A. Strauss und Christhard Hoffmann, München
    1985 (= dtv 10513), S. 52–77, hier: S. 52 f.
32 Ephraim, Ueber meine Verhaftung (Anm. 9), S. 83 f.; Weissberg, Wie schnell kann
    man verhaftet werden (Anm. 10), S. 89.

mit Sultan Saladin; denn zwischen Saladin und seinem Bankier aus dem
Judentum (Nathan) dominiert nicht die aktuelle Kreuzzugsepoche, sondern überraschenderweise der Gedanke an die Falschmünzerei als Mittel im Wirtschaftskrieg Friedrichs II., des preußischen Königs, gegen
Polen. Erneut ist im Kontext des orientalischen Umfelds der dramatischen Handlung die historische Authentizität der Judenfigur bei Lessing durch einen aktuellen Bezug zur Gegenwartsgeschichte gestört
und findet in Nathans Worten auch eine durchaus missverständliche
Bestätigung:

> Wie ist
> Mir denn? – Was will der Sultan? was? – Ich bin
> Auf Geld gefaßt; und er will – Wahrheit. Wahrheit!
> Und will sie so, – so bar, so blank, – als ob
> Die Wahrheit Münze wäre! – Ja, wenn noch
> Uralte Münze, die gewogen ward! –
> Das ginge noch! Allein so neue Münze,
> Die nur der Stempel macht, die man aufs Brett
> Nur zählen darf, das ist sie doch nun nicht!
> Wie Geld in Sack, so striche man in Kopf
> Auch Wahrheit ein? Wer ist denn hier der Jude?
> Ich oder er? – Doch wie? Sollt' er auch wohl
> Die Wahrheit nicht in Wahrheit fodern? – Zwar,
> Zwar der Verdacht, daß er die Wahrheit nur
> Als Falle brauche, wär' auch gar zu klein! –
> Zu klein? Was ist für einen Großen denn
> Zu klein? –   (III/6)[33]

Diese Verse aus Akt III/6 stehen in Nathans Monolog unmittelbar vor
der Szene mit der Ringparabel, dem theologischen Kernstück seiner
Antwort an den Sultan und seiner darin entwickelten mythischen Erklärung für das Zustandekommen der drei unterschiedlichen monothe-
istischen Religionen (III/7).[34] Interessant ist an diesem Monolog, dass
er im Kontrast zum dramatischen Dialog bereits auf die Toleranzidee
der Ringparabel vorausdeutet und damit eine Auslegung seines Wortlauts verbindet, die über den ihm innewohnenden Gehalt an orientali-

---

33 Lessing, Nathan der Weise (Anm. 24), S. 554, v. 349–364.
34 Ebd., S. 555, v. 395 – S. 560, v. 544.

schem Lokalkolorit hinausweist. Es geht dabei um die Bedeutung einer
»Münze«, deren Gehalt und Sinngebung Ruth Klüger im Hinblick
auf eine »Münzenmetaphorik« hervorzuheben versucht und damit im
Zuge einer Versinnbildlichung weiterdenkt, die auch das Verständnis
von Nathans Menschheitsauffassung und Weltsicht erhellen helfen
soll.[35] In der bisherigen Praxis ihrer vor allem editionsphilologischen
Kommentierung stößt diese Auslegung des Monologs von Nathan aber
an eine fachliche Grenze, wenn sie in der »Münzenmetaphorik« nur die
philosopisch-theologische Semantik einer absoluten Wahrheitsfindung
im Blick hat und nicht gleichzeitig die im Kontext der Regierung Friedrichs des Großen zeithistorische Aktualität der Falschmünzerei im
Wirtschaftskrieg mit Polen reflektieren sollte.[36] Deswegen sollte man
sich bei der Figur Nathans des Weisen auch nicht nur mit einer biogra-
phistischen Personifzierung des Philosophen Moses Mendelssohn, mit
dem Lessing befreundet war, zufriedengeben,[37] sondern sollte sich auch
andere zeithistorische Optionen für ein jüdisches Vorbild wie den
Oberlandesältesten der Berliner Gemeinde, Jacob Moses, offenhalten;[38]
denn ohne solche Vieldeutigkeit wären auch alle bisherigen Zwischen-
ergebnisse nicht zu erreichen gewesen. Die hier nun folgenden werden
aber vorerst einmal nur noch aufgezählt, sie können weder methodisch
noch als interpretatorische Vorleistung mehr als nur Hinweise liefern,
wenn sie nicht als schlagende Beweise empfunden werden.

Jacob Burckhardt hat in seinen ›Weltgeschichtlichen Betrachtungen‹
Einsichten, die auf solche Weise zustandekommen, durchaus real beschrieben und ihre Gültigkeit mit keinem Gegenargument ausgeschlossen. Dass er dabei auch an die Philologie als Wissenschaftsdisziplin
denkt, die nützlicherweise von solchen Einsichten profitieren, zu ihnen

---

35 Ruth Klüger, Tellheims Neffe. Kleists Abkehr von der Aufklärung, in: dies., Katastrophen. Über deutsche Literatur, Göttingen 1994, S. 163–188, hier: S. 170 f.
36 Vgl. den Kommentar in: Lessing, Nathan der Weise (Anm. 24) S. 1266 f. zu S. 554,
v. 353–357. Ferner Nisbet, Lessing (Anm. 10), S. 791. Auch Manfred Jehle, »Relo-
cations« in South Prussia and New East Prussia: Prussia's Demographic Policy
towards the Jews in Occupied Poland 1772–1806, in: Leo Baeck Institute. Year
Book 52 (2007), S. 23–47, hier: S. 33 f.
37 Vgl. Simon, Lessing und die jüdische Geschichte (Anm. 31), S. 35; Barner, Vorur-
teil, Empire, Rettung (Anm. 31), S. 54.
38 Vgl. Moritz Stern, Der Oberlandesälteste Jacob Moses. Mitteilungen aus den
Akten, in: Mitteilungen des Gesamtarchivs der Deutschen Juden (1926), H. 1,
S. 14–40, hier: S. 15.

aber auch beitragen kann, rückt seinen Standort nicht überraschend in die methodische Nähe von Theoder Mommsen, dessen Rektoratsrede aus dem Jahr 1874 nur ein Jahr nach Ausarbeitung der ›Weltgeschichtlichen Betrachtungen‹ publik wurde.[39] Burckhardts Erklärung dieses Sachverhalts lautet wie folgt:

> Für unsere Zwecke aber soll nur vom Lesen ausgesuchter Quellen, aber als solcher, die Rede sein; der Theologe, der Jurist, der Philologe möge einzelne Schriftwerke entlegener Zeiten sich aneignen, nicht nur, insofern deren Sachinhalt sein Fach im engeren Sinne berührt, sondern zugleich im historischen Sinne, als Zeugnisse einzelner bestimmter Stadien der Entwicklung des Menschengeistes.
>
> Für den, welcher wirklich lernen, d.h. geistig reich werden will, kann nämlich eine einzige glücklich gewählte Quelle das unendlich Viele gewissermaßen ersetzen, indem er durch eine einfache Funktion seines Geistes das Allgemeine im Einzelnen findet und empfindet.
>
> Es schadet nichts, wenn der Anfänger das Allgemeine auch wohl für ein Besonderes, das sich von selbst Verstehende für etwas Charakteristisches, das Individuelle für ein Allgemeines hält; alles korrgiert sich bei weiterem Studium, ja schon das Hinzuziehen einer zweiten Quelle erlaubt ihm durch Vergleichung des Ähnlichen und Kontrastierenden bereits Schlüsse, die ihm zwanzig Folianten nicht reichlicher gewähren.[40]

Burckhardts quellenkundliche Erläuterungen liefern demnach eine willkommene Legitimation für die nun folgenden Einzelbeobachtungen aus ›glücklich gewählten Quellen‹.

1. In der Diskussion um die jüdische Identität des Majors von Tellheim ist es immerhin bedenkenswert, dass aus der Geschichte der Juden in Deutschland um die Mitte des 18. Jahrhunderts das Wirken eines Rabbiners belegt ist, der mit seinem Namen aufhorchen lässt. Er heißt Nathan Dellheim, bis 1719 allerdings Dehlheim geschrieben,[41] jedoch:

---

39   Rudolf Stadelmann, Zur Textgrundlage der Weltgeschichtlichen Betrachtungen, in: Jacob Burckhardt, Weltgeschichtliche Betrachtungen. Über Geschichtliches Studium, Basel 1956 (= Gesammelte Werke 4), S. IX–XIV, hier: S. XI. Vgl. Mommsen, Rede bei Antritt des Rektorates (Anm. 1), S. 3.

40   Burckhardt, Weltgeschichtliche Betrachtungen (Anm. 39), S. 14 f.

41   Vgl. Herbert H.W. Metzger, Die ehemalige jüdische Gemeinde von Mutterstadt – Filme: 100 Jahre Synagoge 2005, eine Gedenkveranstaltung, 2.4.4. Die 1. Dachge-

Nathan der Weise und Tellheim zusammengefasst in einem Personennamen; dabei kann bei Familiennamen in der Genealogie auch einmal
ein einzelner Buchstabe von der geläufigen Schreibung abweichen,
ohne dass deswegen von zwei verschiedenen Familien auszugehen ist.[42]
Bekannt ist von Dellheim, dass er im Jahr 1734 im churpfälzischen Städt-
chen Mutterstadt gelebt und dort das erste jüdische Gotteshaus am Ort
gegründet hat. Eine Urkunde, die seinen Vornamen und den Erwerb des
Hauses belegt, ist erhalten geblieben und hat folgenden Wortlaut:

den 1. Marty 1734
Schutzjudt *Nathann* zu Mutterstadt kauft vor sich seiner Erben und
Erberherrn in einer öffentlichen Versteigerung von *Christophel Backe* Bürgern und des gerichts zu Mutterstadt ein Wohnhauß sambt
dem angehenckten Stall und hindrin darähn gelegenen plantzgärt-
lein im under Dorf gelegen. Beforcht oberseits die Lutherische Gemeinde; andrerseits *Daniel Möck*, vornen die gemeine gass hindern
Abraham Raparlie der Jung mit allen recht und gerechtigkeit vor
ledig und aigen, wie sie Verkaufer Eheleuth solche besessen, Vor un
umb 405 fl, sage Vierhundert und fünf Gulden; nebst vier Ducat
tranckgelt und 10 fl cornkauf an guter gangbarer Müntz Landsweh-
rung den Gulden zu 15 Batzen oder 60 Xr gewichert, welches Kauf-
gelt der Verkaufer *Christophel Backe* und dessen Ehefrau und Erben
auf zwey terminen baar und richtig Empfang zu haben gestehen.
wiesorg dieser Kauf zur künftigen nachricht umb beschehner bittw..g
diesem prothocolle ex feriret worden.
Actum Mutterstadt ut supra
in fidem *Fischer*
Gerichtsschreiber[43]

schoss-Betstube um 1760. Die erste jüdische Familie in Mutterstadt: der »Schutz-
jude« Nathan Dellheim 1719. Die Lebensumstände jüdischer Bürger im 18. Jahrhundert; https://judeninmutterstadt.org/2-0-0-die-ehemalige-juedische-gemeinde-
von-mutterstadt/ (aufgerufen 1.8.2023).

42 Ich verdanke diese Erfahrung dem verstorbenen Genealogen der Familie Brentano Alfred Engelmann.

43 Ich verdanke die Kenntnis dieses Texts einem Aufenthalt im Archivraum der
Gemeindeverwaltung Mutterstadt und der Unterstützumg durch Herrn Wolfgang Deike; das gilt auch für die Zitiererlaubnis.

Diese Urkunde ist jedoch bis jetzt das einzige zum Wirken von Nathan
Dellheim erhalten gebliebene bekannte Dokument. Die Ursache dafür
liegt auch in der Tatsache begründet, dass dieser Kaufvertrag in einem
mit einem allgemeinen Betreff beschrifteten Aktenkonvolut im Staatsarchiv in Speyer aufbewahrt worden ist und nicht in jüdischen Gemein-
deakten, die während des Dritten Reichs vernichtet wurden. Inwieweit
Nathan Dellheim als Rabbiner von Mutterstadt über seine Wirkungs-
stätte in der Pfalz hinaus bekannt gewesen ist und er sich als Persönlichkeit über ganz Deutschland einen Namen gemacht hat, ist durch
keine weiteren Quellen bezeugt.[44] Ebenso ungewiss ist es, ob Lessing
vom Wirken dieses Rabbiners unterrichtet gewesen wäre und er ihm in
der Figur Nathans des Weisen ein Denkmal gesetzt und sogar schon
früher bei der Wahl des Namens für den Major von Tellheim an den
Rabbiner Dellheim gedacht hätte, aber wir wissen von seiner Person
auch nichts Gegenteiliges.

2. Eine weitere historische Persönlichkeit, die als jüdisches Vorbild
für Lessings Tellheim-Figur geltend gemacht werden kann, ist der
Oberlandesälteste der Berliner Judenschaft Jacob Moses (1724–1802).
Sein caritatives Verhalten liefert Lessing für Tellheim das Vorbild im
Umgang mit der »Dame in Trauer« (I/5–7). Die »Witwe« seines »ehemaligen Stabsrittmeisters« will als erstes nach dessen Tod so schnell wie
möglich eine ihrem Mann von Tellheim ausgeliehene Summe zurückerstatten.[45] Tellheim versucht es, weil er von der Notlage der Witwe
Kenntnis hat, zu hintertreiben und täuscht vor, den Schuldschein verloren zu haben, und, um sich weiteren Diskussionen zu entziehen, zer-
reißt er den Schuldschein kurzerhand. Damit sind seine Ansprüche
physisch von ihm selbst getilgt (I/7).[46]

Der zeitgenössische Präzedenzfall, auf den Lessing anzuspielen scheint,
betrifft das Schicksal des Obersten von Seelen, der 1758 in der Schlacht
bei Hochkirch gefallen ist, und jetzt geht alles nach dem gleichen Muster. Die Witwe wollte als erstes nach dem Tod ihres Mannes dessen

---

44 Das Original der zitierten Urkunde befindet sich im Landesarchiv Speyer unter
    der Signatur LA Speyer, Best F 5, Nr. 254. Ich danke Herrn Dr. Franz Maier für zwei
    Schreiben vom 9. und 16. Oktober 2018 mit diversen Auskünften zum Bestand
    erhalten gebliebener Akten zur Geschichte der Juden in der Churpfalz.
45 Lessing, Minna von Barnhelm (Anm. 4), S. 18, Z. 2, 7.
46 Ebd., S. 20, Z. 30 f.

Schulden zurückerstatten, doch der Gläubiger Jacob Moses verzichtete nicht nur in Anbetracht der wirtschaftlichen Notlage, in der sich die Frau befand, auf eine Rückzahlung, sondern auch er zerriss sogar vor ihren Augen den Schuldschein. Quelle ist die ›Lebensbeschreibung Hans Joachims von Zieten‹, als deren anonyme Autorin Luise Johanna Leopoldine von Blumenthal bekannt geworden ist. Es ist anzunehmen, dass Lessing dieses Narrativ, wenn es ihm bekannt gewesen ist, aus dem Fundus der aktuellen Kriegsnachrichten zu Ohren gekommen ist:

> Noch großmüthiger handelte ein Gläubiger des verstorbenen Obersten. Er hatte demselben erst neuerdings sechstausend Thaler geliehen, als es aber dahin kam, daß das Haus der Wittwe im Rundtheile zu Berlin, ihre einzige Habe, angeschlagen und verkauft werden sollte, ging er zu derselben, und vernichtete in ihrer Gegenwart die Verschreibung dieser Schuld, mit der edelmüthigen Aeußerung: »er wolle die gebeugten Nachkommen eines Mannes nicht drücken, der viel zu rechtschaffen gewesen wäre, als daß er ihn nicht wieder bezahlt haben sollte, wenn er sein schönes Leben hätte fortsetzen können.« Dieser Mann, dessen Name der Ehre werth ist, neben den Namen Friedrich, Zieten und Seelen genannt zu werden, ist der unlängst verstorbene Herr Jacob Moses, ehemaliger Oberlandes-Aeltester der Judenschaft zu Berlin, der seiner mit Ehren vollendeten öffentlichen Geschäfte wegen, drei Regenten und deren Ministerio, bekannt und schätzbar ward, so wie er von seiner Nation, und von vielen andern Menschen und Familien, denen er mit rastloser Thätigkeit ihren Verlegenheiten zu Hilfe eilte, dankbar verehrt wird.[47]

Die Episode aus der Lebensgeschichte des Generals Hans Joachim von Zieten überliefert das caritative Verhalten eines prominenten Mitglieds aus der jüdischen Gemeinde in Berlin, Jacob Moses. Indem Lessing eine Episode aus dem Leben des ehemaligen jüdischen Oberlandesältesten von Berlin aufgreift, um an dessen Beispiel Parallelen zum Charakter Tellheims aufzuzeigen, folgt daraus ein klarer Hinweis auf ein Stück jüdischer Identität auch in der Persönlichkeit des Majors von Tellheim.

---

47 [Luise Johanna Leopoldine von Blumenthal,] Lebensbeschreibung Hans Joachims von Zieten, Königlich-Preußischen Generals der Kavallerie [...], Zweyter Theil, Berlin ³1805, S. 162 f. Vgl. Stern, Der Oberlandesälteste Jacob Moses (Anm. 38), S. 14 f.

3. Wenn der Name Bettelheim auf eine Familie Bethlehem aus der ungarischen Stadt Pozsony (heute Bratislava) zurückzuführen ist und Lessing dieser Name wortspielerisch an die Figur des Majors von Tellheim erinnert haben sollte, kann es nicht überraschen, dass ihn mit der jüdischen Gemeinde in Pozsony eine besondere Beziehung verbunden hat. Jedenfalls klingt im Namen Tellheim noch immer der bekannte jüdische Name Bettelheim nach, und, wenn Tellheim sich selbst mehrfach, aber auch andere ihn als ›Bettler‹ bezeichnen und ihn auf den ›Bettel‹ hinweisen, dem er nicht nachtrauern sollte, dann braucht man sich nicht zu wundern, wenn ein Wiener Literat wie Jacob Bettelheim um 1900 sich sogar per Pseudonym Tellheim nannte.[48] Auch wenn es keine Hinweise gibt, dass Lessing zu Angehörigen der Familie Bettelheim, die wie andere Pressburger Juden um die Mitte des 18. Jahrhunderts die Leipziger Messe besuchten, Kontakte entwickelt hätte,[49] überrascht es nicht, dass er auf seiner Reise nach Wien 1775 die Gelegenheit ergriff, um Pozsony, auf deutsch Pressburg, einen Besuch abzustatten; überraschend ist nur, dass es von diesem kurzen Aufenthalt keine Nachricht in den einschlägigen Standardwerken der neueren Lessing-Literatur gibt.[50] Seine Verbindungen zur dortigen jüdischen Gemeinde waren jedenfalls auch postum noch so intensiv, dass die österreichische Erstaufführung ›Nathans des Weisen‹ 1785 in Pressburg und nicht erst 1819 in Wien stattfand,[51] und vermutlich hatte Lessing zu dieser Stadt schon im Zusammenhang mit seiner Arbeit an ›Minna von Barnhelm‹ direkt Kontakt. Alfred Klaar hat in einem Beitrag zur Festschrift für Ludwig Geiger erstmals seit Erich Schmidt wieder an Lessings Besuch in Pressburg erinnert, nachdem ihm auch der dortige Stadtarchivar Johann Batka in einem Brief vom 29. Januar 1905 geschrieben hatte, »daß Lessing bei Gelegenheit seines Wiener Aufenthaltes auch unsere Stadt aufgesucht« hatte. Wir wissen nur nicht, wie lange dieser Besuch in der Stadt gedauert und mit wem er sich hier getroffen hat.[52]

---

48 Feilchenfeldt, A propos Lessing (Anm. 5), S. 194–197.
49 Ebd., S. 206, Anm. 71,
50 Vgl. u. a. Nisbet, Lessing (Anm. 10), S. 584–587.
51 Das Datum der österreichischen ›Nathan‹-Erstaufführung 1819 ist zu korrigieren bei Norbert Bachleitner, Die literarische Zensur in Österreich von 1751 bis 1848, Wien, Köln, Weimar 2017 (= Literatur in Studien und Quellen 28), S. 299 f.
52 Vgl. Alfred Klaar, Die österreichische Uraufführung von Lessings ›Nathan‹, in: Beiträge zur Literatur- und Theatergeschichte. Ludwig Geiger zum 70. Geburts-

4. Sofern Tellheim im Kontext von Lessings Lustspiel historisch als Jude verstanden werden sollte, kann dies nur unter der einen Prämisse sinnvoll sein, dass bereits um die Mitte des 18. Jahrhunderts im damals aktuell diskutierten Zusammenhang mit der juristischen Gleichstellung der Juden in Preußen auch ihre Beteiligung am Kriegsdienst in verschiedenen amtlichen Denkschriften erörtert und befürwortet wurde und Lessing davon Kenntnis hatte. ›Minna von Barnhelm‹ wäre unter dieser Voraussetzung ein Theaterstück, das, indem es Tellheim mit Merkmalen einer jüdischen Identität ausstattet, als zukunftsweisendes öffentliches Bekenntnis zur Emanzipation der Juden gelesen werden müsste; denn solange sie vom Kriegsdienst ausgeschlossen waren, hatten sie im Zuge ihrer Ungleichbehandlung auch noch um so höhere Sondersteuern zu entrichten.

Eines der frühesten Dokumente der preußischen Geschichte »über Judenschutz und die Behandlung der Juden im allgemeinen« ist der vom 23. März 1765 datierte Bericht des preußischen Generalfiskal Johann Friedrich Benjamin d'Asnières an König Friedrich II. Nachdem seit einem Vorläuferdokument aus dem Jahr 1728 während fast 40 Jahren keine Änderungen an der Rechtsstellung der Juden in Preußen vorgenommen worden waren, bestand Anlass, über die möglicherweise nicht mehr zeitgemäßen Bestimmungen von damals nachzudenken. Im Mittelpunkt der Überlegungen stehen dabei die finanziellen Leistungen der jüdischen Steuerzahler, bei denen zwischen den »bürgerlichen onera«, allgemeinen Lasten, die auch Nicht-Juden abzugelten hatten, und anderen wie »Schutz-Gelder, Recruten-Gelder, Calender-Gelder, Trauscheingelder« u.a. unterschieden wird. Auffällig ist dabei die Erwähnung der »Kriegsdienste«, deren Ertrag von jüdischer Seite nach alter Regel noch immer durch Steuern ausgeglichen wird, d.h. Juden »können zwar dem Landesherrn die großen Dienste im Kriege, in Übernehmung der schwersten Justiz-Polizei- und Finanz Dienste, in Ausbreitung der Wissenschaften pp. nicht leisten, die ihm die Christen leisten, hierinnen sind sie aber von den christlichen Kaufleuten und Fabricanten im geringsten nicht unterschieden […] hierzu kommt aber, daß, wenn ich die Kriegsdienste ausnehme /: u. auch hierbei wäre vieles

tage 5. Junius 1918 als Festgabe dargebracht, Berlin-Steglitz 1918, S. 69–74, hier: S. 73 f. – Den Hinweis auf Lessings Besuch in Pressburg konnte ich bei Erich Schmidt nicht verifizieren.

zu erinnern, im übrigen die Juden vielleicht das alles prästiren würden, was die Christen tun, wenn ihnen mehr Freiheit gelassen, und sie nur gut angeführet würden.«[53]

Dabei gibt es dafür, dass Lessing persönlich ganz direkt in diese Diskussion einbezogen war, keine Nachweise, obwohl ihm als einem Sekretär in Kriegsdiensten die Frage nach der Rekrutierung jüdischer Soldaten nicht unvertraut gewesen sein dürfte. Belegbar ist seine Zuständigkeit in dieser Frage erst postum in einer Broschüre aus dem Jahr 1788 von O. E. Kling ›Soll der Jude Soldat werden? unpartheyisch beantwortet‹, deren Verfasser sich dazu ausdrücklich auf Lessing bezieht: »Herr Hartwig Wessely pflichtete in seinem Werkchen: Worte der Wahrheit und des Friedens, dem Lessingischen Satze bey, daß man nähmlich eher Mensch, als Jude ist, das heißt: daß die Verbindlichkeit zu den allgemeinen Bürgerpflichten sogleich mit dem Eintritt in dieses Leben, jene hingegen zur Erfüllung besonderer Religionspflichten, erst mit reiferem Alter, freywilliger Wahl, und ungezwungenem Beytritt anhebt.«[54]

In derselben Broschüre wird auch ein weiter zurückliegendes Beispiel aus den Jahren 1742/43 erwähnt, als »der Ober-Rabbi Jonathan Eibischiz, den Prager Juden die Erlaubniß ertheilet, an ihrem Versöhnungstage, welcher unter allen Feyertagen von ihnen als der heiligste geschätzt wird, auf den Stadtschanzen Prags gegen die feindliche französische Armee zu arbeiten«.[55] Die Aktualität, die der Kriegsdienst für die Emanzipation der Juden und für die Überwindung ihrer Ungleich-

---

53 Selma Stern, Der Preußische Staat und die Juden. Dritter Teil: Die Zeit Friedrichs des Großen. Zweite Abteilung: Akten. Erster Halbband, Tübingen 1971, S. 411– 417, hier: S. 414 f. Ferner dass., Dritter Teil. Erste Abteilung: Darstellung, S. 44– 47. – Den Hinweis auf diesen Text verdanke ich Dr. Manfred Jehle, Berlin.

54 O. E. Kling, Soll der Jude Soldat werden? unpartheyisch beantwortet. Sammt einer authentischen Beylage von der Triester Judengemeinde, Wien 1788, S. 6. Vgl. [Naphtali Herz Wessely,] Worte der Wahrheit und des Friedens an die gesammte jüdische Nation. Vorzüglich an diejenigen so unter dem Schutze des glorreichen und Großmächtigsten Kaisers Josephs des Zweyten wohnen. Aus dem Hebräischen nach der Berliner Ausgabe [übersetzt von David Friedländer], Wien 1782, S. 5: »Diese Kenntniße gehn auch den göttlichen höhern, der Zeit nach, vor. Mensch seyn ist eine Stufe höher, als Israelite seyn. Gottesfurcht, und sittliches Gefühl, vereinigt mit gesellgen Tugenden, sind die ersten Grundlagen zur Fähigkeit, die erhabnen Lehren zu fassen und zu befolgen, die über die Gränzen des menschlichen Verstandes gehn, und den Israeliten bilden.«

55 Kling, a. a. O., S. 9.

behandlung entwickelte, beleuchtet 1788 auch eine anonym erschienene Antwort auf die Borschüre von O. E. Kling von Saul Ascher, der darin ebenfalls »die bürgerliche Verbesserung der Juden« mit deren Aufnahme in den Militärdienst verbindet.[56]

5. Die Tatsache, dass Lessing in ›Die Juden‹ und ›Nathan der Weise‹ jüdische Figuren hat auftreten lassen, ist unbestritten. Es könnte außerdem aber nicht nur der Major von Tellheim eine weitere solche Figur in Lessings Werk darstellen, sondern auch eine Frau wie im Titel seines Dramas ›Miss Sara Sampson‹ und noch dazu in ›judenenglischer‹ Orthographie (Abb.).[57] Zwei Jahre nach dem englischen ›Jew Bill‹ oder ›Jewish Naturalisation Act‹ von 1753 muss man sich wohl fragen dürfen, warum Lessing mit seinem 1755, zwei Jahre später, uraufgeführten Stück das Drama einer Familie Sampson mit englischem Kolorit auf die Bühne bringt, wenn es ihm dabei nicht erneut auch aktuell um das Thema Judentum gegangen wäre. Die Interpretationsgeschichte dieses Stücks, das notorisch als erstes ›bürgerliches Trauerspiel‹ in deutscher Sprache gewürdigt wurde, hat die ›Jewish Naturalisation Act‹ und die, sich in der Folge dieses gesetzgeberischen Versuchs zur Besserstellung der Juden, ereignenden, antisemitischen Ausschreitungen in England ignoriert.[58] Dabei hat in seiner Rezension des Lustspiels ›Die Juden‹

56 [Saul Ascher,] Bemerkungen über die bürgerliche Verbesserung der Juden veranlaßt bei der Frage: Soll der Jude Soldat werden?, [o. O.] 1788.

57 Eleazar ha-Levi, Jewish Naming Convention in Angevin England, S. 1–8, hier: S. 8; https://heraldry.sca.org/names/jewish.html (aufgerufen am 6.10.2023). Die moderne Orthographie des Namens belegt ein Grabstein auf dem Liberal Jewish Cemetery, Pound Lane Willesden. London NW 10 2 HG. – Ich danke Frau Regina Hepner für die Überlassung einer Aufnahme als Abbildungsvorlage. – Interessant ist in diesem Zusammenhang der Kommentar zum Lemma ›Miss Sara‹, in: Lessing, Werke und Briefe (Anm. 4), Bd. 3: Werke 1754–1757, hrsg. von Conrad Wiedemann unter Mitwirkung von Wilfried Barner und Jürgen Stenzel, Frankfurt am Main 2003 (= Bibliothek deutscher Klassiker 184), S. 1262: »Für eine Anspielung auf die biblische Sara, Halbschwester Abrahams und Stammesmutter des Volkes Israel gibt es keine Anzeichen.« Vgl. auch Karl Eibl, Gotthold Ephraim Lessing. Miss Sara Sampson. Ein bürgerliches Trauerspiel, Frankfurt am Main 1971 (= Commentatio. Analysen und Kommentare zur deutschen Literatur 2), S. 119 f.

58 Vgl. u. a. Eibl, a. a. O., S. 173–214. – Das einzige Indiz, das darauf schließen lassen könnte, dass Lessing bei der Ausarbeitung seines Bürgerlichen Trauerspiels ›Miss Sara Sampson‹ die ›Jewish Naturalisation Act‹ und deren Scheitern in der englischen Öffentlichkeit vor Augen hatte, resultiert aus der Tatsache, dass er sich aus

Abb. Grabstein auf dem Liberal Jewish Cemetery, Pound Lane Willesden.
London NW 10 2 HG (Foto: Regina Hepner).

vom 13. Juni 1754 Michaelis unter Bezugnahme auf das aktuelle politische Tagesgeschehen die Lage in England bereits offen angesprochen:

> Wir haben in unsern Gedancken dieses Leßingische Lust-Spiel aus Deutschland nach England hinüber gebracht, wo im vorigen Jahre eine Comödie von der Art nöthig gewesen seyn könnte, um das Volck von seinem ausschweifenden Haß gegen die Juden und von seiner Widersetzung gegen die Juden-Acte zurück zu bringen. Dis wäre ein Schau-Platz, wo es sich Ruhm erwerben könnte.[59]

bisher unbekannt gebliebenen Gründen zur Niederschrift des Stücks nach Potsdam zurückgezogen und mit niemandem aus seinem Freundeskreis außer mit Moses Mendelssohn brieflich Kontakt hatte, um seine verborgenen Absichten geheimzuhalten; vgl. ebd., S. 137 f. Ferner den Kommentar in: Lessing, Miss Sara Sampson (Anm. 57), S. 1205 f.

59 Johann David Michaelis, Rezension des 4. Teils der Schriften, in: Lessing, Die Juden (Anm. 18), S. 1246–1249. Den Zusammenhang dieser Textstelle mit den

Auf jeden Fall ist, wie Jacob Toury schon 1977 konstatierte, auch die anonym erschienene Broschüre ›Schreiben eines Juden an einen Philosophen, nebst der Antwort‹, die Lessing am 4. August 1753 in der ›Vossischen Zeitung‹ rezensierte, unter dem »Einfluß der kurzlebigen englischen sogenannten ›Jew-Bill‹« geschrieben worden, deren Zustandekommen in Deutschland nicht nur bei Lessing, sondern auch bei anderen Lesern seiner Zeit Aufsehen erregte.[60]

Schlussfolgerung

Da der Name Dellheim bis ins 20. Jahrhundert als Familienname einer aus Deutschland vertriebenen jüdischen Emigrantenfamilie in England überlebt hat und die Schreibung dieses Namens mit dem Anfangsbuchstaben »D« oder »T« genealogisch keine entscheidende Varianz darstellt, gibt es an der jüdischen Konnotation des Namens Tellheim keinen Zweifel.[61] Wie Lessing auf diesen Namen gekommen sein mag, kann aus unterschiedlichen Anlässen motiviert worden sein, und welche Merkmale oder Analogien jüdischer Identität den Major in preußischen Diensten über seinen Namen hinaus kennzeichnen, ergibt sich letztlich aus der Entstehungszeit des Stücks, in dem er als Figur im zeithistorischen Kontext vorkommt. Er ist vermutlich getauft wie der ihm deswegen nahestehende, als Major in preußischen Diensten histo-

»Unruhen, die England 1753 ergriffen, als aufgrund der Naturalisationsbill den in England geborenen oder sich dort bereits seit längerer Zeit aufhaltenden Juden das Recht auf Einbürgerung zuerkannt werden sollte«, kommentiert Grosse, Lessing (Anm. 18), S. 52.

60 Vgl. Jacob Toury, Toleranz und Judenrecht in der öffentlichen Meinung vor 1783, in: Judentum im Zeitalter der Aufklärung, hrsg. vom Vorstand der Lessing-Akademie, Bremen und Wolfenbüttel 1977 (= Wolfenbütteler Studien zur Aufklärung 4), S. 55–73, hier: S. 57.

61 Vgl. Juden in Mutterstadt. 3.1.0. Mutterstadter Persönlichkeiten in Bezug auf die ehemalige jüdische Gemeinde und ihre Nachkommen. 3.1.7. Alfred (Fred) Dellheim, Kombinatslenker in Berlin-Ost, DDR (GDR) – Publizist mit sozialistischem, liberalem, marktwirtschaftlichem Politikverständnis; https://judeninmutterstadt. org/3-0-0-mutterstadter-persoenlichkeiten-in-sonderstellung-zu-der-ehem-juedischen-gemeinde/ (aufgerufen am 6.10.2023). Ferner zum Thema: Dietz Bering, Der Name als Stigma. Antisemitismus im deutschen Alltag 1812–1933, Stuttgart ²1988, S. 28–39.

risch nachgewiesene hohe Offizier Konstantin Nathanael von Salemon, der einzige seines militärischen Ranges, den Friedrich II., obwohl oder gerade weil er jüdischer Abstammung war, zum Karriereabschluss sogar zum Generallieutenant beförderte.[62]

In seiner Wirkung war der jüdische Offizier auf der Bühne eine Symbolfigur. Sie bedeutete zur Entstehungszeit des Stückes für die immer noch in ihren Anfängen stehengebliebene Emanzipation der Juden einen Appell auf dem Weg zur Aufhebung ihrer Ungleichbehandlung im öffentlichen Leben. In der Zulassung zum Kriegsdienst lag für die jüdische Bevölkerung in Preußen eine erstrebenswerte Stufe auf dem Weg zur Gleichstellung mit den christlichen Untertanen. Aus diesem Grund versteht sich Lessings ›Minna von Barnhelm‹ in seiner Zeit als Beitrag zur Propagierung eines emanzipierten Judentums in Preußen. Die Tatsache, dass es dafür unter den zeitgenössischen Reaktionen keine einzige Stimme gibt, die diesen Gedanken auch nur andeutungsweise ausgesprochen hätte, hat die Interpretationsgeschichte des Stücks bis heute beeinflusst und ein wichtiges Kapitel seiner Bedeutung ausgeblendet. Die Tatsache, dass Lessing anders als in seinen Stücken ›Die Juden‹ und ›Nathan der Weise‹ die Verwendung des Wortes »Jude« in ›Minna von Barnhelm‹ vermeidet, dürfte der Einsicht geschuldet sein, dass er sich sonst als Autor in der Öffentlichkeit in einer Weise exponiert hätte, die für ihn persönlich auch im Hinblick auf eine publizistische Kontroverse, wie er sie als Reaktion auf ›Die Juden‹ erlebt hat, hätte politisch bedrohlich werden können. Deshalb gehört im Lustspiel ›Die Juden‹ die Judendarstellung sinnvollerweise zum Theaterjuden der Volkstheatertradition[63] und ist im ›Nathan‹ einer theologischen Streitfrage untergeordnet, die durch ihre überdies literarische Formgebung als »dramatisches Gedicht« inhaltlich entschärft werden sollte und auch konnte. ›Minna von Barnhelm‹ zeigt Lessing auf der Zwischenstufe eines politischen Bewusstwerdungsprozesses, der bei aller Vorsicht, die er dabei als Autor beachtete, später auch an seinem Trauerspiel ›Emilia Galotti‹ beobachtet werden sollte.

---

62 Vgl. von Poten, Constantin Nathanael von Salenmon (Anm. 7), S. 215 f.
63 Vgl. Liebe, Das Judentum in der deutschen Vergangenheit (Anm. 30), S. 118 f.

CHRISTOPH PERELS

Cluster der Diskurse

Goethes Elegie ›Amyntas‹

Um das Jahr 1970 kamen in der Literaturwissenschaft Fragestellungen und Methoden auf, von denen noch nicht gesichert ist, ob sie die überkommene Philologie ablösen oder nur erweitern. Es sei kurz daran erinnert.

1968 gab Philippe Sollers unter dem Titel ›Théorie d'ensemble‹ einen Sammelband heraus, in dem Julia Kristeva den Terminus ›Intertextualität‹ einführte, der alsbald in der Literaturwissenschaft, obgleich darin schon länger praktiziert, eine besondere Wirkung entfalten sollte.[1] Freilich ist er so, wie Kristeva ihn fasst, nur schwer oder gar nicht operationalisierbar. Wenig später, 1971, erschien ›L'ordre du discours‹ von Michel Foucault, der eine neue Theorie des Kommentars aufstellte.[2] Foucault fasst alle Texte, die durch Texte veranlasst sind, als Kommentare auf. Dabei ist deren Aufgabe keine andere, »que de dire enfin ce qui était silencieusement articulé là-bas«.[3] Sein Focus sei »la simple récitation«. Foucault unterlässt es an dieser Stelle näher zu bestimmen, was er unter »récitation« versteht. Sieht man nämlich von einer maschinellen Wiederholung ab, so gibt es streng genommen gar keine »récitation«, sondern immer nur citation und citation und citation. Und das gilt auch bei Wiederholung des unveränderten Wortlauts. Wiederum zwei Jahre später stellte Harold Bloom unter dem Titel ›The Anxiety of Influence. A Theory of Poetry‹ eine Theorie vor, die wie die Gruppe Tel Quel in Paris die strenge Ausrichtung auf den Einzeltext und seinen

---

1 Philippe Sollers et al., Théorie d'ensemble, Paris 1968 (= Collection Tel Quel, dirigée par Philippe Sollers). Darin Julia Kristeva, Problèmes de la structuration du texte, S. 297–316, hier: S. 311–316: L'intertextualité. Le texte comme idéologème.
2 Michel Foucault, L'ordre du discours, Paris 1971 (deutsch 1974).
3 Ebd., S. 27.

»monarchischen Zug« (Peter Szondi 1962)[4] infrage stellt.[5] Ebenfalls von den siebziger Jahren an wurden die schon älteren Arbeiten des russischen Literaturtheoretikers Michail Bachtin in der westeuropäischen und amerikanischen Literaturwissenschaft rezipiert;[6] sie kreisen unter anderem um das Problem der Dialogizität von Texten und stellen den »Absolutheitsanspruch« (Peter Szondi)[7] des Einzelkunstwerks in Frage. Schließlich gewann Gérard Genette mit seinem zusammenfassenden Werk ›Palimpsestes‹ von 1982 besonderen Einfluss auf die germanistische Literaturanalyse.[8] Zuvor waren die Literaturwissenschaften gekennzeichnet durch den New Criticism, das Close Reading[9] und ihre deutsche Variante, die werkimmanente Interpretation.[10] Hier wieder-

4 Peter Szondi, Zur Erkenntnisproblematik in der Literaturwissenschaft, in: Wissenschaft und Verantwortung. Universitätstage 1962. Veröffentlichung der Freien Universität Berlin, Berlin 1962, S. 73–91, hier: S. 82. Der Aufsatz wurde später unter dem Titel ›Traktat über philologische Erkenntnis‹ wiederveröffentlicht.

5 Harold Bloom, The Anxiety of Influence. A Theory of Poetry, London, Oxford, New York 1973 (deutsch Basel und Frankfurt am Main 1995). Im Kontext einer Analyse von Goethes Fragment ›Der ewige Jude‹ vor dem Hintergrund von Klopstocks ›Messias‹ bemängelt Meredith Lee, »dass nur solche Begriffe von Nachahmung und Beeinflussung zur Verfügung stehen, die immer einen Gewinner und einen Verlierer schaffen«. Hier liegt in der Tat eine Schwäche in der Übertragung psychoanalytischer Ansätze in die Textwissenschaften. Vgl. Meredith Lee, Eingeleiert in Klopstocks Rhythmus. ›Der Messias‹ und Goethes Fragment ›Der ewige Jude‹, in: Klopstock an der Grenze der Epochen, hrsg. von Kevin Hilliard und Katrin Kohl, Berlin und New York 1995, S. 117–131, hier: S. 120 und S. 131.

6 Michail Bachtin, Die Ästhetik des Wortes, hrsg. und eingeleitet von Rainer Grübel. Aus dem Russischen übersetzt von Rainer Grübel und Sabine Reese, Frankfurt am Main 1979 (= Edition Suhrkamp 967).

7 Wie Anm. 4.

8 Gérard Genette, Palimpsestes. La littérature au second degré, Paris 1982 (deutsch Frankfurt am Main 1993).

9 Vgl. dazu René Wellek und Austin Warren, Theorie der Literatur, Frankfurt am Main und Berlin 1963 (zuerst in amerikanischem Englisch New York 1942 u. ö.), S. 119–121.

10 Vgl. beispielsweise Emil Staiger, Die Kunst der Interpretation, Zürich 1955. Ein vergleichender Blick auf Ernst Beutler, den Direktor des Freien Deutschen Hochstifts – Frankfurter Goethe-Museums, zeigt allerdings, dass die werkimmanente Interpretation nicht durchweg zur leitenden Methode in der deutschen Literaturwissenschaft wurde. Vgl. dazu Christoph Perels, Ernst Beutler, das Freie Deutsche Hochstift und die Universitätsgermanistik, in: Zur Geschichte und Problematik der Nationalphilologien in Europa. 150 Jahre Erste Germanistenversammlung in

holt sich, was um 1950 unter anderen Bezeichnungen unsere Wissenschaft bewegte, abgekürzt gesprochen, der Gegensatz von »morphologischer Poetik« und einer Poetik, welche die »Vielheitlichkeit« akzentuiert: »Der Roman ist […] eine vielheitliche Ganzheit, aus Vielheitlichkeit entstanden; er wächst nicht nur [wie es die morphologische Poetik nahelegt, C. P.], sondern er wird auch gemacht; seine Entstehung ist in hohem Maße ein Prozess der Integration heterogener Elemente.« Was Herman Meyer für den Roman feststellt, gilt mit Sicherheit auch für das Drama, ja sogar für einen erheblichen Teil der Lyrik. Der Gegensatz wurde in den Thesen von Günther Müller und der Replik Herman Meyers auf den Punkt gebracht.[11]

Der Titel meines Beitrags verwendet nun nicht die Begriffe »Vielheitlichkeit« oder »Ensemble«, sondern den Begriff »Cluster«. Er entstammt, wie er hier verstanden wird, der Musikwissenschaft. Ein Cluster ist – als Tontraube – eine Sonderform des Akkords, in ihm sind alle zusammengeführten Elemente gleichrangig, es gibt keine Hierarchisierung. So auch in meiner Übertragung in die Textwissenschaft: Es gibt unter der Mehrzahl der Diskurse, die zusammengeführt werden, keinen dominanten Diskurs. Sein Vorzug gegenüber den Begriffen »Ensemble« und »Vielheitlichkeit« besteht darin, dass er bereits eine ästhetische Anmutung mit sich führt, so wenig konkretisierbar sie auch sein mag.

Hier nun das Goethesche Gedicht:

AMYNTAS
Elegie

Nikias, trefflicher Mann, du Arzt des Leib's und der Seele!
    Krank! ich bin es fürwahr; aber dein Mittel ist hart.
Ach! die Kraft schon schwand mir dahin dem Rate zu folgen,
    Ja, und es scheinet der Freund schon mir ein Gegner zu sein.

Frankfurt am Main (1846–1996), hrsg. von Frank Fürbeth, Pierre Krügel, Ernst E. Metzner, Olaf Müller, Tübingen 1999, S. 579–590, hier insbesondere S. 580–585 und S. 587 f.

11 Günther Müller, Goethes Morphologie in ihrer Bedeutung für die Dichtungskunde (zuerst 1951), in: ders., Morphologische Poetik. Gesammelte Aufsätze. In Verbindung mit Helga Eigner hrsg. von Elena Müller, Darmstadt 1968, S. 287–298. Herman Meyer, Das Zitat in der Erzählkunst, Stuttgart 1961, das Zitat dort S. 12.

Widerlegen kann ich dich nicht, ich sage mir alles,
    Sage das härtere Wort, das du verschweigest, mir auch.
Aber ach! das Wasser entstürzt der Steile des Felsen
    Rasch, und die Welle des Bachs halten Gesänge nicht auf.
Rast nicht unaufhaltsam der Sturm? und wälzet die Sonne
    Sich von dem Gipfel des Tags, nicht in die Wellen hinab?
Und so spricht mir rings die Natur: auch du bist, Amyntas,
    Unter das strenge Gesetz ehrner Gewalten gebeugt.
Runzle die Stirne nicht tiefer, mein Freund! und höre, gefällig,
    Was mich gestern ein Baum, dort an dem Bache gelehrt.
Wenig Äpfel trägt er mir nur, der sonst so beladne,
    Sieh der Efeu ist schuld, der ihn gewaltig umgibt.
Und ich faßte das Messer, das krummgebogene, scharfe,
    Trennte, schneidend und riß Ranke nach Ranken herab;
Aber ich schauderte gleich, als, tief erseufzend und kläglich,
    Aus den Wipfeln, zu mir, lispelnde Klage sich goß.
O! verletze mich nicht! den treuen Gartengenossen,
    Dem du, als Knabe, so früh, manche Genüsse verdankt.
O! verletze mich nicht! du reißest mit diesem Geflechte,
    Das du gewaltig zerstörst, grausam das Leben mir aus.
Hab ich nicht selbst sie genährt und sanft sie herauf mir erzogen?
    Ist wie mein eigenes Laub mir nicht das ihre verwandt?
Soll ich nicht lieben die Pflanze, die, meiner einzig bedürftig,
    Still, mit begieriger Kraft, mir um die Seite sich schlingt?
Tausend Ranken wurzelten an, mit tausend und tausend
    Fasern, senket sie, fest, mir in das Leben sich ein.
Nahrung nimmt sie von mir, was ich bedürfte genießt sie,
    Und so saugt sie das Mark, sauget die Seele mir aus.
Nur vergebens nähr ich mich noch, die gewaltige Wurzel
    Sendet lebendigen Saft, ach! nur zur Hälfte hinauf.
Denn der gefährliche Gast, der Geliebte, maßet behende,
    Unterweges die Kraft herbstlicher Früchte sich an.
Nichts gelangt zur Krone hinauf, die äußersten Wipfel
    Dorren, es dorret der Ast über dem Bache schon hin.
Ja, die Verräterin ist's! sie schmeichelt mir Leben und Güter,
    Schmeichelt die strebende Kraft, schmeichelt die Hoffnung mir ab.
Sie nur fühl ich, nur sie, die umschlingende, freue der Fesseln,
    Freue des tötenden Schmucks, fremder Umlaubung mich nur.

Halte das Messer zurück! o Nikias! schone den Armen,
   Der sich in liebender Lust willig gezwungen, verzehrt.
Süß ist jede Verschwendung! o! laß mich der schönsten genießen!
   Wer sich der Liebe vertraut hält er sein Leben zu Rat?

Für Goethes Elegie[12] aus dem September 1797 ist von einer ganzen
Reihe von Diskursen auszugehen. Als erster ist der zur europäischen
Bukolik zu nennen. Goethe ruft ihn mit der Wahl des Namens »Amyntas« als Titel seines Gedichts geradezu herauf, denn »Amyntas« ist seit
Theokrit in der Schäferpoesie topisch. Er begegnet bei dem antiken sizi-
lianischen Dichter, zu Tassos Schäferspiel ›Aminta‹ liefert er den Titel,
und in der Schäferdichtung unmittelbar vor Goethe findet man ihn
beispielsweise bei Salomon Geßner und Johann Christoph Rost. Der
Bukolik-Diskurs bezieht sich, ausdrücklich oder unausgesprochen, auf
das Goldene Zeitalter, und wenn er wie in den Idyllen von Maler Müller
oder Johann Heinrich Voß vermieden wird, so hat dieser Verzicht demonstrativen Charakter. Diese beiden Idyllen-Dichter erweitern den
bukolischen Diskurs, sie führen ihn aus der rein fiktiven Welt artifiziel-
ler Landschaften und Handlungen in die sozialen Welten ihrer Gegenwart. Goethe hingegen verlässt diese Kontexte, seien es die artifiziellen,
seien es die sozialen. Sein Gedicht knüpft vielmehr an Erkenntnisse der
neueren Naturwissenschaften an. Zwar ist Schäferdichtung wesentlich
Liebesdichtung, und insofern mag man Goethes ›Amyntas‹ als von ihr
abgeleitet betrachten. Aber der Text schließt in anderer Weise an den
Begründer der Gattung Ekloge an. Theokrit ist hier zwar präsent, jedoch mit einem anderen Aspekt seiner Poesie. Darauf weist der zweite
im Gedicht genannte Name hin: Nikias. Wenn es hier nun auch keinen
Bukolik-Diskurs gibt, so gibt es doch einen Theokrit-Diskurs, der dem
naturwissenschaftlichen und als drittem dem Christiane-Diskurs vor-
ausläuft. Goethes Gedicht gehört zwar auch in die Rede über die Ekloge
oder die Idylle, und dazu ließe sich einiges sagen, denn die Positionierung im Komplex der Goetheschen Elegien-Dichtung zwischen den
›Römischen Elegien‹ und den Elegien in Schillers Musenalmanach auf

---

12 Meinen Ausführungen liegt der Abdruck der Elegie in Johann Wolfgang Goethe,
    Gedichte 1756–1799, hrsg. von Karl Eibl, Frankfurt am Main 1987 (= Frankfurter
    Ausgabe, Abt. I, Bd. 1), S. 632 f. zugrunde.

das Jahr 1799 wäre es wert, näher betrachtet zu werden. Aber das würde an dieser Stelle zu weit in die Geschichte der Gattung führen.[13]

Ich kehre zu Theokrit zurück. Seine Rezeption setzt im 15. Jahrhundert ein, als die griechischsprachigen Theokrit-Handschriften aus Byzanz nach Venedig gelangten und von den Humanisten bearbeitet wurden.[14] Hier fand Goethe in Theokrits Idylle ›Das Erntefest‹ (Θαλύσια) den Namen Amyntas, in den Idyllen ›Der Zyklop‹ (Κύκλωψ), ›Hylas‹ (Ὕλας) und ›Die Spindel‹ (Ἀλακάτα) sowie im Epigramm »Auch nach Milet gelangte …« (Ἦλθε καὶ ἐς Μίλητον …) den Namen Nikias.[15] Goethes Vertrautheit mit Theokrit reicht bis in seine Jugendzeit zurück. In der häuslichen Bibliothek am Großen Hirschgraben in Frankfurt am Main stand eine griechischsprachige Textausgabe mit einer hinzugefügten lateinischsprachigen Paraphrase und den Kommentaren der Humanisten Henricus Stephanus' des Jüngeren (1528–1598), Joseph Justus Scaligers (1540– 1609) und Isaak Casaubonus' (1559–1614), herausgegeben von Johann Jakob Reiske.[16] Theokrit vertritt in Goethes Rede auf Shakespeare aus dem Jahr 1771 die Lyrik neben dem Epiker Homer und dem Dramatiker Sophokles.[17] In der Hymne ›Wandrers Sturmlied‹,

13 Friedrich Beißner, Geschichte der deutschen Elegie, Berlin 1941, erwähnt ›Amyntas‹ nur beiläufig. Dennoch ist das Werk noch immer schätzenswert, unter anderem wegen seiner Abschnitte über die Elegie ›Der neue Pausias und sein Blumenmädchen‹, wie ›Amyntas‹ aus dem Jahr 1797.

14 Vgl. dazu Renate Böschenstein, Idylle, 2., durchgesehene und ergänze Auflage, Stuttgart 1977 (= Sammlung Metzler 63). Das Buch geht nur am Rande auf die Geschichte der Theokrit-Überlieferung ein, bietet aber die erforderlichen Hinweise auf die ältere Literatur.

15 Leicht zugänglich die zweisprachige Ausgabe: Theokrit, Gedichte. Griechisch – deutsch ed. F. P. Fritz, Freising 1970. Hier die Seiten 54, 80, 88, 198, 210.

16 Theocriti Reliquiae utroque sermone Cum Scholiis Graecis et Commentariis integris Henrici Stephani, Josephi Scaligeri et Isaci Casauboni. Curavit hanc editionem Graece ad optimos codices emendavit Libros tres animadversionum Indicesque verborum Theocriteorum addidit Jo. Jacobus Reiske, Viennae et Lipsiae Sumtus Jo. Frid. Jahn 1765, Band II 1766.

17 Zum Schäkespears Tag, in: Der junge Goethe. Neu bearbeitete Ausgabe in fünf Bänden, hrsg. von Hanna Fischer-Lamberg, Bd. 2, Berlin 1963, S. 83–86, hier: S. 84: »Ich kann mich nicht erklären was das heisst, aber ich fühls, und berufe mich der Kürze halber auf Homer und Sophokles und Theokrit die habens mich fühlen gelehrt.«

wohl 1772 geschrieben, steht er neben Anakreon und Pindar.[18] Im Sommer 1772 gehört er zu Goethes Lektüreprogramm griechischer Autoren.[19]

Wichtig wurde für den Dichter in dieser frühen Zeit besonders Herders Theokrit-Verständnis, das sich polemisch gegen Salomon Geßners idealisierendes Bild des griechischen Dichters wendet:

> Platonisch vollkommen denkt, empfindet und liebt kein Schäfer in ihm. Er überläßt sie ihrer Natur, die nach ihrem Zeitalter und nach ihrer Gesellschaft unschuldig ist. Seine Schäferhelden sind nicht jenem philosophischen Helden gleich, *Qui metus omnes et inexorabile fatum | Subjicit pedibus* – – alsdenn wären sie unerträglich. Seine Liebe wird stürmisch, wird Raserei bis zum Tode; selbst seine Grazien sind nichts weniger als höchst verschönerte Ideale.[20]

Der Theokrit-Diskurs vor Goethe kannte das »härtere Wort«, das der Nikias in Goethes Elegie, Verse 5 f., verschweigt: »Widerlegen kann ich dich nicht, ich sage mir alles, | Sage das härtere Wort, das du verschweigest, mir auch.« Dieses härtere Wort, es ist das Wort »Tod«. Unter den frühen Lesern des Gedichts hat Wilhelm von Humboldt erkannt, dass es in die Theokrit-Rezeption gehört: »Mir wenigstens führt der Anfang dieser Elegie immer die Theokritischen Zyklopen zurück.«[21]

Überhaupt stellen die neunziger Jahre des 18. Jahrhunderts eine Epoche verdichteter Theokrit-Rezeption in Deutschland dar, und zu ihr gehört Goethes Idyllendichtung derselben Zeit. 1793 erschien zum ersten Mal eine vollständige deutsche Übersetzung des Corpus Theocritianum, von Ernst Christoph Bindemann,[22] darin auch die Elegie ›Der Kyklope‹, an deren Anfang der Sprecher des Gedichts und der Arzt Nikias sich

---

18 Ebd., S. 230.

19 Ebd., S. 255, Brief an Herder, Sommer 1772.

20 Herder, Über die neuere deutsche Litteratur, Zwote Sammlung, in: Herders Sämmtliche Werke, hrsg. von Bernhard Suphan, Bd. 1, Berlin 1877, S. 241–356, hier: S. 342.

21 Brief Humboldts an Goethe, Anfang April 1798; Briefe an Goethe. Textkritisch durchgesehen und mit Anmerkungen versehen von Karl Robert Mandelkow, Bd. 1, München ³1988, S. 304–311, zu ›Amyntas‹. S. 305.

22 Theokrits Idyllen und Epigramme. Aus dem Griechischen metrisch übersetzt und mit Anmerkungen, Berlin 1793. ›Der Kyklope‹ S. 122–130.

über die Diagnose und das Versagen jeder medizinischen Therapie angesichts der Liebeskrankheit verständigen:

> Gegen die Liebe, mein Nikias, wächst kein anderes Heilkraut,
> Gibt es nicht Salben noch Tropfen, die Musen nur können sie
>> lindern.

Eine abweichende Version dieses Gedichtanfangs, ebenfalls von Bindemann, erschien drei Jahre später:

> Gegen die Liebe, mein Nikias, wächst kein linderndes Heilkraut,
> Balsam wüßt ich ihr nicht noch Tränke, sie weicht nur den Musen.
> Heilend und süß ist die Blume des Lieds.[23]

Die vernehmlichste Stimme im Theokrit-Diskurs dieser Jahre ist die von Johann Heinrich Voß, Eduard Mörike spricht schon in der Mitte des 19. Jahrhunderts vom »mit Unrecht fast vergessene[n] Bindemann«.[24] Zwar kam Voß' Gesamtausgabe des griechischen Dichters erst 1808 heraus, doch stand Goethe mit ihm schon zuvor in permanentem Austausch über Probleme der antiken Dichtung, zumal bei metrischen Fragen. Bindemann rühmt ihn im Vorwort seiner Ausgabe über die Maßen, und Goethe würdigt ihn 1804 als Übersetzer antiker Literatur: Er »reiche die älteren Schriften uns mit geübter Meisterhand dergestalt herüber, daß fremde Nationen künftig die deutsche Sprache als Vermittlerin zwischen der alten und neuen Zeit höchlich zu schätzen verbunden sind«.[25] Bei Voß lauten die ersten Verse der Idylle ›Der Kyklop‹:

> Nie ward gegen die Lieb' ein anderes Mittel bereitet,
> Nikias, weder in Salbe, so scheint es mir, noch in Latwerge,
> Als Pieridengesang.[26]

---

23 Archiv der Zeit 1796, Bd. 2, S. 283. Ein erster Hinweis auf diesen Abdruck im Kommentar von Eibl (Anm. 11), S. 1203, hier ohne Nennung des erst am Schluss der Elegie im ›Archiv der Zeit‹ genannten Verfassers.

24 Eduar Mörike, Werke und Briefe. Historisch-kritische Gesamtausgabe, Bd. 8/1: Übersetzungen. Text, hrsg. von Ulrich Hötzer, Stuttgart 1976, S. 287 (Mörike im Vorwort zu seinen ›Übersetzungen aus Theokrit‹, 1855).

25 WA I 40, S. 282. Dieser Artikel Goethes zum Ruhm von Voß ist zugleich ein wichtiger Beitrag zum Thema »Übersetzung« und »Weltliteratur«.

26 Theokritos Bion und Moschos von Johann Heinrich Voss, Tübingen 1808, S. 104.

Erste Proben aus seinem verdeutschten Theokrit hatte Voß schon 1785 gegeben, woraufhin Christoph Martin Wieland den Ehrentitel eines »deutschen Theokrit« von Geßner auf Voß übertrug.[27]

Dass Goethe den Theokrit-Diskurs jener Jahre aufmerksam verfolgte, bezeugt auch eine Notiz von Karl August Böttiger über ein Gespräch, das er am 28. Mai 1795 mit dem Dichter führte. Man sprach über Ernst Theodor Langer, einen alten Bekannten Goethes aus seiner Leipziger Studienzeit und nun Bibliothekar in Wolfenbüttel: »Er arbeitete sehr gründliche Rezensionen in der Allgemeinen Deutschen Bibliothek, so hat er unter anderm des Erlanger Beyer Versuch über den Theokrit sehr scharf rezensiert.«[28] Der Erlanger Theologe Albert Beyer hatte 1790 Kommentare zu zwei Eklogen des griechischen Dichters publiziert.[29]

Goethes ›Amyntas‹ steht zwar im weiteren Theokrit-Diskurs der neunziger Jahre, Humboldt hat aber schon weiter gesehen, dass hier nicht nur Theokrit überhaupt aufgerufen wird, sondern im Besonderen dessen Elegie ›Der Zyklop‹. Wer nicht erkennt, dass Goethes Gedicht im Dialog mit diesem antiken Gedicht steht, dem entgeht eine wichtige Facette des modernen Textes, nämlich eine der Voraussetzungen, unter denen ein Gedicht des 18. Jahrhunderts an der Querelle des anciens et des modernes teilhaben kann. Im achten Vers heißt es: »und die Welle des Bachs halten Gesänge nicht auf«. Es gibt Konstellationen, vor denen selbst »Pieridengesang« machtlos ist. Ein Ansingen gegen die Gewalt der Krankheit, die Amyntas wie Polyphem erfasst hat, ist vergeblich.

Tritt hier der Gegensatz zwischen dem alten und dem neuen Dichter hervor, so zeigen sich in anderer Hinsicht auch deutliche Parallelen, nicht auf der inhaltlichen, sondern auf der strukturellen Ebene. Das Gedicht Theokrits setzt mit achtzehn Versen ein, in denen die Verwun-

---

27 Vgl. die Einleitung zu Voß' Gedichten von August Sauer in: Der Göttinger Dichterbund, Erster Teil, Berlin und Stuttgart o.J. (= Deutsche National-Litteratur. Historisch kritische Ausgabe 49/1), S.LXIV.

28 Goethes Gespräche. Eine Sammlung zeitgenössischer Berichte aus seinem Umgang. Auf Grund der Ausgabe und des Nachlasses von Flodoard Freiherrn von Biedermann ergänzt und hrsg. von Wolfgang Herwig, Bd.1, Düsseldorf und Zürich 1965, S.591.

29 Albert Beyer, Commentarii perpetui in Theocriti Charites et Syracusias, Erlangen 1790. Vgl. Ernst Grumach, Goethe und die Antike, Bd.1, Potsdam 1949, S.311, Anm.1.

dung des Zyklopen durch das Geschoss der Aphrodite, sein beklagens-
werter Zustand und schließlich das Heilmittel dagegen besungen werden: ἀλλὰ τὸ φάρμακον εὗρε. Darauf folgt das Lied Polyphems, das sich
an die abweisende geliebte Galatea richtet. Zwei abschließende Verse
bestätigen den Erfolg dieses Medikaments, der Zyklop gewinnt zwar
nicht die Meernymphe, aber er wird von seiner Krankheit geheilt. Goethe hat sein Gedicht ganz ähnlich strukturiert. Auf ebenfalls achtzehn
einleitende Verse setzt die »Lehre« ein, die der Baum dem erteilt, der
den Efeu herausreißen will. Vier abschließende Verse, bei denen in der
Schwebe bleibt, ob der Sprecher des Gedichts oder die Stimme des
Baums sie formulieren, lassen die Elegie in einer Sentenz schließen:

> Halte das Messer zurück! o Nikias! schone den Armen,
>   Der sich in liebender Lust willig gezwungen, verzehrt.
> Süß ist jede Verschwendung! o! laß mich der schönsten genießen!
>   Wer sich der Liebe vertraut hält er sein Leben zu Rat?

Die Verse sieben bis zwölf in Goethes Gedicht sprechen aus, woran der
Gesang als Heilmittel scheitert. Es sind Erkenntnisse der modernen
Wissenschaft. Bis Vers 27 vermeidet Goethe, das Wort »Liebe« oder ei-
nes seiner Derivativa auszusprechen, und wieder ist es Wilhelm von
Humboldt, der auf diesen Vers besonders aufmerksam macht: »Die
Stelle: soll ich nicht lieben die Pflanze u. s. w. macht einen wunderbaren
Effekt.«[30] Was die Geschlechter zueinander treibt und mit dem Gesetz
der Schwerkraft oder astrophysischen Gesetzlichkeiten gleichgestellt
wird, ist ein Gattungstrieb, ein strenges »Gesetz ehrner Gewalten«,
das als Naturgesetz nicht in der Verfügbarkeit menschlicher freier
Entscheidungen steht. Von solchen Zwängen weiß die abendländische
Schäferpoesie nichts. Goethe findet für die objektiven Naturgesetzlich-
keiten eine Sprache des hohen Stils, welche an die Albrecht von Hallers
und Klopstocks, auch die des jungen Schiller erinnert:

> Zwischen Himmel und Erd, hoch in der Lüfte Meer,
> In der Wiege des Sturms trägt mich ein Zackenfels,
> Wolken türmen
> Unter mir sich zu Stürmen
> [...]

---

30 Wie Anm. 21.

Deinen schauernden Pomp borge dem Endlichen,
Ungeheure Natur! Du, der Unendlichkeit
Riesentochter! […][31]

Goethes Interesse an Theokrit in diesen Jahren dürfte noch eine spezifi-
schere Ursache haben als eine Vorliebe für die antike Elegien-Dichtung.
1790 hatte der Dichter mit seinem ›Versuch die Metamorphose der
Pflanzen zu erklären‹ eine vorläufige Zusammenfassung seiner botanischen Studien vorgelegt.[32] Die Teilnahme eines nur als Dichter bekannten Zeitgenossen am botanischen Diskurs fand nur wenig Beifall in der
Fachwelt, wenn auch mehr als später die ›Farbenlehre‹. Aber Goethe
ließ sich nicht entmutigen, sondern suchte nach einer Brücke zwischen
seinen wissenschaftlichen Interessen und der Poesie. Und Theokrit bot
dazu tatsächlich einige Anhaltspunkte. Zwar schrieb der Begründer der
bukolischen Dichtung kein Lehrgedicht wie Empedokles oder Lucrez.[33]
Dennoch fragte die Spezialistin für antike Botanik Alice Lindsell 1937:
»Was Theocritus a Botanist?«[34] Wie Lindsell feststellt, übertrifft die
Anzahl der von Theokrit genannten Pflanzen signifikant die Zahlen bei
Homer und den Tragikern. Die Gewächse sind bei ihm sämtlich ihren
realen Standorten zugeordnet und ihre Verbreitung im östlichen und

---

31 Friedrich Schiller, Hymne an den Unendlichen, in: ders., Sämtliche Werke. Erster
    Band. Gedichte, Dramen I, hrsg. von Gerhard Fricke und Herbert G. Göpfert,
    München [7]1987, S. 83.
32 Erschienen in Gotha 1790. Vgl. dazu Christoph Perels, Zwischen Kunst und Wis-
    senschaft. Goethe und Linné, Stuttgart 2021 (= Sitzungsberichte der Wissen-
    schaftlichen Gesellschaft an der Johann Wolfgang Goethe-Universität Frankfurt
    am Main, Bd. 58, Nr. 1). Bezeichnenderweise erschien Goethes botanische Schrift
    nicht beim Verleger seiner ›Schriften‹ Göschen, sondern bei Carl Wilhelm Ettin-
    ger in Gotha. Göschen glaubte nicht an einen buchhändlerischen Erfolg dieses
    Werks eines Außenseiters.
33 Goethe suchte über die Problematik das Gespräch mit Schiller; bei erneuter in-
    tensiver Lektüre der Poetik des Aristoteles musste ihm sogleich dessen Abwä-
    gung zwischen dem Naturforscher Empedokles und dem Dichter Homer, die sich
    beide des Hexameters bedienen, in die Augen fallen. Aristoteles, Poetik 1447 b
    (Ausgabe Oxford 1965, S. 3 f.); vgl. auch Goethes Tagebuch, Eintrag vom 18. Juni
    1798. Auch der Kontakt zu Carl Ludwig von Knebel gewann durch dessen Arbeit
    an der Übersetzung von Lucrez' ›De rerum natura‹ ein für Goethe bedeutsames
    Thema. Knebels Übersetzung erschien 1821 in Leipzig.
34 Alice Lindsell, Was Theocritus a Botanist?, in: Greece and Rome 6 (1937),
    S. 78–93.

westlichen Mittelmeerraum, in charakteristischem Unterschied zu Vergils Behandlung der Pflanzen in seinen ›Georgica‹, korrekt beobachtet. Als der Aristoteles-Schüler Theophrast, bekanntester Kenner der pflanzlichen Standortkunde im Altertum, verstarb, war Theokrit 25 Jahre alt, er hat vermutlich bei einem der zahlreichen Schüler Theophrasts gehört. Nikias ist kein fiktiver, sondern der wirkliche Name von Theokrits Freund, einem Arzt in Milet, den der Dichter, wie man mit guten Gründen vermutet, während seiner Studien auf der Insel Kos, einem Zentrum der Naturforschung in der nachklassischen Zeit, kennengelernt und später auch in Milet besucht hat.[35] Nikias war nicht nur Mediziner und als Mediziner insbesondere auch Botaniker, sondern auch Dichter. Der beste Theokrit-Kenner neuerer Zeit A. S. F. Gow identifiziert ihn mit jenem Nikias, von dem die Griechische Anthologie acht Epigramme aufbewahrt hat.[36]

Jedenfalls war Goethe auf der Suche nach der Integration von Naturerkenntnis und Ansprüchen der Kunst nicht allein auf die alte Gattung des Lehrgedichts angewiesen, wenn er sich auch in den neunziger Jahren darin versucht hat, wie das Gedicht ›Die Metamorphose der Pflanzen‹ bezeugt.[37] Er kannte wohl, was die ältere Theokrit-Philologie an Wissen über den Dichter bereitstellte, eine Beachtung der besonderen Naturkenntnis des Dichters fand sich darin allerdings nicht. Doch auch ohne das dürfte Goethe für die Genauigkeit des Idyllendichters hinsichtlich der ländlichen Natur im Umfeld der Theokritschen Hirten empfänglich gewesen sein.[38] Schon Salomon Geßner hatte festgestellt, dass Theokrit mehr von der Natur wusste als seine Nachahmer zumal in Frankreich: »er ist mit dieser bis auf die kleinsten Umstände bekannt

---

35   Vgl. A. S. F. Gow, Theocritus. Edited with Translation and Commentary, volume II: Commentary, Appendix, Indices, and Plates, 2nd ed., Cambridge 1952, S. 208. Wie aus Theokrits Ἀλακάτα, ›Die Spindel‹, hervorgeht, hat der Dichter der Ehefrau des Freundes ein Geschenk nach Milet mitgebracht, eine elfenbeinerne Spindel.

36   Gow schreibt allerdings ebd.: »Nothing particularly Theocritian appears in them.«

37   In Eibls Ausgabe (Anm. 12) S. 639–641. Wie der Erstdruck von ›Amyntas‹ erschien auch dieses Gedicht zuerst in Schillers Musenalmanach auf das Jahr 1799.

38   Eine biologisch unberatene, freilich ›anakreontisch‹ gerechtfertigte Strophe wie die folgende von Johann Nikolaus Götz wäre Goethe 1797 nicht in die Feder geflossen: »Was steigst du, lieblichste der Maden, | O Raupe, krumm vor Liebespein, | Vom Apfelbaum an einem Faden? | Dein Weibchen wird wohl unten sein.«

gewesen; wir sehen in seinen Idyllen mehr als Rosen und Lilien.«[39] Die oben bereits herangezogenen Verse im hohen Stil sind allerdings weit entfernt vom genus medium, in dem sich Theokrit durchweg hält. Sie seien hier im Ganzen erneut zitiert:

> Aber ach! das Wasser entstürzt der Steile des Felsen
>   Rasch, und die Welle des Bachs halten Gesänge nicht auf.
> Rast nicht unaufhaltsam der Sturm? und wälzet die Sonne
>   Sich vom Gipfel des Tags, nicht in die Wellen hinab?
> Und so spricht mir rings die Natur: auch du bist, Amyntas,
>   Unter das strenge Gesetz ehrner Gewalten gebeugt.

»Entstürzen«, »rasen«, »sich wälzen« sind Verben der Bewegung, die sich schlecht in eine Sprache der Liebe fügen, sie führen auf die »ehrnen Gewalten« hin, die im Makrokosmos herrschen. Mit der pflanzlichen und gezähmten Natur, wie sie in Theokrits Texten erscheint, haben sie nichts zu tun. Goethe musste einen Weg finden, einen Übergang zum mittleren Stil zu gestalten, der nach den objektiven Faktoren nun auch den subjektiven Elementen, den Empfindungen der Liebenden eine angemessene Sprache fand.

Er wechselt dafür, wie in jüngerer Zeit Robert Stockhammer herausgearbeitet hat, in eine Sphäre hinüber, die ihrerseits auf einer langen Tradition aufruht. Die »Lehre«, welche der Baum in der Konstellation von Apfelbaum und Efeu zu geben hat, verdichtet sich in einer emblematischen Bildüberlieferung, die, ausgehend von Zeugnissen aus der antiken Literatur, über Herder bis in Goethes unmittelbare Nähe führt.[40] Durch Goethes Kunstgriff, anstatt eines Lehrgedichts, mit dem Baum einen von der Liebeskrankheit Betroffenen sprechen zu lassen, gibt er der alten Gattung eine subjektive Wendung. Nicht so sehr eine Lehre, als vielmehr ein Bekenntnis wird hier formuliert. In ›Emblemata‹, dem Handbuch der Sinnbildkunst im 16. und 17. Jahrhundert, finden sich

---

39 Salomon Geßner, Idyllen. Kritische Ausgabe, hrsg. von E. Theodor Voss, Stuttgart 1973, S. 17.

40 Robert Stockhammer, der sich mehrfach mit der Elegie ›Amyntas‹ befasst hat, hat den Traditionszusammenhang dargestellt, u.a. im Goethe-Handbuch, Bd. 1: Gedichte, hrsg. von Regine Otto und Bernd Witte, Stuttgart und Weimar 1996, S. 252.

verschiedene Embleme,[41] die von derselben Naturerscheinung ausgehen, die Goethe in seinem Reisetagebuch am 19. September 1797 festhält: »Der Baum und der Efeu Anlass zur Elegie.«[42]

Das Bild des Gedichts geht von der bis ins 18. Jahrhundert und im Volksglauben bis heute verbreiteten Ansicht aus, der den Baum umschlingende Efeu sei eine Schmarotzerpflanze. Schon ein Emblem trägt die Inscriptio »Noxia Copulatio«, verderbliche Vereinigung, mit Belegen aus Horaz und Plinius.[43] Besonders nahe an die Reflexion, die Goethe den Baum aussprechen lässt, kommt ein Emblem mit dem Titel »Sic perire iuvat«, so zu sterben ist schön:

> Mens generosa aliis se totam impendere gestit
>   Quid ni? Tali ipsam morte perire iuvat.

> So zu sterben ist schön

> Ein edler Sinn verlangt danach, für andere sich ganz hinzugeben,
>   Warum nicht? Solch einen Tod zu sterben ist schön.[44]

Von Vers 41 f. an tritt der gefährlichen Umarmung die Empfindung der Freude entgegen,[45] das Nehmen des Efeus wird ein Geben, das scheinbare Schmarotzerverhältnis von Schlingpflanze und Stützbaum wandelt sich in ein symbiotisches Verhältnis.

Und damit ist der Weg geebnet zu einem weiteren Diskurs im Cluster, der in Goethes Biographie seinen Ursprung hat, dem Christiane-Diskurs.[46] Er verschafft der Rede über die Liebe über die literaturgeschichtliche Vermittlung und den naturgesetzlich verhängten Trieb

---

41 Emblemata. Handbuch der Sinnbildkunst im XVI. und XVII. Jahrhundert. Ergänzte Neuausgabe, hrsg. von Arthur Henkel und Albrecht Schöne, Stuttgart 1976, Sp. 277.
42 Zitiert u.a. bei Eibl (Anm. 12), S. 1204.
43 Wie Anm. 41.
44 Ebd.
45 »Sie nur fühl ich, nur sie, die umschlingende, freue der Fesseln, | Freue des tötenden Schmucks, fremder Umlaubung mich nur.«
46 Vgl. Eibl (Anm. 12), S. 1204: »Natürlich muß auch zu diesem Gedicht wieder Christiane Vulpius genannt werden.« Wichtig auch die Ausführungen in: Goethes Werke, textkritisch durchgesehen und kommentiert von Erich Trunz, Bd. 1: Gedichte und Epen I, München [16]1996, S. 614–616, im Kommentar zur Elegie ›Die Metamorphose der Pflanzen‹.

hinaus subjektive Beglaubigung. Das Entstehungsjahr der Elegie 1797 war von ungewöhnlich langen Trennungszeiten von Goethe und Christiane gekennzeichnet, und ihre Korrespondenz bezeugt ein ums andere Mal, wie sehr sie sich nach einander sehnen. Zwischen dem 11. September 1796 und dem 8. Juni 1797 arbeitete der Dichter, manchmal monatelang, in Jena an ›Hermann und Dorothea‹. Zwar sehen sich beide, meist mit dem siebenjährigen Sohn August, gelegentlich zwischendurch, aber ein längeres kontinuierliches Zusammenleben kann das nicht ersetzen. Anfang August 1797 reisen Goethe, Christiane und August nach Frankfurt am Main, um Catharina Elisabeth Goethe zu besuchen. Schon vom 8. August an sind sie wieder getrennt, und zwar lange, bis zum 20. November, als der Dichter von seiner dritten Schweiz-Reise nach Weimar zurückkehrt. Hier einige Zitate aus dem Briefwechsel der Liebenden.[47] Am 13. August 1797 schreibt Christiane:

> Leb itzo wohl. Aber wenn Du wiederkommst, da will ich Dich auch lieb haben, so wie Du Dir es gar nicht denken kannst. Adieu, liebe mich wie ich Dich.

Goethe am 15. August:

> Und nun, zum Lebewohl, noch ein paar Worte von meiner Hand. Ich liebe Dich recht herzlich und einzig. Du glaubst nicht, wie ich Dich vermisse. Nur jetzt wünschte ich reicher zu sein, als ich bin, daß ich Dich und den Kleinen auf der Reise immer bei mir haben könnte.

Christiane am 18. August:

> Lieber, Bester, nimm es mir nicht übel, daß ich so gramsele, aber es wird mir diesmal schwerer als jemals, Dich so lange zu entbehren; mir (!) waren so aneinander gewöhnt.

Und Goethe am 23. September, als er schon an der Elegie arbeitet:

> Nun muss ich Dir noch mit eigener Hand einiges hinzufügen und Dir sagen: daß ich Dich recht herzlich, zärtlich und einzig liebe, und daß ich nichts sehnlicher wünsche, als daß Deine Liebe zu mir sich immer gleich bleiben möge. Mit meinen Reisen wird es künftig nicht

---

47 Goethes Briefwechsel mit seiner Frau, hrsg. von Hans Gerhard Gräf, Bd. 1: 1792–1806, Frankfurt am Main 1916. Die folgenden Zitate S. 139, 142, 144, 158 f.

viel werden, wenn ich Dich nicht mitnehmen kann. Denn jetzt schon möchte ich lieber bei Dir zurück sein, Dir im grünen Alkoven eine gute Nacht und einen guten Morgen bieten und mein Frühstück von Deiner Hand empfangen.

Der Liebesdialog zwischen Goethe und Christiane, dessen Kenntnis wir nur dem Briefwechsel zwischen beiden verdanken, bietet zwar manchen Einblick in das Verhältnis zwischen dem Dichter und seiner aus einer so anders geprägten sozialen Welt stammenden Geliebten, Unterschiede, von denen die Elegie ›Amyntas‹ nichts widerspiegelt. Dennoch dürfte Christiane wenn nicht von der Lebenswelt, so doch von der Wahrnehmungsweise ihres Geliebten einiges verstanden haben. Denn sie unterschreibt ihren Brief vom 22. Februar 1797: »Leb wohl und behalt lieb Dein kleines Naturwesen.«[48] Es ist seit dem Beginn der Korrespondenz und bis Ende 1797 das einzige Mal, dass sie so unterschreibt, und es mag wohl sein, dass sie sich mit diesen Worten eine Formulierung aus Goethes Liebesgeflüster aneignet. Goethe nimmt in keinem seiner Briefe diese oder eine ähnliche Wendung auf. Seine Antwort auf sie ist die Elegie ›Amyntas‹.

Trotz der in ihm zusammengeführten Diskurse ist Goethes Gedicht doch keine Montage, und es gibt in ihm keine Risse, wie sie, etwa zwischen den Versen 11 und 12 oder nach Vers 41, hätten entstehen können. Wieder gibt Wilhelm von Humboldt einen wesentlichen Hinweis: »die Verse sind Ihnen mehr als vielleicht je geglückt«.[49] Zweifellos ist das elegische Distichon ein wichtiges integrierendes Strukturmerkmal des Textes, wenn auch nicht das einzige. Der »monarchische Zug« führt, wenn er tyrannisch wird, wenn er die Dekontextualisierung zu weit treibt, zu einer Verarmung der Poesie – eine Spätfolge des Symbolismus, die im verständlichen Bemühen, den Kunstcharakter unverstellt zur Geltung zu bringen, ihrerseits auch Verluste zur Folge hat.

48 Ebd., S. 90.
49 Wie Anm. 21.

HELMUT PFOTENHAUER

Jean Paul, Boeckh, Delbrück

Zu Philologie und Ästhetik um 1800.
Eine Marginalie[1]

Ich gehe in meinem Beitrag aus von der Gattungsbezeichnung, die ich ihm gegeben habe: eine Marginalie. Dies ist wörtlich gemeint: Es handelt sich um eine Randbemerkung – eine Randbemerkung zu einem der Aufsätze in Hendrik Birus' ›Gesammelten Schriften‹. Gemeint ist der zu Fragen der Philologie und Hermeneutik zentrale über »Kulturwissenschaftliche Literaturwissenschaft« von 2008.[2] Er trägt den Untertitel »Auf den Spuren von Boeckh und Nietzsche, Burckhardt, Warburg und Benjamin« und verortet die »Komparatistik im Spannungsfeld von Philologie und Philosophie«, wie der Band 1 jener Schriften heißt. Mir kommt es dabei insbesondere auf August Boeckh an. Hendrik Birus bezieht sich auf Boeckhs berühmtes Diktum, die Philologie sei »Erkenntnis des Erkannten« aus der ›Encyclopädie und Methodologie der philologischen Wissenschaften‹, den Vorlesungen also, die dieser über ein halbes Jahrhundert lang bis fast zu seinem Tod 1867 gehalten hatte. Die (klassische) Philologie wird darin zu einer historischen Universalwissenschaft auf im weiteren Sinne idealistischer Grundlage: Der Gegenstand geschichtlicher Erkenntnis, so wird unterstellt, sei selbst schon von einem geistigen Streben geprägt und deshalb auch im Prinzip verstehbar.

Diese bekanntlich von Boeckhs Lehrer Schleiermacher beeinflusste Grundannahme soll hier jedoch allenfalls indirekt noch einmal beleuchtet werden. Wichtiger ist mir zunächst ein anderer, bisher weniger, genauer gesagt gar nicht erörterter Aspekt, nämlich der, was Boeckh und

---

1 Die Form und damit auch die vorgegebene Kürze des Vortrags wurden beibehalten; er ist nur um einen kurzen Ausblick auf das Thema ›Wozu Philologie‹ am Ende und um die Anmerkungen ergänzt worden.

2 Gesammelte Schriften, Bd. 1: Komparatistik im Spannungsfeld von Philologie und Philosophie, Göttingen 2020, S. 648–667.

jener andere zentrale Referenzpunkt von Hendrik Birus gemeinsam haben könnten: Jean Paul. Die Frage danach scheint auf den ersten Blick abwegig oder leicht zu beantworten: nichts. Aber eben nur, so möchte ich hier wenn nicht zeigen, so doch zumindest andeutend plausibel machen, auf den *ersten* Blick. Sie könnte an einem bisher unbeachteten Detail vielleicht doch ein für einen kurzen Moment aufzuckendes Schlaglicht auf jene ereignisreiche Zeit in Preußen zu Beginn des 19. Jahrhunderts werfen.[3]

Die Verbindung von Boeckh und Jean Paul hat einen Namen: Delbrück.

Boeckh, seit 1807 Professor in Heidelberg, 1810 dann an die neue Universität nach Berlin wechselnd, macht in seiner Eigenschaft als Redaktionsmitglied der ›Heidelberger Jahrbücher‹ Jean Paul auf eine Schrift eines anderen Schleiermacher- und Wolf-Schülers, eben jenes Johann Friedrich Ferdinand Delbrück, damals Prinzenerzieher am preußischen Hof in Königsberg und Altphilologe wie er selbst, aufmerksam.[4] Die in dem leider verlorengegangenen Brief Boeckhs empfohlene Abhandlung heißt ›Ein Gastmahl. Reden und Gespräche über die Dichtkunst‹ und behandelt, wie der Titel schon erkennen lässt, in der zugleich platonisierenden und romantisierenden Form des Symposions oder Gesprächs die damals ja noch nicht so festgelegten Grenzen der Disziplinen überschreitenden Grundfragen der Philologie, Philosophie und Ästhetik. Jean Paul, der sich spätestens mit seiner ›Clavis Fichtiana‹ von 1799 einen Namen in der »Disziplin« der Grenzmissachtung gemacht hatte, schien dem Altphilologen dafür wohl der passende Rezensent. Im

---

3 Birus nennt im seinem Aufsatz u.a. Warburg und Benjamin als Vorbilder für das Aufscheinenlassen größerer Zusammenhänge im Einzelnen.

4 SW HKA IV 6.1, S. 406 und 6.2, S. 528. – Jean Paul wird, den Erfordernissen der leichteren Lesbarkeit, aber auch, wenn erforderlich, nach denen des historisch-kritischen Editionsstandes folgendermaßen zitiert:

    HA   Jean Paul, Sämtliche Werke, 10 Bde. in 2 Abteilungen, hrsg. von Norbert Miller, München 1960–1985.

    SW HKA Jean Paul, Sämtliche Werke. Historisch-kritische Ausgabe, begr. von Eduard Berend, Weimar 1927–2012 (Abt. I–III), Berlin u.a. 2003–2017 (Abt. IV).

    HKA W   Jean Paul, Werke. Historisch-kritische Ausgabe, hrsg. von Helmut Pfotenhauer und Barbara Hunfeld, Tübingen 2008, Berlin und Boston 2013 ff.

Gegensatz zum Boeckh-Brief ist die Antwort Jean Pauls überliefert. Seine »Theilnahme an den Heidelberger Jahrbüchern« belohne ihn mit der Bekanntschaft von »so vielen hochgeachteten Gelehrten«, wie Boeckh einer sei, heißt es im Brief vom 31. Mai 1809 an den ihm unbekannten Zeitschriften-Mitarbeiter und jungen Professor höflich und etwas herablassend. Den »Delbrück über die Dichtkunst« wolle er »gern beurtheilen«.[5] Erschienen ist die Rezension in jenen ›Heidelberger Jahrbüchern‹ im Jahrgang 1809;[6] wieder aufgenommen wurde sie von Jean Paul – u. a. zusammen mit denen zu Fichte, Fouqué oder Mme de Staël – in die ›Kleine Bücherschau‹ von 1824.[7]

Es geht nun aber nicht darum, mein (und Hendrik Birus') Steckenpferd Jean Paul anhand eines der wenigen so gut wie nie beachteten seiner Texte zu reiten, sondern kurz zumindest ein paar Hinweise zu geben auf die intellektuellen Konstellationen in diesem Jahr 1809, das geistige Klima vielleicht für einen Moment spürbar zu machen, in welchen solche aus heutiger Sicht gewagten Transgressionen Konjunktur hatten. 1809 beginnt Boeckh, aus Halle kommend, wo er bei Schleiermacher vor allem dessen Ethik-Vorlesungen gehört und sich zu eigen

---

5 SW HKA III 6, S. 35.

6 Zu Jean Pauls Rezensionstätigkeit in den ›Heidelberger Jahrbüchern‹ nach wie vor maßgeblich die Einleitung von Eduard Berend zu Band 16 der ersten Abteilung der Historisch-kritischen Ausgabe der Sämtlichen Werke (SW HKA I.16), hier bes. S. LIV.

7 HA II.3, S. 740–747; vgl. ebd., II.4, S. 650 und 681 f. – Jean Paul hat im Anhang zu seiner ›Vorschule der Aesthetik‹, genauer in der »Misericordia-Vorlesung«, auch ein Kapitel »über Buchanzeiger und gelehrte Zeitungen überhaupt« geschrieben (HKA W V/III, hrsg. von Florian Bambeck, 2015, S. 42–71). Besonders in der zweiten Auflage von 1813 finden sich auch bemerkenswerte Sätze zur Aufgabe des Rezensenten, die der des Philologen gleicht (S. 61); in der ersten Auflage von 1804 sind diese nicht enthalten: »Soll eine Recension etwas besseres als eine Antwort seyn, die man einer Thee-Wirtin auf die Frage gibt, wie uns das Buch gefallen: so gehört so viel zu einer, daß sie selber zu einem Kunstwerk ausschlägt: erstlich ein schnelles Durchlesen, um die ungestörte Kraft des Ganzen aufzunehmen – zweitens ein langsames, um die flüchtig einwirkenden Theilchen dem Auge zu nähern – drittens ein genießend-klares, das beide vergleicht – viertens eine reine unpartheische Absonderung des Urtheils über den Geist des *Werks* von dem Urtheile über den Geist des *Verfassers* – fünftens eine Zurückführung des Urtheils auf bekannte, oder auf neue Grundsätze, daher eine Rezension leicht eine Aesthetik im Kleinen wird – sechstens, siebentens, achtens etc. versteht sich von selber, nämlich Liebe für Wissenschaft und für Autor zugleich, für deutsche Sprache etc.«

gemacht hatte,[8] mit jenen Enzyklopädie-Vorlesungen – im selben Jahr, in welchem Schleiermacher anfängt, seine in der ›Ethik‹ entwickelten Überlegungen zum Zusammenhang von Sprache und Denken, von der sprachlichen Verfasstheit und daher Deutbarkeit geschichtlicher Hervorbringungen, als Vorträge über eine allgemeine Hermeneutik zu formulieren.[9] 1809 könnte man also nachgerade als ein Schlüsseljahr jener Versuche einer Methodologie der Aneignungen an der Grenze zwischen Eigenem und Fremden nach den frühromantischen Delirieren der Grenzverwischung – zum Teil auf diese referierend, ich nenne nur Friedrich Schlegels »Philosophie der Philologie«,[10] zum Teil sich von ihnen im Interesse des Verstehens als Kunstlehre auch absetzend. Distanz gesucht wird ebenso auch von der aufkommenden Weltgeist-Spekulation Hegelscher Provenienz.[11] Die neuen Verstehenslehren war also die Antwortversuche auf die einflussreichsten geistigen Strömungen der Zeit.

Delbrücks in diesem Umkreis entstandene und ebenfalls 1809 erschienene Schrift ist zwar weniger originell – Schleiermacher spricht in einem Brief an Boeckh vom 27. Juni 1809 vom »Platonisierenden Product unseres Delbrük«, das ihm große Freude mache, »wenn es gleich nicht in die innerste Tiefe der Sache hinabsteigt«[12] – aber Delbrücks ›Gastmahl‹ ist in seinen narrativ ausgestalteten Gesprächen zur Kunst ebenfalls ein sprechendes Zeugnis der intellektuellen Ansprüche und Freiheiten, der geistigen Lizenzen, ja man könnte vielleicht sagen methodologisch mühsam eingehegten Kühnheiten dieser Tage.

---

8 Vgl. dazu besonders Denis Thouard, Eine »Encyclopädie« zwischen Ethik und Hermeneutik. Boeckh und Schleiermacher, in: August Boeckh. Philologie, Hermeneutik und Wissenschaftspolitik, hrsg. von Christiane Hackel und Sabine Seifert, Berlin 2013, S. 107–124.

9 Zu Schleiermacher vgl. die Einleitung der Herausgeber, ebd., S. 9–24, hier: S. 11; zu Boeckh: Thouard, a.a.O., S. 111 f.

10 Zu Boeckh sowie Schleiermacher und Friedrich Schlegel: Thouard, a.a.O., S. 117; dort weitere Literatur.

11 Zu Boeckh und Hegel: ebd., S. 118, ebenfalls mit näheren Literaturangaben.

12 Schleiermacher digital. Briefe, hrsg. von Simon Gerber und Sarah Schmidt. Berlin-Brandenburgische Akademie der Wissenschaften, Berlin. URL: https://schleiermacher-digital.de/S0007113 (Stand: 26.7.2022), nach Hs. UB Heidelberg, HS 2130.

Ich kann dies leider hier nur andeuten, um noch ein wenig Zeit übrig zu haben für die Besprechung dieser Schrift selbst oder vielmehr und viel wichtiger: der Gedanken, die sich Jean Paul in seiner Rezension darüber macht. Sie gehört für mich zu den Entdeckungen, die man in einem scheinbar längst beackerten Feld immer noch tätigen kann. Werkgeschichtlich gesehen sind sie der Anfang der Vorarbeiten zur zweiten Auflage der ›Vorschule der Aesthetik‹, die, 1813 dann erschienen, mit ihren fundamentalen Neuerungen, u. a. zur romantischen Poesie, zum Komischen und zum Humor oder zur Idylle, nachgerade den Rang eines neuen Hauptwerks hat.[13]

1809 ist, wie wir wissen, Kriegszeit. Nicht nur und nicht vor allem, dass das Königspaar mit seinen professionellen Schöngeistern nach Königsberg ins Exil gehen musste. Vor allem das Massenelend, das seinen düsteren Wiederschein in Jean Pauls Kriegsschriften dieser Zeit findet (die ›Friedens-Predigt an Deutschland‹ erscheint 1808, die ›Dämmerungen für Deutschland‹ wenig später, 1809), mehr als in anderen Verlautbarungen, als in den patriotischen eines Fichte oder Kleist etwa, ist in Erinnerung zu behalten, wenn man die buchstäblich schönfärberischen Konzeptionen des Schönen und des Komischen bei Delbrück mit den buchstäblich sarkastischen Jean Pauls vergleicht.

Nur ganz am Rande sei vermerkt, eine Marginalie innerhalb der Marginalie, dass die Kriegswirren Jean Pauls *zweiten* Brief an Boeckh veranlassen: Am 19. Juli 1809 moniert er in einem Schreiben an den »Professor«, dass »Delbrüks Gastmal« nicht bei ihm als Rezensionsexemplar angekommen sei, wohl »da der Krieg alles, also auch Briefe nimmt«.[14] Insgesamt sind drei Schreiben an Boeckh aus dieser Zeit erhalten – alle drei bezogen auf Buchbesprechungen, das dritte, ebenfalls wichtig, ebenfalls notorisch unbeachtet in der Forschung, bezogen auf ein Buch des Jacobi-Schülers Köppen über Schelling und damit über nichts weniger als das »Wesen der Philosophie«, d. h. über Gott und die Welt.[15] Man sieht: Wie im Krieg um Leib und Leben und Tod, so geht

---

13 Vgl. die neue Edition in HKA W, die den Textvergleich der ersten Auflage von 1804 und dieser zweiten Auflage erstmals ermöglicht (siehe Anm. 7).

14 SW HKA III.6, S. 41

15 8.2.1810, SW HKA III.6, S. 87 f. Vgl. dazu meine Erläuterungen in: Zwischen Jacobi und Schelling. Jean Pauls Ästhetik, in: Studi Germanici 23 (2023), S. 81–94.

es in den Köpfen um Leben und Tod und die Unsterblichkeit. Komplementäre Kraftanstrengungen.

Delbrücks Symposion-Aneignung selbst kann hier nicht besprochen werden. Sie ist heute, wo man kaum mehr ins Archiv oder die Lesesäle der Bibliotheken geht, leicht zugänglich über das Digitalisierungszentrum der Bayerischen Staatsbibliothek.[16] In unserem Zusammenhang genügt die Zusammenfassung durch Jean Paul.[17] Es geht mit Platon gegen Platon, nämlich um eine antiplatonische *Rehabilitierung* der Poesie im Medium des platonischen Dialogs bzw. Gespräches. Nach Jean Paul spielt die Abhandlung auf den »Reichsgrenzen der Philosophie und der Dichtkunst«, um in der literarischen Form eben des Gesprächs die Kraft jener, der Philosophie, für die Freiheit dieser, der Dichtkunst, zu mobilisieren.[18] Er nennt Lessings Abhandlung darüber, wie die Alten den Tod gebildet, als Vorbild, nicht von Ungefähr das Schöne mit dem hässlichen Ende unseres Lebens kurzschließend und so der ebenso fundamental gemeinten wie vornehm zurückhaltend vorgebrachten Kritik an Delbrück zu präludieren: Dieser nämlich sei der notwendig mitzudenkenden, konstitutiven Kehrseite des Schönen nicht gerecht geworden. Besonders im Feld des Komischen habe er es sich zu leicht gemacht, es sich zu gemütlich, so könnte man über Jean Paul hinausgehend sagen, eingerichtet – im Komischen und speziell im Herrschaftsbereich des Humors, da, wo gelacht werde, gehe es nicht harmlos zu, sondern höchst beklemmend. Dieses Lachen, so meint Jean Paul, ohne es wie später Karl Kraus zu sagen, sei nachgerade eine Blutlache, ein sich Erheben, ein Trotzdem, aber ein Schauerliches. »Umgekehrt Erhabenes« wird er es dann in seiner Ästhetik nennen.[19] Dies vorab.

---

16 Ferdinand Delbrück, Ein Gastmahl. Reden und Gespräche über die Dichtkunst, Berlin 1809 (zitiert nach dem Digitalisat der Bayerischen Staatsbibliothek, urn:nbn:bvb:12-bsb10573700-8).

17 Hier nach der Edition in der ›Kleinen Bücherschau‹, HA II.3, S. 740–747.

18 Ebd., S. 741.

19 HA I.5, S. 125 (nach der zweiten Auflage, 1813); vgl. HKA W V/I: Vorschule der Aesthetik, Text, 2015, hier textgleich die erste Auflage von 1804, S. 180. – Karl Kraus, Der Ernst der Zeit und die Satire der Vorzeit, in: ders., Schriften, Bd. 5: Weltgericht I, hrsg. von Christian Wagenknecht, Frankfurt am Main 1988, S. 25–30, hier: S. 30: »Bei diesem Spaß gibts nichts zu lachen. Aber weiß man das, so darf man es, und das Lachen über die unveränderten Marionetten ihrer Eitel-

Jean Paul fällt nicht mit der Türe ins Haus wie ich, der Referent des Referenten. Er verweist erst einmal auf die narrative Schwäche der Figurengestaltung. Diejenigen, die da die kunstphilosophischen Inhalte transportieren müssen, kämen ästhetisch dürftig, poetisch unterernährt gleichsam, daher.[20] Aber vor allem jener ästhetische Gehalt sei fragwürdig, vor allem der eben zur Frage, wie und warum uns die Literatur zum Lachen bringe. Hierbei nun geht es Jean Paul erkennbar ums Ganze.

Nach einer »wahrhaft begeisternden Rede« über die Wechselwirkung von Liebe und Dichtkunst – Jean Paul weiß zu loben, bevor er zur vernichtenden Kritik ansetzt – werde »etwas über das Komische vorgebracht, was wenigstens Rez., welcher diesem seit zwanzig Jahren nachforscht, ein wenig seicht und matt vorkam«.[21] Nach Delbrück bestehe die komische Dichtung darin, das Wesenhafte in der Form des bloßen Scheins vorzutäuschen, nur um es dann in dieser Scheinhaftigkeit wieder aufzuheben und gegenüber dem Nichtigen der Erscheinung das Bleibende des Wesens umso deutlicher hervortreten zu lassen. Man lache also über die Hinfälligkeit dessen, was ohnehin im Grunde nichts ist. Dessen, worauf es ankommt, des Wesens, sei man immer schon versichert. Für Jean Paul ist das, weil hier nichts wirklich auf dem Spiel steht, weil es nicht ums Ganze geht, nicht eigentlich komisch. Er erläutert dies an der Rolle des Körperlichen im Verhältnis zur Seele. Man versteht das verklausuliert Gesagte, das was gemeint ist, wenn man für einen Moment voraus- und zurückschaut auf seine Ästhetik und die poetische Gestaltung seiner komisch-humoristischen Figuren: Das Lächerliche an ihnen ist für Jean Paul deren ›unpassende Verkörperung‹ als ihr Wesensmerkmal, nicht als Akzidenz einer darüber erhabenen Psyche.[22] Sie hinken, sie sind verkrüppelt, tragen verzerrte Minen, nicht weil sie andere sind als die sie scheinen, sondern weil das Unpassende, Zerrissene mitten durch sie hindurchgeht. Wenn man dem Ledermenschen im späteren ›Komet‹ seine schauerliche Maske abzieht, ist

keit, ihrer Habsucht und ihres niederträchtigen Behagens schlage auf wie eine Blutlache!«

20 HA II.3, S. 742.
21 Ebd., S. 743.
22 Vgl. Max Kommerell, Jean Paul, Frankfurt am Main ⁴1966, bes. S. 299–310 und 322–328.

dahinter nichts, ja schlimmer noch – das schöne Lächeln als bloßer vor-
übergehender Schein, als Fratze dieses Nichts. Die erhabene Seele ist
affiziert von der hässlichen Körperlichkeit und ohne sie nicht zu haben.
So steht das nicht in der Rezension. Es deutet sich aber an im Unmut,
mit dem Jean Paul hier über Delbrücks ästhetische Leichtfertigkeit
spricht. Man merkt am ernsten, unerbittlichen Ton: Hier geht es einem,
der vorher eher nachsichtig über die lässlichen Sünden der Personenge-
staltung oder der Handlungsführung sprach, plötzlich um das ihm
Wichtigste. Der Tod, der Gedanke an die Hinfälligkeit des Lebens, sie
pochen gleichsam an die Türe des diskursiven Geplänkels. Es wird ernst.
Delbrück mache den Körper nur zum nachspielenden Ausleger der
Seele. In der Betrachtung des Schönen weite sich bei ihm bei aller Be-
drückung die Brust. Der Mensch erscheine höher in seiner Gestalt.
Aber, so Jean Paul: »Nicht viel anders als dieser Betrachter des Schönen
produziert ein vom Schlage getroffener Mann seine Gestalt (der Ge-
henkten nicht einmal zu gedenken) und sogar länger und schwerer hat
ihn der Tod als der Schlaf gemacht.«[23] Der Körper verfeinert sich nicht,
so will das besagen, mit der Seele, sondern eher umgekehrt, er droht
diese mit sich in den Abgrund zu reißen. Er ist nicht einfach Signifikant
der Seele, wie alle modischen »Gesichts-, Schädel- und andere[ ] Glie-
derlehrer« es verkünden, sondern eher Speicher der semiotischen Zer-
rissenheiten und Zwiespältigkeiten unseres Daseins. Die großen Hu-
moristen, Shakespeare, Swift, seien bei allem Lächerlichen ernst geblieben. Und selbst Pascal, des Himmels gewiss, sei immer nüchtern, denn
selbst für ihn könne nicht der Leib den ganzen Geist, die Schöpfung den
ganzen Gott aussprechen. Ein quasi-christlicher, aber prinzipiell unheil-
barer Riss geht durch den so aufgefassten Menschen. Der Humor ist das
schauerliche Gelächter darüber.

Nach diesen, den Rezensenten spürbar berührenden Nachdenklich-
keiten, kehrt er zurück zum Unverfänglicheren. Einige komische Charaktere seien dem Verfasser des Gastmahls durchaus geglückt. Und einige vereinzelte verfeinerte Bemerkungen gebe es zudem: Über Klopstocks ›Messias‹ etwa oder über den plastischen Charakter der alten
Poesie im Gegensatz zum musikalischen der neueren.[24] Auch Platons
altbekannte Dichtungskritik sei noch einmal schön widerlegt, indem

23 HA II.3, S.744.
24 Ebd., S.745 f.

gezeigt werde, wie umgekehrt die Dichtung keine Verirrung sei, sondern sogar der Philosophie helfe, zu sich selbst zu kommen, indem sie,
was systematisch nicht darzustellen sei, durch »innige Verknüpfung
aller Teile zu einem Ganzen« einen höheren Sinn insinuieren könne.
Wenngleich, so fügt Jean Paul einschränkend hinzu, die Vorstellung
vom Dichter als besserem Philosophen doch letztlich ihrerseits wohl ein
Trugschluss sei.

Alles in allem: Boeckh scheint Jean Paul mit seiner Zusendung des
Delbrückschen Buches zum Nachdenken weit über die gängigen Rezen-
sionsroutinen hinaus angeregt zu haben. Wohl ohne zu wissen, was er
anrichten würde. Aber dennoch: In diesem Jahr 1809, in dem die grenz-
überschreitenden Diskurse noch einmal Fahrt aufzunehmen scheinen,
ist offenbar jeder Reflexionsanlass willkommen und von zunächst nicht
absehbaren intellektuellen Folgen.

Ein Nachtrag ist noch nötig zum Nachtrag von Jean Pauls Rezension.
Diese endet mit einer Philologie der Sprachkorrekturen, die beim späteren Jean Paul, das deutet sich hier nur an, in Besserwisserei und Dog-
matik mündet. Wir alle kennen Jean Pauls Wut der Tilgung des Fugen-s
in Doppelwörtern und der Verstiegenheiten im Gefolge von Wolkes, des
anmaßenden Sprachreinigers »Anleit zur deutschen Gesamtsprache«.[25]
Aus »Hundsposttagen« werden demnach in dritten Auflage des ›Hespe-
rus‹ von 1819 schließlich »Hundposttage«.[26]

Hier, in der Delbrück-Rezension, sind es noch »Sprachvergeßlichkei-
ten«, wie Jean Paul sagt, und die Kritik daran ist milde – etwa, dass es an
einer Stelle heiße »*zum* Arnold und *der* Bertha« gehen statt »zu Arnold
und Bertha«. So etwas hat man damals noch als Fehler monieren können. Aber darin erkennt der Leser des alten Jean Paul bereits eine Spur
jener befremdlichen Beckmessereien, die das Bild des Wortliebhabers
später doch zunehmend trüben werden. Die Schrift über die »Deutschen Doppelwörter« im ›Morgenblatt‹ von 1818/20, in welcher der
Geburttag anstelle des Geburtstages verordnet wird,[27] scheint sich be-

---

25 Vgl. zusammenfassend die Angaben in meiner Biographie: Jean-Paul. Das Leben
    als Schreiben. Biographie, München 2013, S. 310–314.
26 Zum Vergleich der Fassungen siehe HKA W I/I–III, hrsg. von Barbara Hunfeld,
    2008.
27 Vgl. etwa Siebenkäs, 3. Bändchen, 10. Kap. (HA I.2, S. 334). Dies sind Stellen, die
    den enthusiasmierten Jean-Paul-Leser Jacob Grimm wegen ihrer Sprachwillkür

reits leise anzukündigen. – Ein bemerkenswerter Zwiespalt von Dienst
an der Sprache und Dogmatismus macht sich geltend.

*

Wozu Philologie? Triftige Antworten auf die Leitfrage dieses Geburts-
tagscolloquiums in ihrer Allgemeinheit, noch dazu Antworten auf
wichtige Methodenfragen der Gegenwart – wozu Philologie heute? –
lassen sich aus dem Gesagten nicht ableiten. Ging es doch um Philologen in einer ganz bestimmten, eng umgrenzten historischen Situation – wenn auch in einer vielleicht exemplarischen Gründungsphase
dessen, was man heute Philologie im akademischen Sinne nennt. Wozu
Philologen, wozu das Studium ihrer in die Ferne gerückten Schriften –
wozu Philologen, damals? – lautet mithin die bescheidenere Variante
der Leitfrage.

Wir sind mit dieser Reformulierung wieder nahe bei Hendrik Birus,
der hier gerne Nietzsches, des Altphilologen und damit Nachfahren eines Boeckh und Delbrück, ›Wir Philologen‹ zitiert.[28] In einer von Birus
ebenfalls gerne herangezogenen, dem frühen Entwurf verwandten
Stelle aus der ›Götzen-Dämmerung‹[29] heißt es zu deren Tugenden und
Lastern, sie suchten »die Kunst, gut zu lesen«, fänden sie aber nicht
immer, sondern verfielen der Sucht, die Texte durch Interpretation,
durch in sie hineingelegte und sie gleichsam bis zum Untergang über-
frachtende Sinngehalte, zu beschweren.[30] Dagegen steht Nietzsche
zufolge die Fähigkeit, »Thatsachen ablesen zu können, *ohne* sie durch
Interpretation zu fälschen, *ohne* im Verlangen nach Verständniss die
Vorsicht, die Geduld, die Feinheit zu verlieren«.

Kommen wir in diesem Zusammenhang ein letztes Mal zurück auf
Jean Paul und Delbrück. Der Rezensent des ›Gastmahls‹ dürfte jene
Vorsicht, Geduld und Feinheit als Basis des Philologen, bei aller Schärfe

    enervierten (vgl. H. P., Jean Paul. Das Leben als Schreiben [Anm. 25], S. 366–369).
28 Hendrik Birus, »Wir Philologen …«. Überlegungen zu Nietzsches Begriff der
    Interpretation, in: ders., Gesammelte Schriften (Anm. 2), Bd. 1, S. 245–265. Zu
    Nietzsches Frühschrift von 1874/75 vgl. die Vorarbeiten in: Friedrich Nietzsche,
    Sämtliche Werke. Kritische Studienausgabe, hrsg. von Giorgio Colli und Mas-
    simo Montinari, 15 Bde., München 1980, hier: Bd. 8, S. 11–127.
29 Birus, a. a. O., S. 250.
30 Götzen-Dämmerung, Kritische Studienausgabe, Bd. 6, S. 233.

der Kritik und aller Skepsis gegenüber dem ästhetischen Reflexionsniveau, durchaus partiell bei diesem versierten Gräzisten erkannt und stellenweise vielleicht sogar bewundert haben. Jean Paul kennt und schätzt ja die reiche Platon-Philologie seiner Zeit, der neben Schleiermacher und Boeckh eben auch Delbrück zuzurechnen ist, und macht sich ihre Einsichten in die Dialogform des Denkens etwa in seinem ›Kampaner Thal‹, dem Gespräch über die Unsterblichkeit von 1797, zunutze. Er spricht vom ›griechischen Sinn und Geist‹ »in Sprache und Ansicht« auch in Delbrücks Schrift.[31]

Ein noch viel deutlicheres Zeichen von zumindest teilweiser Anerkennung als Philologen findet sich, wenn auch ganz versteckt, in einer anderen Schrift, an der Jean Paul damals, im August und September 1809, gearbeitet hat, in den Vorarbeiten nämlich zum ›Leben Fibels‹, jenem kleinen Roman eines »Buchstabenmenschen«,[32] eines Philologen also eigenen Zuschnitts, der ja für Jean Pauls Sprachbesessenheit ein, nicht zuletzt auch autobiographischer, Schlüsseltext ist.[33] Fibel, jener ABC-Buch-Erfinder, jener Buchstaben-Vernarrte, der sich von A bis Z in den Merkversen und den dazugehörigen Bildern lustvoll ergeht (»Der Affe gar possierlich ist, | zumal wenn er vom Apfel frißt« bis »Die Ziege Käse giebt zwei Schock, | Das Zählbret hält der Ziegenbock«),[34] dieser Fibel, so Jean Paul in jenen Vorarbeiten, »war *zum* Philolog*en* geboren, *zum* Meusel; Hirschel«.[35] Er ähnelt darin seinen Verwandten und Vorgängern in Jean Pauls Werk, wie dieser an derselben Stelle ausdrücklich vermerkt: Wutz und Fixlein. Sie alle eint Letternverfallenheit als wahre Liebe und Verrücktheit zugleich. Das wird von Jean Paul notiert in genau der Zeit, in der er jene Rezension vorbereitet, an der er dann im September 1809 schreibt: der zu Delbrücks ›Gastmahl‹. »Delbrück« heißt es denn auch ausdrücklich in den Notizen, genauer: in den Marginalien dazu.[36] Dennoch und wie randständig auch immer, Delbrück wird hier – mit all den Vorbehalten gegenüber bisweilen entglei-

---

31 HA II.3, S. 742.
32 HKA W VII/II, S. 226.
33 Ich verdanke diesen Hinweis Eduard Berend (SW HKA I.16, Vorwort, S. LIV) und der Neu-Edition der ›Fibel‹-Vorarbeiten durch Alexander Kluger (HKA W VII/II, 2015, hier: das Heft »Fibel, August 1809«, Band 4 [1809], S. 230).
34 HA I.6, S. 555–562.
35 HKA W VII/II, S. 219.
36 Ebd., S. 230.

sender Philologen-Akribie und bei aller Ironie Jean Pauls den eigenen
Figuren gegenüber – die Ehre zuteil, in eine prominente Ahnenreihe
eingerückt zu werden, die Fibels, Wutzens und Fixleins. Das ermöglicht
der Respekt gegenüber dem Platon-Kenner. »Symposion« heißt es denn
auch weiter an der zitierten, bisher fast unbekannten, nur dem großen
Jean Paul-Philologen Eduard Berend bekannt gewordenen Stelle.

Philologie erscheint hier also, empathisch geschildert, als Vernarrt-
heit in die Wörter und als Narretei zugleich. Jean Pauls fiktive Philologen werden zu Sonderlingen, weil sie in ihrer Passion, zumindest partiell, der Wirklichkeit enteilen.

Der wirkliche Philolog Delbrück überschreitet seinerseits die Grenzen der Disziplin hin zur Fiktion; er wird als Gelehrter zum dichtenden
Ästhetiker und von Jean Paul dabei weniger einfühlsam, distanzierter
und kritischer betrachtet. Und doch gebührt auch ihm der Respekt des
Wortliebhabers.

Und wie man gesehen hat: Jean Paul unterliegt selbst auch einer jener in der Philologie wohl angelegten Ambivalenzen. Nietzsche hatte
die von textnaher Deutungsaskese und textferner Sinnsucht des Inter-
pretierens im Auge; in Jean Pauls Falle ist es die von Sprachversenkung
und dem Hang zur präskriptiven Anmaßung, zur Sprachwillkür.

SEBASTIAN DONAT

»Meždu nami, molodcami«

Zählen und Lesen lernen mit Daniil Charms

In den Gesprächen am Münchener Komparatistik-Institut zwischen Hendrik Birus und mir ging es nicht selten um das Russische. Das hängt zunächst einmal mit Sprachkenntnissen zusammen. Die einzige in der DDR erworbene Auszeichnung, von der ich Hendrik Birus jemals habe erzählen hören, war die Herder-Medaille. Sie wurde für hervorragende Leistungen im Fach Russisch verliehen, und er war – so ist jedenfalls meine Erinnerung – stolz darauf. Das ist bemerkenswert, denn ganz sicher neigt Hendrik Birus nicht zur Ostalgie, und schon gar nicht mit Blick auf das hochgradig ideologisierte Schulsystem der DDR. Offenbar waren weder die russische Sprache noch die dazugehörige Literatur für ihn diskreditiert, sei es durch den Pflichtunterricht oder sei es durch die staatlich verordnete, im Alltag aber weitgehend heuchlerische sogenannte Bruderliebe zur Sowjetunion. Ein (vermutlich in der ostdeutschen Justiz strafwürdiges) geflügeltes Wort dazu lautete: Freunde kann man sich aussuchen, Brüder nicht. Die Differenzierung zwischen Sprache und Kultur einerseits sowie Politik andererseits war also schon damals eine Herausforderung. Sie ist es angesichts des am 24. Februar 2022 eröffneten russischen Angriffskriegs gegen die Ukraine nicht minder. Zur Illustration verweise ich auf den Titel einer Slawistik-Tagung mit Teilnehmerinnen und Teilnehmern aus dem gesamten deutschsprachigen Raum, die im Juni 2023 Innsbruck stattgefunden hat – er lautet so schlicht wie dramatisch: Wohin mit der russischen Literatur?[1]

Unvoreingenommenheit, Offenheit und Neugier gegenüber dem Anderen, unabhängig davon, wie vertraut oder fremd es uns zunächst erscheinen mag – das sind wesentliche Elemente des Verständnisses der Allgemeinen und Vergleichenden Literaturwissenschaft, so wie ich sie

---

[1] Vgl. den Tagungsbericht von Andrea Zink und Gernot Howanitz unter https://www.uibk.ac.at/de/newsroom/2023/tagung-wohin-mit-der-russischen-literatur/ (aufgerufen am 25.8.2023).

in München durch Hendrik Birus kennengelernt habe. Das schloss den Osten (anders als in den meisten anderen Komparatistik-Instituten im deutschsprachigen Raum) dezidiert ein, und zwar vom Russischen über das Arabische und Persische bis zum Chinesischen.

Zurück zu den Gesprächen. Darin flocht Hendrik Birus gern einen Vierzeiler ein, den ich folgendermaßen in Erinnerung habe:

> Между нами, молодцами,
> Есть один большой дурак.
> Раз, два, три –
> Это верно будешь ты!

Hier meine deutsche Übersetzung:

> Unter uns Prachtkerlen[2]
> Gibt es einen großen Dummkopf.
> Eins, zwei, drei –
> Das bist sicher Du!

Zusammen mit der Weltoffenheit gehört auch die philologische Präzision zu den komparatistischen Grundtugenden, die ich in München gelernt habe. Also machte ich mich auf die Suche nach einer soliden Quelle für diesen Text und fand diese in einer Sammlung russischer Scherzgedichte und Abzählverse. Zu meiner Überraschung wurde der Text dort allerdings anders überliefert, als ich ihn in Erinnerung hatte, und zwar folgendermaßen (hier gleich mit meiner deutschen Übersetzung):

> Между нами, дураками,
> Есть один большой дурак.
> Раз, два, три –
> Это, верно, ты;
> Раз, два, три, четыре, пять –
> Это, верно, ты опять;
> Раз, два, три, четыре, пять, шесть, семь –
> Это, верно, ты совсем;

---

2   Das russische Wort ›molodec‹ wird als lobende bzw. bewundernde Bezeichnung für Personen sowohl männlichen als auch weiblichen Geschlechts verwendet. Vgl. Russko-nemeckij slovar', hrsg. von A. B. Lochovic, A. A. Leping, N. P. Strachova, Moskva ⁵1962, S. 364.

Раз, два, три, четыре, пять,
Шесть, семь, восемь, девять, десять –
Вышел красный месяц
Над большим окном,
Царь велел его повесить
Над своим окном.[3]

Unter uns Dummköpfen
Gibt es einen großen Dummkopf.
Eins, zwei, drei –
Das bist sicher Du;
Eins, zwei, drei, vier, fünf –
Das bist sicher wiederum Du;
Eins, zwei, drei, vier, fünf, sechs, sieben –
Das bist sicher ganz und gar Du;
Eins, zwei, drei, vier, fünf,
Sechs, sieben, acht, neun, zehn –
Der rote Mond ging auf
Über dem großen Fenster,
Der Zar befahl, ihn aufzuhängen
Über seinem Fenster.

Die Unterschiede zwischen den beiden Versionen sind beträchtlich. Anstatt des deutlichen Kontrasts zwischen den ›Prachtkerlen‹ und dem ›Dummkopf‹ in der ersten Fassung beschränkt sich die zweite auf eine graduelle Abstufung innerhalb der letzteren Kategorie. In der Pragmatik des Abzählverses sitzen damit gewissermaßen alle im selben Boot, und die Fallhöhe mit Blick auf das unerfreuliche Ergebnis – den Ausschluss der- oder desjenigen, auf die oder den der Finger am Ende zeigt – wird etwas abgemildert. Der gleich auf das Dreieinhalbfache, d. h. auf 14 Verse, angewachsene Umfang erhöht die Unabsehbarkeit des Abzählresultats enorm.[4] Vielleicht der auffälligste Unterschied zeigt sich in den letzten vier Versen der langen Fassung. Nachdem zunächst das Auszählen des ›großen Dummkopfs‹ zweimal bekräftigt wurde, erfolgt ein abrupter Wechsel. Es eröffnet sich eine nächtliche Szenerie

---

3 Poteški, sčitalki, nebylicy, hrsg. von A. N. Martynova, Moskva 1989, S. 154, Nr. 442.
4 Es ist beim Abzählen zu zweit allerdings identisch mit dem der Kurzversion: Heraus fällt die Person, auf die am Anfang gezeigt wurde.

mit einer wild-romantisch anmutenden Kombination von rot scheinendem Mond und Fenster. Diese rückt im abschließenden Verspaar überraschenderweise in den Kontext von Willkür und Gewalt. Zur Absurdität dieser Wendung gehört die Grundlosigkeit der vom Zaren angeordneten Zwangsmaßnahme[5] ebenso wie die offenkundige Unmöglichkeit ihrer Umsetzung.

Das Wider- und Unsinnige dieses Endes steht durchaus im Einklang mit dem Genre der Kinderverse. Kurt Franz spricht hier vom ›Zurücktreten des erzählerischen Moments‹ zugunsten des ›Experimentierens mit Klängen‹, wobei im vorliegenden Fall natürlich die Reime – »desjat'« / »mesjac« / »povesit'« (›zehn‹ / ›Mond‹ / ›aufhängen‹) sowie »bol'šim oknom« / »svoim oknom« (›dem großen Fenster‹ / ›seinem Fenster‹) – eine zentrale Rolle spielen. Zugleich konstatiert Franz für diese kleinen lyrischen Formen auch eine »Freude an der Eroberung von Welt durch Sprache«.[6] Somit ergibt sich insgesamt ein ambivalentes Verhältnis zwischen dem primären Gebrauchswert der Abzählverse, der Nutzbarmachung etablierter – in diesem Fall: numerischer – Ordnungssysteme für konkrete Zwecke, und der gleichzeitigen spielerischen Unterminierung semantischer und narrativer Normen.

In deutlich gesteigerter Form können wir dieses Spannungsverhältnis in dem zweiten Text beobachten, den ich vorstellen möchte. Auch hier geht es um den Versuch, durch und beim Zählen Ordnung herzustellen. Es handelt sich um eine Kurzerzählung von Daniil Charms (1905–1942), einem der wichtigsten Vertreter der russischen Spätavantgarde. Charms rückt wie kaum ein anderer Autor dieser Zeit die Kreativität und das Irritationspotential von Literatur vor Augen und verdeutlicht zugleich in besonders drastischer Weise die Repressalien, die das im totalitären Rahmen der stalinistischen und poststalinistischen Sowjetunion auslöste. Die von ihm Ende der 1920er Jahre mitge-

---

5 Vgl. die in der Sammlung von Martynova unmittelbar folgende Variante des Abzählverses, in der eine Verfehlung des Mondes angedeutet wird (ebd., S. 154, Nr. 443): »Раз, два, три, четыре, пять – | Вышел месяц погулять; | Шесть, семь, восемь, девять, десять, | Царь велел его повисеть.« (›Eins, zwei, drei, vier, fünf – | Der Mond ging bummeln; | Sechs, sieben, acht, neun, zehn, | Der Zar befahl, ihn aufzuhängen.‹ – Meine Übersetzung, S. D.) An der Absurdität der Strafe einschließlich ihrer Undurchführbarkeit ändert das nichts.

6 Kurt Franz, Kinderverse, in: Reallexikon der deutschen Literaturwissenschaft, Bd. 2, hrsg. von Harald Fricke, Berlin und New York 2007, S. 258–260, hier: S. 258.

gründete literarische Vereinigung OBERIU wurde nach kurzer Zeit verboten, er selbst wurde mehrfach inhaftiert, u. a. wegen der »Organisation und Beteiligung an einer illegalen antisowjetischen Vereinigung von Literaten«.[7] 1941 erfolgte seine Einweisung zur »Zwangsheilung« in die Gefängnispsychiatrie,[8] wo er im Februar 1942 starb. Gerade einmal zwei Texte für Erwachsene wurden zu Lebzeiten von Daniil Charms gedruckt; seine Werke kursierten zu sowjetischen Zeiten nur im Samizdat, und erst 1988, unter den politischen Rahmenbedingungen von Glasnost' und Perestrojka, konnte eine erste Auswahlausgabe erscheinen.[9]

Hier kommt nun der besagte Text von Daniil Charms, und zwar in der sehr originalgetreuen Übersetzung von Kay Borowsky. Er stammt aus der in den 1930er Jahren entstandenen und erst postum veröffentlichten Sammlung ›Slučai‹ (›Fälle‹).

Sonett

Mir ist mal was Seltsames passiert: ich hatte plötzlich vergessen, was zuerst kommt: die 7 oder die 8.

Ich ging zu den Nachbarn und fragte sie, was sie in dieser Sache meinten.

Wie groß aber war ihre und meine Überraschung, als auch sie plötzlich entdeckten, daß sie sich an die Reihenfolge nicht erinnern konnten. 1, 2, 3, 4, 5 und 6 – das wußten sie noch, aber wie es weiterging, hatten sie vergessen.

Wir gingen zusammen ins Kaufhaus »Gastronom«, Ecke Snamenskaja und Bassejnaja, und trugen der Kassiererin unser Problem vor. Die Kassiererin lächelte wehmütig, zog ein kleines Hämmerchen aus dem Mund und sagte, wobei sie die Nase kraus zog: »Meiner Meinung nach kommt die 7 nach der 8, wenn die 8 nach der 7 kommt.«

Wir bedankten uns bei der Kassiererin und verließen frohgemut den Laden. Doch plötzlich, als wir die Worte der Kassiererin genauer bedachten, ließen wir den Kopf wieder hängen, da sich ihre Worte als vollkommen sinnlos erwiesen.

---

7 Peter Urban, Chronologie, in: Daniil Charms, Alle Fälle. Das unvollständige Gesamtwerk in zeitlicher Folge, hrsg. und übers. von Peter Urban, Zürich 1995, S. 467–511, hier: S. 489.

8 Ebd., S. 511.

9 Für detaillierte Informationen vgl. die umfangreiche Biographie von Gudrun Lehmann, Fallen und Verschwinden. Daniil Charms – Leben und Werk, Wuppertal 2010.

Was sollten wir also tun? Wir gingen in den Sommergarten und begannen dort, die Bäume zu zählen. Aber als wir beim Zählen bis 6 gekommen waren, hielten wir inne und fingen an zu streiten: nach Meinung der einen folgte nun die 7, nach Meinung der andern die 8.

Wir hätten noch lange gestritten, aber zum Glück fiel in dem Moment ein kleines Kind von der Bank und brach sich beide Kiefer. Das brachte uns von unserem Streit ab.

Und dann ging jeder für sich nach Hause.

Сонет

Удивительный случай случился со мной: я вдруг позабыл, что идёт раньше, 7 или 8?

Я отправился к соседям и спросил их, что они думают по этому поводу.

Каково же было их и моё удивление, когда они вдруг обнаружили, что тоже не могут вспомнить порядок счёта. 1, 2, 3, 4, 5 и 6 помнят, а дальше забыли.

Мы все пошли в коммерческий магазин »Гастроном«, что на углу Знаменской и Бассейной улицы, и спросили кассиршу о нашем недоумении. Кассирша грустно улыбнулась, вынула изо рта маленький молоточек и, слегка подвигав носом, сказала: »Помоему, семь идёт после восьми в том случае, когда восемь идёт после семи«.

Мы поблагодарили кассиршу и с радостью выбежали из магазина. Но тут, вдумываясь в слова кассирши, мы опять приуныли, так как её слова показались нам лишёнными всякого смысла.

Что нам было делать? Мы пошли в Летний сад и стали там считать деревья. Но, дойдя в счёте до 6-ти, мы остановились и начали спорить: по мнению одних, дальше следовало 7, а по мнению других – 8.

Мы спорили бы очень долго, но, по счастию, тут со скамейки свалился какой-то ребёнок и сломал себе обе челюсти. Это отвлекло нас от нашего спора.

А потом мы разошлись по домам.[10]

---

10 Übersetzung: Daniil Charms, Fälle. Russisch / Deutsch, übers. und hrsg. von Kay Borowsky, Stuttgart 1995, S. 11. Original: Daniil Charms, Polnoe sobranie sočinenij, Tom 2: Proza i scenki. Dramatičeskie proizvedenija, hrsg. von V.N. Sažin, Sankt-Peterburg 1997, S. 331 f.

Anders als im Kindervers wird das Abzählen nicht unmittelbar performiert, sondern ist Thema einer Narration. Auch in Bezug auf den Charakter des Zählens wird eine Vermittlungs- und Reflexionsebene eingezogen, denn es wird nicht in seinem Gelingen, sondern in seinem Scheitern vorgeführt. Den Ausgangspunkt bildet der partielle Erinnerungsverlust des Ich-Erzählers hinsichtlich der Reihenfolge der Grundzahlen. Er unternimmt drei Versuche, um dieses Problem zu lösen. Am Anfang steht die Befragung seiner Nachbarn (die gewissermaßen für Alltagswissen und gesunden Menschenverstand stehen), dann folgt die Einholung einer Expertenauskunft (bei der Kassiererin als Zahlenspezialistin) und schließlich suchen der Ich-Erzähler und seine Nachbarn ihr Heil in der Praxis (in diesem Fall: dem Abzählen der Bäume im Sommergarten). Alle drei Anläufe misslingen, und die bis hin zum Meinungsstreit eskalierende Ratlosigkeit wird inhaltlich nicht aufgelöst. Stattdessen erfolgt – in einer für Daniil Charms typischen Weise – lediglich eine Verlagerung der Aufmerksamkeit. Der Sturz des Kindes einschließlich seiner drastischen Auswirkungen geschieht in der seltsamen Logik dieses Textes tatsächlich »zum Glück«, denn dadurch werden der Erzähler und seine Nachbarn abgelenkt, brauchen sich nicht weiter mit ihrem Problem sowie dem deswegen aufgekommenen Streit zu befassen und können wortwörtlich wie auch im übertragenen Sinn nach Hause, d.h. in den Zustand vor der Irritation, zurückkehren.

Wir als Leserinnen und Leser bleiben allerdings ratlos zurück. Daran ändert auch die Tatsache nichts, dass wir uns im Unterschied zu den handelnden Personen über die Reihenfolge der Grundzahlen sicher sind. Denn die Erzählung stellt zugleich Ordnungen auf anderen Ebenen in radikaler Weise in Frage, indem sie sie aufruft und zugleich substantiell unterminiert. Ich greife zwei Beispiele dafür heraus.

Zunächst einmal ist da mit Blick auf die Handlung das, was man als Problemlösungsstrategie bezeichnen könnte. Lässt man sich auf die seltsame (im Original: »udivitel'nyj« – ›erstaunliche‹, wortwörtlich ›verwunderliche‹) Ausgangssituation ein, nämlich, dass man die Reihenfolge der Zahlen 7 und 8 vergessen kann, dann erscheint die Vorgehensweise des Ich-Erzählers und Protagonisten durchaus sinnvoll. Der Rückgriff auf kollektives Alltagswissen (Stichwort: Schwarmintelligenz) sowie die Expertenbefragung sind ebenso wie der Praxistest (Stichwort: Learning by doing) vertraute und probate Mittel, um offene Fragen zu beantworten. Und selbst die hochgradig absurde Auskunft der Kassiererin verweist auf eine bekannte Alltagserfahrung: Die Konfrontation mit Spezialwissen stellt sowohl inhaltlich als auch mit Blick auf den Sprachgebrauch eine Herausforderung und nicht selten eine Überforderung dar. Der Erzähler und seine Nachbarn agieren hier sogar vergleichsweise klug, indem sie die Sinnlosigkeit der Aussage rasch durchschauen und einen anderen Weg zur Lösung ihres Problems suchen. Auch die Reihenfolge der Lösungsstrategien ist zwar nicht alternativlos, aber doch rational gut nachvollziehbar. Und selbst die Bereitwilligkeit, mit der sich die handelnden Personen am Ende von ihrem Problem ablenken lassen, ist den meisten von uns vermutlich durchaus vertraut. – Der offenkundigen Absurdität dessen, was uns erzählt wird, stehen also mit Blick auf bestimmte Aspekte seine Rationalität und Vertrautheit gegenüber; beides hält sich in gewissem Sinn die Waage.

Eine ähnliche Ambivalenz ergibt sich auch hinsichtlich der Relation zwischen Werk und Gattung. Denn der bisher unberücksichtigt gebliebene Titel der Erzählung lautet ›Sonett‹, und diese Bezeichnung steht natürlich zunächst einmal in deutlichem Widerspruch zur Form des dann folgenden Textes. Schließlich handelt es sich bei diesem ganz offensichtlich um Prosa, d. h. um fortlaufende, nicht in Verse gegliederte Rede. Geht man dem architextuellen Impuls jedoch auf den Ebenen von Thema und Handlungsstruktur der Erzählung von Charms nach, dann ergeben sich durchaus Bezugspunkte. Denn wie im Sonett spielen im gleichnamigen narrativen Kurztext Zahl und Reihenfolge eine wichtige Rolle. Auf der einen Seite haben wir die streng regulierte Form der Kunstpoesie mit ihren insgesamt 14 Versen, die in der romanischen Variante intern unterteilt sind in zwei vier- und zwei dreizeilige Abschnitte. Dem steht auf der anderen Seite eine Kurzgeschichte über das Thema des Zählens gegenüber, die eine deutliche inhaltliche Gliederung aufweist. Am Anfang wird das Problem etabliert: der Verlust der Erinnerung an die richtige Abfolge von sieben und acht, und zwar zuerst beim Ich-Erzähler und danach auch bei seinen Nachbarn. Es schließt sich der erfolglose Versuch an, von einer Kassiererin Hilfe in dieser Frage zu erhalten. Darauf folgt der ebenfalls misslingende Praxistest im Park. Im letzten Abschnitt wird das Problem schließlich aufgrund einer Ablenkung fallengelassen, und die Figuren kehren in den Ausgangszustand zurück.

Wenn man diese Fährte weiterverfolgt, dann lassen sich auch auf den Ebenen von Syntax und Textgliederung Verbindungen zwischen der Er-

zählung und der titelgebenden lyrischen Form erkennen. Denn der Prosa-
text besteht (im Original wie in der Übersetzung) aus genau vierzehn
Sätzen, und die eben skizzierte viergeteilte inhaltliche Struktur entspricht
der Gliederung des Textes in Absätze bzw. Gruppen von Absätzen:

Sonett

₁ Mir ist mal was Seltsames passiert: ich hatte plötzlich vergessen, was zuerst kommt: die 7 oder die 8.

₂ Ich ging zu den Nachbarn und fragte sie, was sie
in dieser Sache meinten.

₃ Wie groß aber war ihre und meine Überraschung,   } 1. Quartett
als auch sie plötzlich entdeckten, daß sie sich an die
Reihenfolge nicht erinnern konnten. ₄ 1, 2, 3, 4, 5
und 6 – das wußten sie noch, aber wie es weiterging,
hatten sie vergessen.

₅ Wir gingen zusammen ins Kaufhaus »Gastronom«, Ecke Snamenskaja und Bassejnaja, und trugen
der Kassiererin unser Problem vor. ₆ Die Kassiererin
lächelte wehmütig, zog ein kleines Hämmerchen aus
dem Mund und sagte, wobei sie die Nase kraus zog:
»Meiner Meinung nach kommt die 7 nach der 8, wenn   } 2. Quartett
die 8 nach der 7 kommt.«

₇ Wir bedankten uns bei der Kassiererin und verließen frohgemut den Laden. ₈ Doch plötzlich, als wir
die Worte der Kassiererin genauer bedachten, ließen
wir den Kopf wieder hängen, da sich ihre Worte als
vollkommen sinnlos erwiesen.

₉ Was sollten wir also tun? ₁₀ Wir gingen in den
Sommergarten und begannen dort, die Bäume zu
zählen. ₁₁ Aber als wir beim Zählen bis 6 gekommen
waren, hielten wir inne und fingen an zu streiten: } 1. Terzett
nach Meinung der einen folgte nun die 7, nach Mei-
nung der andern die 8.

₁₂ Wir hätten noch lange gestritten, aber zum Glück
fiel in dem Moment ein kleines Kind von der Bank
und brach sich beide Kiefer. ₁₃ Das brachte uns von   } 2. Terzett
unserem Streit ab.

₁₄ Und dann ging jeder für sich nach Hause.

Dieser Befund mag zunächst für eine gewisse Befriedigung sorgen. Aber er führt natürlich keineswegs zu einer Auflösung der generischen Ambivalenz, sondern im Gegenteil zu ihrer Verschärfung. Denn der Text bietet, anders als auf den ersten Blick erkennbar, offensichtlich substantielle Bezüge sowohl zur narrativen Kurzprosa wie auch zum Sonett. Wir sind dieser strukturellen Spannung ausgesetzt, ebenso wie der zwischen der Absurdität und Rationalität auf der inhaltlichen Ebene. Verunsicherungen auf weiteren Ebenen ließen sich ergänzen, wie z.B. mit Blick auf die Relation zwischen der Detailliertheit von Informationen und ihrer Relevanz für die Erzählung oder in bezug auf die Spannung zwischen den irritierenden, z.T. drastischen Geschehnissen und der ausbleibenden Reaktion des Erzählers.

›Zählen Lernen mit Daniil Charms‹ bedeutet also ganz gewiss nicht, Sicherheit in der Frage zu gewinnen, was zuerst kommt: die 7 oder die 8. Sondern es heißt vielmehr, automatisierte Ordnungssysteme überhaupt erst wieder wahrzunehmen und in Frage zu stellen. Dazu braucht es eine spezifische Lesefähigkeit als ständiges Bemühen um Unvoreingenommenheit, Offenheit und Neugier ebenso wie um Aufmerksamkeit und philologische Präzision. Also genau jene Grundtugenden des komparatistischen Fachverständnisses von Hendrik Birus, die ich zu Beginn erwähnt habe.

Ich maße mir nicht an, eine allgemeingültige Antwort auf die große Leitfrage der dieser Publikation zugrundeliegenden Tagung nach dem Wozu der Philologie geben zu können. Was ich dazu beisteuern kann, ist nur meine individuelle Perspektive. Zentral ist dabei das intensive Sich-Einlassen auf Texte, um deren Potential auszuloten, d.h. in den Worten des Abzählverses, im unabschließbaren Kreislauf abwechselnd zum *durak* und zum *molodec* zu werden. Das habe ich im Titel meines Beitrags anzudeuten versucht: Es geht darum, Zählen und Lesen zu lernen, sei es mit Hendrik Birus oder mit Daniil Charms.

STEPHAN GROTZ

Lob der Philologie –
aus einer philosophischen Sicht

*Ich hoffe für Mikrologie eben so bewahrt
zu bleiben, als für aller Declamation.*

*(L. E. Borowski, Darstellung des Lebens
und Charakters Immanuel Kant's)*

I. Vorbemerkung

Wie der Titel meines Beitrags signalisieren soll, versuchen die folgenden Bemerkungen einen berühmten Topos zu erklimmen, der seit
den Zeiten eines Bernhard von Chartres eine ziemlich komfortable
Ausgangsposition abgibt. Gemeint sind natürlich die Schultern von
Riesen, auf denen es auch Zwergen erlaubt ist, ins Weite zu sehen.[1] Der
Riese ist in meinem Fall Hendrik Birus und sein ›Lob der Philologie‹,
welches unser Jubilar anlässlich des 90. Geburtstages seines (und ich
darf hinzufügen: auch meines) philosophischen Lehrers Dieter Henrich

---

1 Die klassische Stelle dieses wirkungsmächtigen Topos entstammt dem ›Metalogi-
   con‹ des Johannes von Salisbury, der seinerseits dieses Adagium auf seinen Lehrer
   Bernhard von Chartres zurückführt: Dicebat Bernardus Carnotensis nos esse quasi
   nanos gigantum umeris insidentes, ut possimus plura eis et remotiora uidere,
   non utique proprii uisus acumine, aut eminentia corporis, sed quia in altum sub-
   uehimur et extollimur magnitudine gigantea. (Ioannes Saresberiensis, Metalogi-
   con III,4,47–50; CCCM 98, S. 116) – ›Bernhard von Chartres pflegte zu sagen, wir
   seien wie Zwerge, die auf den Schultern von Riesen sitzen, so dass wir mehr und
   weiter sehen können als sie, und das freilich nicht dank unserer eigenen Seh-
   schärfe oder Köpergröße, sondern weil wir in die Höhe emporgehoben und von
   einer gewaltigen Größe getragen sind.‹ (Übersetzung StG) Immer noch amüsant
   und instruktiv in motivgeschichtlicher Hinsicht: Robert K. Merton, Auf den Schultern von Riesen. Ein Leitfaden durch das Labyrinth der Gelehrsamkeit. Aus dem
   Amerikanischen von Reinhard Kaiser, Frankfurt am Main 1980.

angestimmt hat, der im Dezember 2022 im Alter von 93 Jahren ver-
storben ist.[2]

Freilich ist Hendrik Birus' Lob der Philologie, ausgehend von persönlichen Reminiszenzen und Erfahrungen, durchaus auch skeptisch gegenüber Henrichs Insistenz, dass zur Philosophie – und zwar ganz im
Gegensatz zur Philologie – wesentlich eine Offenheit gegenüber Fragen
gehört, die aufs Letzte und aufs Ganze gehen, und dass die Philosophie
dadurch gegen eine Partikularität gefeit bleibt, mit der sie sich sonst auf
den Status einer forschenden Disziplin unter anderen, mit einem recht
genau zugeschnittenen Gegenstandsbereich und den entsprechenden
Methoden, reduzieren würde.[3]

Gegenüber dieser Henrich'schen Offenheit markiert Hendrik Birus'
›Lob der Philologie‹ sehr selbstbewusst ein – dann auch in einer un-
glaublichen Bandbreite praktiziertes – Verständnis von Philologie, das
ich als eine selbstverordnete theoretische *epoché*, als eine Enthaltsam-
keit gegenüber den großen Fragen charakterisieren würde, die nicht nur
ins Infinite, sondern auch rasch ins In*def*inite führen können.[4] Daher
leuchtete mir auch intuitiv Heinz Schlaffers Bemerkung ein, die er bei
seiner Besprechung von Birus' ›Vergleichung‹[5] glaubte anbringen zu
müssen und die Birus nicht ohne Grund in seinem ›Lob der Philologie‹
zitiert: Philologie, wie sie Hendrik Birus betreibt, zeichne, so Schlaffer,

---

2 Hendrik Birus, Lob der Philologie, in: ders., Gesammelte Schriften, Bd. 1: Komparatistik im Spannungsfeld von Philologie und Philosophie, Göttingen 2020
   (= Münchener Komparatistische Studien 12), S. 789–795.

3 Vgl. ebd., S. 794: »So verstanden trifft auf die Philologie zu, was Henrich hier als
   Chance und zugleich als Grenze der wissenschaftlichen Orientierung auf *Forschung* bestimmt hatte: daß sie ihre ›Distanz und Disziplin‹ und die ›wirkliche
   Verläßlichkeit der Resultate‹ mit der ›Partikularität‹ ihrer Themen und Forschungs-
   bereiche erkauft, womit sie das ›Ideal einer letzten und ganzen Erkenntnis, die aus
   reiner Kontemplation hervorgeht‹, preisgibt […].« Mit seiner lebensverändernden
   Entscheidung für die Philologie war Birus klar, dass er dieser Henrich'schen Pro-
   grammatik »nicht Folge leisten würde« (ebd.).

4 Für diese Gedankenfigur vgl. etwa Ernst Cassirer, Individuum und Kosmos in der
   Philosophie der Renaissance, Leipzig und Berlin 1927 (= Studien der Bibliothek
   Warburg 10), S. 22 f. (zu Nicolaus Cusanus' Reflexionen auf die intrinsische Unab-
   schließbarkeit jeglicher *comparativa investigatio*).

5 Hendrik Birus, Vergleichung. Goethes Einführung in die Schreibweise Jean Pauls,
   Stuttgart 1986 (= Germanistische Abhandlungen 59).

eine »Theorielosigkeit« aus, die »theoretisch motiviert« ist.[6] Wenn ich aber etwas an meinem Lehrer Hendrik Birus stets bewundert habe, dann ist es gerade diese von ihm meisterhaft eingelöste Maxime einer theoretisch motivierten Theorielosigkeit, die bei ihm den Ehrennamen der Philologie trägt.

Mit diesen ganz abbreviaturhaften Vorbemerkungen möchte ich nun zu meiner eigentlichen Problemstellung übergehen, die ihren Ausgang nehmen soll von der eben angedeuteten Verhältnisbestimmung von Philosophie und Philologie.

Mit Dieter Henrich (und nicht nur mit ihm) bin ich der Überzeugung, dass Philosophie nicht umhin kann, weiterhin letzte Fragen zu stellen, dass sie also insbesondere Fragen nach unserem Selbst- und Weltverhältnis wachzuhalten hat, wenn sie sich nicht in der mehr schlechten als rechten Alternative zerreiben möchte, sich entweder begriffsanalytisch oder bereichsethisch zu einem Zulieferer für andere Disziplinen zu wandeln. Oder wie Jürgen Habermas das jüngst zu Anfang seiner monumentalen ›Auch eine Geschichte der Philosophie‹ formuliert hat:

> Die Philosophie folgt wie alle Disziplinen dem Zug zu einer immer weitergehenden Spezialisierung. An einigen Orten geht sie schon in der Rolle einer begriffsanalytischen Dienstleistung für die Kognitionswissenschaften auf; an anderen zerfasert der Kern der Disziplin in nützlichen Angeboten für einen wachsenden wirtschafts-, bio- oder umweltethischen Beratungsbedarf.[7]

Stimmt diese Diagnose – dass es zum unveräußerlichen Kern von Philosophie gehört, sich offenzuhalten für nicht zweckdienliche Fragestellungen, für Fragen, die ihre Gegenstände, wie etwa die Frage nach unserem Selbstverhältnis, *a limine* nicht objektivieren kann –, dann scheinen damit die Probleme erst zu beginnen. *Eines* davon scheint mir nun zu sein, dass solch ein philosophisches Nachdenken, das um letzte Fragen ringt, sich nicht damit begnügen kann, den Entwurf von spezifischen Konzep-

---

6 Heinz Schlaffer, [Rez.] Birus, Vergleichung, in: Jahrbuch der Jean-Paul-Gesellschaft 22 (1987), S. 180–184, hier: S. 180; zit. nach Birus, Lob der Philologie (Anm. 2), S. 795.

7 Jürgen Habermas, Auch eine Geschichte der Philosophie. Bd. 1: Die okzidentale Konstellation von Glaube und Wissen, Berlin 2019, S. 12.

ten als vorrangig zu behandeln, für den sich dann, sozusagen im Nachtrag, eine mehr oder minder adäquate Artikulationsform finden muss.

Genau diese Sicht der Dinge hat indes Dieter Henrich in einem seiner letzten Bücher, in seinen ›Werken im Werden‹ aus dem Jahr 2011, nochmals bekräftigt.[8] Als Prolegomena zu einer künftigen »Literaturgeschichte der Philosophie« konzipiert, versucht sich Henrich dort an einer Rekonstruktion der Formationsbedingungen, die für die von ihm so genannten »Grundwerke« der philosophischen Tradition bestimmend sind, namentlich für die Cartesischen ›Meditationen‹, für Kants drei Kritiken, Hegels ›Phänomenologie des Geistes‹, für Wittgensteins ›Philosophische Untersuchungen‹ sowie für Heideggers ›Sein und Zeit‹.

Im Blick auf die genannten »Grundwerke« diagnostiziert Henrich geradezu kategorisch den Primat des philosophischen Gehalts eines Werkes vor seiner sprachlichen Gestalt: »Die Werkform wird also zuallererst von dem Gehalt und Aufbau der Konzeption her entworfen.« Und weiter: »Die Ansprüche, die eine philosophische Konzeption an die Ausgestaltung eines Werkes und seiner literarischen Form stellt, haben immer (!) Vorrang.«[9]

In der Linie dieser Perspektive mag es dann auch so scheinen, dass die Darstellung eines philosophischen Gehaltes diesem äußerlich bleiben muss: Sei es, dass die Werkform eine gewisse Beliebigkeit nicht abstreifen kann – Henrich beruft sich hier auf Hegels bekanntes Diktum, dass er seine ›Wissenschaft der Logik‹ eigentlich 77-mal hätte umschreiben müssen;[10] oder sei es, dass dieses äußere Verhältnis, in dem ein philosophisches Konzept zu seiner Artikulationsform steht, sich zum Ausdruck einer Sprachnot steigern kann. Man denke etwa an den späten, den raunenden Heidegger, dessen wahrlich unorthodoxer Idiolekt nur allzu gerne als behelfsmäßiger Ausdruck für ein eigentlich Gemeintes, für einen von Heidegger kaum mehr zu verbalisierenden Gehalt verstanden wird.[11]

8 Dieter Henrich, Werke im Werden. Über die Genesis philosophischer Einsichten, München 2011.
9 Ebd., S. 189.
10 Ebd., S. 79. Geschafft hat es Hegel, wie bekannt, ein einziges Mal, und das auch nur bei seiner ›Seinslogik‹.
11 Erlaubt sei der Hinweis auf meine unter der Ägide von Hendrik Birus angefertigte Dissertation, in der ich die interne Struktur und Faktur von Heideggers Sprachgebung ein Stück weit zu erhellen versuche: Stephan Grotz, Vom Umgang

Freilich ist damit auch schon der Weg vorgezeichnet, wie wir als Leserinnen und Leser bei etwas sperrigen philosophischen Texten vorzugehen haben. Besonders augenfällig wird dies an eingängigen Formulierungen, die sozusagen in den ewigen Vorrat europäischer Philosophie eingegangen sind. Ich nenne hier nur deren drei: »Die *Wahrheit* des *Seins* ist das *Wesen*«, so lautet der lapidare Auftakt zu Hegels ›Wesenslogik‹;[12] und für den Heidegger von ›Unterwegs zur Sprache‹ (1959) ist klar: »Die Sprache spricht als das Geläut der Stille.«[13]

Von dem dritten Satz soll gleich noch etwas ausführlicher die Rede sein: Auf der Suche nach dem *unum argumentum*, mit dem Gott und seine Existenz bewiesen werden sollen, verfällt ein Autor in den 70er-Jahren des elften Jahrhunderts auf eine berühmt-berüchtigte Formel: Gott sei das, »quo nihil maius cogitari potest«; er sei mithin das, »im Vergleich zu dem nichts Größeres gedacht werden kann«.[14]

In der Regel versuchen diejenigen, denen an einem Verständnis solcher Sätze und Formulierungen gelegen ist, sich auf den Gehalt zu konzentrieren, der in dem von Hegel, Heidegger bzw. Anselm von Canterbury Gesagten zur Sprache kommt. So lässt sich etwa in Hegels Satz die »Wahrheit des Seins« als ein sich langsam, aber sicher zu Tage tretender Prozess begreifen, als dessen Sinn ein immer intensiveres In-Sich-Zurückgehen des anfangs der ›Logik‹ nur hervorgebrochenen Seins erscheint. Im Fall von Heideggers vielleicht noch kryptischerem Satz ist eine noch striktere Übersetzungsleistung vonnöten: Die Sprache scheint hier zu einem Quasi-Subjekt stilisiert, das, kaum überraschend, eine Tätigkeit des Sprechens vollzieht, und zwar in einer Form oder in einem Modus, der – Stichwort: »Geläut« – auf eine Bewegung des Zusammenbringens oder In-Eins-Sehens hindeutet.

---

mit Tautologien. Roman Jakobson und Martin Heidegger, Hamburg 2000 (= Topos Poietikos 2), S. 85–171.

12 G. W. F. Hegel, Wissenschaft der Logik. Erster Teil: Die objektive Logik, 2. Buch: Die Lehre vom Wesen, Frankfurt am Main 1969 (= Theorie Werkausgabe, hrsg. von Eva Moldenhauer und Karl Markus Michel, Bd. 6), S. 13.

13 Martin Heidegger, Unterwegs zur Sprache, hrsg. von Friedrich-Wilhelm von Hermann, Frankfurt am Main 1985 (= Gesamtausgabe, Bd. 12), S. 30.

14 Anselm von Canterbury, Proslogion. Untersuchungen. Lateinisch-deutsche Ausgabe, hrsg. von Franciscus Salesius Schmitt OSB, Stuttgart-Bad Cannstatt 1962, Kap. 2, S. 84/85. Im folgenden verkürzt zitiert als *P* mit Angabe des Kapitels und der jeweiligen Seitenzahlen. Die Übersetzungen sind von mir teilweise leicht modifiziert.

Für ein derartiges Vorgehen, das sich auf den Aussagegehalt solcher Formulierungen stützt, wird die semantisch adäquate Übersetzung von Heideggers vielleicht metaphorisch zu nennender, jedenfalls aber obliquer Qualifizierung der Sprache als »Geläut der Stille« zur zentralen Aufgabe des Interpreten. »Geläut« entpuppt sich auf diesem Wege als eine etwas verquere oder gequält-peinliche Formulierung für einen Gehalt, der auch anders, d.h. mit Hilfe traditioneller philosophischer Terminologie, wiedergegeben werden könnte und kann.[15]

15 Zu diesem Problem vgl. Stephan Grotz, Erläuterungen zu Heideggers Dichtung, in: Philosophisches Jahrbuch 110 (2003), S. 92–111. – Es ist im übrigen weit mehr als eine schnurrige Anekdote, wenn Hans-Georg Gadamer von der Auseinandersetzung des späten Heidegger mit Hegels Satz »Die Wahrheit des Seins ist das Wesen« berichtet, im Zuge derer auch eine probeweise ›Rückübersetzung‹ dieses Satzes in die lateinische Sprache und damit in die Terminologie der klassischen Metaphysik – »veritas existentiae est essentia« – erwogen wird: »Man nehme einen Satz wie den ersten Satz des zweiten Bandes der Hegelschen Logik, den Heidegger einmal als alter Mann im Kreise seiner auch nicht mehr jungen Schüler aus Anlaß des Freiburger Universitätsjubiläums [...] diskutiert hat: ›Die Wahrheit des Seins ist das Wesen‹. Einen solchen Satz kann man als das Insichgehen des unmittelbaren Seins und als das Eintreten in die Metaphysik des Wesens verstehen – und das ist sogar richtig in Hegels Sinne. [...] Und dennoch ist nicht einer der Wortbegriffe dieses Satzes, weder ›Wahrheit‹ noch ›Sein‹ noch ›Wesen‹, auf den Begriffshorizont der Metaphysik eingeengt [...]. Die Übersetzung ›veritas existentiae est essentia‹ wäre vollkommener Unsinn. [...] Wenn wir ›Wahrheit des Seins‹ hören, so klingt bei Wahrheit vielerlei an, was in veritas nicht liegt: Eigentlichkeit, Unverborgenheit, Echtheit, Bewährung usw., und ebenso ist ›Sein‹ gewiß nicht Existenz und auch nicht Dasein oder Etwas-Sein, sondern eben ›Wesen‹, aber so, daß ›Sein‹ wie ›Wesen‹ Zeitwort-Charakter haben, nominalisierte Verben sind, die die Bewegung mit evozieren, die Heidegger ›Anwesen‹ nennt. Heidegger hatte nicht umsonst diesen Satz zur Diskussion gestellt, sondern in der offenbaren Absicht zu prüfen, ob nicht Hegel an sich selbst vorbeihört und in die methodische Konsequenz des dialektischen Fortgangs zwingt, was ihm die Sprache als tiefere Wahrheit und Einsicht vorhält und entgegenbringt. Läßt man die Sprache sprechen und hört auf das, was sie sagt, dann ist es nicht nur so, daß man anderes aus ihr heraushört, als was Hegel im Ganzen seiner Dialektik der ›Logik‹ zu Begriff zu bringen verstand – man ist auch unmittelbar dessen inne, daß der fragliche Satz nicht so sehr eine Aussage über (!) das Wesen ist, als die Sprache des Wesens selber spricht.« (Hans-Georg Gadamer, Hegel und Heidegger, in: ders., Neuere Philosophie I: Hegel, Husserl, Heidegger, Tübingen 1987 [= Gesammelte Werke, Bd. 3], S. 87–101, hier: S. 98 f.) Sieht man einmal von den zuletzt anklingenden sprachmetaphysischen Spekulationen ab, so ist es doch äußerst bemerkenswert, dass Heidegger wie Gadamer in Hegels Satz, und zwar ins-

II. Anselms Formel

Wohl am deutlichsten zeigt sich das, worum es mir in unserem Zusammenhang geht, an Anselms von Canterbury Formel »quo nihil maius cogitari potest«.[16] Diese Formel bildet bekanntlich das Rückgrat für den sog. Gottesbeweis, den Anselm in seiner kleinen Schrift ›Proslogion‹, entstanden um die Jahreswende 1077/78, entwickelt, und zwar in einem äußerst gedrängten Gedankengang, der die kurzen Kapitel 2 bis 4 umfasst. Auf diese paar Textseiten konzentriert sich bis heute der Großteil der äußerst kontroversen Diskussion um Anselms Argument. Der Einsatzpunkt sowohl der Diskussion als auch der Kritik an Anselms Gottesbeweis ist der Umstand, dass alle, die sich an der Diskussion beteiligen, *wissen* oder zumindest wissen können, was die Formel »quo nihil maius cogitari potest« zu bedeuten hat. Wer also die Formel versteht, sie denkend nachvollzieht, der kann, so scheint Anselm zu argumentieren, deren Sinn, nämlich die notwendige Existenz Gottes bzw. die Unmöglichkeit seines Nicht-Seins, nicht mehr leugnen.

Ein in dieser Hinsicht bemerkenswertes Indiz für Anselms Verständnis seiner Formel ist der oft schon bemerkte Umstand, dass in den Passagen, in denen Anselm seinen Gottesbeweis entwickelt, nur ein einziges Autoritätszitat fällt, und zwar ausgerechnet aus Psalm 13,1: *dixit insipiens in corde suo: non est Deus*; zu Deutsch in etwa: ›Der Unverständige sprach in seinem Herzen: es gibt keinen Gott‹.[17] Eben diese Formulierung, die der Unverständige (*insipiens*) benutzt – nämlich: »non *est* Deus« / ›es *gibt* keinen Gott‹ –, greift Anselm nun fast unverändert auf und macht sie sich in seinem Sinne zu eigen, indem er dem

---

besondere mit dessen *literaler* Gestalt, einen semantischen Möglichkeitsspielraum angelegt sehen, der mit einer Festlegung bzw. Konzentration auf traditionelle metaphysische Konzepte längst nicht ausgereizt ist. Dass dieser Umstand auch den assertorischen Charakter von Hegels Satz unmittelbar betrifft, dürfte sich von selbst verstehen: Es handelt sich nicht um einsinnige Thesen über ›Sein‹ und ›Wesen‹ – aber ebensowenig um semantisch unverbindliche Begriffsalchemie.

16 Der Intention meines Betrags entsprechend versuchen die folgenden Bemerkungen den in der Anselm-Rezeption oftmals unbefragten *modus dicendi* und damit zunächst einmal den assertorischen Charakter von Anselms Formel zu beleuchten; die sachhaltigen, philosophischen Konsequenzen, die daraus für Anselms Formel abzuleiten wären, sind nicht vorrangiger Gegenstand der Untersuchung. Sie sollen an anderer Stelle behandelt werden.

17 Anselm, *P*, Kap. 2, S. 84/85.

Wortlaut des Satzes bloß einen anderen Akzent verleiht. Insofern lautet
Anselms Retorsionsargument gegenüber dem Gottesleugner: »non est
Deus«; also: »es ist nicht *Gott*«, den du dir bei der Leugnung seiner
Existenz denkst. Du denkst dir irgendetwas, aber sicher nicht und schon
gar nicht in zureichender Weise *Gott*. Denn dies ist nur möglich mit
Anselms recht verstandener Formel »quo nihil maius cogitari potest«.

Der Punkt, auf den es mir für meinen nächsten Schritt ankommt, ist
nun folgender: Um die Validität von Anselms Formel einschätzen zu
können, ob also sein Beweis auf irgendeine Art und Weise ›funktioniert‹
oder nicht, muss vorab feststehen, dass Anselm ein distinktes Konzept
mit seiner Formel verbindet und dass dies für jeden, der ihn liest, auch
seinerseits klar ist. Daher hat es sich in der modernen, vor allem begriffsanalytisch geführten Diskussion des Anselmischen Gottesbeweises eingebürgert, Anselms Formel »quo nihil maius cogitari potest«
zu formalisieren und das heißt auf einen Buchstaben, etwa auf Q, zu
bringen.[18] Damit ist nur allzu deutlich signalisiert, dass diese Formel,
zumindest ihrem Anspruch nach, einen eindeutigen Sinn hat. Der
Streitpunkt ist dann nur mehr, ob Anselm diesen Anspruch auch ein-
löst – und das meint in erster Linie: ob Anselms Formel auf logischen
Voraussetzungen beruht, die diese Formel validieren oder nicht. (Ein
Beispiel hierfür wäre eine etwas platte Lesart von Kants ›Zermalmung‹
des Anselmischen Arguments, wonach dieses auf einer falschen Voraussetzung basiert: Sein als reales Prädikat ist im Umfang keines Begriffs
enthalten und kann daher aus einem Begriff beliebig heraus- und wieder hineingeklaubt werden.[19])

Was aber damit völlig aus dem Blick gerät oder zu geraten droht, ist
der Status und die Reichweite von Anselms Formel, also etwa die Frage:
In welchem Modus spricht Anselm hier eigentlich? Vertritt er mit seiner Formel eine These von Cartesischer Gewissheit, an deren erfolgrei-
cher Zurückweisung sich jemand erst einmal versuchen sollte. Anders
gesagt: Entschieden ist hier bereits über Anselms Diktion und ihre
Reichweite – ganz analog wie im Falle von Hegels und Heideggers Sät-

---

18 Siehe etwa Rolf Schönberger, Anselm von Canterbury, München 2004, S. 77:
    »Kern des Gedankens ist nur noch der Ausdruck: ›etwas, über das hinaus nichts
    Größeres gedacht werden kann‹ (= Q).«
19 Zu Kants Ansatz siehe etwa Dieter Henrich, Der ontologische Gottesbeweis. Sein
    Problem und seine Geschichte in der Neuzeit, Tübingen 1960, S. 137–188.

zen. Im Vordergrund steht ein sprachlich mal mehr, mal weniger ver-
klausulierter philosophischer Gehalt, den es zu rekonstruieren und
dann zu validieren bzw. nicht zu validieren gilt.

Vielleicht sollte ich an dieser Stelle nicht unerwähnt lassen, dass es
mir nicht um die viel beschworene, nicht-propositionale Erkenntnis in
philosophischen Texten geht, wie sie etwa Gottfried Gabriel z.B. für
Wittgenstein, Montaigne und Adorno oder auch Wolfgang Wieland für
Platon reklamiert haben. Es ist ja wohl unbestreitbar, dass in der Geschichte der abendländischen Philosophie höchst elaborierte Verfahren
entwickelt worden sind, wie mit den Grenzen des Sagbaren umzugehen
sei.[20] Formal könnte man in diesen Fällen von einem Missverhältnis
oder zumindest von einem unproportionalen Verhältnis zwischen dem
Gesagten und dem Gemeinten – zwischen, wie manche mittelalterlichen Denker dies formulieren, dem *dicere* und dem *significare* – sprechen; wobei in aller Regel der Grund für dieses Missverhältnis in den
beschränkten Ausdrucksmitteln der menschlichen Sprache gesucht, gefunden – und vor allem dann auch mehr oder minder wortreich *be-
nannt* – wird.

Mir geht es zwar auch um dieses Missverhältnis, zugleich jedoch mit
einer umgekehrten Gewichtung. In meinen Fall ist der Maßstab nicht
der *Gehalt*, an dem sich das darüber zu Sagende auszurichten hat.
Sondern umgekehrt gilt, dass es gerade bestimmte sprachliche *Formulierungen* sind, die dem philosophischen Konzept voraus sind, der in
ihnen zur Sprache kommen soll. Anders gesagt: Derartige Formulierungen, um die es mir geht, generieren einen spezifischen Bedeutungs-
überschuss, der metasprachlich nur sehr schwer einzufangen ist. In der
Konsequenz ist daher auch der propositionale Status und mithin der
assertorische Charakter solcher Sätze und Formeln nur schwer einzu-
schätzen. Und das liegt eben daran, dass wir es hier nicht mit einem
Reden *über* das Undenkbare und Unsagbare zu tun haben, sondern mit

---

20 Siehe etwa Gottfried Gabriel, Literarische Form und nicht-propositionale Er-
kenntnis in der Philosophie, in: Literarische Formen der Philosophie, hrsg. von
Gottfried Gabriel und Christiane Schildknecht, Stuttgart 1990, S.1–25; sowie
Wolfgang Wieland, Platons Schriftkritik und die Grenzen der Mitteilbarkeit, in:
Romantik – Literatur und Philosophie, hrsg. von Volker Bohn, Frankfurt am
Main 1987 (= Poetik. Internationale Beiträge 1), S.24–44; ders., Das sokratische
Erbe in Platons Philosophie, in: ders., Philosophische Schriften, hrsg. von Nicolas
Braun, Göttingen 2020, S.221–241, hier: S.239.

einer Sprachform, *in* der das Undenkbare und Unsagbare zum Vorschein kommen soll, und das heißt mithin: *vollzogen* wird.

Ich meine nun, dass solch eine theoretisch motivierte Sprachform ohne einen bestimmten philologischen Zugriff in eben dieser ihrer theoretischen Motiviertheit nicht zureichend erschlossen werden kann. Dies möchte ich nun anhand von Anselms Formel skizzenhaft zu erhellen versuchen.

III. Zur Signifikationsstruktur der Formel

Man hat sich schon immer gefragt, wozu Anselms ›Beweis‹ (*argumentum*) eigentlich gut sein soll. In seinem – damals nur geographisch abgelegenen – Kloster Bec[21] gibt es weit und breit keine Gottesleugner oder -zweifler. Faktisch war und ist also mit diesem Gottesbeweis niemandem gedient: Niemand kommt durch diesen ›Beweis‹, selbst wenn er ihm zustimmen sollte, zum Glauben – nicht einmal Anselm selbst.[22]

Vor allem aber besitzt dieses *argumentum* nicht die aussagelogisch geregelte Struktur eines Syllogismus, d.h. einer Abfolge von Sätzen, aus denen sich dann eine Conclusio ziehen lässt (wie, ganz analog dazu, die Cartesische Formel ›cogito ergo sum‹ nur bei oberflächlicher Betrachtung die Form eines Schlusses besitzt).[23] Gleichwohl ist bis in die jüngste Zeit immer wieder versucht worden, Anselms Formel in einen syllogistischen Dreisprung zu entzerren.[24]

---

21 Siehe dazu etwa Richard W. Southern, Saint Anselm. A Portrait in a Landscape, Cambridge 1990, S. 32–38.

22 Locus classicus: Anselm, *P*, Kap. 2, S. 82/83: Neque quaero intelligere ut credam, sed credo ut intelligam (›Ich suche ja nicht einzusehen, um damit zum Glauben zu finden, sondern ich glaube, um Einsicht zu gewinnen‹).

23 Klassisch hierzu G. W. F. Hegel, Vorlesungen über die Geschichte der Philosophie III, Frankfurt am Main 1971 (= Theorie Werkausgabe, Bd. 20), S. 129–136.

24 Henning Tegtmeyer hat dies in seinem bedeutenden Buch über Natürliche Theologie mit aller wünschenswerter Klarheit hervorgehoben: »Die Fixierung auf die Idee eines Beweises und die Gleichsetzung von Beweisen mit formal gültigen Schlüssen lenkt die gesamte moderne Diskussion des anselmisch-cartesischen Gedankens auf ein falsches Gleis« (Henning Tegtmeyer, Gott, Geist, Vernunft. Prinzipien und Probleme der Natürlichen Theologie, Tübingen 2013 [= Collegium Metaphysicum 8], S. 81 mit Anm. 1). – Für eine begriffsanalytische Rekonstruktion des Anselmischen Gedankenganges aus philosophischer bzw. theologischer Perspektive seien aus der reichen Literatur nur zwei jüngere Publikationen

Anselm ist zwar nach langem, zunächst ergebnislosem Ringen davon überzeugt, mit seiner Formel »quo nihil maius cogitari potest« das von ihm gesuchte eine Argument, das *unum argumentum*, gefunden zu haben.[25] Doch sogleich fällt auf: hier wird nicht in Sätzen argumentiert und gefolgert, sondern ein Sachverhalt (*argumentum*) auf eine möglichst knappe Formel gebracht, ein Sachverhalt zudem, der sich selbst stützen soll.[26]

Was diese Selbstsuffizienz von Anselms *argumentum* besagen möchte, dürfte dann wohl auch nicht mehr so klar sein wie oft angenommen: Bedarf die Formel keiner zusätzlichen, sie stützenden *Argumente* im Sinne von weiteren Beweismitteln (so die gängige Lesart dieser Selbstsuffizienz als »logische Autarkie«)[27] – oder ist der in der Formel anvisierte Sachverhalt *selbst* ein ausgezeichnet substantieller, d.h. ein von sich aus unüberbietbar selbständiger, der nicht einmal von der Existenz der Anselmischen Formel abhängig ist?[28]

herausgegriffen: Joachim Bromand und Guido Kreis, Anselms Argument und seine frühen Kritiker, in: Gottesbeweise von Anselm bis Gödel, hrsg. von Joachim Bromand und Guido Kreis, Frankfurt am Main 2011 (= Suhrkamp-Taschenbuch Wissenschaft 1946), S. 31–99, hier: S. 31–40; sowie Geo Sigwart und Christian Tapp, Gott erleuchtet Anselm. Eine Rekonstruktion zu Anselms ›Proslogion‹-Beweis, in: Gotteserkenntnis und Gottesbeweis. Philosophische und theologische Zugänge, hrsg. von Benedikt Paul Göcke und Markus Knapp, Freiburg im Breisgau 2022, S. 426–461.

25 Vgl. Anselm, *P*, Proömium, S. 68/69.

26 Vgl. ebd.: unum argumentum, quo nullo alio ad se probandum quam se solo indigeret (›ein einziger Sachverhalt, der zu seiner Prüfung keines weiteren [Sachverhaltes] als eben sich selbst bedarf.‹) – Der lateinische Terminus ›argumentum‹ scheint mir hier nicht nur und in erster Linie mit einem modernen Verständnis von ›Argument‹ im Sinne eines ›Beweismittels‹ konform zu gehen, sondern meint, wie im klassischen Latein, zuvorderst einen ›sachlichen Gehalt‹, ›Sachverhalt‹ o.ä.

27 Kurt Flasch, Einleitung, in: Kann Gottes Nicht-Sein gedacht werden? Die Kontroverse zwischen Anselm von Canterbury und Gaunilo von Marmoutiers. Lateinisch-Deutsch, hrsg. von Burkhard Mojsisch. Mit einer Einleitung von Kurt Flasch, Mainz 1999 (= Excerpta classica 4), S. 7–48, hier: S. 28.

28 Versteht man dagegen das *unum argumentum* einsinnig in der Bedeutung von ›alleiniges Beweismittel‹ (siehe Anm. 26), dann wird tatsächlich der autarke Charakter von Anselms Formel zum Problem, insofern Anselm sich auf eine Diskussion mit Gaunilo überhaupt einlässt und hierbei weitere Beweismittel ins Feld führt. Jedenfalls haben Anselm-Interpreten wiederholt darauf aufmerksam gemacht, dass Anselm die anfangs von ihm behauptete Autarkie auf diesem Wege nicht durchhalten kann und sie entweder einfach stillschweigend unter den Tisch

Etwas klarer wird die Sache, wenn man bedenkt, was Anselm hier eigentlich tut (sozusagen, noch bevor er ein bestimmtes Konzept von Gott entwickelt): Statt krampfhaft Gründe für die Existenz Gottes zu sammeln, versucht er Gott oder das Absolute als *den* Grund – also auch als den Grund für sein eigenes Denken – zu denken. Das hat weitreichende Konsequenzen für das Verständnis der Formel. Nur zwei Punkte möchte ich an dieser Stelle herausheben.

Zum einen: Wenn das Absolute Grund auch für das menschliche Denken ist, dann ist von vornherein ausgeschlossen, dass unser Denken an das Absolute wie an einen anderen beliebigen Denkgegenstand herantreten und ihn danach befragen kann, ob es bloß denkmöglich oder auch in der Wirklichkeit vorkommt. Solch eine Herangehensweise mag bei Trauminseln oder bei Marsmännchen funktionieren, für das Absolute verbietet sie sich jedoch *a limine*. Gott ist demnach kein zum Voraus gesetzter Gegenstand, von dem wir einen Begriff zu entwickeln hätten, welcher zu guter Letzt auch noch das Prädikat der Existenz mit einschließen sollte.

Das bedeutet aber zum anderen: Es kann nicht Sache unseres Denkens sein, einen Begriff von Gott zu entwickeln, der als ein *Produkt* oder ein *Ergebnis* unserer mentalen Tätigkeiten zu verstehen wäre. Dies würde die Verhältnisse auf den Kopf stellen: *Unser* Denken wäre dann der Grund von Gott und zugleich von unserem Begriff von Gott, indem wir Gründe beibringen für Gottes Existenz bzw. seine Nichtexistenz. Bereits auf diesem Wege hätte die Formel den Anspruch auf die Selbstsuffizienz ihres Gehaltes verspielt.

Anselms Formel muss daher Vorkehrungen gegen die beiden eben genannten problematischen Punkte treffen. Das heißt mit anderen Worten: Die Formel kann

(a) nicht Ausdruck für ein Konzept sein, das seinerseits für einen *bestimmten Gegenstand* steht (denn das Absolute ist gar kein Gegenstand); und die Formel kann

(b) nicht bloß ein *Konzept* sein, das von unserem Denken und seinem Procedere *abhängt* (denn das Absolute kann nicht durch unser

---

fallen lässt (so Flasch, Einleitung [Anm. 27], S. 27) oder faktisch »eine Schwächung seines ursprünglichen Gedankens« in Kauf nimmt, »da dieser kraft seiner Voraussetzungslosigkeit weitere Begründungsgänge gerade überflüssig machen sollte« (Schönberger, Anselm [Anm. 18], S. 96).

Denken hervorgebracht, auf einen Begriff gebracht werden). Wäre also Gott ein bloßer Fall für unser Denken, dann »erhöbe sich«, wie Anselm in den Passagen seines Gottesbeweises sagt, »das Geschöpf über den Schöpfer und säße über den Schöpfer zu Gericht«, indem es nämlich zu einem begründeten Urteil über die Existenz bzw. Nichtexistenz Gottes käme.[29]

Wie löst nun Anselms Formel das eben Skizzierte ein? Was tut Anselm? Indem ich so frage, versuche ich mich abzuwenden von einer direkten Konzeptualisierung dieser Formel und zunächst einmal hinzusehen auf die Sprachgebung dieser Formel.

»Das, im Vergleich zu dem Größeres nicht gedacht werden kann« – diese Formulierung gibt offenbar Zweierlei zu verstehen: Hier haben wir es erstens mit einer Art Skala zu tun, auf der sich Größeres und damit implizit auch Kleineres – *maius* und *minus* – verorten lässt.[30] Und zweitens haben wir es offensichtlich mit einem Maximum zu tun, das in einem Verhältnis zu diesem skalierten Mehr oder Minder steht. Konzeptualisiert man nun diese Formel – und das heißt: versucht man sie unter Zuhilfenahme semantisch äquivalenter Begriffe zu verstehen, dann liegt der Versuch nahe, jenes »im Vergleich zu dem nichts Größeres« (*quo nihil maius*) als einen positiven, d.h. eine bestimmte Skala beschließenden Maximalbegriff zu denken, mithin als etwas zu begreifen, das »größer ist als alles« (*maius omnibus*). Solch ein Verständnis der Formel hat bekanntlich bereits Anselms erster, scharfsinniger Kritiker entwickelt, nämlich Gaunilo von Marmoutiers, der das Wort für den gottesleugnenden Toren ergreift.[31]

---

29 Anselm, *P*, Kap. 3, S. 86/87: Si enim aliqua mens posset cogitare aliquid melius te, ascenderet creatura super creatorem et judicaret de creatore; quod valde est absurdum. (›Wenn nämlich irgendein Geist etwas Besseres als Dich ersinnen könnte, dann erhöbe sich das Geschöpf über den Schöpfer und säße über den Schöpfer zu Gericht – was völlig abwegig ist‹.)

30 Dass und mit welchen Argumenten Anselm »groß« im Hinblick auf das Absolute nicht im quantitativen Sinne versteht, sondern in einem axiologischen, kann an dieser Stelle nicht weiter verfolgt werden. Bereits in den Eingangspassagen seines ›Monologion‹ entwickelt Anselm einschlägige Gedanken hierzu. Vgl. dazu Anselm von Canterbury, Monologion. Lateinisch-deutsche Ausgabe, hrsg. von Franciscus Salesius Schmitt OSB, Stuttgart-Bad Cannstatt 1964, Kap. 2, S. 44/45.

31 Gaunilo von Marmoutier, Quid ad haec respondeat quidam pro insipiente, in: Anselm, *P*, S. 138–143, hier: S. 139: illud omnibus […] maius. In dieser Ausgabe

Für Anselm resultiert dieser so gewonnene Maximalbegriff nicht nur aus einer semantisch verfälschenden Rekonzeptualisierung seiner Formel. Sondern diese Art von Rekonzeptualisierung zwingt der Formel vor allem einen assertorischen Charakter auf, den sie so nicht intendiert, – und mithin den Charakter einer sachhaltigen *Definition*: Gott wäre nach dieser Formel ganz traditionell zu begreifen als das bzw. der ›Größte von allem‹.[32]

Insofern ist der Wortlaut der Formel für Anselm auch nicht einfach ersetzbar – und das meint: übersetzbar in andere, auf den ersten Blick semantisch äquivalente Sprachzeichen. Denn ein derartiges Vorgehen versucht, den von Anselm anvisierten Maximalbegriff positiv zu fassen und ihn kontinuierlich aus den Steigerungsmöglichkeiten, die mit jener Skala verbunden sind, erwachsen zu lassen. Auf diese Weise wäre der Maximalbegriff zu gewinnen durch die Akkumulation immer weiterer

---

findet sich nur der lateinische Text der Kontroverse zwischen Anselm und Gaunilo. Eine vollständige lateinisch-deutsche Edition der Kontroverse bietet: Kann Gottes Nicht-Sein gedacht werden? (Anm. 27), S. 60–125. Diese Ausgabe verzichtet wiederum auf den Abdruck des gesamten ›Proslogion‹ und beschränkt sich auf die (vermeintlich) philosophisch entscheidenden Kapitel 2 bis 4. – Zur Rekonstruktion der Kontroverse siehe etwa Schönberger, Anselm (Anm. 18), S. 85–96.

32 Dass er mit solch einem positiven Maximalbegriff (*maius omnibus*) operieren würde, weist Anselm strikt zurück: quod saepe repetis me dicere, quia, quod est *maius omnibus*, est in intellectu; si est in intellectu, est et in re – aliter enim *omnibus maius* non esset *omnibus maius:* Nusquam in omnibus dictis meis invenitur talis probatio. (›Wenn du des Öfteren wiederholst, ich würde behaupten, das, was *größer ist alles*, sei im Intellekt; wenn es aber im Intellekt sei, sei es auch wirklich – denn sonst wäre das, was *größer ist alles,* nicht eben das, was *größer ist alles*: Nirgends in all meinen Worten findet sich ein Beweis in dieser Form.‹). Vgl. Kann Gottes Nicht-Sein gedacht werden? (Anm. 27). S. 102/103. – Bereits in seinem ›Monologion‹ weist Anselm solch einen positiv gefassten Maximalbegriff zurück, da er als ein stets relationaler sachlich völlig unzureichend ist für die Kennzeichnung des Absoluten in dessen washeitlichem Gehalt: Quare si quid de summa natura dicitur relative, non est eius significativum substantiae. Unde hoc ipsum quod summa omnium sive maior omnibus, quae ab illa facta sunt, seu aliud aliquid similiter relative *(!)* dici potest: manifestum est quoniam non eius naturalem designat essentiam. (›Sagt man daher von der höchsten Natur etwas in relationalem Sinn aus, dann trifft sie dies eben nicht in ihrem substantiellen Gehalt. Wenn man sie daher als die höchste von allem bzw. als größer als alles, was von ihr erschaffen wurde, bezeichnen kann, dann bezeichnet man ganz offensichtlich nicht ihre wesensmäßige Natur.‹). Anselm von Canterbury, Monologion (Anm. 30), Kap. 15, S. 76/77.

Merkmale oder Prädikate – eine Akkumulation, die unser Denken zu erbringen hat und die zu einem Resultat führen müsste, die diesen Maximalbegriff wie einen Pool behandelt, in den eben jene Prädikate beliebig hinein-, aber auch wieder herausgenommen werden können. Dieser Maximalbegriff müsste dann zugleich der bestimmteste und am meisten wirkliche sein – inauguriert und arrangiert durch unser Denken, aber eben auch *nur* von ihm. Insofern mag Anselm mit seiner Formel zwar eine Letztbegründung anstreben; eine das sachhaltige Wesen des Definiendum treffende *Definition* im strikten Sinne kann und will die Formel mit ihrer obliquen Rede vom »quo nihil maius« freilich nicht liefern.

Denn wenn man wie Anselm im *Denken* auch den *Grund* unseres Denkens erfassen möchte, dann ist die Sache, um die es geht, vielschichtiger: Anselms Formel ist keine denkerisch erbrachte Hervorbringung, d.h. keine Definition Gottes, was sich allein schon darin zeigt, dass das Definiens – nämlich unser Denkakt selbst (das *cogitare*) – in die Definition mit eingeht; doch zugleich so, dass dieser Denkakt nicht Dreh- und Angelpunkt für das Definiendum sein kann. Denn das, was hier definiert werden soll, soll ja *per definitionem* größer als alles zu Denkende sein. Von vornherein konzipiert Anselm seine Formel damit nicht in einsinniger Weise als primär gegenstandsbezogen, ausschließlich im Hinblick auf einen denkerisch zu erreichenden Maximalbegriff, sondern flicht den Denkakt selbst in seine Formel mit ein. Es ist daher nur konsequent und wenig überraschend, wenn Anselm innerhalb des 15. Kapitels des ›Proslogion‹ in seiner Formel nochmals beide Aspekte – sowohl den Denkakt als auch das in diesem Denkakt anvisierte Maximum – miteinander verschränkt:

> Ergo, Domine, non solum es quo maius cogitari nequit, sed es quiddam maius quam cogitari possit. (›Herr, Du bist also nicht nur, über das hinaus Größeres nicht gedacht werden kann, sondern du bist etwas Größeres, als überhaupt gedacht werden kann.‹)[33]

Es kann daher kaum die Rede davon sein, dass Anselm hier ein ursprünglich als selbstsuffizient präsentiertes Argument doch noch nach-

---

33 Anselm, *P*, Kap. 15, S. 110/111.

bessert und nun gar mit einem zweiten, nachgeschobenen Gottesbegriff aufwartet.[34]

Nach unserer Lesart verweist also Anselms Formel auf etwas, worauf sie von vornherein gar nicht verweisen möchte, eben weil solch ein Signifikat gar nicht durch unser Denken (und in der Folge auch nicht durch unser Sprechen) hervorgebracht werden kann. Wir haben es hier mit einer Signifikationsstruktur zu tun, die sozusagen in keinem distinkten Signifikat terminiert. Mit Roland Barthes könnte man hier von einer »Diskontinuität« zwischen *signans* und *signatum* sprechen.[35] Anselms Formel vermag von daher auch gar kein im strengen Sinn begriffliches Konzept vom Absoluten zu entwickeln und sprachlich zu vermitteln, über dessen Gültigkeit man sich in der Folge trefflich streiten kann. Was Anselms Formel also anvisiert, ist nicht, die Existenz Gottes direkt, über ein bestimmtes, möglichst eindeutiges und unwiderlegbares Konzept zu begründen. Denn die Formel sucht nach dem Grund auch und gerade für ihre eigene Existenz. Sie verweist auf etwas, auf das unser Denken, noch bevor es irgendeinen sachhaltigen Gedanken vollzieht, verwiesen ist bzw. worauf es angewiesen ist. Insofern muss diese Formel ihrem Gehalt in gewisser Weise voraus sein und im buchstäblichen Sinne einen vorläufigen Charakter haben; sie muss etwas »sagen« (lat. *dicere*), d. h. zur Sprache bringen, was eher der Aufforderung zu einer unabschließbaren Verstehensbemühung gleicht, als dass diese Formel, das fraglose Verständnis eines zuvor schon festgelegten Gehaltes nachträglich verbalisiert.[36]

---

34 So etwa Hans Blumenberg, der in diesem Zusammenhang eine »nachträgliche Umdeutung« der Formel durch Anselm diagnostiziert, insofern Anselm zunächst in den »ersten Kapiteln [...] jenen vielumstrittenen Beweis liefert, während er im 15. Kapitel von zwei Gottesbegriffen spricht, einem rationalen, der durch die Steigerung des Denkbaren zur Unüberbietbarkeit definiert ist, und einem transzendenten, der die Grenze des Denkbaren zu übersteigen fordert« (Hans Blumenberg, Die Legitimität der Neuzeit. Erneuerte Ausgabe, Frankfurt am Main 1988, S. 564).

35 Roland Barthes, Rhetorik des Bildes, in: ders., Der entgegenkommende und der stumpfe Sinn. Kritische Essays III. Aus dem Französischen von Dieter Hornig, Frankfurt am Main 1990 (= Edition Suhrkamp 1367), S. 28–46, hier: S. 38.

36 Genau eine derartige Bewegung bzw. einen derartigen Vollzugscharakter, der *nicht* in einem bestimmten Maximalbegriff terminiert, sondern eben in dieser und durch diese Bewegung einen im endlichen Anschauen und Denken nicht einholbaren Modus des absolut Unendlichen durchexerziert, hat Hans Blumen-

Wenn Gaunilo hier einwirft, dass Anselms Formel etwas verbalisiert, was gar nicht gedacht bzw. denkerisch rekonstruiert werden (*cogitari*) kann, die Formel also unsinnig zu werden droht, so wird Anselm das durchaus zugestehen, aber nur mit dem von Gaunilo aufgebrachten Zusatz, dass es hier gleichwohl etwas zu verstehen (*intelligere*) gebe.[37] Anselm scheint so mit seiner Formel zunächst den denkerischen Raum der *cogitatio* nicht zu verlassen und jeder »fideistischen Anselm-Umdeutung«[38] von vorherein den Wind aus den Segeln zu nehmen. Ebenso ist aber für Anselm von vornherein klar, dass die Mittel seines eigenen

berg trefflich anhand der berühmten *manuductiones*, die Cusanus im ersten Buch seiner ›Docta ignorantia‹ für seinen Koinzidenzgedanken präsentiert – also etwa an der Rektifikation des Kreisbogens, der im Unendlichen mit einer Geraden koinzidiert –, nachgewiesen: »Die [von Cusanus] ausgebildete Sprache und Metaphorik der *docta ignorantia* repräsentieren nicht einen bestimmten Wissensstatus, sondern eine Praxis, eine Methode, einen Weg zu einem bestimmten Verhalten. Sie ziehen die Anschauung in einen bestimmten Prozeß hinein, in dem sie zunächst den sprachlichen Anweisungen zu folgen vermag, z.B. den Radius eines beliebigen Kreises zu verdoppeln und dann immer weiter vergrößert zu denken. Aber an einem bestimmten Punkt geht die Anweisung in das nicht mehr Vollziehbare über, z.B. den Radius des Kreises als den größtmöglichen bzw. als unendlichen zu denken, wobei die mit der Vergrößerung des Radius abnehmende Krümmung sich der Geraden bis zur Identität nähert und damit Kreisradius und Kreisumfang zusammenfallen. Worauf es ankommt, ist, die Transzendenz als Grenze des theoretischen Vollzuges und *eo ipso* als Forderung heterogener Vollzugsmodi ›erfahrbar‹ zu machen.« (Blumenberg, Die Legitimität der Neuzeit [Anm. 34], S. 566 f.)

37 Mit der in seinem Einwand eingeführten begrifflichen Differenzierung von *cogitare* und *intelligere* scheint Gaunilo mit dem ersteren Begriff die möglichst exakte Rekonstruierbarkeit eines Gehaltes und damit dessen prinzipielle Denkbarkeit einzufordern, während er mit dem zweiten Begriff des *intelligere* eine Einsicht in die Wirklichkeit eines Gehaltes verbindet. Letztere Möglichkeit bestreitet Gaunilo aber, da allein schon die logische Rekonstruierbarkeit der Anselmischen Formel, also deren *cogitatio*, für ihn problematisch bleibt. Anselm seinerseits weist Gaunilos Unterscheidung nicht pauschal zurück, sondern sucht jene Differenzierung für seine Belange fruchtbar zu machen: An seiner Formel gibt es durchaus einen begrifflichen Gehalt zu rekonstruieren, doch aber so, dass die Wirklichkeit dieses Gehalt nicht vollständig der Beurteilung durch das faktische, endliche Denken unterliegen kann. Eben darin besteht dann auch Anselms Einsicht (*intelligere*): dass die Wirklichkeit des endlichen Denkens von der Wirklichkeit des unendlichen Gehaltes abhängt und nicht umgekehrt. Siehe dazu: Kann Gottes Nicht-Sein gedacht werden? (Anm. 27), S. 108/109–112/113.

38 Flasch, Einleitung (Anm. 27), S. 13.

Denkens allein nicht zureichen, um den Gehalt der Formel »in ihrem *Wirklichkeitsgehalt* zu fundieren«,[39] da ja vielmehr umgekehrt die Formel selbst auf die Wirklichkeit ihres Gehaltes als dem Grund ihrer selbst angewiesen bleibt. Wohl bleibt daher dem endlichen Denken die Möglichkeit unbenommen, von seinem Grund abzusehen oder zu abstrahieren; es hat jedoch nicht die Kraft, diesen Grund auch zu negieren, seine Nicht-Existenz gleichsam herbeizudenken.

Die Formel entwickelt insofern einen vorläufigen Begriff, der sich gleichsam selbst überbietet, insofern er auf etwas verweist, das begrifflich nicht zur Gänze rekonstruierbar ist, das also nicht mit den Mitteln des endlichen Verstandes gedacht oder gar *er*dacht werden kann, und das gleichwohl einsichtig zu machen ist, d. h. verstanden werden kann. Genau diese Konstellation versucht Anselms Formel nun auch über ihre Signifikationsstruktur mitzuteilen. Nur weil die Formel keinen distinkten Gehalt zeitigt, ist sie noch lange nicht nichtssagend oder begriffslos oder ein Nullzeichen (oder wie immer man das formulieren mag). Vielmehr könnte man sagen, dass hier Anselms Sprachgebung ihrem Gehalt voraus ist – und eben genau das auch zu verstehen gibt: sie ist mithin auch *kein* Ausdruck einer Sprachnot.

Niemand bringt diese Konstellation deutlicher zum Ausdruck – als Anselm selbst. In einem gerne übersehenen Satz, nämlich im neunten Kapitel seines ›Proslogion‹, also deutlich außerhalb der viel diskutierten Passagen zum Gottesbeweis, wendet sich der Autor Anselm unversehens mit einer erstaunlichen und eindringlichen Bitte an seinen Gott:

> Adiuva me, iuste et misericors Deus, cuius lucem quaero, adiuva me, ut intelligam *(!)* quod dico. (›Hilf mir, gerechter und barmherziger Gott, dessen Licht ich suche, hilf mir, dass ich einsehe, was ich sage.‹)[40]

Wie es an dieser Stelle aussieht, geht Anselm mit seiner einmal gefundenen Formel sehr vorsichtig bzw. zurückhaltend um, insofern mit ihr ein mit Mitteln der *cogitatio* entwickeltes, einmal feststehendes Konzept zum Ausdruck kommen sollte. Denn diese Formel scheint ja für

---

39 Walter Schulz, Die Subjektivität als Prinzip der neuzeitlichen Metaphysik, in: ders., Der gebrochene Weltbezug. Aufsätze zur Geschichte der Philosophie und zur Analyse der Gegenwart, Pfullingen 1994, S. 32–77, hier: S. 33.
40 Anselm, P, Kap. 9, S. 100/101.

Anselm zunächst mehr zu sagen, als er – und wir – verstehen können; sonst wäre ja seine zweifach wiederholte Bitte um Einsicht (*intelligere*) in das von ihm Gesagte sinnlos. Eben deshalb traut Anselm dieser Formel auch mehr und anderes zu als eine herkömmliche Beweiskraft, die jeden, der diese Formel vernimmt, gleichsam mechanisch zu einem bestimmten Konzept führt, welches wiederum aufgrund seiner vermeintlichen Unwiderlegbarkeit zum Glauben an die Existenz Gottes zwingen soll.

Nochmals zeigt sich, dass Anselms Formel in erster Linie Aufforderungscharakter hat, was nicht verwundern kann bei einem Text, der die Bewegung des Suchens derart in den Vordergrund rückt. Allerdings bleibt es nicht bei einem unverbindlichen Herumstochern im Trüben. Allein geführt durch Vernunft (*sola ratione*) »trachtet« Anselm, wie er in seinem kunstvoll aus Bibel-Zitaten und eigenen Worten verflochtenen ersten Kapitel des ›Proslogion‹ bemerkt, »nach Gott«. Diese unsere Vernunft verfehlt aber das Ziel, wenn sie bei diesem Trachten nicht lernt, aus sich selber heraus – von sich selber abzusehen. Nicht umsonst heißt es an der eben zitierten Stelle weiter: »Ich trachtete nach Gott – und stieß auf mich selber« (*tendebam in Deum, et offendi in me ipsum*).[41]

IV. Beschluss und Lob

Ich breche meine Skizze an dieser Stelle ab, hoffe aber wenigstens andeutungsweise nachvollziehbar gemacht zu haben, worin mein Lob der Philologie, gesehen aus einer philosophischen Perspektive, bestehen soll. An einem Beispiel aus der spekulativen Tradition des abendländischen Denkens wollte ich andeuten, dass es angesichts von Anselms Formel ratsam ist, diese Formel erst einmal nicht zu rekonzeptualisieren, da ihr ein handfestes Konzept quasi nicht direkt zu entnehmen ist, weil es ihr auch nicht entnommen werden soll.

Vielmehr ist es zum besseren Verständnis von vornherein ratsam, den signifikativen Bau der Anselmischen Formel mit in den Blick zu bekommen – und damit ihren *modus dicendi*. In dieser Perspektive kann sich dann zeigen: Anselms Formel trifft keine Aussage über einen

41 Anselm, *P*, Kap. 1, S. 80/81.

spezifischen Gegenstand, sie entwickelt keine Definition Gottes, er-
bringt auch keinen Beweis (*demonstratio*) seiner Existenz. Sollte dies
auch nur im Ansatz gelingen, müsste man hier, wie sonst auch im Denken, ein sachhaltiges ›Was‹ prinzipiell unterscheiden können vom ›Dass‹
seiner möglichen bzw. seiner unmöglichen Existenz, müsste also die
Gottesfrage im Raum vorgegebener möglicher Denkgegenstände ver-
handelt werden.

   Anselm reduziert daher eine philosophische Werkform mit einer
möglichst eindeutigen Sprachgebung und mit einem damit verbundenen rekonzeptualisierbaren Gehalt auf einen *modus dicendi*, der weniger sagt und dadurch mehr zu bedeuten gibt. »Minus dicitur et plus si-
gnificatur«, heißt es an einer Stelle bei Meister Eckhart.[42] »Weniger
sagen« (*minus dicere*) – das meint also: weg von einer Zeichenstruktur,
bei dem ein *signans* mit einem bestimmten *signatum* verbunden ist
oder werden soll; »mehr besagen«, *plus significare*, das soll heißen: eine
Zeichenstruktur, die ins Offene führt, die Aufforderungscharakter hat,
dem nachzugehen, was nicht in einem distinkten Signifikat terminiert.
Und gleichwohl bleibt eine Verweisstruktur erhalten, die, so meine ich,
philologisch rekonstruierbar ist. Mit seiner Formel intendiert Anselm
demnach *keine* Selbstaufhebung oder Selbsttranszendierung des Denkens, um auf diesem Wege den Bann des *bloß* Gedachten zu durchbre-
chen und zu einem *Sein* des Gedachten durchzustoßen, um also den
Weg vom Denken zum Sein möglichst bruchlos zu gehen. Vielmehr
sucht Anselms Formel eine Sprachform zu entwickeln, die ihren bloßen
Verweischarakter transzendiert – hin zu einer Form, die gleichsam bei
sich selbst bleibt, die einen Charakter des Uner- und Unübersetzbaren
und damit des *sprachlich* Selbstsuffizienten anstrebt: Anselms Formel
kann eben ›nur so und nicht anders‹ lauten. Nur auf diese Weise scheint
auch die Formel dem uniken Gottesgedanken, den sie zu fassen intendiert, gerecht werden zu können.

---

42 Vgl. Meister Eckhart, in Eccl. n 63 (= Magistri Echardi expositio libri Exodi, Ser-
    mones et lectiones super Ecclesiastici cap. 24, expositio libri Sapientiae, expositio
    Cantici Canticorum, hrsg. und übers. von Heribert Fischer, Josef Koch, Konrad
    Weiss, Stuttgart 1992 [= Die Lateinischen Werke 2, hrsg. von Albert Zimmer-
    mann und Loris Sturlese], S. 293,3–5): iste modus aptissimus est loquendi de di-
    vinis, ubi […] minus dicitur et plus significatur (›dies ist die angemessenste
    Weise, über die göttlichen Dinge zu sprechen: wo man weniger sagt und mehr zu
    bedeuten gibt‹).

Der von mir favorisierte philologische Zugang zu Anselm ermöglicht eine Rekonstruktion, die die »gedrängte Positivität«[43] einer philosophisch fruchtbar gemachten Sprachform sehen lässt: dass es eben keine Verlegenheitslösung oder kein Ausdruck von Sprachnot ist, so zu sprechen, sondern eine wohlkalkulierte und daher auch rational nachvollziehbare Veranstaltung. Das mag in den Augen von jemandem sehr unbefriedigend sein, der von philosophischen Texten (und nicht nur von ihnen) klare und distinkte Aussagen – eben falsi- oder verifizierbare ›Theorien‹ – erwartet. Nur von einem derartigen Erwartungshorizont aus passierte in meinen Ausführungen nicht viel mehr als eine äußerliche, formale Kennzeichnung der zu interpretierenden Texte. Ich hoffe aber gezeigt zu haben, dass wir diesen Texten auf die angedeutete Weise die Treue halten können – indem wir sie buchstäblich beim Wort nehmen.[44]

---

43 Walter Benjamin, Ursprung des deutschen Trauerspiels, in: ders., Gesammelte Schriften, hrsg. von Rolf Tiedemann und Hermann Schweppenhäuser, Bd. 1/1, Frankfurt am Main 1974, S. 203–430, hier: S. 212.

44 Eine der Inspirationsquellen für die voranstehenden Überlegungen sind Hendrik Birus' magistrale Reflexionen, die er Paul Celans angeblich hermetischer Sprache gewidmet hat: Birus versucht sich hier nicht, wie gerne und oft in der Celan-Literatur geschehen, an einer Re-Konzeptualisierung irgendwelcher ›absoluter Metaphern‹, sondern insistiert immer wieder auf der literalen, wörtlichen Gestalt von Celans Gedichten – was zu überraschenden Einsichten führt: Hendrik Birus, Celan – wörtlich, in: ders., Gesammelte Schriften. Bd. 2: Von Lessing bis Celan – aus komparatistischer Sicht, Göttingen 2021 (= Münchener Komparatistische Studien 13), S. 626–675.

Ernst Osterkamp

Das Ich des Philologen

Einige persönliche Bemerkungen

Ich weiß nicht, wann es mir gelungen ist, zum ersten Mal das Personalpronomen »ich« in eine meiner über ein Vierteljahrhundert hinweg in
der ›Frankfurter Allgemeinen Zeitung‹ erschienenen Rezensionen zu
schmuggeln. Dies galt in der Literaturredaktion als verpönt; das kritische Urteil hatte sich mit objektiven Gründen zu beglaubigen und sich
nicht auf den subjektiven Geschmack zu stützen, was es natürlich dennoch dauernd tat. Warum wollte ich dann unbedingt »ich« sagen? Vermutlich hat Eitelkeit dabei eine nicht geringe Rolle gespielt; ich wollte
einfach die Anerkennung der Tatsache erzwingen, dass die Leser dem in
einer Besprechung formulierten Urteil nur deshalb vertrauen, weil es
von einem bestimmten Autor, einem Ich, meinem Ich also, gefällt worden ist. Das entspricht im übrigen unser aller Lektüreerfahrung: Viele
Leser widmen ihre Aufmerksamkeit den Besprechungen bestimmter
Kritiker unabhängig davon, welche Bücher sie besprechen, und verschmähen die Rezensionen anderer Kritiker, auch wenn sie besonders
wichtige Bücher beurteilen mögen. Das hängt mit einem Personalstil in
Argumentation, Darstellung und Geschmacksurteil zusammen, der in
einer schwer auflösbaren Spannung zum Objektivitätsanspruch des
kritischen Urteils steht. Pointiert gesagt: Jede Zeile der Kritik sagt laut
und deutlich »ich«, auch und gerade wenn sie das Wort selbst scheut.
Irgendwann gesteht jeder Kritiker sich ein, dass der Objektivitätsanspruch seines Textes beglaubigt wird durch die von Theorie und Erfahrung geschulte Subjektivität seines argumentativen und darstellerischen Zugriffs, und das ist ihm auch ganz recht so, denn er möchte ja,
dass der Leser ein großes Ich hinter dem Text spürt, dem er sich anvertrauen kann. Daraus resultiert eine bemerkenswerte Paradoxie: Vermutlich sind Kritiken, die explizit »ich« sagen, transparent auf ein besonders schwaches Rezensenten-Ich. Ich habe es mir deshalb auch rasch
wieder abgewöhnt, als Kritiker »ich« zu sagen. Aufgegeben habe ich
damit mein Ich keineswegs; ich habe seine Durchschlagskraft vielmehr

© 2024 Ernst Osterkamp, Publikation: Wallstein Verlag
DOI https://doi.org/10.46500/83535509-5-008 | CC BY-NC-SA 4.0

dadurch zu steigern gesucht, dass ich es ganz in Argumentationsstil und Darstellungsweise meiner Texte übertrug.

Das lässt sich generalisieren: Texte, die explizit »ich« sagen, müssen in Gehalt und kritischem Urteil keineswegs subjektiver sein als Texte, in denen dies Personalpronomen fehlt, und umgekehrt, das Fehlen des Ich ist alles andere als ein Objektivitätsgarant. Als ich mich vor kurzem mit Lothar Müller über Fragen der journalistischen Darstellung unterhielt, sagte er mir, niemand werde ihn jemals davon überzeugen, dass Berichte und Reportagen, in denen es kein Ich gebe, deshalb einen höheren Objektivitätsgrad beanspruchen dürften als solche, in denen sich explizit ein Ich zur Geltung bringt. Die Abwesenheit des Ich im Text ist also primär eine rhetorische Objektivitätssuggestion. Und ist dies nicht auch in der Philologie der Fall? Ist also die Scheu des Philologen vor dem Ich nicht primär ein rhetorisches Mittel zur Behauptung und Beglaubigung wissenschaftlicher Objektivität? Diese Frage gewinnt in meinem Fall an Aktualität durch die Beobachtung, dass ich mit zunehmendem Alter dem Ich in meinen wissenschaftlichen Texten deutlich größeren Raum gewähre, als ich dies in früheren Jahren getan habe. Das hängt natürlich auch damit zusammen, dass ich mir, ob ich dies will oder nicht, selbst historisch werde und damit der Anteil der retrospektiven Texte am eigenen Schaffen wächst; man hat schließlich mittlerweile einiges zu erzählen und darf biographische Miszellen, Laudationes auf Freunde und vor allem Nachrufe verfassen. Bedeutet dies auf der anderen Seite, dass komplementär dazu die eigenen Ansprüche auf wissenschaftliche Objektivität geringer werden? Ich glaube das schon deshalb nicht, weil mir meine frühen Arbeiten, in denen ich das Personalpronomen »ich« konsequent vermieden habe, heute besonders subjektivitätsbelastet, um nicht zu sagen: subjektivitätsgefährdet erscheinen. Es gibt, mit anderen Worten, in der Philologie sehr viele Möglichkeiten, ich zu sagen, und vermutlich ist die Verwendung des Personalpronomens »ich« davon die harmloseste, weil expliziteste.

Unser Freund Hendrik Birus hat mir als Verfasser und Herausgeber ›Gesammelter Schriften‹, die das Ich des Autors auf dem Umschlag mit der Monumentalität einer antiken Portalinschrift zur Geltung bringen, in den letzten Jahren die Möglichkeit gegeben, 2400 Seiten Hendrik Birus zu lesen und mir dabei Gedanken darüber zu machen, was den Personalstil dieses Philologen charakterisiert. Dass der Stil der Mensch ist, kann man ohne Zweifel auch an seinem Werk beobachten. So wenig er dazu neigt, sein Real-Ich zu verbergen, so auffällig ist doch, dass er sein philologisches Ich klein zu halten versucht. Er sagt nicht gerne »ich« in seinen Schriften, und ich bewerte dies als Ausdruck eines hoch entwickelten philologischen Objektivitätsverlangens und Bemühens um intersubjektive Überprüfbarkeit seiner Ergebnisse, wie man dies von einem literaturtheoretisch eminent geschulten Gelehrten und zumal von einem Editionsphilologen auch nicht anders erwarten darf. Umso interessanter ist die Frage, wo und auf welche Weise er dennoch »ich« sagt, denn wo ein großer Philologe ist, da ist auch ein großes Ich; schließlich hatte ich auf jeder der 2400 Seiten das Gefühl, den Philologen Hendrik Birus zu lesen und nicht irgendeinen Allerweltsgermanisten, dessen Konturen in einer grauen Diskurssuppe verschwimmen.

Für seinen Willen, als Person ganz hinter den Gegenstand seiner Forschungsinteressen zurückzutreten, gibt es ein untrügliches Zeichen: seine ich-lose Kunst des extensiven Zitats. Birus zitiert oft und ausführlich; manche seiner Zitate ziehen sich sogar über mehrere Seiten hinweg. Sie sind zwar sorgsam im Zusammenhang seiner Fragestellung kontextualisiert, aber in der Regel traut er ihnen zu, für sich selbst sprechen zu können, und weil dies so ist, verspürt er nicht das Bedürfnis, sich als indiskretes Deutungsmedium zwischen das Zitierte und den Leser zu schieben. Birus' Kunst des Zitierens ist also ein Triumph der philologischen Diskretion; er erspart es dem Leser, ihn mit seinem Ich zu belästigen, weil er mit Recht auf die argumentative Kraft des Zitats vertraut. Ist das Ich deshalb vollständig abwesend in seinem Text? Natürlich nicht, der sensible Leser spürt es am Werk in der Auswahl der Zitate und mehr noch in Birus' Freude an den von ihm ausgewählten Zitaten. Es ist merkwürdig: Wenn ich Hendrik Birus lese, habe ich immer den Eindruck, dass er sich über seine Zitate freut: über ihre Sprachgewalt, ihre argumentative Kraft, ihre Schönheit, ihre Formsicherheit, vor allem aber auch über die Klugheit, mit der sie seine Thesen belegen. Das heißt dann freilich auch: Indem er sich über seine Zitate freut, freut er sich zugleich über sich selbst, über die Sorgfalt seiner Auswahl und die Sensibilität seines ästhetischen Urteils. Gut so, den Leser freut dies ebenfalls.

Die wahre Kunst des philologischen Zitats verweist eben nicht nur auf den Willen des Ich, hinter den untersuchten Autor zurückzutreten, sondern zugleich auf den Hoheitsanspruch des Ich auf das Zitierte. Wie raffiniert man dabei vorgehen kann, lässt sich exemplarisch anhand des

Schlusssatzes von Birus' 1995 erschienenem Aufsatz ›Goethes Idee der Weltliteratur‹ studieren: »›Mehr sag ich nicht‹, schließt Goethe, ›denn das ist ein weit auszuführendes Capitel.‹« Da durchdringen sich die höchste Objektivität der Aussage in Gestalt des Zitats und die ironische Subjektivität des Autors Birus, der seinen Aufsatz irgendwie zu einem Abschluss bringen muss, auf untrennbare Weise, und auch wenn das Ich des Zitats eindeutig dasjenige Goethes ist, so ist es doch zugleich dasjenige des Ironikers Birus, der eigentlich nichts anderes sagen will als: Schluss jetzt! Es bedarf bei großen Themen der Kraft des argumentierenden Ich, um ein Ende zu setzen, und so kann es geschehen, dass Birus in dem großen Aufsatz ›Die Aufgaben der Interpretation – nach Schleiermacher‹ zwar durchgängig das Ich des Interpretierenden vermeidet und allenfalls einmal von »meinen Überlegungen« spricht, im Schlusssatz aber dem notwendigen Dezisionismus des Ein-Ende-Setzens dadurch Ausdruck verleiht, dass er sein starkes Ich zur Geltung bringt. Er zitiert dort eine These Gadamers zu Schleiermacher, um daran den lapidaren Satz anzuschließen: »dafür sehe ich in Schleiermachers Manuskripten und Vorlesungsnachschriften zur Hermeneutik keinen Anhaltspunkt«. So erreicht die Abhandlung mit einem unwirschen »Nun ist es aber auch gut, Gadamer!« ihren Schlusspunkt. Das Ich des Philologen ist eben die befugteste Finalisierungsinstanz; diese Aufgabe kann ihm niemand abnehmen. Deshalb kann Birus an das Ende eines Nietzsche-Aufsatzes im Anschluss an Ausführungen zu Nietzsches letztem Brief das Zitat »The rest is silence.« setzen, in dem das Schweigen des Philosophen in das rhetorische Schweigen des Philologen umschlägt.

Das sind freilich seltene Ausnahmen. In aller Regel sucht Hendrik Birus das erkennende Subjekt zu anonymisieren und die Indiskretion des Personal- oder Possessivpronomens zu vermeiden, was nicht nur auf den wissenschaftlichen Objektivitätsanspruch seiner Argumentation verweist, sondern auch auf die Höflichkeit des Argumentierenden, der den Leser unmittelbar in den Erkenntnisprozess einbeziehen und deshalb durch die Vermeidung des Ich ein unausgesprochenes Wir aus Autor und Leser konstituieren möchte. Der pluralis majestatis ist Birus deshalb auch völlig fremd. Wenn er dennoch, selten genug, ein Wir in seinen Text einfließen lässt, dann bezeichnet dies immer die rhetorische Einheit von Autor und Leser, die Höflichkeit also des Philologen-Ichs, das an die Seite des Leser-Ichs tritt und es so unmittelbar wie möglich am Erkenntnisprozess teilhaben lassen möchte: »Womit wir über die Benutzung des Lexikons [...] unversehens wieder vergleichsweise beim Reisen, und zwar im Orient, angekommen sind.« »Springen wir aber ein letztes Mal zwei Jahrzehnte zurück.« »Doch kehren wir von solchen trivialen Niederungen zurück zu Heinrich Heine.« Warum nicht, wird jeder von diesem dominanten Ich so höflich bei der Hand genommene Leser sagen.

Jenseits davon favorisiert Hendrik Birus' Ich-Abstinenz das neutralisierende und anonymisierende »man« zur Camouflage seines forschenden und findenden Ich, das als affektive Instanz hinter aller philologischen Neugier und als theoretisch steuernde Instanz hinter aller philologischen Erkenntnis steht; sie nennt sich »man« und ist doch »ich«: »Vergleicht man«, »Sucht man«, »Fragt man«, »Verfolgt man«, »Nimmt man«, »Kann man«. Das alles sind Generalisierungsformeln für ein fragendes und suchendes und antwortendes Ich, das sich aus dem Prozess der philologischen Erkenntnis allem Bemühen um die Objektivität der wissenschaftlichen Ergebnisse zum Trotz nun einmal nicht ausschließen lässt, weil es jenes energetische Zentrum bezeichnet, aus dem die Fragen generierende Neugier, die erotischen Antriebsenergien des Textbegehrens, die spezifische Sensibilität für ästhetische Nuancen, die kreativen Schreibstrategien bei der Formulierung der Ergebnisse erwachsen. Das Man und das Wir sind, dem Gott der Philologen sei Dank, Masken des Ich, und wenn er dessen erst einmal inne geworden ist, wird der Leser dem Ich des Hendrik Birus in seinem Vollgewicht auf jeder seiner 2400 Seiten begegnen, denn sein Stil gewordenes Objektivitätsverlangen ist ja ebenso Ausdruck dieses besonderen Ich und seiner singulären Erkenntnispotentiale wie die Vielzahl der Fußnoten, die mit der Formel »Vgl. hierzu Hendrik Birus« oder mit deren frivoler Variante »Vgl. hierzu meinen Aufsatz« beginnen. Und wenn ein Goethe-Vortrag mit dem entzückenden Satz »Jeder Kenner ist entzückt von Manets späten Ölskizzen einer einzelnen Spargelstange« einsetzt, dann wird wohl kein Leser zweifeln, von welchem bescheiden sich in die Schar der Kenner einreihenden Kenner-Ich hier die Rede geht.

Wenn ich es recht sehe, hat Hendrik Birus sich erst spät dazu durchgerungen, sich zu dem Ursprung seiner staunenswert reichen Produktivität in seinem Ich zu bekennen, also in seinen Schriften mutig »ich« zu sagen. Das ist für einen Philologen aus einem doppelten Grund keineswegs einfach, denn einmal muss er darum fürchten, des Subjektivismus in der wissenschaftlichen Aussage geziehen zu werden, und zum anderen darf er fest damit rechnen, den Vorwurf der Eitelkeit auf sich zu ziehen – als ob nie von sich zu sprechen nicht auch eine spezifische Form von Hochmut wäre. Man muss sich also – und damit kehre ich zum Ausgangspunkt meiner Beobachtungen zurück – selbst schon historisch geworden sein, um im Zusammenhang seiner wissenschaftlichen Arbeiten leichteren Herzens »ich« sagen zu können, also ein Alter erreicht haben, in dem man auf manches Geleistete zurückblicken kann, das hinreichend gegen den Vorwurf der Eitelkeit immunisiert. »Gestatten Sie, dass ich mit einer ganz persönlichen Erinnerung beginne«, so eröffnete Birus im Jahre 2016 einen Vortrag zur Übersetzbarkeit literarischer Namen. Ja, wer hat denn hier etwas zu gestatten? Die Hörer sollen doch froh sein – und sie sind es in der Regel auch –, wenn wissenschaftliche Einsichten durch eine Lebenssumme produktiver Erkenntnis und durch die Kraft einer Persönlichkeit, in der sich Wissenschaft als Lebensform habitualisiert hat, beglaubigt wird, womit das Ich zu einer spezifischen, unersetzlichen Erkenntnisquelle wird. Vortragseröffnungen wie »Als ich vor zwanzig Jahren in den Herausgeberkreis der ›Frankfurter Goethe-Ausgabe‹ eintrat, schlug ich vor« flößen mir deshalb großes Vertrauen ein, denn ich darf sicher sein, mit einer durch eine große wissenschaftliche Leistung fundierten Summe von individuellen Einsichten konfrontiert zu werden, deren objektiven Gehalt der subjektive Ausgangspunkt keineswegs schmälert, ihn vielmehr steigert. Hendrik Birus nützt die späte Lizenz zum Ich, die er sich selbst erteilt hat, keineswegs großzügig aus, sondern er setzt sie höchst ökonomisch ein; sein 2018 für Dieter Henrich geschriebenes ›Lob der Philologie‹ umfasst im Erstdruck nicht einmal acht Seiten und entfaltet doch am eigenen Beispiel eine auf die persönliche Erfahrung gestützte Wissenschaftsgeschichte der sechziger Jahre, die durch nicht weniger als 33 gewichtige Fußnoten abgesichert wird. Jede wissenschaftliche Biographie ist einmalig und unwiederholbar, und in jeder ist doch in subjektiver Brechung unendlich viel an objektiver historischer Erfahrung gespeichert – wie gut, wenn es ein mutiges Ich gibt, dass sie uns ungeschützt preisgibt, denn sonst wäre sie für immer verloren.

Es waren Texte wie Hendrik Birus' ›Lob der Philologie‹, die mir den Mut verliehen haben, auch in meinen eigenen Schriften von mir unverstellt als einem Ich zu sprechen. Verstellt und deshalb mit quälender stilistischer Verkrampftheit habe ich das natürlich schon immer getan, beginnend mit meiner vor 44 Jahren erschienenen Dissertation ›Lucifer. Stationen eines Motivs‹, die ich danach für vier Jahrzehnte kaum je noch einmal zur Hand genommen habe, weil ich ihre Lektüre nicht mehr ertrug. In diesem Buch meldet sich an keiner Stelle explizit das Ich des Philologen zu Wort, und doch hatte ich nach dessen Erscheinen bei jedem Blick in dessen Seiten immer das klare Empfinden, es sei in ihnen von nichts anderem die Rede als von meinem Ich, meinem Ehrgeiz, meinen Versagensängsten, meiner Existenz als Provinz-Dandy. Natürlich sagte ich nicht »ich« – aber kann ein 25-Jähriger, der über den gefallenen Engel schreibt, überhaupt ein anderes Thema haben als sein gottverdammtes Ich? Und bekannte ich dies nicht offen ein in der eitlen Gespreiztheit meines Stils, der auf dem Irrtum eines Epigonen beruhte, die Addition von Adorno und Benjamin müsse unweigerlich Osterkamp ergeben? Ich, ich, ich! schrie es mir aus jeder Seite entgegen, und man wird es deshalb begreiflich finden, dass ich diesem lärmenden Ich später ungern wieder zu begegnen wünschte.

Das hat sich in jüngster Zeit geändert durch ein Ereignis, das mir die Möglichkeit gab, vier Jahrzehnte später einen anderen Blick auf das Buch und damit auf mich selbst zu werfen. Ich habe darüber unter dem Titel ›Der erste Leser oder wie ich mir selbst historisch wurde‹ in der Zeitschrift ›Sinn und Form‹ berichtet und dabei dem in der Dissertation unterdrückten und gerade deshalb allgegenwärtigen Ich endlich offen zur Sprache verholfen. Den Anlass bildeten überraschende Funde im Nachlass von Hans Blumenberg, die ich einer meiner ehemaligen Studentinnen verdankte: Sie entdeckte zunächst in seiner Leseliste, dass Blumenberg meine Dissertation drei Wochen vor meinem Rigorosum gelesen hatte, er also tatsächlich mein erster Leser war, und einige Wochen später fand sie in den Vorarbeiten zu ›Arbeit am Mythos‹ ein neunseitiges Typoskript, das sich ausschließlich auf das erste Kapitel meiner Dissertation stützte und es weiterdachte in Richtung auf seine Überlegungen zur Arbeit am Prometheus-Mythos, dies mit Wendungen wie »Osterkamp hat die Lösung zutreffend beschrieben«. Natürlich sind das Entdeckungen, die jeden gefreut hätten, aber bei mir war es doch noch ein wenig anders: Ich war, wenn auch maßvoll, erschüttert, weil ich den jungen Doktoranden, der ich einst war, plötzlich ganz anders wahrnahm. Denn ich konnte nun zum ersten Mal sehen, dass meine Dissertation doch sehr viel mehr und ganz anderes enthielt als immer nur Ich, so viel an historischer Substanz immerhin, dass der große Philosoph, dessen Vorlesungen ich damals hörte, ohne je ein Wort mit ihm zu wechseln, damit arbeiten wollte und konnte. Diese Geschichte musste ich erzählen, weil sie meine gesamte wissenschaftliche Existenz betraf und sich mein wissenschaftlicher Werdegang plötzlich ganz anders darstellte, und so war ich unvermutet dazu gezwungen, dem Ich, das ich gewesen war, zur Sprache zu verhelfen. Und dies war ein Akt der Befreiung.

Seitdem will es mir scheinen, als sei alles, was ich geschrieben habe und schreibe, Teil einer großen Autobiographie, und weil dies so ist, habe ich nur noch geringe Scheu, mein Ich, wann immer ich es für gerechtfertigt halte, offen zur Sprache kommen zu lassen, und das geschieht vornehmlich dann, wenn ich spüre, dass es, wie verborgen auch immer, ohnehin im Text anwesend ist. Das ist bei Philologen viel häufiger der Fall, als sie wahrhaben wollen; dabei beginnt doch der Akt der Interpretation so oft mit der unausgesprochenen Frage: Woher weiß der Text das von mir? Natürlich ist das Ziel des hermeneutischen Prozesses immer die Objektivität der historischen Erkenntnis, aber dessen Ausgangspunkt – bis hin zu der Frage, welchem Gegenstand man sich überhaupt zuwendet – liegt doch beim Subjekt des Erkennenden, also bei dem, was mich angeht; ist dieser subjektive Faktor in meinen Texten nicht am Werk, sind sie kaum mehr als eine klingende Schelle und bestenfalls ein tönendes Erz. Deshalb darf der Philologe, ja muss er im Akt der philologischen Erkenntnis manchmal »ich« sagen.

Ich habe das nur mühsam gelernt, obwohl ich doch immer wusste, dass meine innere Autobiographie im Wesentlichen mit meinem Publikationsverzeichnis identisch ist; deshalb stehe ich auch nicht in der Gefahr, sie jemals zu schreiben. Als ich es gelernt hatte, empfand ich dies auch deshalb als einen Akt der Befreiung, weil ich erkannte, dass sich dies mit einer Erweiterung meiner Erkenntnismöglichkeiten verband. Als ich zum Beispiel im vergangenen Dezember den Festvortrag zum 100. Geburtstag von Walter Höllerer in Sulzbach-Rosenberg – wo sonst? – hielt, sprach ich, der ich nie ein Wort mit Höllerer gewechselt habe, taktloserweise sehr viel über mich selbst und über meinen wissenschaftlichen Werdegang, um mich zu lösen von dem Höllerer-Klischee als dem großen Zampano der literarischen Ereigniskultur und des Literaturbetriebs, indem ich Höllerers Fernwirkungen über seine Bücher und Zeitschriften zu erfassen suchte, dies in Form eines längeren

Gedankenspiels über die Frage, ob ich je Germanistikprofessor oder gar Präsident der Deutschen Akademie für Sprache und Dichtung geworden wäre, wenn es ihn nicht gegeben hätte. Ich habe diese Frage mit einer Vielzahl von Gründen verneint und damit die objektive kultur- und wissenschaftsgeschichtliche Bedeutung eines Gelehrten und Literaturvermittlers auf höchst subjektiver Grundlage nachgewiesen. Wenn das eitel ist, nun, dann ist es eben eitel, aber nützlich ist es auch.

Und im Vorwort zu meinem jüngst erschienenen Buch über Goethes Spätwerk fand ich es gut und richtig, mehrfach »ich« zu sagen, um deutlich zu machen, dass ich am Ende einer langen Beschäftigung mit Texten, die ich doch gut zu kennen geglaubt hatte, von ihnen doch immer wieder so grundsätzlich überrascht worden bin, dass das Buch gerade deshalb geschrieben und so geschrieben werden musste, wie es nun vorliegt: als eigener Weg durch das Werk: »Das Buch hat also eine persönliche Dimension: Es hält die Überraschungen fest, die diesem Leser bei der Lektüre Goethe'scher Texte zuteil geworden sind. Er wollte seinen eigenen Weg durch das Werk gehen; auch deshalb lag eine Auseinandersetzung mit aktuellen Tendenzen der Goethe-Forschung nicht in seiner Absicht.« Vor zwei Jahrzehnten hätte ich mich niemals getraut, solche Sätze zu schreiben, auch wenn ich in der Sache selbst gar nicht anders vorgegangen wäre. Aber irgendwann lernt man eben, alles von uns Geschriebene als Kapitel unserer geistigen Autobiographie zu begreifen, die nicht nur nach außen, in den Wissenschaftsprozess hinein, wirken wollen, sondern auch nach innen, als Versuche unserer Selbstdeutung. Manchmal wartet ein Text eben auf diesen einen Leser, und wenn es diesem gelingt, ihn zum Leben zu erwecken, dann darf er auch Ich sagen.

PATRICK POCH

Mit Goethe und Lavater auf Reisen

Die Porträts des mitreisenden Malers Georg Friedrich Schmoll

Abb. 1. Johann Caspar Lavater im Mai 1774.   *Abb. 2. Georg Friedrich Schmoll.*

Im Februar 1828 erfuhr die private Bibliothek des österreichischen Kaisers Franz' I. einen bedeutenden Zuwachs. Der bald sechzigjährige Monarch und passionierte Sammler von Porträtgrafik hatte es nach zähen Verhandlungen geschafft, die physiognomische Studiensammlung des Schweizer Pfarrers und Theologen Johann Caspar Lavater (1741–1801) an sich zu bringen. Der Vorbesitzer der Sammlung, der Wiener Bankier Moritz Graf von Fries, der die Sammlung drei Jahre nach Lavaters Tod von dessen Sohn Heinrich erworben hatte, war mit seinem Bankhaus in Konkurs gegangen. Nun sollte die wertvolle Kollektion zur Befriedigung der Gläubiger versteigert werden.

© 2024 Patrick Poch, Publikation: Wallstein Verlag
DOI https://doi.org/10.46500/83535509-5-009 | CC BY-NC-SA 4.0

Kaiser Franz, der die Sammlung Lavaters noch vor deren öffentlichen Auktionierung zum Fünffachen ihres Schätzpreises erwerben
konnte,[1] schrieb darauf an seinen Bibliotheksvorsteher, er werde sie
»selbst besehen und dann bestimmen, wie sie allenfalls zu ordnen
sey«.[2] Zu einer Neuordnung kam es jedoch nicht. Wenige Jahre später
verstarb der Kaiser und die Sammlung verblieb weitgehend in der Auf-
stellung, in der sie einst von ihrem Gründer eingerichtet wurde.[3] Nach
dem Ende der Habsburger-Monarchie wurde sie als Teil der ehemals
kaiserlichen Familien-Fideikommissbibliothek in die neu gegründete
Österreichische Nationalbibliothek eingegliedert und lagert seitdem im
Corps de Logis der Wiener Hofburg.

Schon äußerlich sind die rund 900 Kassetten, die nach Johann Caspar
Lavaters Tod von Zürich nach Wien übersiedelten, von beeindruckender
Erscheinung. Wie Bibliotheksbände tragen die lederbezogenen und mit
marmoriertem Papier ausgekleideten Portefeuilles goldgeprägte Rücken-
schilder: »Männliche Portraits«, »Weibliche Portraits«, »Ideal Köpfe«,
»Mund«, »Nasen«, »Figürchen« usw. Im Inneren befindet sich eine
einzigartige Sammlung von knapp über 22 000 Zeichnungen und Druck-
grafiken verschiedenster Formate, aufwendig kaschiert auf aquarellierte
Untersatzkartons oder hinter Glas gefasst in kleinen Passepartouts mit
Deckeln und Titelschildern.

Anfang der 1770er Jahre hatte Lavater mit dem Aufbau einer im-
merfort zugänglichen Studiensammlung begonnen. Als Anschauungs-
objekt für seine theoretischen Studien fungierte die Sammlung gleichzeitig als Vorstufe und Fundus an Illustrationsmaterial für sein reich
bebildertes Hauptwerk, die ›Physiognomischen Fragmente zur Beförderung der Menschenkenntniß und Menschenliebe‹, in vier Bänden
erschienen von 1775 bis 1778. Auch wenn die Sammlung zu rund drei
Vierteln aus Porträtstichen oder -zeichnungen, besteht, unterscheidet

---

1 Vgl. Thomas Huber-Frischeis, Nina Knieling, Rainer Valenta, Die Privatbibliothek
   Kaiser Franz' I. von Österreich 1784–1835. Bibliotheks- und Kulturgeschichte
   einer fürstlichen Sammlung zwischen Aufklärung und Vormärz, Wien, Köln, Weimar 2015, S. 307–314.
2 Arbeitsbericht des Bibliotheksvorstehers Leopold Joseph von Khloyber, November
   1831, Österreichische Nationalbibliothek (ÖNB), Bildarchiv und Grafiksammlung
   (BAG), Archiv der Fideikommissbibliothek FKBA15162, fol.6ʳ.
3 Unterschiedliche Numerierungen der Kassetten lassen darauf schließen, dass diese
   nach der Übernahme nach ihrer Größe aufgestellt wurden.

*Abb. 3. »Goethe's Mutter« – Porträt der Catharina Elisabeth Goethe
(1731–1808) mit Kommentar Lavaters.*

sie sich doch ganz wesentlich von jenen Porträtsammlungen, die zu
Lavaters Lebzeiten in etlichen Kabinetten gebildeter Bürger zu finden
waren.[4] Gleich mehrere Eigenheiten deuten auf ihre besondere Funktion hin, Lavater bei der Gewinnung seiner physiognomischen Erkenntnisse zu dienen. Quer über alle Kategorien und Klassen begegnet
man etwa den typischen Umrisszeichnungen von Köpfen, meist von der
Hand Johann Rudolf Schellenbergs (1740–1806) oder Johann Heinrich
Lips' (1758–1817). Diese idealtypischen menschlichen Antlitze, an denen Lavater mittels vergleichender Analyse physiognomische Gesetzmäßigkeiten festmachen wollte, wurden bisweilen auch in ihre Einzelteile zerlegt, um anhand der individuellen Bestandteile des Gesichts,
wie Nase, Stirn oder Mund gegensätzliche oder übereinstimmende in-
nerliche Werte abzulesen zu können. So enthalten fünf der in Wien
verwahrten Kassetten ausschließlich Detailstudien von Mündern, vier

4   Vgl. Patrick Poch, Porträtgalerien auf Papier. Sammeln und Ordnen von druckgra-
    fischen Porträts am Beispiel Kaiser Franz' I. von Österreich und anderer fürstlicher
    Sammler, Wien, Köln, Weimar 2018, S. 141–173.

Kassetten von Augen. Die Gesichter entstammten nicht selten Porträt-gemälden von Zeitgenossen wie Regenten oder Politikern. Lavater schickte mehrfach Maler aus, um Kopien in privaten und öffentlichen Sammlungen für ihn anzufertigen.

Eine offensichtlich zusammengehörige Serie, die sich quer über etwa zwanzig Kassetten mit männlichen und weiblichen Porträts verteilt, sticht ebenfalls heraus: Es sind kleine, meist monochrome Pinselzeichnun-gen – Brustbilder im Profil –, die auf Lavaters Schwager, den Ludwigs-burger Maler Georg Friedrich Schmoll (um 1745–1785) zurückgehen.

Rund zwei Dutzend dieser kleinen Bildnisse entstanden auf jener le-gendären Rheinreise, die Lavater mit dem jungen Johann Wolfgang Goethe im Sommer 1774 unternahm. Von Goethes Elternhaus in Frank-furt reisten die beiden mit der Kutsche an den Kurort Ems und brachen von dort drei Wochen später zu einer Schiffsreise die Lahn abwärts und entlang des Rheins nach Neuwied und danach nach Düsseldorf auf. Stets an ihrer Seite befand sich der Maler Schmoll, denn dieser hatte von Lavater den Auftrag erhalten, während der gesamten Reise die inter-essantesten Gesichter zu Papier zu bringen, um diese später als Illustra-tionsvorlagen für das geplante physiognomische Werk zu verwenden.

So haben sich von etlichen Persönlichkeiten, denen Goethe und Lavater zwischen Ende Juni und Anfang August 1774 begegneten, bis heute kleine Porträtzeichnungen erhalten. Auf dem Hinweg porträ-tierte Schmoll in Frankfurt die Eltern Goethes, auf der Rückreise Goe-thes Freund Johann Heinrich Merck. In Ems zeichnete er eifrig zahl-reiche Kurgäste, mit denen Goethe und Lavater in Kontakt kamen. Auf der anschließenden Rheinreise trafen sie unter anderem auf den Maler Januarius Zick, sie besuchten die gräfliche Familie zu Wied auf Schloss Monrepos und trafen in Nassau im Haus der Familie vom Stein auf die Schriftstellerin Sophie von La Roche. Wie in einem Erinnerungsalbum lassen sich anhand der Zeichnungen die persönlichen Begegnungen Goethes und Lavaters auf der gemeinsamen Reise nachvollziehen.

Im dritten Teil von Goethes ›Dichtung und Wahrheit‹ erfährt man von einem denkwürdigen Abendessen im Juli 1774 im Haus der Familie vom Stein in Nassau an der Lahn.[5] Die Freifrau vom Stein (1721–1783), die mit Lavater in Briefkontakt stand, hatte diesen, Goethe und Johann

---

5   WA I 28, S. 277 f.

Abb. 4. Henriette Caroline vom Stein am 27. Juli 1774.

Abb. 5. Sophie von La Roche am 27. Juli 1774.

Abb. 6. Franz Wilhelm von La Roche am 27. Juli 1774.

Bernhard Basedow (1724–1790) zu einer großen Gesellschaft geladen, an der auch die Schriftstellerin Sophie von La Roche (1730–1807) mit ihren Söhnen teilnahm. Die allgemeine Harmonie wurde jedoch jäh getrübt, als sich ein heftiger theologischer Disput zwischen dem aufbrausenden Reformpädagogen und Antitrinitarier Basedow und dem sanften Prediger Lavater vor den Gästen und Bediensteten entspann. Goethe versuchte, die Stimmung durch »ableitende Scherze« zu retten, die anwesenden Damen entfernten sich zu »zerstreuenden Spaziergängen«.[6] Die Verstimmung konnte an diesem Abend jedoch nicht mehr überwunden werden.

Man kann sich die Szene umso anschaulicher vorstellen, wenn man weiß, dass Georg Friedrich Schmoll an genau diesem Tag im Haus der Familie vom Stein Bildnisse der anwesenden Gäste angefertigt hatte. Sowohl die Gastgeberin Henriette Caroline vom und zum Stein als auch die 34-jährige Sophie von La Roche saßen dem Maler Porträt (Abb. 4, 5). Auch einer der Söhne La Roches, von denen Goethe schrieb, sie seien von »blendender Schönheit« gewesen,[7] kam an diesem Tag zu Porträtwürden (Abb. 6).

---

6 Ebd., S. 278.
7 Ebd., S. 183. Lavater soll über die Schönheit des jüngsten Sohnes gar in »Ekstase« gewesen sein, wie La Roche später ihrer Freundin Julie Bondeli berichtete. Vgl. Eduard Bodemann, Julie von Bondeli und ihr Freundeskreis, Hannover 1874, S. 368.

Schmoll war ein geübter Zeichner und verstand es, mit wenigen Pin-
selstrichen in grau, braun und weiß die charakteristischen Gesichtszüge
der beiden Damen, die weiße Stoffhauben trugen, zu Papier zu bringen.
Sämtliche Zeichnungen, die auf dieser Reise entstanden, zeigen die
gleiche Art der Modellierung, welche die Physiognomie der Dargestellten gekonnt charakterisiert und den Porträts gleichzeitig etwas Relief-
artiges verleiht.

Lavater war es ein Anliegen, dass Schmoll seine Modelle ausschließlich im Linksprofil abbildete. Er sah dies als die objektivste aller Darstellungen an, analog zu den in dieser Zeit allerorts hergestellten Schatten-
bildern.[8] Durch die Reduktion mittels weniger Linien auf die wesentlichen Züge des Gesichts sollte der individuelle Charakter der Porträtierten noch unmittelbarer sichtbar werden. Hatte Schmoll seine Zeichnungen zunächst noch in mehreren Farben vollendet, beließ er es im
weiteren Verlauf der Reise bei einer schlichteren zweifarbigen Ausführung. Dabei spielten oft auch mangelnde Lichtverhältnisse eine Rolle.[9]

Bereits einen Tag nach der ersten Begegnung Lavaters mit Goethe in
dessen Elternhaus, wo Lavater wohnte, fertigte Schmoll die ersten Porträts an. So zeichnete er im Beisein Goethes am 24. Juni 1774 den re-
formierten Pfarrer Justus Christoph Kraft (1732–1795, Abb. 7) und am
folgenden Tag Goethes Mutter (Abb. 8). Am gleichen Tag saß Goethe
selbst Schmoll das erste Mal zum Porträt, am Tag darauf Goethes Vater
(Abb. 9).[10]

Lavater legte stets den allergrößten Wert auf eine hohe Ähnlichkeit
der Porträts. Zum Bildnis von Goethes Vater stellte er etwa fest, Schmoll
habe diesen »kenntlich« gezeichnet.[11] Derart positive Urteile findet
man jedoch selten. Vor allem die druckgrafische Umsetzung in den
›Physiognomischen Fragmenten‹ zog oft sein Missfallen auf sich. Zu
den nach den Zeichnungen Schmolls entstandenen Porträtstichen der
Freifrau vom Stein und der Sophie von La Roche im dritten Band (siehe

---

8 Auch während des Aufenthalts in Ems wurden mehrfach Silhouetten von Lavater und anderen Kurgästen angefertigt, nicht zuletzt durch Goethe selbst.
9 So konnte Schmoll etwa das Bildnis des Ludwig Johann Georg Mejer (Abb. 10)
   nicht vollenden, weil es »dunkel von Regen« wurde. Zürich, Zentralbibliothek, FA Lav Ms 16a, VIII, fol.7ʳ.
10 Zürich, Zentralbibliothek, FA Lav Ms 16a, IV, fol.6ʳ.
11 Zürich, Zentralbibliothek, FA Lav Ms 16a, V, fol.5ʳ.

Abb. 7. Justus   *Abb. 8. Katharina*   *Abb. 9. Johann*
Christoph Kraft   *Elisabeth Goethe*   *Caspar Goethe*
am 24. Juni 1774.   *am 25. Juni 1774.*   *am 26. Juni 1774.*

Abb. 23) bemerkte er: »alle kennbar, und doch alle verunedelt oder ver-
altert. Alle von demselben Zeichner gezeichnet, und aller Augenbrau-
nen zu schwach und zu hoch über den Augen – und daher alle schwä-
cher, weiblicher als die Natur.«[12]

Die gegenseitige Sympathie bewog Goethe, Lavater auf seiner anschließenden Fahrt von Frankfurt nach Ems, wohin diesen sein Leibarzt
zu einer Trinkkur geschickt hatte, zu begleiten. Schmoll war nun unmittelbar dabei, als Goethe sich mit Lavater austauschte.

Die Kurgäste, auf die sie im Emser Kurbad trafen, entstammten vorwiegend Familien des Adels und des gehobenen Bürgertums. Lavater,
der unter den Gästen ein begehrter Gesprächspartner war, zählt sie in
seinem Tagebuch als »Officiers, Generals, Grafen, Baronen, u[nd] des
weiblichen vornehmen Geschlechts« auf.[13] Illustrativ schildert er den
Badebetrieb und die internationale Kurgesellschaft jener Tage, die in
»Schlafröcke[n] von allen Farben« und »Negligés aller arten« in den
Lauben herumwandelte. Sie bildete eine ergiebige und dankbare Quelle
für seine physiognomischen Studien. Er beobachtete »lam[m]sanfte lei-
dende, edle Phisiognomie[n]«, aber auch »furchtbare Phisiognomie[n]«,[14]

12 Physiognomische Fragmente, zur Beförderung der Menschenkenntniß und Men-
    schenliebe, von Johann Caspar Lavater, Dritter Versuch, Leipzig & Winterthur
    1777, S. 317.
13 Zürich, Zentralbibliothek, FA Lav Ms 16a, VI, fol.1ʳ.
14 Zürich, Zentralbibliothek, FA Lav Ms 16a, IX, fol.10ᵛ bzw. fol.11ʳ.

berichtet von »perpendikularen« Hinterköpfen und einfachen Bettler-
knaben.[15]

Im Auftrag Lavaters fertigte Schmoll Bildnisse verschiedenster Kurgäste an, alle saßen ihm bereitwillig zum Porträt, in dem Wissen, dass
ihr Konterfei möglicherweise in Lavaters geplantem physiognomischen
Werk veröffentlicht werde. Oder – wie Goethe schrieb – »um durch ihre
Persönlichkeit sie in das Interesse eines Werks zu ziehen, in welchem
sie selbst auftreten sollten«.[16] Heute lassen sich die Porträtzeichnungen, die in diesen Tagen entstanden, nur noch durch die handschriftlichen Bezeichnungen auf den Deckelschildern identifizieren, auf denen
Lavater später die Namen der Dargestellten vermerkte, etwa »Herr
Cammersecretär Meyer von Hannover« oder »Mahler Zigg [Zick] von
Coblenz«. Es entstanden aber auch Bildnisse, denen Lavater später keinen Namen mehr zuordnen konnte und die er als »unbekannter Stutt-
garder« oder »Würtenberger« bezeichnete. Die Zeichnungen Schmolls
wurden immer wieder gemeinsam besehen und besprochen, einige er-
baten von Lavater gleich eine physiognomische Beurteilung ihrer Antlitze.[17] Auch Sophie von La Roche formulierte in das Stammbuch, das
Schmoll auf der Reise mit sich führte, Lavater möge aus dem kleinen
Bildnis auf ihr tiefstes Inneres schließen: »Hier zeichnete der Künstler
meine Züge für seinen Freund Lavater – und ich wünsche dass dieser
meine ganze Seele gesehen hätte – dieser Wunsch ist der Stolz – und
das Glück von Sophie La Roche.«[18]

Dies galt auch für den Hannoveraner Kammersekretär Ludwig Johann Georg Mejer (1731–1802, Abb. 10), der mit seiner Frau zur Kur
in Ems weilte. Goethe hatte das Ehepaar bereits zwei Wochen zuvor bei
ihrer Durchreise durch Frankfurt kennengelernt.[19] Zu Mejers Ehe-

---

15 Ebd., fol.11[r].
16 WA I 29, S. 104.
17 Zürich, Zentralbibliothek, FA Lav Ms 16a, IX, fol.13[r]: »Nachher besahe man die
    von Schmoll hier gezeichneten Porträte«, bzw. fol.19[v]: »bey besehung der Por-
    traits«.
18 Klassik Stiftung Weimar, Goethe- und Schiller-Archiv, GSA 25/W 1822, fol.54.
19 An seine Freundin Charlotte Kestner, die das Ehepaar gut kannte und auf deren
    Empfehlung es zu dem Treffen kam, schrieb er unmittelbar danach, Mejer sei
    »iust einer der Menschen wie ich sie haben muß, die Erfahrung des Lebens, die
    schönen Kenntnisse und Wissenschafften ohne Pedanterey und die gute offne
    Seele. Wir haben uns recht gut gefunden« (WA IV 2, S. 227).

Abb. 10. Ludwig   *Abb. 11. Dorothea*   *Abb. 12. Caroline*
Johann Georg Mejer   *Rosine Mejer*   *von Massenbach*
am 6. Juli 1774.   *im Juli 1774.*   *im Juli 1774.*

frau Dorothea (1744–1812, Abb. 11), Tochter eines Kurhannoveraner Oberamtsmanns, verband ihn von Beginn an ein vertrautes Verhältnis und so zählte das Ehepaar fortan zu den wichtigsten Gesprächspartnern im Kurbad.[20] Man traf sich am Trinkbrunnen oder im Speisesaal zum Kaffee; Lavater und Goethe besuchten das Ehepaar auch in ihrem Zimmer im Fürstlich Hessen-Darmstädtischen Badhaus. Nachdem Schmoll die beiden gezeichnet hatte, erbat Mejer von Lavater gleich ein Urteil zu seinem Konterfei, welches Lavater mit »Gerad Wahrheitssinn – u[nd] vielleicht argwohn« kommentierte.[21] Auch ein weiteres Bildnis Schmolls aus der Wiener Lavatersammlung dürfte in diesen Tagen in Ems entstanden sein, nämlich jenes der Caroline von Massenbach (1725–1790, Abb. 12). Die tiefgläubige Verehrerin und Brieffreundin Lavaters, die als Herausgeberin theologischer Texte fungierte,[22] hatte in der Zeitung von dessen Aufenthalt im Kurort erfahren und war sogleich angereist.

Mitte Juli traf der Frankfurter Verleger Johann Konrad Deinet (1735–1797) in Ems ein, der als Herausgeber der ›Frankfurter Gelehrten Anzeigen‹ maßgeblich zu Goethes Bekanntschaft mit Lavater beigetragen

20 Dorothea Rosine Mejer war die Tochter des hannoverischen Kommissionsrats Otto Johann Christoph von Könemann (1703–1778).
21 Zürich, Zentralbibliothek, FA Lav Ms 16a, VIII, fol.7^r.
22 So etwa des deutschen Pfarrers Philipp Matthäus Hahn (1739–1790).

Abb. 13. Johann Konrad Deinet   *Abb. 14. Johann Bernhard Basedow*
      im Juli 1774.   *am 13. Juli 1774.*

hatte.²³ Am selben Tag stieß auch der Pädagoge und Philanthrop Johann Bernhard Basedow zu der Runde, der zuvor bei Goethe in Frankfurt zu Gast gewesen war. Beide verewigten sich in Lavaters Tagebuch und ließen sich von Schmoll zeichnen. Basedows Porträt (Abb. 14) hebt sich deutlich von den übrigen Zeichnungen Schmolls ab, indem es diesen barhäuptig und büstenförmig ohne jegliche Kleidung zeigt. Ganz anders als Deinet (Abb. 13), auf dessen Bildnis mit akkurat frisierter Perücke und Haarbeutel Lavater später vermerkte: »warum schon die Frisur als nicht unbedeutend uns auffällt?«²⁴

Am 18. Juli begann schließlich die gemeinsame Fahrt Goethes mit Lavater, Basedow und Schmoll entlang der Lahn und des Rheins, welche in die Literatur des 19. Jahrhunderts mehrfach Eingang fand – nicht zuletzt als bildliche Ausschmückung diverser Goethe-Ausgaben und

23 Am 3. November 1772 erschien dort die Besprechung Goethes zum 3. Teil von Lavaters Werk ›Aussichten in die Ewigkeit‹, wonach sich allmählich eine Korrespondenz zwischen beiden entwickelte.
24 Wien, ÖNB, BAG, LAV 640/6052.

illustrierter Wochenblätter.[25] Das eigentliche Ziel der Reise war jedoch Neuwied, wohin sie der regierende Graf Johann Friedrich Alexander (1706–1791) eingeladen hatte. Auf der Fahrt in dessen Sommerresidenz besuchten sie den Maler Januarius Zick (1730–1797) in dessen Wohnhaus in Ehrenbreitstein. Zick war bereits eine Woche zuvor in Ems gewesen und hatte sich dort in Schmolls Stammbuch mit einem Freundschaftsspruch und vier gezeichneten Putti verewigt.[26] Sein Porträt von Schmoll (Abb. 15) dürfte allerdings erst bei diesem Besuch entstanden sein, denn es ist von Schmoll mit »19.7.1774« datiert. Von den Werken Zicks, die sie in Ehrenbreitsein besichtigten, hielt Lavater allerdings wenig, er notierte in sein Tagebuch: »Nachher besah ich Zigs Mahlereyen wenig wichtiges«.[27] Auf das Porträt des Malers notierte er dann auch: »Kunst. So kalt wie möglich, so sehr wie möglich, Genielos.«[28]

Am selben Tag zeichnete Schmoll auch den Hofrat und gräflichen Leibarzt in Neuwied, Wilhelm Ludwig Kämpf (1732–1779, Abb. 16). Er war der Bruder des Kurarztes in Ems und hatte Lavater bei einer gemeinsamen Fahrt zur Familie vom Stein in Nassau näher kennen gelernt. In Neuwied besuchten sie ihn und dessen Frau Eleonore Magdalena, in deren Kalender sich Goethe mit einem Epigramm verewigte.[29]

Zwei Tage später traf Lavater in Mülheim bei Köln den Theologen Johann Gerhard Hasenkamp (1736–1777), mit dem er seit Jahren brieflich verkehrte. Sein Äußeres beschreibt Lavater in seinem Tagebuch: »braune Perüke. fein brauner Rock« und »viel viel feiner als ich ver-

---

25 Bezugnehmend auf Goethes Gedicht ›Diné zu Coblenz, im Sommer 1774‹, in dem die gemeinsame Mittagsrast der Reisegefährten geschildert wird, entstanden historisierende Darstellungen der beiden debattierenden »Propheten« Basedow und Lavater mit dem schweigend zuhörenden Goethe, sei es an besagter Koblenzer Wirtshaustafel oder am Rheinufer spazierend: Holzstich von W.A. Benedict (in: Die Gartenlaube. Illustrirtes Familienblatt, Nr. 38, 1864, S. 597) bzw. Holzstich der Xylographischen Anstalt Theodor Knesing nach einer Zeichnung von Kaspar Kögler (in: Goethe's Werke. Illustriert von ersten deutschen Künstlern, hrsg. von Heinrich Düntzer, Bd. 5, Stuttgart und Leipzig 1885, S. 345).

26 Klassik Stiftung Weimar, Goethe- und Schiller-Archiv, GSA 25/W 1822, fol.6.

27 Zürich, Zentralbibliothek, FA Lav Ms 16a, XI, fol.2ᵛ.

28 Wien, ÖNB, BAG, LAV 630/5995.

29 ›In das Kalenderlein der Frau Hofräthin Kämpf‹. Vgl. dazu Johann Wolfgang von Goethe, Träume und Legenden meiner Jugend, hrsg. von Paul Raabe, Leipzig, 2000, S. 36 bzw. Kommentar auf S. 188.

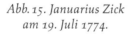

Abb. 15. Januarius Zick   *Abb. 16. Wilhelm Ludwig Kämpf*
am 19. Juli 1774.   *am 19. Juli 1774.*

muthet hatte«.[30] Obwohl es schon dämmerte, fertigte Schmoll am glei-
chen Abend Hasenkamps Porträt für Lavater an (Abb. 17). Im Stamm-
buch Schmolls finden sich von diesen Tagen Einträge vom Theologen
Samuel Collenbusch, vom Pastor Theodor Arnold Müller, bei dem
Schmoll und Lavater übernachtet hatten, vom Dichter Johann Georg
Jacobi und vom Arzt Johann Heinrich Jung-Stilling, die sie beide in
Elberfeld aufsuchten.[31] Letzterer erinnerte sich später an Schmoll als
»geschickten Zeichen-Meister […], der auch seine Hände nicht in den
Schooß legte«.[32]

Auf der Rückreise waren sie am 25. Juli wieder auf Schloss Monrepos
bei Neuwied zu Gast, wo Schmoll die gräfliche Familie zu Wied porträ-
tierte. Das Konterfei der Gräfin Karoline von Kirchberg (1720–1795,
Abb. 18) befand Lavater als »ökonomisch kluges Gesicht«.[33] Zwei Tage

---

30 Zürich, Zentralbibliothek, FA Lav Ms 16a, XI, fol.9ᵛ.
31 Klassik Stiftung Weimar, Goethe- und Schiller-Archiv, GSA 25/W 1822, fol.7,
    fol.79, fol.8, fol.5.
32 Johann Heinrich Jung-Stilling, Henrich Stillings häusliches Leben, Tübingen
    1789, S. 48.
33 Wien, ÖNB, BAG, LAV 653/6125.

Abb. 17. Johann   *Abb. 18. Karoline*   *Abb. 19. Johann*
Gerhard Hasenkamp   *von Kirchberg*   *Heinrich Merck*
am 21. Juli 1774.   *am 25. Juli 1774.*   *am 3. August 1774.*

später entstanden in Nassau an der Lahn die eingangs erwähnten Bildnisse der Henriette Caroline vom Stein und der Sophie von La Roche.
Eine der letzten Zeichnungen, die Schmoll auf dieser Reise anfertigte, zeigt
den Goethe-Freund und Verleger Johann Heinrich Merck (1741–1791,
Abb. 19), den sie in Darmstadt trafen. Goethe bemerkte, dass Schmoll
Mercks Profil »so ausführlich und brav« gezeichnet habe, »wie die Bildnisse bedeutender und unbedeutender Menschen, welche dereinst in
dem großen Werke der Physiognomik angehäuft werden sollten«.[34]
    Tatsächlich fanden Schmolls Zeichnungen Eingang in alle vier Bände
der ›Physiognomischen Fragmente‹, wo sie zum Teil als verkleinerte
Kupferstich-Reproduktionen Verwendung fanden. Schon wenige Mo-
nate nach seiner Entstehung wurde das Porträt des Neuwieder Hofrats
Wilhelm Ludwig Kämpf (Abb. 16) als spiegelverkehrte Vignette im
1775 erschienenen ersten Band veröffentlicht, als Beispiel eines »sehr
klugen, planvollen gelehrten Staatsmannes« (Abb. 20).[35] Das Bildnis
Johann Bernhard Basedows fand ein Jahr später Eingang in das, den
»Gelehrten und Denkern« gewidmete Fragment des zweiten Bandes.[36]
Die auf der Reise entstandenen Frauenporträts finden sich unter an-

34 WA I 28, S. 267. Schmoll wird hier mit Johann Heinrich Lips verwechselt.
35 Lavater, Physiognomische Fragmente, Erster Versuch, Leipzig & Winterthur
    1775, S. 248.
36 Lavater, Physiognomische Fragmente, Zweiter Versuch, Leipzig & Winterthur
    1776, S. 272.

derem unter den »Frauenspersonen« im dritten Band, das Porträt der
Dorothea Rosine Mejer, auf dem ihre Haare zu einem hohen Aufbau
frisiert sind, wird dort als ganzseitiger Porträtstich Michael Wachsmuths wiedergegeben (Abb. 21).[37] Als Kupferstich-Tableau des Nürnberger Stechers Johann Georg Sturm wurden wiederum Schmolls Bildnisse der Karoline von Kirchberg, Sophie von La Roche und der Freifrau
vom Stein zusammengefasst (Abb. 23),[38] ein weiterer Stich Michael
Wachsmuths im vierten Band zeigt Schmolls Porträt der Caroline von
Massenbach (Abb. 22).[39]

Weitere zehn Jahre dauerte es, bis die Originalzeichnungen Schmolls
eine neuerliche Bearbeitung erfuhren. Im Zuge einer Neumontage
und Vereinheitlichung der Studiensammlung in einen »kabinettlichen
Stand«[40] wurden auf den Trägerkartons und Passepartoutdeckeln ra-
dierte Kartuschen angebracht, in welche Lavater den Bildnissen nach
und nach physiognomische Kommentare hinzufügte. Etwa drei Viertel
der in Wien befindlichen Blätter sind, teils von Lavater selbst, meist
aber von anderen Schreibern, handschriftlich bezeichnet. Im Falle der
Zeichnungen Schmolls wurde auf der dem Bildfeld gegenüberliegenden
Seite des klappbaren Deckels eine Kartusche für Lavaters Beischriften
angebracht (siehe Abb. 3). Da seine Kommentare datiert sind, lässt sich
ersehen, welches Profil er an welchem Tag einer Beurteilung unterzog.
Dabei zog sich die Bearbeitung der Zeichnungen Schmolls über einen
Zeitraum von neun Jahren hin, von 1787 bis 1796. Lavaters mal kür-
zere, mal ausführlichere physiognomischen Urteile, die heute bisweilen
schlichtweg banal anmuten und bereits zu seinen Lebzeiten eine Vielzahl an Kritikern auf den Plan riefen, spiegeln seine persönlichen Asso-
ziationen und Deutungen der sichtbaren charakteristischen Merkmale,
etwa Augen Nase oder Mund wider, zu welchen er den Betrachter
hinführen möchte. Auf das Porträt der Sophie von La Roche notierte
er etwa: »Hellscharf ist ihr Aug – die Nase hat Sinn für das Gute –
und gefällige Güte bezeichnet die sprechsame Lippe.«[41] Zum Profil der

37 Lavater, Physiognomische Fragmente, Dritter Versuch (Anm 12), S. 316.
38 Gemeinsam mit einem Porträt der Barbara Schulthess. Lavater, ebd., zu S. 317.
39 Lavater, Physiognomische Fragmente, Vierter Versuch, Leipzig & Winterthur
    1778, S. 406.
40 Aus Lavaters Verkaufsangebot eines Teils des Physiognomischen Kabinetts. Zü-
    rich, Zentralbibliothek, FA Lav Ms 125.3.
41 Wien, ÖNB, BAG, LAV 657/6144.

Abb. 20–23. Stichwiedergaben in den ›Physiognomischen Fragmenten‹.

Karoline von Kirchberg befand er: »Die Nase allein schon zeigt bedächt-
lichen Sinn und scharf berechnende Vorsicht.«[42] Im wesentlichen stimmen die zugeschriebenen Charaktereigenschaften mit den, Jahr(zehnt)e
zuvor in den ›Physiognomischen Fragmenten‹ veröffentlichten Urteilen

42 Wien, ÖNB, BAG, LAV 653/6125.

überein. Das in dem Druckwerk als »eines sehr klugen, planvollen gelehrten Staatsmannes« beschriebene Profil des Wilhelm Ludwig Kämpf
wird auf der Originalzeichnung Schmolls als »wahres Hofrathsprofil
voll Klugheit [und] reifer Erfahrung« bezeichnet. Dem Bildnis des Johann Caspar Goethe, das in den ›Physiognomischen Fragmenten‹ als
jenes des »alles wohl ordnenden« Vaters des großen Goethe vorgestellt
wird, fügt Lavater auf der Originalvorlage hinzu: »Alles, was du thust,
das hat das Gepräge der Ordnung.«[43]

Die gemeinsame Reise Goethes und Lavaters im Sommer 1774 ist
durch schriftliche Quellen wie die Tagebücher Lavaters und Johann
Gerhard Hasenkamps oder Goethes vierzig Jahre später erschiene Erinnerungen in ›Dichtung und Wahrheit‹ außergewöhnlich gut belegt
und dokumentiert. 1922 trug Adolf Bach die verschiedenen Dokumente
chronologisch unter dem Titel ›Goethes Rheinreise‹ zusammen.[44] Die
Zeichnungen Schmolls liefern den visuellen Beleg dieser unterschiedlichen Begegnungen. In diesen künstlerisch vielleicht weniger bedeutenden Dokumenten zeitgenössischer Persönlichkeiten, von denen sonst
kaum Porträts überliefert sind, liegt wohl die Einzigartigkeit der Sammlung Lavaters. Dieser Umstand spiegelt sich auch in ihrer Rezeption im
19. Jahrhundert wider: Bei Goethe-Ausstellungen des 19. Jahrhunderts,
etwa im Frankfurter Hochstift, konnte die Lavatersammlung mit mehreren Bildnissen des Dichterfürsten und seiner Familie aufwarten.[45]
Im Schillerjahr 1905 wurden bei einer Gedenkausstellung in Wien
gleich 73 Bildnisse aus der Sammlung von Personen aus dem Umkreis
Schillers gezeigt.

---

43   Wien, ÖNB, BAG, LAV 639/6042.
44   Adolf Bach, Goethes Rheinreise mit Lavater und Basdedow im Sommer 1774,
     Zürich 1923; wieder in: ders., Aus Goethes rheinischem Lebensraum. Menschen
     und Begebenheiten. Gesammelte Untersuchungen und Berichte, Neuß 1968
     (= Jahrbuch des Rheinischen Vereins für Denkmalpflege und Heimatschutz
     1967/68), S. 135–230.
45   Ausstellung von Autographen, Bildern, Schattenrissen, Druckwerken und Er-
     innerungs-Gegenständen zur Veranschaulichung von Goethes Beziehungen zu
     seiner Vaterstadt veranstaltet vom Freien Deutschen Hochstift Juli – November
     1895, Frankfurt am Main 1895.

HERMANN PATSCH

Matthias Claudius, ›Der Tod und das Mädchen‹

Textrestitution – Tradition – Interpretation

Aufnahme und Weiterleben eines Gedichts über die Lebenszeit des
Dichters hinaus hängen von mancherlei Bedingungen ab, die schwer
unter einen Gesichtspunkt zu bringen sind. Ein Aspekt aber ist von un-
bestreitbarer Bedeutung: Lyrische Verse, die gesungen werden, können
ihre zeitliche Begrenzung verlieren und »unsterblich« werden. Bei an-
sprechender Vertonung können sie sich zu Volksliedern entwickeln und
die Namen des Dichters und des Komponisten vergessen lassen. So ist
es mit Goethes »Sah ein Knab ein Röslein stehn« und mit Claudius'
›Abendlied‹ geschehen, die schon Herder 1779 als Muster in seine
Sammlung ›Volkslieder‹ aufgenommen hat.[1]

Sehr selten aber ist es, dass ein lyrischer Text, der keinesfalls eine
Vorlage für ein Volkslied hat abgeben können und auch niemals als sol-
ches vertont worden ist, erst durch die Komposition als ein Kunstlied zu
Bekanntheit und künstlerischer Bedeutung gelangt ist. Das ist mit dem
Dialoggedicht ›Der Tod und das Mädchen‹ des Wandsbecker Dichters
geschehen, das seinen Gang in die deutsche Geistesgeschichte durch die
Vertonung des 20-jährigen Franz Schubert aus dem Jahr 1817 (Druck
1821) gefunden hat.[2] Das kurze zweistrophige Gedicht war vorher in

---

1 [Anonymus,] Volkslieder. Nebst untermischten andern Stücken. Zweiter Theil,
   Leipzig, in der Weygandschen Buchhandlung, 1779, S. 151 (Goethe) und S. 297 f.
   (Claudius). Auf die Textunterschiede zwischen Herder und Goethe – der hinter der
   Angabe »Aus der mündlichen Sage« (S. 307) stehen wird – sei hier nur hinge-
   wiesen. Das ›Abendlied. Deutsch‹, d. h. die Strophen 1–5 des Originals, beschließt
   als Nr. 30 den Band.

2 D 531, op. 7/3. Vgl. Schubert Handbuch, hrsg. von Walther Dürr und Andreas
   Krause, Kassel ⁴2015, S. 202 f., wo allerdings nicht beachtet ist, dass Schubert in
   seiner Vertonung v. 4 verdoppelt hat. Die Deutung der Komposition Schuberts und
   die praktische Gestaltung von Sängerinnen und Sängern können hier nicht berücksichtigt werden. Zur literarischen Rezeption seit Schubert vgl. Reinhard Görisch,
   Mädchen, Meitli, Jüngling und Tod. Thema und Variationen, in: Jahresschriften

© 2024 Hermann Patsch, Publikation: Wallstein Verlag
DOI https://doi.org/10.46500/83535509-5-010 | CC BY-NC-SA 4.0

keiner Rezension oder in zeitgenössischen Briefwechseln erwähnt worden, es war völlig unbeachtet geblieben. Durch Schubert ist es zur Weltliteratur geworden. Und diese Komposition ist als so bedeutend betrachtet worden, dass sich kaum ein späterer Komponist an das kleine Werk getraut hat.

Die Textüberlieferung

Es gibt von dem relativ kurzen Gedicht drei überlieferte Textformen, die man wegen ihrer geringen Unterschiede nicht gerade Fassungen nennen kann, die aber Varianten enthalten, die eine Textrestitution erfordern. Die Komposition Schuberts folgt dem Druck von ›Asmus‹ I.II aus dem Jahr 1775 in einer späteren Ausgabe und hat die dort gegebene Textform zur kanonischen gemacht. Aber es gibt – was für die Texte von Claudius sehr selten ist – eine handschriftliche Fassung aus einem Brief (Abb. 1a–b), die die Vorlage für den Erstdruck im sog. Göttinger ›Musen Almanach‹ gewesen ist, dessen Herausgabe Johann Heinrich Voß (1751–1826) vorübergehend übernommen hatte. Mit diesem ersten erhaltenen Brief vom 21. August 1774, der aus der Bekanntschaft am Gründonnerstag 1774 in Wandsbeck hervorging,[3] begann ihre poetische Zusammenarbeit.[4] Da Voß den Brief mit den drei Gedichten ver-

der Claudius-Gesellschaft 4 (1995), S. 49–53. Als besonders erwähnenswert ist die bei Görisch zitierte variierende Nachdichtung von Schuberts Freund Joseph Spaun (1788–1865) ›Der Jüngling und der Tod‹ von 1817, die Schubert gleichfalls vertont hat, und die drastische Transposition ins Schwyzerdütsch ›E gruusige Bsuech‹ von Franz Hohler (*1943) von 1988. Vgl. neuerdings die romanhafte Darstellung bei Hans-Peter Kraus, Freund Hain – Die einzig wahre Geschichte seiner Freundschaft mit dem Dichter Matthias Claudius. Erzählt von ihm selbst, Norderstedt 2014.

3 Vgl. Annelen Kranefuss, Matthias Claudius. Eine Biographie, Hamburg 2011, S. 119, mit Hinweis auf: Briefe von Johann Heinrich Voß nebst erläuternden Beilagen herausgegeben von Abraham Voß, Bd. 1, Halberstadt 1829, S. 158 (Brief an Ernst Theodor Johann Brückner vom 2. April 1774).

4 Briefe von Matthias und Rebekka Claudius an Johann Heinrich und Ernestine Voß 1774–1814, hrsg. und erläutert von Professor Paul Eickhoff, Beilage zum Jahresbericht des Matthias Claudius-Gymnasiums nebst Real-Schule in Wandsbeck für Ostern 1915, Wandsbeck 1915, S. 5–7 (künftig zitiert: *Briefe 1915*); in modernisierter Orthographie auch in: Matthias Claudius. Botengänge. Briefe an Freunde, hrsg. von Hans Jensen, Berlin 1967 (¹1938), S. 108 (künftig zitiert: *Botengänge*).

sehentlich nicht zurückgeschickt hatte,[5] könnte man annehmen, dass die kleinen Varianten im ›Asmus‹ I.II bei der anschließenden Übernahme aus dem Musenalmanach als Autorvarianten textkritisch später entstanden sind. Dass Claudius keine Vorlagen zurückbehalten haben sollte, ist aber wenig wahrscheinlich, denn die flüssige Handschrift und die Trennungsstriche zwischen den Gedichten im ersten Teil des Briefes schließen eine spontane Entstehung während des Schreibvorgangs aus. Diese zu postulierende Vorlage ist nicht erhalten.

Eine handschriftliche Fassung von ›Der Todt und das Mädchen‹, die überliefert ist, hat Claudius in dem genannten, witzigen Brief »auf Ihren Befehl« aus seinem Fundus zusammen mit ›Ehmanns-Seufzer‹ und ›Als er sein Weib und 's Kind an ihrer Brust schlafend fand‹ mit der Charakterisierung »Piecen« und »Schnörkel« als drittes Gedicht an seinen neuen Freund Johann Heinrich Voß in Göttingen für den ›Musen Almanach. Poetische Blumenlese. Auf das Jahr 1775‹ gesandt, wie er es versprochen hatte. Voß hat diese »Piecen« auch dankbar abgedruckt und dabei – wie es zeitgenössisch üblich war – leicht redigiert.[6] Dass der ›Ehemanns-Seufzer‹ schon im ›Wandsbecker Bothen‹ 1774 gedruckt worden war, hat ihn nicht gestört. Als Claudius seine Gedichte in seine Sammlung ›Asmus omnia secum portans‹ für 1775 aufnahm,[7] griff er

---

5 Vgl. Claudius' Brief vom 20. Dezember 1774 an Voß, in dem er aus dem – nicht erhaltenen – Antwortbrief des Freundes mit Anführungszeichen Voßens Satz: »Da sind Ihre Lieder.« zitiert und in freundschaftlichem Ton fordert: »Machen Sie die Lüge nur bald gut« (Briefe 1915, S. 7; Botengänge, S. 118). Da der Brief sich im Voß-Nachlass erhalten hat, ist die Rücksendung nicht geschehen. Im späteren Briefwechsel wird der Fall nicht mehr erwähnt.

6 Göttingen und Gotha bey Johann Christian Dieterich (Nachdruck Hildesheim 1979), S. 157. Voß druckte unter der Namensangabe Claudius sechs Gedichte ab, unter dem Kürzel »W. B.« (im Inhaltsverzeichnis mit der Angabe »Aus dem Deutschen, sonst Wandsbecker Boten«) fünf, darunter den ›Ehemannsseufzer‹ (S. 229). Dieser erhielt später von Claudius die Überschrift ›Nachricht von Asmodi, samt angehängter Formel‹. Voß hat die Zusammenstellung des Briefes nicht als Einheit angesehen und bei der Übernahme in den Musenalmanach aufgelöst (S. 150, 157, 229).

7 Asmus omnia sua secum portans, oder Sämmtliche Werke des Wandsbecker Bothen, I. und II. Theil, Hamburg, gedruckt bey Bode, 1775, S. 199. Diese Werk-Ausgabe ist zur Zeit nicht erreichbar. Die folgenden Zitate sind nach der (textlich identischen) Ausgabe des Schwiegersohnes: Beym Verfasser, und in Commißion bey Fr. Perthes in Hamburg (o. J.) gegeben (Digitalisat Augsburg, künftig zitiert: *Asmus I.II*). Die Textfassung des Gedichtes findet sich (in modernisierter Schreibung) auch bei Matthias Claudius, Sämtliche Werke, hrsg. von Jost Perfahl, Rolf

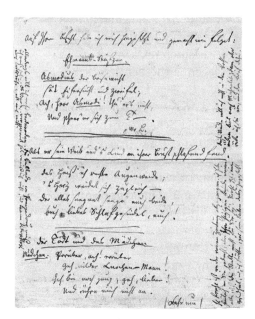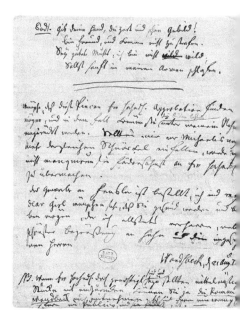

Abb. 1 a–b. Matthias Claudius an Johann Heinrich Voß, 21. August 1774
(Bayerische Staatsbibliothek München, Vossiana 51.1).

dafür auch auf den ›Musen Almanach‹ zurück. Da der Brief an Voß erhalten ist, kann diese erste überlieferte Fassung der Transkription zugrunde gelegt werden.[8]

Siebke und Hansjörg Platschek, Darmstadt, [7]1989, S. 86 f. (künftig zitiert: *SW*); Matthias Claudius, Der Mond ist aufgegangen. Gedichte und Prosa. Eine Auswahl von Reinhard Görisch, Frankfurt am Main und Leipzig 1998 (= Insel-Taschenbuch 2178), S. 44 (künftig zitiert: *Görisch, Gedichte*). – Ich beschränke mich aus methodischen Gründen bei Rückbezügen auf Claudius auf die beiden in zeitlicher Nähe liegenden ›Asmus‹-Ausgaben von 1775 und 1778. Vgl. Asmus omnia sua portans, oder Sämmtliche Werke des Wandsbecker Bothen, III. Theil. Beym Verfasser. Und in Commißion bey Gottlieb Löwe in Breslau, o. J. (1778) (künftig zitiert: *Asmus III*).

8 Scan der Bayerischen Staatsbibliothek München »Vossiana 51« vom 2. August 2022. Bei der Wiedergabe wurde das Gedicht von Vor- und Rückseite graphisch zusammengefügt, um den Zusammenhang mit den beiden anderen Gedichten zu wahren. Das Faksimile ist mehrfach abgedruckt worden, zuletzt bei Martin Geck, Matthias Claudius. Biographie eines Unzeitgemäßen, München 2014, S. 120. Verdienstvoll ist die vollständige Wiedergabe der gesamten Briefdoppelseite in: Matthias Claudius 1740–1915. Ausstellung zum 250. Geburtstag. hrsg. von Helmut

Der Todt und das Mädchen

Mädchen. Vorüber, ach! Vorüber
Geh, wilder Knochen-Mann!
Ich bin noch jung; geh, lieber!
Und rühre mich nicht an.

Todt. Gib deine Hand, du zart und schön Gebild!
Bin Freund, und komme nicht zu strafen.
Seÿ gutes Muhts, ich bin nicht ~~wild~~ wild;
Sollst sanft in meinen Armen schlafen.

Die Fassung im Göttinger Almanach und ›Asmus‹ I.II im Paralleldruck:

Der *Tod und das Mädchen.*	*Der Tod und das Mädchen.*
	Das Mädchen.
Mädchen. Vorüber! Ach, vorüber! Geh, wilder Knochenmann! Ich bin noch jung! Geh, lieber! Und rühre mich nicht an!	Vorüber! Ach, vorüber! Geh wilder Knochenmann! Ich bin noch jung, geh Lieber! Und rühre mich nicht an.
	Der Tod.
Tod. Gieb deine Hand, du zart und schön Gebild! Bin Freund, und komme nicht zu strafen! Sey gutes Muths! Ich bin nicht wild! Sollst sanft in meinen Armen schlafen!	Gib deine Hand, Du schön und zart Gebild! Bin Freund, und komme nicht, zu strafen. Sey gutes Muhts! ich bin nicht wild, Sollst sanft in meinen Armen schlafen!
	Claudius

Glagla und Dieter Lohmeier, Heide in Holstein, 1990 (= Schriften der Schleswig-Holsteinischen Landesbibliothek 12), S. 110 f. (Der dort in der Anmerkung abgedruckte Text aus dem Musenalmanach ist philologisch ungenau erfasst. Das ist auch bei der Arbeit von Annelen Kranefuss der Fall: Die Gedichte des Wandsbecker Boten, Göttingen 1973 (= Palaestra 260), S. 158–162, hier: S. 159.) Die Transkription des Brieftextes von Eickhoff (Anm. 3) ist korrekt. Diese Ausgabe ist weithin unbekannt geblieben. Auch Kranefuss hat sich auf die modernisierte Wiedergabe bei Jessen (Botengänge, S. 108) verlassen.

Seit es eine kritische Claudius-Forschung gibt, also seit Wilhelm
Herbst,[9] sind die Varianten aufgefallen und diskutiert worden, zunächst
ohne Berücksichtigung der Brieffassung, d. h. nur durch den Vergleich
des Musenalmanachs mit ›Asmus‹ I.II. Damit ist nicht die kleine Ver-
tauschung von »du zart und schön Gebild« (Brief, Musenalmanach) mit
»Du schön und zart Gebild« (Asmus) gemeint, denn hier liegt keine
Bedeutungsvariante vor. Die Vertauschung ist kaum je bemerkt worden. Auffällig sind die Varianten der Satzzeichen und daraus folgender
Groß- und Kleinschreibung im Übergang zwischen Vers 1 und 2 der
Mädchen-Strophe. Deutlich erklärungsbedürftig sind die Fassungen in
der Mädchen-Strophe: »geh, lieber« (Brief, Musenalmanach) und »geh
Lieber« (Asmus). Der Unterschied liegt in dem Komma zwischen den
beiden Wörtern und der Klein- bzw. Großschreibung von »lieber / Lieber«. Beide Merkmale müssen genau betrachtet werden, was auch nicht
ohne die Beachtung der Ausrufezeichen geschehen darf. Parallel dazu
fehlt das Komma jeweils nach dem »Geh« in Vers 2 wie Vers 3 im ›Asmus‹ gegenüber den beiden anderen Fassungen.

Voß hat sich genau an den Brieftext gehalten, hat lediglich bei den
Satzzeichen die Anzahl der Ausrufungszeichen deutlich vergrößert, um
die Dramatik zu steigern; in der Tod-Strophe ist das besonders auffällig.
In den beiden ersten Versen hat er das denkbare Enjambement in der
Brieffassung »Vorüber, ach! Vorüber | Geh, wilder Knochen-Mann!«
durch das abgrenzende Ausrufezeichen verhindert: »Vorüber! Ach,
vorüber! | Geh, wilder Knochenmann!« Die Fassung im ›Asmus‹ ist
dem nicht gefolgt, hat aber nicht einfach den Brieftext wiederholt: »Vo-
rüber! Ach, vorüber! | Geh wilder Knochenmann!« Gegenüber der
Brieffassung ist die Betonung des »ach« wieder zurückgenommen, auch
das Komma hinter dem »Geh« ist gestrichen. Wirkt das »Vorüber
Geh,« der Brieffassung nach dem seufzenden »ach!« als Enjambement
des trennbaren Präfixverbs »vorübergehen« im Imperativ, dem als Ap-
position die Fügung »wilder Knochenmann« folgt, sieht das in der Fassung des Musenalmanachs etwas anders aus. Das Adverb »Vorüber«
mit Betonungszeichen wird als Schreckensruf doppelt hervorgehoben,
mit der Betonung der Wiederholung, so dass das »Ach« (ohne Ausru-
fung) untergeordnet erscheint. So ist es auch im ›Asmus‹, wobei der

---

9　Wilhelm Herbst, Matthias Claudius, der Wandsbecker Bote. Ein deutsches Still-
　leben, 3. vermehrte Auflage, Gotha 1863, S. 607.

Befehl »Geh« mit der Folge des Subjekts »wilder Knochenmann« als vollständiger Imperativsatz zu lesen ist. Etwas pointiert kann man sagen, dass aus der eher klagenden Bitte der Brieffassung ein abwehrender Befehl geworden ist.

Noch schwieriger sind die Varianten an der nächsten Stelle zu beurteilen, die das »geh« wiederholen und die Anrede des Todes mit einer schmeichelhaften Charakterisierung versehen. »geh, lieber« in der Handschrift ist als kleingeschriebenes Adjektiv eindeutig zu lesen. »lieber« wird genauso in dem vorher notierten Gedicht ›Als er sein Weib und 's Kind an ihrer Brust schlafend fand‹ geschrieben: »liebes Schlafgesindel«. Also liegt hier ein Rückbezug auf das »Geh, wilder Knochen-Mann« der zweiten Zeile vor: »geh, lieber [Knochen-Mann]«. Das ist wahrscheinlicher als die Annahme eines adverbialen Synonyms für »besser«.[10] Dem wilden Knochenmann gilt jetzt ein eher schmeichelndes »lieber« als Ersatz der Wildheit. Dieses »wild« wird der Tod ja auch abwehren: »ich bin nicht wild«. Er interpretiert das »lieb« als »Freund«, nicht etwa als potentieller Liebhaber, gar als Verführer, wie man auch hat deuten wollen.

Herbst, der die Briefhandschrift nicht kennen konnte, hat einfach einen sinnentstellenden doppelten Druckfehler angenommen, da das Mädchen nach dem schreckhaften »vorüber […] geh wilder Knochenmann« nicht »lieber Tod« habe sagen können. Der Grund sei das »Versehen« gewesen, dass der Göttinger Musenalmanach ein Komma vor das kleingeschriebene »lieber« gesetzt hatte. So sei aus dem Adverbium im ›Asmus‹ eine Anrede geworden (»geh Lieber«).[11] Aber dieses Komma und das kleingeschriebene »lieber« stehen schon in der Handschrift, so dass diese Argumentation hinfällig geworden ist. Die Fassung im Musenalmanach geht auf Voß zurück und ist deshalb textkritisch sekundär. Voß hat, wie schon gesagt, durch die Ausrufezeichen die Situation dramatisiert. Die Interpretation des Gedichtes kann davon nicht ausgehen. Sie kann nur aus dem Vergleich der Briefhandschrift mit dem Druck im ›Asmus‹ gewonnen werden.

---

10 So Theo Buck, Matthias Claudius ›Der Tod und das Mädchen‹ (1774), in: ders., Streifzüge durch die Poesie von Klopstock bis Celan. Gedichte und Interpretationen, Köln, Weimar, Wien 2010, S. 22–33, hier: S. 24, 27.
11 Wie Anm. 9.

Freund Hain als illustratives
und literarisches Motiv bei Claudius

Das Thema der Unausweichlichkeit des Todes, so ist vielfach gesehen worden, ist ein prägendes Motiv des Dichters gewesen.[12] Das *memento mori*, das hinter diesem Lebensthema steht, ist ein antik-biblisches Thema, dem Claudius in seiner alttestamentlichen Fassung aus Psalm 90,12 (»Lehre uns bedenken, daß wir sterben müssen, auf daß wir klug werden«)[13] natürlich von Jugend auf begegnet ist; die Antiphon »Media vita in morte sumus« als »Mitten wir im Leben sind mit dem Tod umfangen« stand mit Luthers Überarbeitung in seinen Gesangbüchern.[14] Das Eigene und für Claudius Überraschende ist, dass er dieses Motiv sehr bewusst mit der Darstellung des Todes als »Knochenmann«, der

12 Ich nenne hier nur aus den letzten Jahren Reinhard Görisch, »Der Mensch ist hier nicht zu Hause«. Matthias Claudius' Gedanken über Tod und Ewigkeit, in: Zeitwende 61 (1990), S. 228–243; Johann Anselm Steiger, Todesverdrängung und Totentanz. Der Knochenmann bei Lessing, Claudius, Herder und Novalis, in: Johann Gottfried Herder. Aspekte seines Lebenswerkes, hrsg. von Martin Kessler und Volker Leppin, Berlin und Boston 2005 (= Arbeiten zur Kirchengeschichte 52), S. 129–150; Reiner Strunk, Matthias Claudius. Der Wandsbecker Bote, Stuttgart 2014, S. 80–92; Michael Pommerening, Matthias Claudius. Asmus, Andres, Görgel und Wandsbecker Bote, Hamburg 2014, S. 166 f.

13 Hier und im folgenden ist die sog. Cansteinsche Bibelausgabe, die Claudius in einer zeitgenössischen Ausgabe nachweislich besessen hat, lediglich unter Angabe der Textstelle zitiert: BIBLIA, Das ist: Die gantze Heil. Schrift Altes und Neues Testament, Nach der Teutschen Uebersetzung D. Martin Luthers […]. Nebst der Vorrede des S. Hrn. Baron Hildebrands von Canstein. Die LIII Auflage, Halle: Waysenhaus, 1753. Die Ausgabe enthält Luthers Vorworte nicht. Welche Ausgabe Claudius für diese benutzte, ist unbekannt.

14 Plönisches Gesang-Buch, darin nicht allein die alten und gewöhnlichen Kirchen-Gesänge […], Plön: Wehrt, 1743, S. 532 (Angabe: D. M. L.); Vollständiges Gesang-Buch in einer Sammlung alter und neuer Geistreichen Lieder […] zum allgemeinen Gebrauch in den Kirchen und Gemeinen des Herzogthums Schleswig, des Herzogthums Holstein […], Altona: Burmester, 1754, S. 716 f., Nr. 958 (ohne Angabe des Autors). Melodien sind in beiden Gesangbüchern zeittypisch nicht angegeben, deren Kenntnis wird vorausgesetzt. Zur Gesangbuchtradition bei Claudius siehe Ada Kadelbach, Matthias Claudius und die Gesangbücher im dänischen Gesangbuch, in: Matthias Claudius 1740–1815. Leben – Zeit – Werk, hrsg. von Jörg-Ulrich Fechner, Tübingen 1996 (= Wolfenbütteler Studien zur Aufklärung 21), S. 209–238. Vgl. Evangelisches Kirchengesangbuch für Bayern und Thüringen, München o. J. (um 1990) (künftig: EKG), S. 910 f., Nr. 518.

aus der Tradition des Totentanzes stammt, verbindet.[15] Hier hat der Tod
zunächst noch keinen Namen.

Claudius kann dieses Motiv nicht nur aus der Literatur, sondern auch
aus der Marienkirche in Lübeck gekannt haben.[16] Diese Verbindung
fordert zur Deutung heraus. Aber die Analogie zwischen der Tradition
des Totentanzes in der Nachfolge des französischen *Danse macabre*, in
der der Tod als Personifizierung der Pest keinen Namen hat, und Claudius' Gedicht trägt nicht weit. Von dem Totentanz-Fries in Lübeck von
1463, das 1701 restauriert und mit einem neuen Text im barocken Stil des
Alexandriners von Nathanael Schlott (1666–1703) unter der Malerei versehen worden war, also bimedial (Bild – Text) ist, kann Claudius keine
Anregung empfangen haben. Der Fries führt die Stände (es sind 23,
wenn man das Wiegen-Kind mit dazu zählt), beginnend mit dem Papst
und den kirchlichen Würdenträgern, mit König und Königin bis hin zu
Jüngling und Jungfrau im Todesreigen vor, mit der Ankündigung des

15 Vgl. zu diesem Motiv Gert Kaiser, Der Tod und die schönen Frauen. Ein elemen-
    tares Motiv der europäischen Literatur, Frankfurt und New York 1995; Christian
    Kiening, Der Tod, die Frau und der Voyeur. Bildexperimente der frühen Neuzeit,
    in: Böse Frauen – Gute Frauen. Darstellungskonventionen in Texten und Bildern
    des Mittelalters und der Frühen Neuzeit, hrsg. von Ulrike Gaebel und Erika Kar-
    tschoke, Trier 2001 (= Literatur – Imagination – Realität 28), S. 195–221; Kathrin
    Baumstark, »Der Tod und das Mädchen«. Erotik, Sexualität und Sterben im
    deutschsprachigen Raum zwischen Spätmittelalter und Früher Neuzeit, Münster
    2015 (= Religionen in der pluralen Welt 15), S. 39–55. Die Autorin druckt auf der
    letzten Seite (S. 204) das Gedicht von Claudius ab, von dem sie sich den Titel hat
    geben lassen, bespricht es aber nicht. Offensichtlich hat sie das Gedicht im Bedeu-
    tungsfeld ihres Themas gesehen. Vgl. allgemeiner »Ihr müßt alle nach meiner
    Pfeife tanzen«. Totentänze vom 15. bis 20. Jahrhundert aus den Beständen der
    Herzog-August-Bibliothek Wolfenbüttel und der Bibliothek Otto Schäfer Schwein-
    furt, hrsg. von Winfried Frey und Hartmut Freytag, Wiesbaden 2000. Die umfas-
    sendste Darstellung einer europaweiten Tradition gibt Karl S. Guthke, Ist der Tod
    eine Frau? Geschlecht und Tod in Kunst und Literatur, München ²1998. Ein zen-
    trales Kapitel zu Renaissance und Barock heißt »Der Tod und das Mädchen – und
    der Mann« (S. 94–143), ohne dass Claudius hier als Namengeber auftritt. Dieser
    wird natürlich nicht übersehen (S. 156–158).
16 Vgl. Kranefuss, Matthias Claudius (Anm. 3), S. 134. Claudius wird in seiner Zeit
    in Reinfeld (1765–1768), das etwa 20 km von Lübeck entfernt ist, diese berühmte
    Kirche besucht haben. Ob die Organistenstelle, für die er sich zu bewerben er-
    wog (Botengänge, S. 123; vgl. Wolfgang Stammler, Matthias Claudius der Wands-
    becker Bothe. Ein Beitrag zur deutsche Literatur- und Geistesgeschichte, Halle an
    der Saale 1915, S. 33), an dieser Kirche gewesen wäre, ist unbekannt.

Abb. 2. Totentanz-Fries in Lübeck von 1463,
nach der ›Ausführlichen Beschreibung und Abbildung des Todtentanzes
in der St. Marien-Kirche zu Lübeck‹ (Lübeck o. J.), Auschnitt
(Staats- und Stadtbibliothek Augsburg, Sign.: Kst 187).

Endes durch den unerbittlichen Tod und der resignativen Reaktion der
dem Sterben nahen Gestalten, die aber in keinem Falle einen wirklichen
Dialog führen. Die gleichfalls 23 Todesgestalten (nackte dunkle Gestalten mit Totenlaken, keine bloßen Gerippe, niemals mit Hippe) verbinden jeweils zwei Menschen mit ihren Armen und verkünden das bevor-
stehende Geschick, d.h. sie rühren sie an, um mit ihnen zu »tanzen«.
Bei der Jungfrau geschieht das gleichzeitig mit dem Jüngling, die beide
in der Mode der Mitte des 15. Jahrhunderts gekleidet sind (Abb. 2).[17]

17 Vgl. Gisela Jaacks, Die Kleidung im Lübecker und Revaler Totentanz, in: Der To-
    tentanz der Marienkirche in Lübeck und der Nikolaikirche in Reval (Tallinn).
    Edition, Kommentar, Interpretation, Rezeption, hrsg. von Hartmut Freytag, Köln,
    Weimar, Wien 1993 (= Niederdeutsche Studien 39), S. 109–126, hier: S. 121. Der
    Aufsatz von Helmut Freytag, Brigitte Schulte und Hildegard Vogeler, Der Toten-
    tanz der Marienkirche in Lübeck von 1463 und seine Weiterwirkung bis in die
    Gegenwart (in: »Ihr müßt alle nach meiner Pfeife tanzen« [Anm. 15], S. 83–135)
    folgt der Darstellung dieser Ausgabe. Wichtig ist die thematisch allgemeinere
    Untersuchung unter dem Aspekt der Musik bis ins 20. Jahrhundert bei Sabine
    Ehrmann-Herfort, Spiel mit dem Schrecken. Das Totentanzmotiv und die Musik,
    in: Der Tod und das Mädchen. Musikwissenschaft und Psychoanalyse im Ge-
    spräch, hrsg. von Sebastian Leikert, Gießen 2011, S. 81–96. Gelegentlich werden
    Gerippe, die miteinander (nicht mit Menschen) tanzen, mit Musikinstrumenten
    dargestellt (S. 86).

Die Aufforderung zum »Todtentantz« ergeht allgemein dem Stand der »Jungfern«, keinem Individuum, und umgekehrt gibt die Jungfrau keine direkte Antwort, sondern kann nur ihren »Schwestern« raten, sich rechtzeitig einen Bräutigam zu suchen:

Der Tod.

Ich halte/ wie die Welt/ von Complimenten nicht;
Muß heist mein hartes Wort/ das Stahl und Eisen bricht/
Und warumb welt ihr mir den letzten Tantz versagen?
Die Jungfern pflegen sonst kein Täntzchen abzuschlagen!

Die Jungfrau.

Ich folge/ weil ich muß/ und tantze wie ich kann;
Ihr Schwestern/ wehlet euch bey Zeiten einen Mann/
So reichet ihr die Faust dem Bräutigam im Leben/
Die ich dem Tode muß/ doch halb gezwungen geben.[18]

Das ist trotz der formalen Ähnlichkeit zweier vierzeiliger gereimter Strophen, wie sie für die Totentanz-Tradition zeitüblich war, weit von Claudius entfernt. Der Hauptunterschied ist auffällig: Trotz der Reihenfolge Tod – Mädchen der Überschrift, wie sie für die Texte des Totentanzes konstitutiv ist, fehlt bei Claudius die anfängliche Tod-Strophe, die Ankündigung des bevorstehenden Lebensendes durch die Gestalt des Todes, auf die dann eine Reaktion zu erwarten wäre. Es fehlt sozusagen die erste Strophe. Diese Ankündigung, auf die das Mädchen durch den bloßen Anblick des Knochenmanns reagiert, bleibt unausgesprochen. Diese »Lücke« muss durch den Leser aus seiner Kenntnis der bildlichen Tradition ergänzt werden, die ihm auch die Gestalt des Knochenmanns

---

18   Der Totentanz der Marienkirche in Lübeck und der Nikolaikirche in Reval (Tallinn) (Anm. 13), S. 364. Leider druckt der Band aus dem Text von 1701 nur die Schlussstrophen ab. Diesen kann man der beigefügten Falttafel entnehmen. Vgl. Ausführliche Beschreibung und Abbildung des Todtentanzes in der St. Marien-Kirche zu Lübeck. Neue, mit den alten plattdeutschen Versen aus dem 15ten Jahrhundert vermehrte Auflage, Lübeck: Schmidt Söhne, o. J. (um 1840), S. 15. Das Leporello ist in dieser für Besucher gedachten Ausgabe nachträglich koloriert worden. Da der Fries bei der Bombardierung der Marienkirche 1942 zerstört worden ist, kann die Rekonstruktion nur auf alten Fotografien beruhen. Vgl. auch den Ausschnitt bei Peter Berglar, Matthias Claudius in Selbstzeugnissen und Bilddokumenten dargestellt, Reinbek bei Hamburg 1972, S. 88 f.

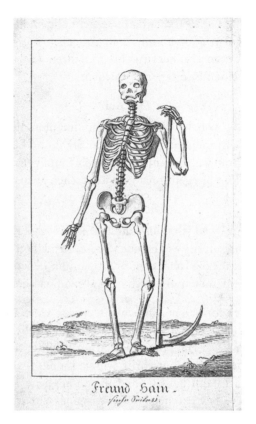

Freund Hain.

Abb. 3. Frontispiz in ›Asmus omnium secum portans‹, Band 1, 1775.

liefern muss. Es wird ja auch nicht begründet, warum der Tod zu dem jungen Mädchen kommt. Die Frage des Grundes (Krankheit, Schuld, Strafe?) bleibt völlig offen. Diese Offenheit braucht Claudius, wenn er die Reihenfolge umdreht und den Tod antworten und sich rechtfertigen lässt. Claudius dichtete einen in der Tradition bis dahin unerhörten wirklichen Dialog zwischen dem Mädchen und der Todesgestalt, der beiden eine nachvollziehbare Persönlichkeit zuschreibt, auch wenn der Tod hier noch keinen Namen hat. Im Göttinger ›Musen Almanach‹ war das noch völlig offen geblieben, da der Tod gestaltlos blieb. Claudius war bewusst, dass er für den erneuten Abdruck im ›Asmus‹ diese Szene ikonographisch und inhaltlich erläutern musste. Das hat er durch die Beifügung des Frontispiz (Abb. 3) und in der »Dedication« getan. Ihm stand genau vor Augen, wie die Szene wirken sollte. Aber dazu brauchte er wie in der Ikonographie der Totentanzdarstellung die Hilfe eines Künstlers. Dieser musste die Bimedialität herstellen, Bild und Text vereinen.[19] Das war rezeptionsbewusst gedacht. Und damit bekam der Tod einen Personennamen.

Bei dem ihm persönlich bekannten Kupferstecher Johann Martin Preisler (1715–1794) in Kopenhagen bestellte Claudius mit betonter Präzision: »[…] ein Kupfer so groß als klein8tav [= oktav], das den Tod mit der Hippe vorstellt und darunter solle stehen »Freund Hain. Siehe Seite 41«. Der Tod muß der gewöhnliche Knochenmann sein. Will Preißler ihm eine Blume in seine Hand geben, so steht das bei Preißler.«[20] Bei der geforderten Seitenzahl der Unterschrift auf dem Kupferstich hat Claudius sich versehen. In einem späteren, ebenfalls undatierten Brief hat er um Korrektur gebeten: »à propos ich habe im letzten Briefe gebeten, daß unter dem großen Kupfer Freund Hain Seite 41 stehen möge, ich wollte aber lieber, daß es 81 hieße und also Freund Hain Seite 81.«[21] Das Motiv der Blume in der Hand des Todes, das Preisler aus unbekanntem Grund nicht ausgeführt hat, ist in diesem Zusammenhang ikonographisch noch nicht gedeutet worden. Vielleicht dachte Claudius an das volkstümliche Schnitter-Lied »Es ist ein Schnitter, heißt der Tod«, in dem das »Blümelein« für den Menschen steht.[22]

---

19 Vgl. grundsätzlich zum Problem der Bimedialität der Totentanztradition Susanne Warda, Memento Mori. Bild und Text in Totentänzen des Spätmittelalters und der frühen Neuzeit, Köln, Weimar, Wien 2011. Natürlich spielt Claudius in diesem zeitlichen Zusammenhang noch keine Rolle. Vgl. zur Anschauung auch Gert Kaiser, Der tanzende Tod. Mittelalterliche Totentänze. Herausgegeben, übersetzt und kommentiert. Mit zahlreichen Abbildungen, Frankfurt am Main 1988 (= Insel-Taschenbuch 647). Der einführende Aufsatz hat den kennzeichnenden Untertitel »Der Tod und das Mädchen«, obgleich dieses auf den Abbildungen keine zentrale Rolle spielt. Die Bezeichnung »Mädchen« kommt nirgendwo vor.

20 Brief an Heinrich Wilhelm von Gerstenberg, o.D. (Ende 1774 oder Anfang 1775) (Botengänge, S. 121). Bereits im vorherigen Brief an Gerstenberg (o.D.) bezieht sich Claudius auf den »alten Freund Preisler«: »[…] ich muß haben: ein Kupfer in klein Oktav, darauf der Tod mit einer Sense steht, und weiter ein paar Kleinigkeiten […]. Denn versteht sich, ich will sie bezahlen« (ebd., S. 117 f.).

21 Brief an Gerstenberg, o.D. (wohl Januar 1775) (Botengänge, S. 130). Die Seitenangabe zeigt, dass schon ein Korrekturexemplar vorhanden gewesen sein muss.

22 »Es ist ein Schnitter, heißt der Todt, hat Gwalt vom großen Gott. […] Hüt dich, schöns Blümelein.« Als ältester Beleg gilt ein Regensburger Flugblatt des Jahres 1637. In ›Des Knaben Wunderhorn. Alte deutsche Lieder. Gesammelt von Achim von Arnim und Clemens Brentano‹ von 1806 wird das Lied mit dem Titel ›Erndtelied‹ versehen und als »Katholisches Kirchenlied« bezeichnet, die Quelle

Das geläufige Grundbild der Totengestalt mit der Hippe/Sense (»der gewöhnliche Knochenmann«) muss Claudius ebenso wie Preisler anderswoher bezogen haben.[23] Er erwähnt ihn schon 1771 in ›Wandsbecker Bothen‹ in dem Gedicht ›Das Wandsbecker Liedchen‹ und zwar als »freundlich« mit der Hippe.[24] Dabei ist allerdings auffällig, dass diese spezielle Form eines bloßen, sozusagen durchsichtigen Gerippes in der Totentanz-Ikonographie keineswegs üblich war, wo vielmehr der Tod abstoßend und angstauslösend gemalt ist. Die geforderte Unterschrift »Freund Hain. Siehe Seite 81« hat Preisler – was bislang vielfach unbeachtet geblieben ist – dem Frontispiz willig beigefügt.[25] Was aber sollte der Leser durch diesen Hinweis für eine Verbindung bemerken?

war ein katholisches Gesangbuch (vgl. Clemens Brentano, Sämtliche Werke und Briefe, Bd. 9/1: Des Knaben Wunderhorn, Teil I, Lesarten und Erläuterungen, hrsg. von Heinz Rölleke, Stuttgart 1975, S. 145). Es muss allgemein bekannt gewesen sein.

23 Vgl. etwa das Titelbild von 1597, das bei Freytag (Anm. 15), S. 356 abgebildet ist. Die Sense wird entweder in der rechten oder (wie bei Claudius) in der linken Hand gehalten abgebildet. Vgl. Zum Sterben schön. Alter, Totentanz und Sterbekunst von 1500 bis heute, hrsg. von Andrea von Hülsen-Esch und Hiltrud Westermann-Angerhaus in Zusammenarbeit mit Stefanie Knöll, Regensburg 2006, Ausstellungskatalog, S. 30 und 32. Bekanntlich wird die Sense beidhändig geführt. Für eine Blume in der Hand des Todes gibt es kein Beispiel. – Es gibt in der Druckgeschichte der Claudius-Werke auch ein Frontispiz, in dem der Tod genau spiegelbildlich die Sense in der rechten Hand führt, mit der Angabe »Werke. Erster Band, Hamburg, 1819. Bei Perthes und Besser« (siehe die Abbildung bei Hans-Jürgen Benedict, Matthias Claudius. Warum der Dichter den Mond besang und das Leben lobte, Berlin 2014, S. 54).

24 SW, S. 788 f., Str. 7: »So lange bis nach vielen Tagen | Der *freundlich* kommt, der mit der Hippe haut.« Das scheint der (gern übersehene) erste Beleg zu sein.

25 In den SW wie überhaupt in den modernen Drucken fehlt wegen der geänderten Seitenzahlen die von Claudius gewünschte Unterschrift unter der Totengestalt, die durchaus in den zeitgenössischen Ausgaben (nicht immer in den Raubdrucken) unter das Bild gesetzt ist und die dortige Seitenbezifferung angibt (Asmus I.II [Anm. 7], Frontispiz). Eine Ausnahme ist Görisch, Gedichte, S. 14. Die »Dedication« ist mit römischen Seitenziffern versehen, woraus zu schließen ist, dass diese bei stehendem Satz als Letztes entstanden ist. Geeske Göhler-Marks, Matthias Claudius als Literatur-Kritiker, Frankfurt am Main 2017 (= Beiträge zur Text-, Überlieferungs- und Bildungsgeschichte 7), S. 175–181 bemerkt den deutlichen Hinweis auf die Werther-Rezension unter der Titelfigur durchaus, wertet ihn aber nicht wirklich aus. Vgl. auch Stephan Lesker, »Weiß nicht, ob's 'n Geschicht oder 'n Gedicht ist«. Mit Geeske Göhler-Marks auf den Spuren des Literaturkritikers Matthias Claudius, in: Jahresschriften der Claudius-Gesellschaft 27 (2018), S. 51–59.

Auf Seite 81 des ersten ›Asmus‹ steht der überarbeitete Wieder-
abdruck der zuvor im ›Wandbecker Bothen‹ Nr. 169 vom 22. Oktober
1774 erschienenen berühmt-berüchtigten Rezension von Goethes (der
anlässlich des anonymen Werkes namentlich nicht genannt wird) ›Die
Leiden des jungen Werther[s]‹ von 1774. Der überzeugte Lutheraner
und Bibelkenner Claudius beginnt mit der erstaunlichen Bemerkung
»Weiß nicht, ob's 'n Geschicht oder 'n Gedicht ist«. Das ist nicht nur ein
Beispiel für die »launige« Schreibweise des Autors. Es ist im besonderen
aber ein indirektes Luther-Zitat aus dessen Vorreden zur Übersetzung
der apokryphen Bücher Judith und Tobias, bis hinein in die Elisionen.[26]
Das kann kaum einer der mit »du« angesprochenen »Jünglinge«, also
der gehoffte Leser, bemerkt haben, auch wenn dieser womöglich durchaus eine christliche Stellungnahme erwartet hat. Die Besprechung endet
für den weinenden Werther-Enthusiasten, der durch den Selbstmord
des Romanhelden selbst gefährdet sein könnte, tröstend nicht mit einem
christlich-biblischen Spruch, sondern mit dem Hinweis auf »*Freund
Hain* mit der Hippe«, welcher ganz am Ende des zu erhoffenden langen
Lebens voller schwer erworbener »Tugend« kommen werde, ohne dass
diese Erwartung begründet oder erläutert wird. Das bleibt an dieser
Stelle – vor allem im unkommentierten ›Wandbecker Bothen‹ – rätselhaft.[27] Das Incipit mit »Weiß nicht, ob's 'n Geschicht oder 'n Gedicht

26 D. Martin Luther. Die gantze Heilige Schrifft Deudsch. Wittenberg 1545. Letzte
    zu Luthers Lebzeiten erschienene Ausgabe, hrsg. von Hans Volz unter Mitarbeit
    von Heinz Blanke, Textredaktion Friedrich Kur, Herrsching o. J.: (Judith:) »Etliche
    wollen/ Es sey kein Geschicht/ sondern ein geistlich schön Geticht« (S. 1674);
    ähnlich mit Rückbezug auf das Buch Judith: (Tobias:) »Jsts ein Geschicht/ so ists
    ein fein heilig Geschicht. Jsts aber ein Geticht/ so ists warlich auch ein recht/
    schön/ heilsam/ nützlich Geticht und Spiel« (S. 1731). Annelen Kranefuss hat
    diese wichtige Entdeckung lediglich in einer Anmerkung in ihrer Dissertation mit-
    geteilt (Die Gedichte des Wandsbecker Boten [Anm. 6], S. 93, Anm. 84). Welche
    Ausgabe mit Luthers Vorworten Claudius benutzte, ist unbekannt. Zu Claudius'
    Wertschätzung der Apokryphen vgl. auch Hermann Patsch, Weisheitsschatz.
    Jesus-Sirach-Zitate bei Matthias Claudius, in: Jahresschriften der Claudius-Ge-
    sellschaft 18 (2009), S. 23–31.
27 Der Tugend-Begriff ist nicht antik (virtus) und auch nicht lediglich aufklärerisch
    zu deuten. Claudius vermeidet den Ausdruck »Glauben«. Das Motto des Göttin-
    ger Hains, mit dem Claudius sympathisierte, lautete: »Freiheit und Tugend ist
    unsere Losung« (Voß an Ernst Theodor Johann Brückner, 6. März 1774, in: Briefe
    an Johann Heinrich Voß [Anm. 3], Bd. 1, S. 156). Da nach diesem Brief der Hain-
    bund wie der urchristliche Zwölfer-Kreis der Jünger organisiert werden soll, darf
    man auch bei diesem Begriff einen religiösen Hintergrund nicht übersehen.

ist« mag zwar ein Beispiel von Claudius' launiger Schreibweise sein, aber vor allem ist es im Zusammenhang mit der die Rezension beendende Nennung der Todesgestalt zu lesen. Das soll sagen: Freund Hain, der Tod, gehört, wenn auch apokryph, zum Gesinde Gottes. Darauf soll die Gestalt des Frontispiz aufmerksam machen. Auch künftig wird sich zeigen, wie Claudius in der Sprache Luthers und des lutherischen Gesangbuchs denkt und formuliert. Wenn Annelen Kranefuss für ›Asmus‹ I.II mit Recht auf die »kunstvoll-vieldeutig aufeinander bezogenen Einzelstücke in Vers und Prosa« aufmerksam macht,[28] so wird man das mit dem Hinweis auf die von Claudius bewusst eingesetzten Bildmotive ergänzen müssen.[29]

In seinem ersten ›Asmus‹-Band I.II steht das Toten-Skelett mit der Sense, der »Hippe«, als »Freund Hain« im Frontispiz dem Buch »als Schutzheiliger und Hausgott« – wie es in der »Dedication« heißt – voran. Das ist gewiss eine merkwürdige und aufregende Widmung, die die Leserinnen und Leser überraschen muss. In der Dedikation im Anschluss an diese Bezeichnung hat Claudius mit diesen von Beginn an einen tiefsinnigen, außerordentlich ambivalenten Dialog begonnen, der erst mit dem Gedicht ›Bei dem Grabe meines Vaters‹ mit der christlichen Hoffnung auf die Totenerweckung enden wird.[30] Zugleich wehrt er – nur dem zeitgenössischen Leser erkenntlich – eine Stellungnahme zu Lessings 1769 erschiener Streitschrift ›Wie die Alten den Tod gebildet‹ ab, in dem der Tod als (Zwillings-)Bruder des Schlafes angeführt wird, was in der Bezeichnung als »Ihren Herrn Bruder« noch durchklingt.[31] Diese Dedikation ist ein sehr ernster Scherz, den Claudius auf

---

28 Kranefuss, Claudius (Anm. 3), S. 134.

29 Vgl. auch Jörg-Ulrich Fechner, Bild und Text im Asmus omnia sua secum portans des Matthias Claudius, in: Imprimatur N. F. 13 (1990), S. 53–82. Fechner hatte in seiner grundgelehrten Studie das Pech, eine Claudius-Ausgabe benutzen zu müssen, die die Unterschrift unter der Titelfigur nicht enthielt. Er hat aber aus dem Briefwechsel mit Gerstenberg die zutreffenden Schlüsse gezogen. Fechner hat meines Erachtens mit Recht die »katalytische Bedeutung« dieses Hinweises für Claudius selbst betont.

30 Vgl. SW, S. 11–13, 97 f.; Görisch, Gedichte S. 16 f., 48.

31 Gotthold Ephraim Lessing, Werke und Briefe, Bd. 6: Werke 1767–1769, hrsg. von Klaus Bohnen, Frankfurt am Main 1985, S. 715–778. Das Zitat SW, S. 11 (Görisch, Gedichte, S. 17) fasst mehrere Sätze Lessings zusammen. Dass die Gestalt des Todes in der Antike als »Geripge« dargestellt worden sei, wehrt Lessing heftig ab. Vgl. dazu Wilfried Barner, Der Tod als Bruder des Schlafs: Literarisches zu einem

sein eigenes Leben bezogen hat. Sie schließt, vergleichbar mit der Werther-Rezension, ebenfalls mit einem wortwörtlichen Luther-Zitat, nämlich mit dem Ende des 2. Makkabäer-Buchs: »Denn alle Zeit Wein oder Wasser trinken ist nicht lustig, sondern zuweilen Wein, zuweilen Wasser trinken das ist lustig: also ists auch lustig, so man mancherley lieset. Das sey das Ende.«[32] Er nennt den Tod, mit dem er wie alle Menschen rechnen muss, »lieber *Hain*«. Das hatte er, wie schon beschrieben, bereits 1774 im Wandsbecker Bothen bei der ihm sichtlich besonders wichtigen Rezension von Goethes ›Die Leiden des jungen Werthers‹ getan, mit Wiederholung im ›Asmus‹ I.II: »*Freund Hain* mit der Hippe«.[33] Diese Charakterisierung »lieber« (als Adjektiv) finden wir in dem Gedicht ›Der Todt und das Mädchen‹ wieder. Hier wie dort lässt sich der Tod als »lieber Knochenmann« anreden, denn er komme als »Freund«. Damit sind die entscheidenden Charakterisierungen als freundlicher Tod von Anfang an gesetzt. Wer einen Namen hat, besitzt eine Persönlichkeit, die charakterisiert werden kann.

Die Bezeichnung »Freund Hain« als Euphemismus für den Tod ist als feste Fügung volkstümlich.[34] Claudius hat sie nicht erfunden. Auf einem ›Fliegenden Blatt‹ aus der zweiten Hälfte des 17. Jahrhunderts heißt es bereits:

> Freund Hein läßt sich abwenden nit
> Mit Gewalt, mit Gut, mit Trew, noch Bitt,
> Und braucht ohn all Barmherzigkeit
> Geg'n jedermann sein Oberkeit.

Durch Claudius, für den diese Bezeichnung eine Zeitlang zur stehenden Wendung wurde, ist sie literarisch geworden. Johann Georg Hamann

---

Bewältigungsmodell, in: Tod und Sterben, hrsg. von Rolf Winau und Hans Peter Rosemeier, Berlin und New York 1984, S. 144–166, zu Claudius S. 157: Claudius verweigere und rezipiere das Bild gleichzeitig.

32 Asmus omnia sua secum portans I.II, S. IX; SW, S. 13. Dieses mit An- und Ausführungszeichen versehene Zitat ist längst auf 2. Makk. 15, 40 zurückgeführt worden (SW, S. 998).

33 Asmus I.II; vgl. SW, S. 44, mit Kommentar S. 1005; Görisch, Gedichte, S. 27 f., 265.

34 Karl Braun, Aus der Mappe eines deutschen Reichsbürgers. Kultur-Bilder und Studien. Zweiter Band, Hannover 1874, S. 155–160, Zitat S. 157. Braun war Besitzer des Fliegenden Blattes. Vgl. Lutz Röhrich, Lexikon der sprichwörtlichen Redensarten, Bd. 1, Freiburg, Basel, Wien ³1973, S. 409 (lediglich Vers 1 und 2).

zitiert sie wie selbstverständlich im gleichen Jahr in einer Subskriptionseinladung,[35] obgleich er brieflich anfragt: »Sagt mir doch lieber Gevatter! aus welcher alten Legende habt ihr diesen mystischen Namen her«;[36] auch der Brieffreund Lessing nimmt sie auf.[37] Ein Jahrzehnt später wird Johann Karl Musäus (1735–1787) ein überwiegend gereimtes typisch aufklärerisches Werk mit 24 Vignetten veröffentlichen: ›Freund Heins Erscheinungen in Holbeins Manier‹, in dem alle Lebensalter und Berufsgruppen berücksichtigt sind.[38] Hier bezieht er sich in der Vorrede auf den »erfindsamen Asmus«, der diese »jokose Benennung von Freund Hein« als allegorischen Ausdruck für den Tod als eine »bequeme Scheidemünze oder wohl gar als Nothmünze ausgeprägt« habe.[39] Im gleichen Jahr 1785 erschien ein weiterer literarischer

35 Vgl. SW, S. 995.
36 Der Text geht weiter: »Ich bin von andern auch schon darüber inquirirt worden und Ihnen mit einem sokratischen *non liquet* willkommen gewesen«, in: Johann Georg Hamann, Briefwechsel, Bd. 3: 1770–1777, hrsg. von Walther Ziesemer und Arthur Henkel, Wiesbaden 1957, S. 180, Brief vom 21./22.5.1775. In dem umfänglichen Brief (S. 180–185) gebraucht Hamann die Formel »Freund Hain« fünfmal. Claudius hat sich zur Herkunft bedeckt gehalten. In einem plattdeutsch geschriebenen Brief soll er geschrieben haben: »Freund Hain! Breckt jüm den Kopp nich entwei, mine Herren, deiht nix, wenn't Geheimnis bliwwt, mi sülben is dat'n Geheimnis, deshalb hol' ick den Mund« (Eckart Kleßmann, Der Dinge wunderbarer Lauf. Die Lebensgeschichte des Matthias Claudius, Jena ²2010, S. 50, leider ohne Quellenangabe).
37 Gotthold Ephraim Lessing an Matthias Claudius, Brief vom 19. April 1778 (mit Bezug auf ›Asmus‹ III): »Bei Gott, lieber Claudius, Freund Hein *(!)* fängt auch unter meinen Freunden an, die Oberstelle zu gewinnen.« (Gotthold Ephraim Lessing, Werke und Briefe, Bd. 12: Briefe von und an Lessing 1776–1781, hrsg. von Helmuth Kiesel, Frankfurt am Main 1994, S. 145).
38 [Anonymus,] Freund Heins Erscheinungen in Holbeins Manier von J[ohann] R[udolf] Schellenberg, Winterthur, bey Heinrich Steiner und Comp., 1785. Die postum erschienene Ausgabe Mannheim 1803 als »Neue Auflage« nennt den Namen des Herausgebers Johann Karl August Musäus. Kommentierter Neudruck bei Johann Anselm Steiger, Matthias Claudius (1740–1815). Totentanz, Humor, Narretei und Sokratik. Mit dem Totentanz von J. K. A. Musäus und J. R. Schellenberg (1785) und zahlreichen weiteren Illustrationen, Heidelberg 2002.
39 Freund Heins Erscheinungen in Holbeins Manier, a. a. O., S. 6f: »Bey der Armuth der teutschen Sprache an synonymischen Ausdrüken, für das allegorische Ideal des Todes, hat sich der Verfasser erlaubt, die jokose Benennung von Freund Hein, die der erfindsame Asmus bekanntermassen, nicht eben als ein Schaustük, sondern nur als eine bequeme Scheidemünze oder wohl gar als Nothmünze ausge-

Totentanz ›Freund Heins Wanderungen‹ von Johann Gottlieb Münch (1774–1837), in dem der Tod die Gestalt eines würdigen alten Mannes annimmt.[40] Aber man muss beachten: Keiner dieser Autoren bezieht sich auf das Gedicht über den Tod und das Mädchen! Das bleibt ungenannt, da der Tod dort keinen Namen hat. Ob, wie Claudius in der Dedikation von ›Asmus‹ I.II behauptet hat, der »Knochenmann« in »unsrer Kirch« stand, ist in einer protestantischen Kirche, die ja keinen Reliquienkult kennt, kaum vorstellbar. Man könnte höchstens an ein Gemälde denken. Das ist doch wohl ein Spiel mit der kindlichen Phantasie: »So hab ich'n mir immer von klein auf vorgestellt daß er auf'm Kirchhof über die Gräber hin schreite, wenn eins von uns Kindern 's Abends zusammenschauern thät, und die Mutter denn sagte: der Todt sey über's Grab gangen. Er ist auch so, dünkt mich, recht schön, und wenn man ihn lange ansieht wird er zuletzt ganz freundlich aussehen.«[41] Diese Freundlichkeit des Todes wird Claudius in seinem Gedicht behaupten.

Der Tod bleibt keine Angstgestalt, wenn er – wie es zu Beginn der Dedikation heißt und wie Lessing es kurz vorher erneut dargestellt hatte – der (Zwillings-)Bruder des Schlafes ist: »Ich habe die Ehr Ihren Herrn Bruder zu kennen, und er ist mein guter Freund und Gönner.«[42] Der Tod als »guter Mann«, als »alter Ruprecht Pförtner« – und hier kommt die Christlichkeit des Dedikators doch sehr vorsichtig zum Vorschein –, werde ihn »auf beßre Zeiten sicher an Ort und Stelle zu Ruhe« hinlegen. »Die Hand, lieber *Hain*! und, wenn Ihr 'nmal kommt, fallt mir und meinen Freunden nicht hart.« Der Tod hält den ruhenden, den schlafenden (!) Gestorbenen bereit für die besseren Zeiten der himm-

prägt hat, und die schon hin und wieder vor voll angenommen wird, unter einer kleinen orthographischen Abänderung, um der Konkurrenz mit dem Worte Hain oder Hayn *lucus* auszuweichen, auch seines Orts in Umlauf zu sezen: denn er gesteht gern und willig, daß dieser Ausdruk ihm ein wahrer Gewinn, und bey gegenwäriger (!) Arbeit ganz unentbehrlich gewesen ist.« Die Angabe »in Holbeins Manier« spielt auf die Kupfertafeln mit dem Titel ›Totentanz‹ von Hans Holbein d. J. von 1538 an, die mehrfach nachgedruckt waren.

40 [Anonymus,] Freund Heins Wanderungen, Görlitz 1795. Vgl. Jael Dörfer, Sanfter Greis statt Knochenmann. Zu Johann Gottlieb Münchs literarischem Totentanz ›Heins Wanderungen‹ (1795) und seiner Claudius-Rezeption, in: Jahresschriften der Claudius-Gesellschaft 17 (2008), S. 23–41. Ich übernehme die Daten von dort.

41 Asmus I.II, S. VII–IX; SW, S. 12; Görisch, Gedichte, S. 17.

42 Ebd.; SW, S. 11; Görisch S. 16, auch das folgende Zitat. Das Bild »Ruprecht Pförtner« ist nicht erklärt. Im Volksglauben steht das Amt des Himmelspförtners Petrus zu.

lischen Seligkeit nach dem Jüngsten Gericht. So heißt es bald darauf auch 1777 im Gedicht ›Nach der Krankheit‹ zu »Freund Hain«: »Sey mir willkommen, sey geseegnet, Lieber! | Weil du so lächelst; doch | Doch, guter Hain, hör' an, darfst du vorüber, | so geh' und laß mich noch!« Der Freund »darf« nur, er ist selbst nur Ausführer und Helfer eines größeren Gebieters über Leben und Tod. Das Lächeln verspricht das sanfte Schlafen, von dem das Mädchen-Gedicht redet, dem die himmlische Seligkeit folgen wird. So kann – am Schluss des Gedichtes – um dieses Lächeln erneut gebeten werden: »Und wenn du wieder-kömmst, späth oder frühe, | So lächle wieder, Hain!«[43] Noch im ›Valet an meine Leser‹ in ›Asmus‹ VII (1803) kann Claudius sich mit Berufung auf die Dedikation von 1775 auf den »bewussten Freund« berufen, ohne seinen Namen nennen zu müssen.[44]

Man kann die Erklärung des ersten Kupferstichs von *Freund Hain*, dem das »Büchel« gewidmet ist, als (nachträglich formulierten) Kommentar des Gedichtes ›Der Tod und das Mädchen‹ lesen. Nicht zufällig steht am Ende des »Büchels« am Grabe des Vaters das »Ahnden von dem ew'gen Leben«.[45] Mit dem Namen des Todes bekommt auch das »Mädchen« eine persönliche Zeichnung. Den christlichen Hintergrund müssen Leserin und Leser ergänzen. Sie erhalten ihn, wenn sie auf die

43 Asmus III, S. 158–159; SW, S. 162; Görisch, Gedichte, S. 66 f. Das Gedicht ist fast gleichzeitig im Vossischen (Hamburger) ›Musen Almanach‹ 1778 und im ›Deutschen Museum‹ 1778 (2. Band, Julius bis Dezember, hrsg. von Heinrich Christian Boie und Christian Wilhelm Dohm, als Komposition von Johann Friedrich Reichardt) veröffentlicht worden, mit unbedeutenden Textvarianten. (Neuausgabe: Melodieen bey dem Klavier zu singen. Johann Friedrich Reichardt. Lieder mit Klavierbegleitung und Chorsätze nach Texten von Matthias Claudius, hrsg. von Hermann Patsch, Gertrud Steinhaeusser, Hans Rudolf Zöbeley, Hildesheim, Zürich, New York ²2011, S. 27). Vgl. Lutz Hagestedt, Schwere Prüfung in GOtt. Matthias Claudius besingt Krankheit und Tod, in: Jahresschriften der Claudius-Gesellschaft 29 (2020), S. 62–66. Schon in der »Erklärung der Kupfer« in ›Asmus‹ III kommt Claudius mit Hinweis auf die Dedikation in Asmus I.II erneut auf die-sen »Freund Hain« zu sprechen, den er in dem Gedicht »in seinem Amt und Be-ruf« vorstelle (SW, S. 102). Dieses Amt hat der Tod natürlich von Gott.

44 SW, S. 599; Görisch, Gedichte, S. 214. Vgl. Herbert Rowland, Matthias Claudius, München 1991 (= Beck'sche Reihe 617), S. 46. Namenlos bleibt der Tod als Freund auch in ›Auf den Tod der Kaiserin‹ [Maria Theresia] in Asmus IV: »Sie […] ging getrost und voller Zuversicht | Dem Tod als ihrem Freund entgegen« (SW, S. 230).

45 SW, S. 98, Str. 3; Görisch, Gedichte, S. 48.

Sprache der Luther-Bibel und auf das evangelisch-lutherische Gesang-buch achten. Wo dieser Hintergrund nicht gesehen wird, wird das Ge-dicht missverstanden.

Todesgestalt und Frau / Mädchen als Bildmotiv in der bildnerischen Tradition vor Claudius

Die Konzentration auf die Begegnung von Knochenmann und (junger) Frau hat eine ikonographische Tradition seit der Renaissance in Deutsch-land, bei der man aber nicht weiß, wie weit sie Claudius hat kennen und wahrnehmen können. Diese sieht freilich ganz eigen aus. Es ist wichtig zu bemerken, worauf Claudius in seinem Gedicht *nicht* anspielt! Wenn die Kunstwissenschaft hier vom Bild-Typus »Der Tod und das Mäd-chen«[46] spricht, so ist diese spätere gelehrte Charakterisierung der oft-

---

46   Vgl. das Material bei Baumstark (Anm. 15). Wenn der Typus »Tod und Mädchen« bzw. »Tod und Frau« heißt, ist das nicht so deutlich. Aber spätestens bei den Un-terschriften der Abbildungen heißt es überwiegend »Der Tod und das Mädchen« (mit Artikeln). Hier steht – möglicherweise unbewusst – die Titelgebung bei Claudius im Hintergrund. Vgl. noch Stefanie Knöll, Zur Entstehung des Motivs »Der Tod und das Mädchen«, in: Zum Sterben schön. Alter, Totentanz und Ster-bekunst von 1500 bis heute (Anm. 23), Aufsätze, S. 65–72. Vgl. dazu den Ausstel-lungskatalog gleichen Titels mit umfassendem Material. Vgl. in diesem Katalog-band die Zusammenstellung »Der Tod und das Mädchen« S. 230–257, mit dem Claudius-Gedicht S. 230 als Überschrift des Ganzen. Claudius gibt sozusagen das Thema vor. Knöll übernimmt diesen Titel, ohne auf den Dichter zu sprechen zu kommen. Sie führt das Motiv auf Niklaus Manuel zurück. Den Claudius'schen Titel hat auch Guthke (Anm. 15), S. 94–143 für die Darstellung von Renaissance und Barock. (Bei Claudius hat Guthke das Pech gehabt, offenbar nur einen Raub-druck vor sich gehabt zu haben, denn seine Abbildung der Totengestalt S. 157 enthält den Hinweis auf die von Claudius gemeinte Seite nicht und gibt Daniel Chodowiecki als Illustrator an, der aber 1775 noch nicht für diesen Autor gearbei-tet hat.) Zu Gert Kaiser, der seine Ausgabe der mittelalterlichen Totentänze so einleitet, vgl. Anm. 19. Vgl. zuletzt W.S. Di Pietro, Artifacts of the Cult. Tension between Death and the woman is as wiry and volatile as the religious tensions of the time, in: San Diego Reader, vol. 46, no. 2 (january 12, 2017), S. 42–43 (vgl. https://www.sandiegoreader.com/news/2017/jan/11/art-review-artifiacts-cult/, Zugriff am 19.6.2022) mit der Abbildung eines Buchsbaumtondos im Halb-Akt »Death and the Maiden«, Augsburg um 1520, des Medailleurs Hans Schwarz (1492–1550) aus dem Bode-Museum in Berlin.

mals titellosen Gemälde aus der Überschrift bei Claudius geerbt, aber keinesfalls in seinem Sinne. Ganz im Gegenteil! In dieser bildnerischen Darstellung ist das Mädchen entweder eine Prostituierte oder eine erwachsene Frau, die sich dem Bildbetrachter, der als Voyeur angesprochen ist, nackt oder fast nackt darbietet. Der Tod, der niemals nur als fleischloser Knochenmann mit der Hippe wie bei Claudius gestaltet ist, kommt auf diesen Bildern immer aggressiv von hinten und küsst oder beißt – das ist bei einem Totenschädel nicht unterscheidbar – die Frau von der Seite her, so dass beide als Paar erscheinen. Möglicherweise ist ein *coitus a tergo* angespielt, der kirchenrechtlich als Todsünde galt. Der Leib der Frau ist stets dem Bildbetrachter mit allen sekundären Geschlechtsmerkmalen zugewandt, der bei allem Todesschrecken ihre Nacktheit genießen soll. Die Bilder sind »bühnenreife Szenarien«, die den dargestellten Raum zum »Handlungs- und Schauraum in einem« machen.[47]

Einige Beispiele sollen das belegen. Im Berner Totentanz ›Tod und Jungfrau‹ von Niklaus Manuel gen. Deutsch (ca. 1484–1530) von 1516 bis 1520 hat der Tod der Frau das Hurengewand gelöst, seine Knochenhände greifen an beide Brüste, die miteinander verschlungenen Arme – der Tod hat die seinen unter die verzweifelt betenden Hände geschoben – suggeriert eine zärtlich küssende Umarmung, was in Wahrheit eine Vergewaltigung ist.[48] 1517 entstand das ähnliche Motiv ›Der Tod als Landsknecht umarmt ein Mädchen‹ (auch ›Tod und Frau‹ genannt) auf einem Holzschnitt, hier sichtlich eine Trossdirne mit tiefem Dekolleté, die den vermeintlichen Landknecht küsst und seine Hand an den entblößten Schoß führt.[49] Den beiden Darstellungen kann man drei Bilder von Hans Sebald Beham (1500–1550) zur Seite stellen. In einem kleinformatigen Kupferstich von 1529 ›Laszives Liebespaar‹ (eigener Titel?) umfasst die Frau (Eva?) den Penis des Mannes (Adam?), während dieser gleichzeitig seine rechte Hand auf deren nackte Scham legt. Die linke Hand des Mannes tätschelt den Kopf eines kleinen nackten Knaben (Amor?), der mit seiner Linken in einen offenen Geldsack

---

47 Kiening, Der Tod, die Frau und der Voyeur (Anm. 15), S. 199.
48 Siehe die Abbildungen bei Baumstark (Anm. 15.), S. 50 und 121 (nach Paul Zinsli, Der Berner Totentanz des Niklaus Manuel, Bern 1953, S. 55), zur Deutung als Dirne S. 51 f. Es handelt sich um eine Aquarellkopie von 1648.
49 Vgl. die Abbildung bei Baumstark (Anm. 15), S. 123.

greift. Währenddessen legt hinter dem Mann der grinsende Tod die linke Hand auf die Hüfte des Mannes und die rechte Hand auf dessen Schulter, als ob er ihn (ins Grab) wegziehen wollte. Die interpretierende Randinschrift lautet: NOS | MORS VLTIMA LINEA RERUM (Wir | Der Tod ist das Ende aller Dinge). Es handelt sich in der zweiten Zeile um ein Horaz-Zitat, das auf die Gegenwart von Maler und Betrachtendem bezogen wird.[50] Wichtiger sind zwei Kupferstiche aus späterer Zeit. in denen der Tod als geflügelter Todesengel (?) dargestellt ist. Im ersten Kupferstich ›Der Tod und das Mädchen‹ (!) von 1547 steht das Vanitas-Motiv der Sterblichkeit der Schönheit im Hintergrund, wie die Schriftleiste eines Sockels zeigt: OMNEM IN HOMINE VENUSTATEM MORS ABOLET (Alle menschliche Schönheit vernichtet der Tod). Der Tod scheint diesen Spruch der nackten, dem Betrachter zugewandten Schönheit in die Ohren zu flüstern.[51] Mit diesen lateinischen Sentenzen der beiden Stiche nimmt der Maler dem Betrachter die allegorische Interpretation ab und rückt das Thema in den Bereich der (antiken) Weisheits- und Tugendlehre, d.h. das Bild wird von vornherein moralisch gerechtfertigt. Das andere, keineswegs mehr allegorisch zu deutende Bild von 1548 ist unter dem Titel ›Schlafende vom Tod überrascht‹ überliefert (Abb. 4). Der Tod nähert sich von hinten der schlafenden unbekleideten Schönen mit dem Stundenglas, was die Unterschrift unter dem Bild ».O. DIE STVND IST AVS« erklärt. Die nackte Frau ist auf dem Bild perspektivisch so drapiert, dass ihre haarlose Scham genau im Mittelpunkt dem Betrachter zugewandt erscheint.[52] Hier gibt es keine

---

50 Zum Sterben schön (Anm. 23), Katalogband, S. 184, Abb. 118. Vgl. Bild und Deutung bei Kiening (Anm. 15), S. 200, 219. Kiening sieht in der Anordnung des Paares einen Bezug auf das Urmenschenpaar und zugleich seine Pervertierung (S. 200); der Tod scheine selber ein geiler Geselle zu sein.

51 Die gottlosen Maler von Nürnberg. Konvention und Subversion in der Druckgrafik der Beham-Brüder. Katalog zur Ausstellung im Albrecht-Dürer-Haus Nürnberg, hrsg. von Jürgen Müller und Thomas Schauerte, Emsdetten 2011, S. 248, Abb. 70; Zum Sterben schön (Anm. 23), Katalogband, S. 236 f., Abb. 131 (Titel: ›Der Tod und das stehende Weib‹, als mögliches Exlibris aus italienischer Tradition gedeutet). Die Herkunft der Sentenz ist unbekannt.

52 Die gottlosen Maler von Nürnberg, a.a.O., S. 245, Abb. 68. Vgl. Baumstark (Anm. 15), S. 1 und 143 f., hier unter dem Titel »Der Tod und das schlafende Weib«. So auch Zum Sterben schön (Anm. 23), Katalogband, S. 238 f., Abb. 132. Motivisches Vorbild ist die beliebte antikisierende Darstellung der schlafenden Venus, die vom Satyr überrascht wird.

*Abb. 4. Hans Sebald Beham, Der Tod und das schlafende Weib, Kupferstich, 1548
(© Heinrich-Heine-Universität Düsseldorf, Institut für Geschichte, Theorie
und Ethik der Medizin, Graphiksammlung Mensch und Tod).*

Zweifel. Für den Voyeur – es ist ja an eine männliche Käuferschicht zu
denken – ist die schlafende Frau zum Sexualobjekt geworden, d. h. das
Bild ist nach modernem Urteil pornographisch.

Noch stärker sexualisiert, ja geradezu als ein Spiel mit erotischer
Frauenschönheit und Tod sind die Bilder von Hans Baldung gen. Grien
(ca. 1485–1545) gemalt worden.[53] Das ist die gleiche Zeit wie die Arbeiten von Nikolaus Manuel gen. Deutsch. Erst mit Baldung, hat man gesagt, werden die Frauen entkleidet.[54] Hans Baldung Grien hat das

---

53 Vgl. Dieter Koepplin, Baldungs Basler Bilder des Todes mit dem nackten Mädchen,
    in: Zeitschrift für Schweizerische Archäologie und Kunstgeschichte 35 (1978),
    S. 234–241; Gert von der Osten, Hans Baldung Grien. Gemälde und Dokumente,
    Berlin 1983, S. 94–96 (Abb. 24), S. 142 f. und 149–152; Hexenlust und Sündenfall.
    Die seltsamen Phantasien des Hans Baldung Grien. Städel Museum. Ausstellung
    und Katalog von Bodo Brinkmann mit einem Beitrag von Berthold Hinz, Peters-
    berg und Frankfurt am Main 2007, bes. S. 147–181 (»Sündenfall ohne Erlösung«)
    und S. 182–198 (»Tierische Triebe: animalische Abgründe der Liebe«); Hans Bal-
    dung Grien. heilig – unheilig, hrsg. von Holger Jacob-Friesen, Staatliche Kunst-
    halle Karlsruhe, Berlin 2019, vgl. S. 230–245: »Vanitas – Vergänglichkeit der
    Wollust«.

54 Jan Nicolaisen, Hans Baldung Grien und die »Privatisierung« des Bildes. Augus-
    tinische Bildgedanken zur Zeit und Erinnerung im Spätwerk des Künstlers, in:
    Hans Baldung Grien. Neue Perspektiven auf sein Werk, hrsg. von Holger Jacob-

Thema seit 1513 mehrfach gestaltet – motivtypisch mit dem von hinten die Frau ergreifenden Tod und der nackten oder fast nackten Frau, die dem Betrachter zugewandt ist. Der Tod ist, so kann man verallgemeinern, ein alter Mann mit grauen Haaren, mit zerzupftem Bart auf dem hohlwangigen Schädel, die Augen sind leere Höhlen, der Unterleib zeigt durch herabhängende Hautfetzen Anzeichen der Verwesung, Beine und Füße sind bloße Knochen. Dieser Tod, der wie gerade aus dem Grab entstiegen aussieht, ist abstoßend und keinesfalls als erotischer Partner der Frauengestalt gemalt. Da diese Bilder ohne Bezeichnung sind, stammen die Namengebungen aus der Kunstwissenschaft. In einem Inventar von 1772 heißt es lediglich »Zwey Täfelin auf Holtz; den Tod mit Weibsbildern vorstellend von HBG [Hans Baldung Grien]«.[55] Jede typisierende formelhafte Namengebung ist moderne Erfindung, vielfach im Anschluss an das Gedicht von Claudius.

In dem Tafelbild ›Tod und Mädchen‹ von 1513 (vor 1517) hat der hässliche nackte Tod das Mädchen, das lediglich noch ihre Taille von einem wallenden, sich lösenden weißen Leichentuch umhüllt hat, von hinten fest am Arm ergriffen und zeigt ihr das Stundenglas (Abb. 5).[56] Der Tod, mit einem Bein im schon geöffneten Grab, zwingt das erschrockene Mädchen zu dem Unvermeidlichen. Eine Art zärtlicher Umarmung ist nicht zu erkennen. Das ändert sich in den späteren Bildern. In dem Kupferstich ›Der Tod und das Mädchen‹[57] von 1515 betrachtet sich die junge Frau ohne Arg vollkommen nackt im Handspiegel, während sie ihre wallende Mähne zurechtrückt. Offenbar soll sie als eitel dargestellt werden. Eitelkeit (vanitas) – im zeitgenössischen Verständnis als Vergänglichkeit zu deuten (»Es ist Alles gantz eitel«: Prediger

Friesen und Oliver Jehle, Berlin und München 2019, S. 260–273, hier: S. 266. Für Nicolaisen intensiviere Baldung Grien mit diesem Motiv »den emotionalen Gehalt und balanciert elegant zwischen feiner Aktmalerei und dramatischer Allegorie«.

55   Von der Osten (Anm. 53), S. 150.

56   Ebd., S. 94–96, Abb. 24; Baumstark (Anm. 15), S. 128 f. als »Mädchen vom Tode verfolgt«, auch für die folgenden Abbildungen S. 131, 133, 171, 140, 203 (Vorstudie). Vgl. Brinkmann (Anm. 53), S. 165 (»Der Tod verfolgt ein Mädchen«), 167, 169, 171. Vgl. zur Deutung auch Kiening, Der Tod, die Frau und der Voyeur (Anm. 15).

57   Brinkmann (Anm. 53), S. 169, Abb. 106, S. 168 (»aus Baldungs Werkstatt«); Baumstark (Anm. 15), S. 131. Bei Knöll (Anm. 46) heißt das Bild »Nacktes Mädchen, sich spiegelnd und kämmend, dem Tode verfallen« (S. 68), was eher eine Bildbeschreibung als ein Bildtitel ist. Bei von der Osten fehlt das Bild.

Abb. 5. Hans Baldung Grien, Tod und Mädchen, vor 1517
(Museo Nazionale del Bargello, Firenze, © bpk / Alinari Archives).

Salomo 1,2 Luther) – gilt im christlichen Zusammenhang als (Tod-)
Sünde. Die Frau bemerkt den Tod nicht, der sie von links hinten soeben
zärtlich mit beiden Knochenhänden um die Taille fasst. Das wallende
zukünftige (Leichen-)Tuch trägt nicht wie in dem vorherigen Bild das
Mädchen, sondern (wie in der Totentanztradition) der Tod. Die vollständige Umarmung steht (im Grab) bevor und kann von dem Betrachter in der Phantasie vollzogen werden.

In ›Der Tod und das Mädchen‹ von 1517[58] trägt die junge Frau lediglich einen durchsichtigen Schleier um den Unterkörper, der die Scham
nicht verhüllt. Der Tod hat sie fest mit der linken Hand an den langen

---

58 Dieses und das folgende Bild werden in der Regel gemeinsam abgebildet. Vgl. von
    der Osten (Anm. 53), S. 142 f., Abb. 44; Brinkmann (Anm. 53), S. 167, Abb. 105;
    Baumstark (Anm. 15), S. 140, Abb. 21.

Abb. 6a. Hans Baldung Grien, Der Tod und das Mädchen, 1517,
Abb. 6b. Hans Baldung Grien, Der Tod und die Frau, um 1518–1520
(Bilder: Kunstmuseum Basel, Museum Faesch 1823, Inv.-Nr. 18 und 19).

Haaren gepackt; sie kann nur noch die Hände zum Bittgebet schließen. Der rechte Zeigefinger des Todes weist auf die Erde (die Grabplatte?), was in der Inschrift erklärt wird: HIE MVST DV YN. (Abb. 6a) Die Grausamkeit des Todes und die Schönheit des Frauenkörpers, den der Tod begehrt, stehen in deutlichem Kontrast. Das letzte Bild ›Der Tod und die Frau‹ (Abb. 6b), zu datieren etwa 1518–1520, gilt als reifstes Werk dieser Thematik.[59] In einem Inventarverzeichnis aus späteren Jahren werden, wie schon gesagt, beide Bilder als »Zwey Täfelin auf Holtz, den Tod mit Weibsbildern vorstellend« zusammengefasst. Auch dieses »Weibsbild« hat einen makellosen Körper, durch das von den beiden

---

59 Siehe von der Osten (Anm. 53), S. 149–152, Abb. 48; Brinkmann (Anm. 53), S. 170–174, Abb. 108; Baumstark (Anm. 15), S. 140 f.

Händen notdürftig gehaltene weiße Gewand gerade noch bis zu den Oberschenkeln bedeckt, aber mit sichtbarer Scham, so dass dem Betrachter nichts verborgen bleibt. Das Gesicht der Frau ist dem Tod, der es zu küssen oder zu beißen versucht, mit abwehrendem Schrecken zugewandt. Auch dieser Tod greift mit der rechten Hand nach dem Haar und mit der linken nach der Brust. Beide stehen auf einer Grabplatte. Es ist die letzte Station. Es gibt kein Zurück.[60] Es bedarf dazu keiner erklärenden Inschrift. Dass die Frau durch ihr nacktes Posieren und die grundsätzliche Bereitschaft zu einer amourösen Affäre, also durch ihr selbst verschuldetes sündhaftes Verhalten, den Tod erst herbeigelockt habe,[61] ist eine durch das traditionelle Eva-Motiv als die Verursacherin der Ursünde, wie sie freilich der zeitgeschichtlichen Theologie entsprach, theologisch eingetragene Interpretation.

Der Tod (niemals bloßer Knochenmann) als aggressiver Liebhaber, der die sündhaft schöne Frau dem Voyeur zur Verfügung stellt, ehe er sie zur makabren Liebesvereinigung in das Grab zieht, drückt anthropologisch eine misogyne Grundeinstellung aus, die die Frau als begehrenswerte Versucherin fürchtet, die nur durch den (männlichen) Tod gebändigt werden kann. Die Ambivalenz, die diese Darstellung ins Bild hebt, ist die Gleichzeitigkeit des sexuellen, unter der (Tod-)Sünde stehenden Begehrens und des schöpfungsbedingten Reizes der weiblichen Schönheit. Mit dieser Ambivalenz spielen die drei vorgestellten Künstler. Die Auftraggeber und Betrachter der Bilder sind Männer, die in dieser Vorstellungswelt leben.[62]

60 Vgl. auch Hans Sebalds Bild ›Der Tod und die drei nackten Weiber‹ (Zum Sterben schön [Anm. 23], Katalogband, S. 198). Motivisch komplexer ist das frühere Bild ›Eva, die Schlange und der Tod‹ von ca. 1510/12, in dem Eva vollkommen nackt ist und der Tod, die Schlange und die Urmutter miteinander verbunden sind. Vgl. Brinkmann (Anm. 53), S. 175, Abb. 111 (Titel: »Eva, die Schlange und der Tod als Adam«); Baumstark (Anm. 15), S. 74–77.
61 So Brinkmann (Anm. 53), S. 172. »Aufgrund ihrer sexuellen Begierde verfallen also diese jungen Frauen dem Tod, und ihre Sexualität bezieht den Betrachter mit ein. […] Wir sind nicht nur Beobachter, sondern Betroffene.« (S. 174). Baumstark (Anm. 15), S. 141 stimmt dem zu.
62 Spätere künstlerische Aufnahmen dieses Themas können hier nur angedeutet werden. Edvard Munchs ›Døden og Piken‹ (Tod und Mädchen), eine Kaltnadelradierung von 1894, hat ihren Weg auf die Titelseite des Buches ›Der Tod und das Mädchen‹ (wie Anm. 17) gefunden. Das nackte, nur mit einem Gürtel bekleidete Mädchen scheint hier die aktive, den Totenkopf umfassende und küssende Part-

Mädchen und Tod bei Claudius

Nichts davon können wir bei Claudius voraussetzen. Dass er die besprochenen Abbildungen im Abstand von mehr als zwei Jahrhunderten jemals gesehen oder von ihnen gehört hat, ist wenig wahrscheinlich. Aber sie können als Kontrast-Folie dienen, um zu sehen, wie eigen er das Thema »Tod und Mädchen« behandelt hat. Beide – der Tod und das Mädchen – sind bei gleichem Bildmaterial völlig anders gedacht. Das macht die Eigenart dieser Dichtung aus.

Das Gedicht setzt bei den Lesenden voraus, dass sie wissen, was ein »Knochenmann« ist und was die fiktive Ankunft eines solchen bedeutet. Claudius spricht in seinem Gedicht eine gemeinsame geistesgeschichtliche Tradition an. Er verbirgt ja nicht, dass es sich um Lyrik handelt, in der nicht alles erklärt werden muss.

An dieser Stelle muss auf eine Parallele verwiesen werden, die ähnliche Voraussetzungen hat. Ende 1773 hatte Gottfried August Bürger (1747–1794) im Göttinger ›Musen Almanach für das Jahr 1774‹, in das auch Claudius vier Gedichte gegeben hat, seine Ballade ›Lenore‹ mit dem Incipit »Lenore fuhr um's Morgenroth | Empor aus schweren Träumen« veröffentlicht, mit der er berühmt wurde.[63] Das Thema ist vergleichbar: Die junge Braut, deren Bräutigam nicht aus dem Krieg zurückgekehrt ist, verzweifelt am Leben und wünscht sich den Tod: »Der Tod, der Tod ist mein Gewinn! | O wär ich nie geboren!« Am Ende des Tages wird sie der als Bräutigam verkleidete (namenlose) Tod ins Grab gebracht haben. Das individualisiert die Totentanz-Tradition wie dann bei Claudius. Man wird die Frage stellen müssen, ob Claudius die Anregung zu seinem kurz danach entstandenen Gedicht von Bürger

---

nerin zu sein, der der Knochenmann sein rechtes Bein zwischen die Schenkel schiebt. Gänzlich unerotisch ist ›Tod und Mädchen‹ von Egon Schiele (1915). Vgl. im weiteren noch »… das poetischste Thema der Welt?« Der Tod einer schönen Frau in Musik, Literatur, Kunst, Religion und Tanz. 1. Interdisziplinäres Symposion der Hochschule für Musik und Darstellende Kunst Frankfurt 1999, hrsg. von Ute Jung-Kaiser, Bern u. a. 2000. Im 20. Jahrhundert wurde das Motiv vielfach auch medial und filmisch entdeckt. Nota bene immer im Schlagschatten des Claudius'schen Titels!

63 Musen Almanach A MDCCLXXIV, Göttingen, bey J. C. Dieterich (Nachdruck Hildesheim und New York 1979), S. 214–226 (Unterschrift: Bürger). Vgl. den allgemeinen Hinweis bei Guthke (Anm. 15), S. 19.

bekam – er muss es ja im ›Musen Almanach‹ gelesen haben – und wieweit er sich in seinem ›Der Tod und das Mädchen‹ davon absetzte. Diese Frage wird im folgenden mit Ja beantwortet und erläutert werden. Der Stoff jedenfalls war, nach welcher Tradition auch immer, in der literarischen Welt des Göttinger Hains angekommen. Und so hat ihn Claudius ohne Verzug aufnehmen können. Es handelte sich ja um sein persönliches Thema.

Im ›Wandsbecker Bothen‹ hatte er bereits 1772, also im Jahr vor Bürger, geschrieben, was jedermann wusste: »Und so werden sie alle begraben werden, | Und verwesen im Grabe zu Staub!«[64] Der Tod als das Ende des Lebens ist das gemeinsame Schicksal aller Menschen, und er kann auch junge Menschen betreffen. Claudius wusste, wovon er sprach. Dass der Tod in seinem Gedicht als Gestalt vorgestellt wird, die sogar in Versen sprechen kann, ist nicht biblisch, aber volkstümlich unverdächtig und künstlerisch notwendig. In der Totentanz-Überlieferung in Lübeck spricht der Tod in paarweise gereimten Alexandrinern, bei Bürger in vier- und dreihebigen Jamben im Kreuzreim.

Claudius unterscheidet den rhythmisch-dramatischen Charakter deutlich in der Mädchen- und der Tod-Strophe.[65] Die Dreiheber im Kreuzreim mit Wechsel von weiblicher und männlicher Endung geben in der Mädchen-Strophe den Schrecken in kurzen Kola wieder, bis in den beiden weiteren Versen der argumentative Hinweis auf die Jugend und der Bitte um das Unberührt-sein-lassen durch das zugleich schmeichelnde und verzweifelte »Geh, lieber | Geh Lieber!« den eher ruhigeren Rhythmus unterbrechen. Diese auffordernde Bitte erfordert eine Antwort. Der Tod muss, anders als in den Bildern der Renaissance und in der Totentanz-Tradition, reagieren. Er reagiert dialogisch. Er wehrt den Vorwurf der Wildheit ab (»ich bin nicht wild«). Er kommt dem Mädchen entgegen, indem er den Kreuzreim samt Reim-Geschlecht übernimmt, aber er rhythmisiert ihn ganz anders. Die fünffüßigen Jamben wird man bei der Aufforderung »Gib deine Hand« nicht alternierend lesen, sondern mit Anfangsbetonung auf »Gib«, also gegen das Metrum. Schubert hat es so getan. Mit dem Händegeben erinnert Claudius an die malerische Tradition des Totentanzes, in der der fordernde Tod den Arm

---

64 ›An S. bei – Begräbnis‹ (SW, S. 80, aus dem Wandsbecker Bothen von 1772).
65 Ich verweise auf die eingehende, bisher nicht überholte Formanalyse bei Kranefuss, Die Gedichte des Wandsbecker Boten (Anm. 8), S. 158–162.

der Tänzerinnen und Tänzer nimmt. (An die sexuellen Griffe der Renaissance-Maler wird man nicht denken.) Diesem auffordernden Geben kann nicht widersprochen werden. Aber es folgt die Tröstung (keine Sündenstrafe) und das Versprechen eines sanften Todesschlafs. Eine Reaktion des Mädchens, also die Erfüllung des Gebotes, bleibt ungesagt. Eine theologische Deutung gibt Claudius nicht. »Die eigentliche Auflösung dieser Auseinandersetzung liegt außerhalb des Gedichts«,[66] also sozusagen in der ausgesparten vierten Strophe – wie sie nach der Totentanz-Tradition zu erwarten wäre. Diese Auflösung müssen Leserin und Leser (und später die Komponisten) leisten.

Claudius entweicht einem möglicherweise dogmatischen Problem, indem er den Tod »Freund Hain« nennt. Er führt – wie schon gesagt – im Titel des Gedichts den namenlosen »Tod« zuerst ein und dann das namenlose »Mädchen«, was der Totentanz-Tradition entsprechen würde, aber er kehrt sich sofort gegen die Erwartung dieses Schemas und schildert zuerst die Reaktion des Mädchens, das offenbar die Todesgestalt erblickt hat. Wie diese als »Knochenmann« vorgestellt werden muss, ist für den Leser des ›Asmus‹ im Frontispiz zu erfahren – im ›Musen Almanach‹ ohne die optische Hilfe war die Kenntnis dieser Tradition vorausgesetzt. Claudius geht davon aus, dass diese »Lücke« gar nicht bemerkt wird. Die Spannung bezieht sich auf die Reaktion des angesprochenen Todes, der sich rechtfertigen muss und das auch tut.

In den letzten Jahrzehnten wird bei der Interpretation des Gedichtes aus der Reaktion des Mädchens und der Antwort des Todes ein »bereits latent vorhandenes erotisches Moment in der Beziehung« erschlossen,[67]

---

66 So mit Recht die bisher nicht rezipierte Schlussfolgerung bei Kranefuss (Anm. 8), S. 162.

67 Görisch, Mädchen, Meitli, Jüngling und Tod (Anm. 2), S. 51. Schon Kranefuss schloss auf ein unbewusstes Liebesmotiv (Anm. 8, S. 159). Aus psychoanalytischer Sicht siehe Thomas Seedorf, Das Mädchen, der Jüngling und der Tod. Zu zwei Liedern Franz Schuberts, in: Der Tod und das Mädchen (Anm. 17), S. 33–42. Aus Schuberts Vertonung zieht er eine überraschende Folge: »In Claudius' Gedicht herrscht beim Mädchen eine Abwehrhaltung vor, doch lässt die Formulierung ›geh Lieber‹ im dritten Vers die Überlegung zu, dass diese Haltung eigentlich eine ambivalente, zwischen Angst und geheimer Hingabe schwebende sei. Bei Schubert hingegen sinkt das Mädchen dem Tod geradezu in die Arme.« (S. 36 f.) Abgesehen davon, dass Seedorf nichts von den verschiedenen Textfassungen weiß, vergisst er ganz, dass Schubert in seiner Vertonung Vers 4 »Und rühre mich nicht an.« verdoppelt, also die Abwehr verstärkt hat.

wobei die Fassung im ›Asmus‹ gemeint ist. Am deutlichsten hat das
Gert Kaiser ausgedrückt, der dem Text ein »erotisches Moment« abliest,
ein »offenkundiges Abgestoßensein und zugleich Hingezogensein des
Mädchens«: »Bei Claudius hat der Tod eine erotische Macht über das
Mädchen – und dadurch hat das Mädchen teil an seiner Dämonie.«[68] Es
sind einerseits die Stichwörter »Lieber« und der Wunsch, nicht ange-
rührt zu werden, in der Reaktion des Mädchens und anderseits die
Selbstbezeichnung »bin Freund« angesichts des »schönen und zarten
Gebildes« in der Antwort des Todes mit dem Versprechen eines sanften
»Schlafens« in seinen Armen, die angeführt werden. Gelegentlich wird
dabei kurz auf die Bildtradition der Renaissance verwiesen, fast immer
auf die Tradition des Totentanzes, in der der Tod zum letzten Tanz ein-
lädt. Aber der Wortschatz des Dichters gibt eine solche Deutung nicht
her. Claudius lebt in einer ganz anderen semantischen Vorstellungswelt.

Claudius wusste bei dieser Titelgebung, wovon er spricht. Er hatte
Erfahrungen mit dem Tod von Geschwistern, des Vaters und seines ersten Kindes – und er wird Jahre später den Tod seiner 20-jährigen Tochter Christiane zu beklagen haben, die sein Freund Friedrich Heinrich
Jacobi anlässlich der Beerdigung ein »köstliches Mädchen« nennen
wird.[69] Claudius benutzt für die lyrische weibliche Gestalt nicht die

---

68 Der Tod und die schönen Frauen (Anm. 15), S. 44. Kaiser muss für diese Deutung
    einen Hiatus zwischen der Dedikation und dem Gedicht behaupten: »Das ist ein
    ganz anderer Tod als derjenige des Gedichts, der die Vereinigung mit dem Mäd-
    chen sucht und auf eine widerstrebend-liebende Frau trifft. Die Kraft der lyri-
    schen Sprache hat Claudius in diesem Gedicht weit über seine biedere Vor-
    stellungswelt hinausgerissen und etwas ausdrücken lassen, worüber er in Prosa
    kaum verfügt.« (S. 45) Diese Deutung des Todes als »Geliebter« hat die Musik-
    wissenschaft schon bei Schubert finden wollen. Vgl. Jung-Kaiser, »… das poe-
    tischste Thema der Welt?« (Anm. 62), S. 9–24, hier: S. 11, 14 (mit Kaiser-Zitat);
    Werner Aderhold, Der Tod und das Mädchen in Schuberts ›Veränderungen‹ oder:
    Der Tod als Geliebter, ebd., S. 81–90, hier: S. 83 f. Aderhold macht darauf auf-
    merksam, dass der Titel für das Streichquartett in d (D 810) der Komposition erst
    im späten 19. Jahrhundert hinzugefügt wurde und nicht von Schubert selbst
    stammt (S. 86).
69 Vgl. Jacobis Brief an Johann Wolfgang Goethe, 5. Juli 1796: »[…] Christiana
    Claudius, die tödlich krank wurde – ein zwanzigjähriges köstliches Mädchen: wir
    haben sie heute begraben […]« (Friedrich Heinrich Jacobi, Sämtliche Werke.
    Briefwechsel I,11: Oktober 1794 bis Dezember 1798, hrsg. von Catia Goretzki,
    Stuttgart-Bad Cannstatt 2017, S. 123). Siehe auch Hermann Patsch und Burkhard

Bezeichnungen »Jungfrau« oder »Jungfer«, wie sie im Lübecker Totentanz genannt werden, auch nicht »Frauenzimmer«, schon gar nicht
(adeliges) »Fräulein«, sondern mit »Mädchen« die »vertrauliche Sprech-
art des Hochdeutschen«,[70] die er auch sonst in seinen Gedichten und
Briefen gebraucht. Er kennt natürlich die generische Bedeutung im
Gegenüber zu »Knabe«: Der Mond »liebt zwar auch die Knaben, | Doch
die Mädchen mehr«, heißt es im ›Lied bei Mondschein zu singen‹,[71]
hier aber ist mit der Bezeichnung »Mädchen« die junge schon erwachsene, aber noch nicht verheiratete Frau bis etwa 30 Jahren gemeint. Im
protestantischen Norddeutschland wurden Mädchen mit 14 bis 15 Jahren konfirmiert und waren religiös erwachsen, d.h. sie wurden mit
Einwilligung der Eltern ehefähig.[72] Liebesfähig waren sie allemal, zumal in den Gedichten des Wandsbecker Boten. In den ›Tändeleyen und
Erzählungen‹ von 1763 lässt der junge Claudius ein »betrübtes«, ein
»schön unschuldig Mädchen« auf dem Friedhof um den geliebten
»Jüngling in den besten Jahren« weinen.[73] So nennt er in demselben
›Asmus‹-Band ›Das unschuldige Mädchen‹, das die Mutter fragt, wofür
sie ihre roten Lippen brauche.[74] Das sind Belege für die neue gesellschaftliche Entwicklung der individuellen Liebe als Vorbedingung einer
ehelichen Beziehung. Aber üblich waren in der bäuerlichen und bürger-

Stauber, Das Grablied »Diese Leiche hüte Gott!« von Matthias Claudius auf den
Tod seiner Tochter Christiane und dessen Vertonung durch Johann Friedrich
Reichardt. Eine Erinnerung nach 220 Jahren, in: Jahresschriften der Claudius-
Gesellschaft 28 (2019), S. 48–65.

70 Johann Christoph Adelung, Versuch eines vollständigen grammatisch-kritischen
Wörterbuches der Hochdeutschen Mundart, mit beständiger Vergleichung der
übrigen Mundarten, besonders aber der oberdeutschen, Bd. 3, Leipzig ²1793, S. 13
(im Artikel »Magd«!).

71 SW, S. 75.

72 Vgl. Richard van Dülmen, Kultur und Alltag in der Frühen Neuzeit, Bd. 1: Das
Haus und seine Menschen 16.–18. Jahrhundert, München ⁴2005, S. 13–157, hier:
S. 122. Die Ehemündigkeit lag für Männer bei 18 Jahren, bei Frauen gelegentlich
früher.

73 SW, S. 716 f. Vgl. den photomechanischen Neudruck der Erstausgabe. Mit einem
Nachwort hrsg. von Jörg-Ulrich Fechner, Hamburg 1998, S. 42 f.

74 SW, S. 68 f. (Erstdruck 1768). Vgl. dazu die Interpretation von Lutz Hagestedt, Das
unschuldige Mädchen – so unschuldig nicht, in: Helle reine Kieselsteine. Gedichte und Prosa von Matthias Claudius mit Interpretationen, hrsg. von Reinhard
Görisch in Verbindung mit der Claudius-Gesellschaft, Husum 2015, S. 11–24.

lichen Stadtbevölkerung Frühehen nicht. Immerhin hat sich der Autor selbst in die 16-jährige Rebekka Behn verliebt und die 17-jährige (ohne Mitgift) geheiratet, die er dann als sein »Bauernmädchen« idyllisiert hat.[75] Im gleichen ›Asmus‹-Band wie das Gespräch zwischen dem Mädchen und dem Tod ist das Gedicht ›Phidile‹ gedruckt, die sich mit 16 Jahren das Herz von einem fremden Jüngling verunsichern lässt.[76] So alt mag Claudius sich das »Mädchen« gedacht haben. Es war jung und hatte das Leben vor sich und wollte zutiefst erschrocken den Knochenmann nicht akzeptieren.

Die Anrede mit dem Adjektiv »lieber« (nämlich »lieber [Knochenmann]«) in der Handschrift bzw. dem Substantiv »Lieber« im ›Asmus‹ darf man nicht überdeuten. Das entspricht der Anrede »lieber Hain« in der Dedikation und der Einladung für den lächelnden Hain »Sey mir willkommen, sey geseegnet, Lieber!« in dem autobiographischen Gedicht ›Nach der Krankheit, 1777‹.[77] Hier wie dort kann von einem »erotischen Moment« nicht die Rede sein. Es ist die schmeichelnde Höflichkeit derer, die etwas erreichen wollen, d.h. es ist Taktik. Dass der Tod die zum Sterben Bestimmten anfasst (»rühre mich nicht an«), kann in der Malerei mit sexuellem Griff und auch im Lübecker Totentanz wahrgenommen werden, wo die Todesgestalten die Angesprochenen am Arm packen und zum letzten Tanz ziehen. Das ist bei dem Knochenmann des Frontispiz weniger vorstellbar, der mit der Sense zur Ernte kommt und nicht zum Beischlaf oder zum Tanz. Diese sexuelle bzw. auch nur erotische Bedeutung macht an dieser Stelle keinen Sinn. Auch hier spricht Claudius in der Sprache der Bibel. Luther übersetzte die Worte des Auferstandenen zu Maria von Magdala in Johannes 20,17 »Rühre mich nicht an« mit der »geistlichen deutung« in der Randerklärung »denn anrüren bedeut gleuben«.[78] Erst die lateinische Übersetzung in der Vulgata mit »Noli me tangere« mag in der Studenten-

---

75 Siehe die ernüchternde Darstellung von Barbara Becker-Cantarino, Rebecca Claudius. Zur sozialgeschichtlichen Realität des »Bauernmädchen«, in: Matthias Claudius 1740–1815. Leben, Zeit, Werk (Anm. 14), S. 69–90.
76 SW, S. 33 f.; Görisch, Gedichte, S. 25 f.
77 SW, S. 162 (Asmus III, S. 158 f.); Görisch, Gedichte, S. 66 f.
78 Luther, Die gantze Heilige Schrifft (Anm. 26), S. 2183. Luther macht zugleich darauf aufmerksam, dass das nur für Johannes gelte, denn Matthäus 28,9 habe Jesus »sich lassen die Weiber anrüren«.

sprache eine sexuelle Nebenbedeutung bekommen haben. Das ist für Claudius nicht anzunehmen. Der überzeugte Lutheraner spielte nicht zweideutig mit dem Bibelwort.

Vor allem die Antwort des Todes hat zu einer erotischen Interpretation eingeladen, zu einem Beispiel für die »Affinität von erotischer Liebe und frühem Tod«:[79] Dieser werbe durch die Aufforderung »Gib deine Hand« wie ein Freier um die Hand und Gunst des Mädchens, verstärkt durch Schmeichelei (Handschrift: »zart und schön Gebild«, ›Asmus‹: »schön und zart Gebild«), d.h. er wisse um die sichtbare Jugend, und er biete sich als »Freund« an (»bin Freund«), er korrigiere die Charakterisierung als »wild« (»ich bin nicht wild«), lehne die Vorstellung der Sündenstrafe für ein zügelloses Leben wie in der Malerei der Renaissance ab (»komme nicht zu strafen«) und fordere einen guten Mut (zur Sexualität?), denn das Mädchen werde »sanft in seinen Armen schlafen«. Der Tod scheint als ein »Liebhaber« und »Liebespartner«, wie man geschrieben hat,[80] um ein ewiges Beilager im Grab zu werben – so wie oben die besprochene Malerei in deren Motiv des »Liebhaber-Todes« gedeutet wurde. Aber natürlich ist kein Interpret so weit gegangen, hier einen *coitus a tergo* einzutragen. Auch wird das Mädchen nicht nackt vorgestellt. Soweit wagte man bei Claudius nicht zu gehen. Aber immerhin konnte man formulieren: »Die Verführung zum Tode gelingt, Liebe und Tod fallen am Ende des Gedichts zusammen.«[81]

---

79 Hermann Wohlgschaft, Unsterbliche Paare. Eine Kulturgeschichte der Liebe, Bd. 2: Reformation – Barock – Aufklärung – Klassik – Romantik, Würzburg 2016, S. 154–156, mit Hinweis auf Hans Baldung Grien. Der Autor bezieht seine stärksten Formulierungen von Stefan Dosch, Die Liebe und der ewige Schlaf, in: Augsburger Allgemeine Zeitung, Nr. 76 vom 1.4.2014, S. 12. Schließlich schließt Wohlgschaft, der katholischer Priester ist, aufgrund des Gesamtwerks von Claudius auf eine christliche Bedeutung: Die »urmenschliche Sehnsucht« nach Liebe werde im Tod nicht abgewürgt, »sondern – durch den Tod hindurch – in geheimnisvoller, der göttlichen Liebe entsprechender Weise erfüllt« (S. 158). Wie das mit der »elegischen Stimmung« des Dichters bei der Abfassung des Gedichtes zusammenpasst, bleibt etwas rätselhaft.

80 Georg Gremels, Wie hast du's mit der Religion, Matthias? Claudius und die Gretchenfrage, Marburg an der Lahn 2014, S. 74; Wohlgschaft (Anm. 79), S. 155. Vgl. auch Guthke, Ist der Tod eine Frau? (Anm. 15) zum Motiv des »Liebhaber-Todes« mit Rückgriff auf die Maler des 16. Jahrhunderts (S. 19).

81 Buck (Anm. 10), S. 29.

Gewiss kann man sagen: »Die Dramatik, erst recht ein anderswo er-
scheinender lebenstoller Fatalismus der Totentänze ist verschwunden,
an ihre Stelle ist eine Szene von freundschaftlicher Intimität getre-
ten.«[82] Das muss noch zurückhaltender formuliert werden. Diese Intimität ist einseitig, ist nur ein Versprechen des Todes. Hier bei der Rede
des Mädchens »die Andeutung des Liebesmotivs der spröden Abwehr,
das unbewusste Versprechen der Hingabe« zu erkennen,[83] ist nicht
möglich. Das Wort »Freund« ist freilich von alters her sowohl in der
Bedeutung *amicus* als auch *amandus* gebraucht worden. Die erotische
Bedeutung müsste aber durch ein Beiwort oder die Situation eindeutig
genauer bestimmt sein. In seiner Luther-Bibel konnte Claudius die Bedeutung »Liebhaber« nicht finden.[84] In seiner Sprache gibt es keine
Polyvalenz. Er nennt im gleichen ›Asmus‹-Band den Frühling seinen
»Freund«,[85] ebenso einen Trauernden,[86] und die Eiche und den Mond
(»Frau Luna«) seine »Freundin«.[87] Hier gibt es keine Nebenbedeutung.
Claudius gibt dem Euphemismus »Freund Hain«, der ihm in der volks-
tümlichen Tradition begegnet war und die er hier aufnimmt, eine
tiefere, eine religiöse Bedeutung. Claudius benutzt diese Fügung, wenn

---

82 Strunk, Matthias Claudius (Anm. 12), S. 92.

83 Kranefuss, Gedichte (Anm. 8), S. 159. Kranefuss interpretiert von der Voraussetzung aus, dass die Fassung des Göttinger Musenalmanachs dieses Motiv noch
nicht so deutlich habe erkennen lassen, welches dann von Claudius in der über-
arbeiteten Fassung des ›Asmus‹ zur »vollkommenen Kunstgestalt« gebracht
worden sei. Diese Argumentation ist textkritisch nicht zu halten (s. o.). Das gilt
gleichfalls für Buck (Anm. 10), der von einem »ungewollt-gewollten Einvernehmen« schreibt, das auf eine plötzliche Glaubensgewissheit des christlichen Mädchens zurückgehe (S. 27 f.). Vgl. auch Kaiser (Anm. 68).

84 Das gilt, weil auch Luther das Hohelied, das vielfach vom »Freund« spricht (vgl.
1,13.16; 2,3 und passim), typologisch gedeutet hat, wie schon die von ihm gewählte Überschrift in Anspielung auf 1. Kor 13, dem »Hohenlied der Liebe«,
erkennen lässt. Vgl. zur Sache Rüdiger Bartelmus, Das Hohelied – erotische Literatur in der Bibel? Philologische (Vor-)Überlegungen zu einer alttestamentlichen
Theologie der Sexualität, ergänzt um einen Seitenblick in die Rezeptionsge-
schichte, Münster 2020 (= Altes Testament und Moderne 32).

85 ›Der Frühling. Am ersten Maimorgen‹ (nämlich 1774) (SW, S. 84 f.; Görisch, Gedichte, S. 43).

86 ›An S. bei – Begräbnis‹ (SW, S. 80).

87 ›Als der Hund tot war‹ (SW, S. 46); ›Wandsbeck, eine Art Romanze‹ (SW, S. 43:
»Freundin Luna«).

er diesen »in seinem Amt und Beruf« vorstellt,[88] besonders in dem schon angeführten autobiographischen Gedicht ›Nach der Krankheit. 1777‹,[89] das dann ja analog zu dem ersten Gedicht eine homoerotische Dimension bekommen würde, wenn auch hier auf ein »erotisches Moment« geschlossen werden müsste. Was in diesem Gedicht für das lyrische Ich gilt, muss auch für das »Mädchen« des Dialog-Gedichtes gelten. Das freilich hat ein theologischer Interpret getan, der auch in dem Gedicht ›Nach der Krankheit‹ ein »erotisches Verhältnis zum Tod« angezeigt sieht, weil auch hier der lächelnde »Freund Hain« »Lieber« genannt wird und dieser den Sterbenden für eine »sanfte Ruh« in den Arm nehmen will.[90] Der gleichlautende Wortlaut ist zutreffend erkannt, aber in seiner Bedeutung missverstanden. Von wem sollte diese Homoerotik ausgehen? Von dem fleischlosen Knochenmann des Frontispiz? Von dem schwer an Brustentzündung leidenden Ich des Gedichtes? Aber wichtig ist doch in diesem Gedicht, was auch das Wissen und die Hoffnung des Mädchens hat ausmachen können: Dass der Tod auch »vorüber« »darf« (Str. 4 »darfst du vorüber, | So geh'« und Strophe 5 »Darf vorüber gehen«), nämlich auf »Gebet und Wort«. Die letzte Entscheidung trifft also nicht der Tod, sondern Gott selbst, der Herr über die Lebenden und die Toten ist (Römer 14,8). Das ist der theologische Horizont, in dem Claudius dachte. Genau das konnte das Mädchen mit ihrem »Vorüber! Geh […] Geh Lieber« erhoffen. Man könnte dem Mädchen lediglich vorwerfen, dass in seiner Reaktion Gebet (= Bitte) und Wort nicht vorkommen, sondern lediglich die verzweifelte Aufforderung, vorüber zu gehen. Aber »Freund« hat nicht das Mädchen gesagt, das hat der Tod von sich behauptet (»Bin Freund«). Soll man ihm eine bewusste Doppeldeutigkeit unterstellen? In der lutherischen Bibelsprache, die Claudius liebte, gibt es so etwas nicht. Wenn der Tod Gott unterstellt ist, kann er nicht zweideutig reden. Das kann Claudius nicht bezweckt haben – das ist moderne Interpretationspsychologie. Der »freund«liche Tod will Mut zum Sterben machen. Wenn das so ist, dann kann Claudius ihn nicht als »zärtlichen Liebhaber«, »gleichsam als Liebhaber und Seelsorger um das Mädchen werbend« auftreten lassen,

88 Dedikation zu Asmus III, SW, S. 102.
89 SW, S. 162; Görisch, Gedichte, S. 66 f.
90 Steiger, Todesverdrängung und Totentanz (Anm. 12), S. 130.

das ein »erotische(s) Verhältnis zum Tod« habe.[91] Der Tod handelt im
Auftrag dessen, der die sterblichen Leiber lebendig macht (Römer 8,11).
Diese Grundlage darf nicht verkennen, wer Claudius verstehen will.

Damit verliert auch das »Schlafen« im letzten Vers der Tod-Strophe
eine unterstellte verdächtige Bedeutung. »Sollst sanft in meinen Armen
schlafen« kann nicht sexuell gemeint sein. In den Bildern der Renaissance ist das so vorausgesetzt, zum mindestens für den Betrachter angedeutet. Aber der Totentanz in der Lübecker Kirche, der für alle Stände
und damit beide Geschlechter gedacht ist, lässt diese Folgerung nicht zu.
Hier wollen die Todesgestalten tanzen, nicht koitieren. Zu dem Wiegen-
kind als letztem in der langen Reihe der Stände, das natürlich noch
nicht tanzen kann, sagt der Tod – mit erstaunlichem Rückgriff auf das
traditionelle Bild der Sense wie bei Claudius und mit eschatologischen
Ausblick auf das Jüngste Gericht –:

> Nim/ zarter Säugling/ an den frühen Sensen-Schlag/
> Und schlaff hernach getrost biß an den jüngsten Tag.[92]

Natürlich ist die Vieldeutigkeit von »schlafen« alte Tradition. Dafür
kann man bei Adelung und Grimm genügend Belege finden.[93] Auch in
der Bibeltradition, die man bei Claudius in Rechnung stellen muss, findet sich die Bedeutung »sexuell verkehren« (vgl. Genesis 19,32; 30,15;
Leviticus 20, 11 ff. u.ö. – Luther übersetzt stets mit »schlafen«). Aber
bei Claudius lässt sich eine solche Ausdrucksweise nirgends finden! Er
war zurückhaltend und beschrieb menschliche Sexualität nirgends. Das
deutlichste Merkmal ist das Adverb »sanft« als Gegensatz zu »wild«.
»Ich bring ihn sanft zur Ruh« wird er den Tod in ›Nach der Krankheit‹
beruhigend sprechen lassen.[94] Das ist das, was der »Freund« tut, der

---

91 Ebd., S.129 f. Steiger interpretiert das Gedicht in der Folge aus der Theologie
    Luthers, was bei Claudius methodisch nicht falsch sein kann. Aber auf eine
    semantische Untersuchung lässt er sich nicht ein.
92 Der Totentanz der Marienkirche in Lübeck (Anm.18), S.364. Das Wiegenkind
    antwortet mit einem Zitat aus der Sapientia Salomonis »Weinen ist meine
    Stimme gewest« (Sap.Sal.7,3, in Luthers Übersetzung, unter Auslassung von
    »erste«: Luther [Anm. 26], S.1710). Das ist ein weiterer Beleg für die Beliebtheit
    der sog. Apokryphen, die auch Claudius teilte.
93 Adelung (Anm.70), Bd.3, S.1485–1486; Deutsches Wörterbuch von Jacob und
    Wilhelm Grimm, Bd.9, bearb. von Moritz Heyne u.a., Leipzig 1899, Sp.275–289.
94 SW, S.162; Görisch, Gedichte, S.67.

damit die ihm von Gott gegebene Aufgabe erfüllt. Das beruhigende »Sey gutes Muths« ist ein religiöses Versprechen. Claudius endet mit genau diesem tröstenden Wunsch »neben dem offenen Sarge« mit dem Hinweis auf Christus auf der letzten Seite des ›Asmus‹ III.[95] Im ersten ›Asmus‹-Band wünscht der Autor dem Vater einen »Sanfte(n) Frieden Gottes«, der ein »Ahnden von dem ew'gen Leben« enthält.[96] Beide frühen ›Asmus‹-Bände enden mit dem Blick auf das ewige Leben in Gott. Der sanfte Schlaf ist – wie in der letzten Strophe des Lübecker Totentanzes – der wartende Schlaf vor der Auferstehung und dem Jüngsten Gericht.[97] In Johann Sebastians Bachs Passionen – ein halbes Jahrhundert früher – ist das nicht zu überhören. Jeder Hörer der Johannes-Passion hat im Schlusschoral das »Schlafkämmerlein« im Ohr, das der Auferweckung vorausgeht, oder in der Matthäus-Passion das abschließende »Ruhe sanfte, sanfte ruh'«, das nicht ohne die Auferstehung Jesu gedacht werden kann. Das war die ebenso gelehrt-theologische wie volkstümliche Voraussetzung. Vielleicht steht die Vorstellung des Seelenschlafs im Hintergrund.[98] In jedem Fall könnte dem Dichter im Ohr klingen, was der Evangelist Matthäus bei der Auferweckung von Jairus' Tochter Jesus sagen lässt (9,24 Luther): »Das Mägdlein ist nicht todt, sondern es schläft.« Und der biblische Text endet wie die Aufforderung des Todes zu Beginn der zweiten Strophe als sich wirklich vollziehend: »Aber als das Volk ausgetrieben war, ging er hinein, und ergriff sie bei der Hand; da stand das Mägdlein auf.« (Matthäus 9,25) Es ist dieses sanfte Schlafen, das – bildlich gesehen – auf die Auferstehung und ein seliges Leben bei Gott vorweg verweist. Dabei spielt die letztlich barm-

---

95 ›Parentation über Anselmo, gehalten am ersten Weihnachtstage‹ (Asmus III; SW, S. 178; Görisch, Gedichte, S. 76).

96 ›Bey dem Grabe meines Vaters‹ (Asmus I.II, S. 231 f.; SW, S. 97 f.; Görisch, Gedichte, S. 48). Die Belege ließen sich vermehren. Am bekanntesten mag die Bitte um einen »sanften Tod« im ›Abendlied‹ sein (SW, S. 218; Görisch, Gedichte, S. 122).

97 Vgl. SW, S. 81 (Denksprüche alter Weisen, mit meinen Randglossen). Die Kinder »spielen einmütig um ihres Vaters Grab weil [i. e. so lange] er schläft, und schreien: ›Hurra!‹ wenn er wieder aufersteht.«

98 Vgl. Adelung (Anm. 70), Bd. 3, S. 13 f: »[…] derjenige Zustand der Seele, da sich nach der Trennung von ihrem Körper bis zur Wiedervereinigung mit demselben in einem Zustande dunkler und undeutlicher Empfindungen befinden soll.« Dogmatisiert wurde diese Vorstellung nicht.

herzige Todesgestalt eine Rolle im Heilsgeschehen, die ihm Gott übertragen hat. In dieser Weise soll er ein Freund des Menschen sein und ihm die Angst vor dem Sterben nehmen. Das Gedicht ›Der Tod und das Mädchen‹ hat, obgleich es keinerlei direkte christliche Anspielungen macht, eine tröstliche theologische Dimension.

›Der Tod und das Mädchen‹ – Claudius' Antwort auf Bürgers ›Lenore‹?

Es ergab sich, wie sich zeigen ließ, in der Folgegeschichte des Gedichtes des Wandsbecker Boten das eigentümliche Phänomen, dass sich die Kunstwissenschaft den Titel von Claudius ausborgte, um eine aufregende Phase der Kunstgeschichte Jahrhunderte vorher thematisch zusammenzufassen, was dann wiederum umgekehrt die Interpretation dieses Gedichtes beeinflusste (und auf Abwege führte).

Aber warum hat Claudius gerade dieses Gedicht verfasst? Jedes literarische Werk hat einen Anlass, einen »Keimentschluss«, einen »Kompositionsbeschluss« (Friedrich Schleiermacher).[99] Klare biographische Nachrichten darüber gibt es nicht. Man kann nur Vermutungen anstellen, die sich aber gut begründen lassen. Dieser Entschluss kann nicht aus allgemeinen Überlegungen gefolgert, sondern muss zeitgenössisch, also mit historisch-philologischen Mitteln erarbeitet werden. Die Spur führt zu dem seit 1772 bestehenden Göttinger Hainbund und dem poetischen Schöpfungswillen einer jungen Dichter-»Schule« mit Friedrich Gottlieb Klopstock als Haupt der »heiligen Cohorte«,[100] die in einem als gemeinsam empfundenen Aufbruch kollektiv auch dort dachte, wo das nicht sogleich zu sehen ist. Voß fasste diesen Willen in das Bild des Jüngerkreises Jesu: »Zwölf sollen den *inneren* Bund ausmachen. Jeder nimmt einen Sohn an, der ihm nach seinem Tode folgt, sonst wählen die Elfe. […] Ohne Einwilligung des Bundes darf künftig niemand

---

99 Vgl. Friedrich Daniel Ernst Schleiermacher, Kritische Gesamtausgabe II,4: Vorlesungen zur Hermeneutik und Kritik, hrsg. von Wolfgang Virmond unter Mitwirkung von Hermann Patsch, Berlin und Boston 2012, S. 170 f.

100 Annette Lüchow, »Die heilige Cohorte«. Klopstock und der Göttinger Hainbund, in: Klopstock an der Grenze der Epochen, hrsg. von Kevin Hilliard und Katrin Kohl, Berlin und New York 1995, S. 152–220.

von uns etwas drucken lassen. Klopstock selbst will sich diesem Gesez unterwerfen.«[101] Hier spricht die Hoffnung auf ein kreatives Beziehungsgeflecht, das einem kollektiven Willen dichterischen Ausdruck geben soll. Das ist idealistisch im Überschwang des Anfangs gedacht und wird sich nicht verwirklichen lassen. Aber das eine wird ein Bindeglied sein: Jeder wird die Werke des anderen lesen. Und das heißt in diesem Fall speziell: den Göttinger bzw. demnächst den Hamburger »Vossischen« Musenalmanach, die »Blumenlese« des Hains, und jeder wird mitarbeiten. Das gilt auch für Claudius, der dem Umkreis des Bundes angehörte. Er nahm ein poetisches Geflecht wahr, das ihn beschäftigte und an dem er teilnahm, auch – wie wahrscheinlich gemacht werden soll – in der Reaktion auf ein Werk, das ihm weltanschaulich nicht entsprach, obgleich ihm der Bildbereich geläufig war. Freilich: Ein persönliches, etwa briefliches Zeugnis dafür gibt es nicht.

In seinem ersten Brief an Voß hat Claudius so getan, als habe er die drei »Piecen« für den von Voß neu verantworteten Göttinger Musenalmanach einfach so hingeschrieben: »Auf Ihren Befehl habe ich mich hingesetzt und gemacht wie folget […]. Sollten mir vor Michaelis noch mehr dergleichen Schnörkel einfallen, werde ich nicht manquiren sie fördersahmst an Ew. Hochedl. zu übermachen.«[102] Aber eine spontane Entstehung während des Briefschreibens ist unwahrscheinlich. Dagegen spricht die ruhige Handschrift mit den Abschlussstrichen zwischen den Gedichten, die auf eine Abschrift von Vorlagen hindeutet (siehe Abb. 1). Claudius, der bereits Mitarbeiter des Göttinger ›Musen Almanachs‹ gewesen war wie auch umgekehrt Voß 1772 im ›Wandsbecker Bothen‹, hatte bei beider persönlichem Kennenlernen in Wandsbeck Voß nicht nur beauftragt, das im Februar geborene Baby (Caroline) zu wiegen, sondern auch ein »Lied« für den Wandsbecker Bothen zu machen.[103] Dabei handelt es sich um das Gedicht ›Die Schlummernde‹.

101 Voß an Ernst Theodor Johann Brückner, 6. März 1774, in: Briefe von Johann Heinrich Voß (Anm. 3), Bd. 1, S. 156 f. Vgl. Apostelgeschichte 1,15–26.
102 Brief vom 21. August 1774 aus Wandsbeck nach Göttingen (Briefe 1915, S. 5 f.; Botengänge, S. 108 f.).
103 Vgl. Briefe von Johann Heinrich Voß (Anm. 3), Bd. 1, S. 158 (Brief an Ernst Theodor Johann Brückner, 2. April 1774). Es handelt sich um das Gedicht ›Die Schlummernde‹ im Wandsbecker Bothen, Nr. 66 von 1774, das Voß zugleich in seinen Musenalmanach für 1775 (Anm. 6), S. 33 aufnahm. Vgl. Antje Gronenberg, Der »Wandsbecker Bothe«. Claudius, Klopstock & Konsorten. Begleitheft

Beide haben bei ihren Gedichten an einen fruchtbaren Austausch gedacht. Überhaupt war das kollektive Dichten ein – vielleicht etwas idyl-
lisch gedachtes – Ziel des Göttinger Hainbunds.[104] In das »Bundesbuch«
wird Claudius sich im August 1775 in Lauenburg mit seinem zweiten
Phidile-Gedicht eintragen![105] So etwas konnte dann freilich nicht nur
eine poetische, sondern – wie bei Bürger – auch eine weltanschauliche
Gegen-Dichtung werden. Man kommunizierte mit Gedichten. Das Medium waren die »Blumenlesen«, die Musen-Almanache.

Bei diesem Aufenthalt mit Übernachtung haben Claudius und Voß
mit Sicherheit nicht nur von dem verehrten Klopstock gesprochen,
sondern von weiteren Plänen zu Gedichten und über die Planung der
genannten Zeitschriften, darunter auch über den zuletzt erschienenen ›Musen Almanach für 1774‹ mit vier Gedichten Claudius' (›Der
Schwarze in der Zuckerplantage‹, ›Bey dem Grabe Anselmo's‹, ›Zufrie-
denheit‹ [»Ich bin vergnügt, im Siegeston«] und ›Neujahrsgedicht des
Wandbecker Boten‹)[106] sowie mehreren Werken Bürgers, darunter als
ausführlichstes die ›Lenore‹, die keinen Gattungsnamen hat. Ein ge-
meinsames Urteil der beiden darüber ist nicht bekannt. Bei diesem Gespräch oder in einem vorherigen nicht erhaltenen Brief war Claudius zu
Beiträgen ermuntert worden, die er dann spöttisch »Befehl« nennt.
Wenn er im *Nota Bene* des bereits zitierten Briefes seine umfängliche

zur Ausstellung in der Bibliothek der Helmut-Schmidt-Universität Hamburg
2015, 5. Mai – 15. August 2015, Hamburg 2015, S. 95. Passend in diesem Almanach zum gleichen Motiv Claudius, ›Als er sein Weib und's Kind an ihrer Brust
schlafend fand‹ (S. 150; SW, S. 25; Görisch, Gedichte, S. 21).

104 Paul Kahl, Dichter und Dichtung im Göttinger Hain, in: Jahresschriften der
Claudius-Gesellschaft 11 (2002), S. 31–45; ders., Das Bundesbuch des Göttinger
Hains. Edition – Historische Untersuchung – Kommentar, Tübingen 2006.

105 Pablo Kahl, Ein Gedichtautograf von Matthias Claudius im sogenannten Vossischen »Stammbuch«. Zur Bedeutung eines Handschriftenbuches des Göttinger
Hains, in: Jahresschriften der Claudius-Gesellschaft 8 (1999), S. 27–42, hier:
S. 29; vgl. SW, S. 124 (Asmus III). Es handelt sich bei ›Phidile, als sie nach der
Copulation allein in ihr Kämmerlein gegangen war‹ um ein vorzeitiges Hoch-
zeitsgedicht für Voß »als eine Vorspielung des was geschehen wird«. Voß konnte
freilich erst im Juli 1777 Ernestine Boie, mit der er sich im Mai 1774 verlobt
hatte, heiraten. Voß führte das »Bundesbuch«, das für Ernestine gedacht war,
mit sich.

106 Die übrigen mit der Angabe W.B. (»Aus dem Deutschen, sonst Wandsbecker
Boten«) versehenen Gedichte stammen nicht von Claudius.

»Romanze Wandsbeck« anbietet und davon spricht, er wünsche »mehr Bardenoden«,[107] wie sie gerade durch Klopstocks Beiträge in diesem Almanach Mode und Ansporn geworden waren,[108] so kann man hier auch hineinlesen: Keine Balladen wie Bürgers Schauerballade ›Lenore‹ aus dem gleichen Band! Diese kann Claudius aus theologischen Gründen nicht gefallen haben. Nicht der literarische Stoff, den er genauso kannte, bewog ihn zu einem Gegenentwurf zum Thema »Tod und Mädchen«, sondern der weltanschauliche Ansatz. Das lässt sich zeigen.

Bürgers Ballade ist selber gattungsprägend geworden. Sie machte ihn auf einen Schlag berühmt: »[…] *ein* Gedicht und unsterblich« (Theodor Fontane).[109] Schon Ende Dezember 1773 war im Umkreis Klopstocks, der Bürgers Sprache vortrefflich fand, die ›Lenore‹ ein »Lieblingsstück«.[110] Das wird sich auch nach Wandsbeck herumgesprochen und konnte Claudius angespornt haben. Die Ballade enthält alles, was man von dieser Gattung erwarten kann: Einen fiktiv historischen Ausgangspunkt (*initium*), Dramatik, Spannungsbogen und eine Pointe (*conclusio*), die in einer moralischen Lehre gipfelt. Die Einleitung spielt auf den Siebenjährigen Krieg zwischen Österreich und Preußen (1756–1763) an, der noch nicht lange zurückliegt. Die zitierte Prager Schlacht (Strophe 1) fand am Anfang des Krieges statt und war siegreich für Preußen, die Sattheit des »langen Haders« (Str. 2) zeigte sich in einem Kompromissfrieden (Friede zu Hubertusburg). Unter den entlassenen Soldaten sucht die junge, verzweifelte Braut mit schwarzem »Rabenhaar« (Str. 4) ihren Bräutigam Wilhelm vergebens, der aber, da er sich seither nicht

107 Briefe 1915, S. 6; Botengänge, S. 109.
108 Musen Almanach für 1774 (Anm. 63), ›Drey Bardengesänge aus Klopstocks Hermann und die Fürsten‹ (S. 1–19), also ehrend am Anfang.
109 Zitiert bei Gronenberg (Anm. 103), S. 41–45, Zitat S. 43 (Hervorhebung von mir). Vgl. die ergiebige Darstellung der Rezeption in: Gottfried August Bürger, Werke und Briefe. Auswahl, hrsg. von Wolfgang Friedrich, Leipzig 1958, S. 44–50, 55–59, hier: S. 49, 55 f. Die Frage nach einer volkstümlichen Vorstufe, also einer Ur-Lenore, kann hier nicht interessieren. Das Selbstbewusstsein Bürgers mag das folgende Briefzitat, noch vor der Fertigstellung, bezeugen: »Wenn bei der Ballade nicht jedem es kalt über die Haut laufen muß, so will ich mein lebelang Hans Casper heißen.« (Brief an Heinrich Christian Boie, 6. May 1773, in: Gottfried August Bürger, Briefwechsel, hrsg. von Ulrich Joost und Udo Wargenau, Bd. 1: 1760–1776, Göttingen, 2015, S. 296).
110 Heinrich Christian Boie an den Hainbund, 23.–28.12.1773 (Lüchnow [Anm. 100], S. 205 f.).

mehr gemeldet hatte, womöglich bereits in der Prager Schlacht ums
Leben gekommen war. Damit ist der Konflikt umschrieben, aus dem die
Handlung erwächst.

Lenore hadert mit Gott, während die Mutter zur Geduld rät oder
die – nicht gerade tröstende – Vermutung ausspricht, Wilhelm könnte
Moslem geworden und ein neues »Eheband« (Str. 8) eingegangen sein.
Für Lenore ist Gott ohne Gnade und ohne Barmherzigkeit (»Bey Gott
ist kein Erbarmen«, Str. 5), so dass auch Beten nicht helfe: »Was half,
was half mein Beten? | Nun ist's nicht mehr vonnöthen!« (Str. 6), »Der
Tod, der Tod ist mein Gewinn! | O wär ich nie geboren!« (Str. 9). Damit
lässt Bürger Lenore das Gesangbuchlied »Christus der ist mein Leben,
Sterben ist mein Gewinn« von Melchior Vulpius von 1609,[111] in dem
der Brief des Paulus an die Philipper 1,21 zitiert ist, in sein Gegenteil
umkehren. Der Hinweis der Mutter auf Christus als Seelenbräutigam
(Str. 10) steigert die Verzweiflung, so dass Lenore sich von der christlichen Heilslehre verabschiedet (Str. 11):

> »O Mutter! Was ist Seligkeit?
> O Mutter, was ist Hölle?
> Bey ihm, bey ihm ist Seligkeit!
> Und ohne Wilhelm, Hölle!
> Lisch aus, mein Licht! Auf ewig aus!
> Stirb hin! stirb hin! In Nacht und Graus!
> Ohn' ihn mag ich auf Erden,
> Mag dort nicht selig werden!« – –

Damit ist der Kipppunkt der Ballade erreicht. Jetzt kann der Tod als Reiter in der Gestalt des Geliebten ins Spiel gebracht werden. Das Motiv
des Todes als Reiter ist biblisch (Apokalypse des Johannes 6,8) und
längst volkstümlich geworden. Bekannt sind Albrecht Dürers Holzschnitt ›Die vier apokalyptischen Reiter‹ (1497/98) oder der Kupferstich ›Ritter, Tod und Teufel‹ (1513), ebenso Pieter Brueghels d. Ä.

---

111   EKG, S. 907 f., Nr. 516 f. Dieser Bezug ist von Kaiser (Anm. 15), S. 53 vollkom-
      men verkannt worden, wenn er hier das Enite-Motiv (vgl. Hartmann von Aue,
      Erec) »sterben als körperliche Vereinigung mit dem Tod« vorliegen sieht. Den
      »Kitzel von Erotik und Vanitas« (S. 54) bei Bürger hat erst die bildende Kunst
      empfunden. Siehe Anm. 117.

Gemälde ›Der Triumph des Todes‹ (ca. 1562), also zeitgleich wie die besprochenen Gemälde.[112]

Der Todesreiter kommt »um Mitternacht« (Str. 15) auf einem »Rappen« (Str. 16, vgl. Apokalypse 6,5) – auch das ist ein volkstümliches Motiv –, d.h. seine Macht ist auf die Nacht beschränkt. Bürgers Kunst besteht darin, den rasenden Ritt zum Grab in dauernder Spannungssteigerung fast 20 Strophen hinzuziehen bis zum bevorstehenden Morgen, wobei der Tod, der ihr ein »Hochzeitsbette« verspricht (Str. 17), sich allmählich und steigernd als Zyniker enttarnt. Von dem scheinbar liebevollen Beginn »Liebchen« (Str. 14), der Antwort »Herzliebster« (Str. 15) und dem versprochenen »Brautbett« (Str. 16), wird dieses als »Sechs Bretter und zwey Brettchen« (Str. 17) umschrieben, ohne dass Lenore fähig oder willens ist, das zu verstehen. Ein gespenstischer Leichenzug auf dem Weg mit höllischer Parodie auf eine Trauung (Str. 21 und 22) – der Tod scheint selbst Pfaffe und Küster spöttisch um den Segen zu bitten – kündigt an, was zu erwarten ist. Ein zynischer Dialog (»Graut Liebchen auch vor Todten?« – / »O weh! Laß ruhn die Todten?«, Str. 27) bringt die Erkenntnis zu spät. In teuflischer Anspielung auf Jesu Sterbewort am Kreuz (Johannes 19, 30) heißt der Triumpf des Todes:

> Vollbracht, vollbracht ist unser Lauf!
> Das Hochzeitbette thut sich auf!
> Die Todten reiten schnelle!
> Wir sind, wir sind zur Stelle! (Str. 28)

Jetzt erst kommt die eigentliche schreckliche Gestalt des Todes zum Vorschein, wie sie aus der Tradition der Maler bekannt ist. Hier enttarnt sich der Tod schließlich als Geripppe mit Stundenglas (!) und Hippe, mit einem Totenschädel »ohne Zopf und Schopf« (Str. 30). Das schwarze Pferd verschwindet wie das Geripppe in der tiefen Gruft in ungeweihter Erde, aus der ein Gewinsel ertönt. Das Ende Lenores wird nur vorsichtig angedeutet: »Lenorens Herz, mit Beben, | Rang zwischen Tod und Leben.« (Str. 31)

Bürger fürchtete vielleicht die Zensur, wenn er deutlicher geworden wäre. Aber der Tod der Sünderin, die ihr Gottesvertrauen verloren und sich – wenn auch unwissend – den höllischen Mächten überlassen hatte,

---

112 Vgl. Guthke (Anm. 15), S. 101–103.

ist das logische Ende der Erzählung. Das lässt die letzte Strophe mit dem Dualismus von Körper und Seele auch nicht fraglich werden. Umso zynischer wirkt es, dass Bürger die erwartete Moral von dem »luftigen Gesindel« des Hochgerichts (Str. 25), von den gespenstischen einen »Kettentanz« tanzenden Geistern (aus der Totentanz-Motivik) »heulen« lässt, so dass deren Ernsthaftigkeit in Frage gestellt werden muss (Str. 32):

> Gedult! Gedult! wenn's Herz auch bricht!
> Mit Gott im Himmel hadre nicht!
> Des Leibes bist du ledig;
> Gott sey der Seele gnädig!

Das konnte Claudius im literarischen und denkerischen Kontext seiner Zeit so nicht stehen lassen. Er griff das Thema »Das Mädchen und der Tod«, das ihm aus der Tradition viele Anregungen bot, auf seine Weise und auf ganz anderem Niveau als Bürger auf. Das fertige Gedicht sandte er Voß für den folgenden Jahrgang desselben Musenalmanachs ein. Er versteckte sich nicht hinter dem »W. B.« seines eigenen, dem Aufhören nahen Journals, auch nicht mit dem Boten-Namen »Asmus«, sondern nannte sich deutlich mit dem Personalnamen »Claudius«. Auch dieser kleine Wink will beachtet sein.

Die verborgene Theologie des Gedichtes

Bürger wie Claudius, beides Pastorensöhne und darum bibel- und kirchenliedkundig, waren keine direkten Mitglieder, aber im weiteren Generationssinne zum Göttinger Hainbund gehörig. Natürlich haben sie sich wahrgenommen. Bürger gab schon 1772 und 1773 je ein Gedicht in den ›Wandsbecker Bothen‹,[113] wozu ein kleiner Briefwechsel gehört haben wird. Beide publizierten im gleichen Göttinger ›Musen Almanach‹, später in dem von Voß herausgegebenen Hamburger ›Musenalmanach‹. Die dortigen Gedichte von Bürger beurteilte Claudius vorurteilsfrei.[114] Von einem späteren gegenseitigen Briefwechsel ist nichts

---

113　Vgl. Gronenberg (Anm. 103), S. 97.
114　Briefe 1915, S. 30 f.; Botenbriefe, S. 220 (Brief an Voß vom 10. Dezember 1776 aus Darmstadt).

bekannt. Aber es gab sogar einmal eine poetische Replik, die nicht übersehen werden konnte. Claudius hatte das schon erwähnte erste Phidile-Gedicht mit dem Titel ›Phidile. Eine Romanze‹ dem Göttinger Musenalmanach für 1772 mit der halb anonymen Unterschrift A. überlassen, wo es in einem zierlichen Schmuckrahmen gedruckt wurde.[115] In dem Almanach für 1776 fügte Bürger eine gekonnte Parodie hinzu: ›Robert. Ein Gegenstück zu Claudius Romanze Phidile‹, mit sofortiger Komposition von D. Weiß.[116] Und damit Leserin und Leser sogleich wussten, worauf sich dies bezog, folgte am Ende noch eine Komposition zur ersten Strophe »Ich war nur einen Sommer alt«, vermutlich von dem gleichen Komponisten. Das mag ein Beispiel für ein gegenseitiges Poetengespräch sein, wie es die neue Dichtergeneration liebte. Aber das denkerische Niveau der beiden »Romanzen« war doch äußerlich. Für das Gedicht ›Der Tod und das Mädchen‹ von Claudius beweist das zunächst noch nichts. Es bleibt ganz offen, ob dieses Gedicht Bürger überhaupt geistig erreicht haben kann. Das Gedicht wurde weder bei ihm noch in den bekannt gewordenen Briefwechseln des Hainbundes je erwähnt. Parodiert werden jedenfalls konnte es nicht.

Bürgers Ballade ›Lenore‹ – um darauf zurückzukommen – kennt keinen heilsgeschichtlichen Ausblick, was das Ende des Menschen angeht.[117] Für Claudius ist ein solches Gottesbild zu oberflächlich, da es von einer äußerlichen Sündenschuld der jungen Frau ausgeht, für die der Tod die Strafe ist. So konnte man die Tod-Frau-Ikonologie der Maler der Renaissance deuten. Das konnte der Lutheraner so nicht stehen lassen, für den das Heil nicht aus dem menschlichen Werk, sondern

---

115 Musenalmanach MDCCLXXII, Göttingen: Diederich (Nachdruck Hildesheim und New York 1972), S. 77–79. Vgl. SW, S. 33 f. sowie Kommentar S. 1003; Görisch, Gedichte, S. 25 f., 265. Das Gedicht war bereits vorher (1770) in den ›Hamburgischen Adreß-Comtoir-Nachrichten‹ gedruckt worden.

116 Musenalmanach für 1776 (Nachdruck ohne Frontseite), S. 77–80. Unterschrift: Bürger. Friedrich Wilhelm Weis, der Arzt war, komponierte beide Phidilen-Gedichte (vgl. SW, S. 1003, 1016).

117 Wohlgschafts Versuch (Anm. 79, S. 149–151) einer »transzendenten, die Erdenwelt überschreitenden Auslegung« (S. 151) kann nicht überzeugen. Die Todes-Gestalt als »Gespenst« des toten Bräutigams zu sehen, ist ein Fehlgriff. Wichtig ist der Hinweis auf ein Bild von Frank Kirchbach (1859–1912) von 1896, das den Tod als Reiter mit Lenore am Arm zeigt, die mit nacktem Brüsten dargestellt ist. Auch hier ist das Motiv von Tod und Mädchen in der Kunst sexualisiert.

aus dem Glauben kam (Römerbrief 3,28). Unter dieser Voraussetzung konnte für ihn Bürger mit dem Tod nur spielen und diesen zum äußerlichen Inhalt einer Schauergeschichte machen. Für Claudius stimmte das Menschenbild der Ballade mit dem wirklichen, dem Sterben ausgelieferten Menschen nicht überein. Natürlich hat Claudius sogleich – was die germanistische Forschung erst spät gesehen hat – bei Bürger die vielen Anspielungen aus der Luther-Bibel und aus dem protestantischen Gesangbuch wahrgenommen und als ungehörige Parodie beurteilen müssen.[118] Claudius mochte mit dem Tod nicht spielen, so wie er auch mit dem Geschick des Menschen nicht spielen mochte. Seine biblischen Anklänge waren, auch wenn er »launig« schrieb, ernst gemeint.

Natürlich war Claudius auch hier ein Zeitgenosse der Aufklärung. Den Tod als »Freund« zu sehen, sei, wie Reinhard Görisch meint, »zeitgebunden«[119] und folge dem Todesverständnis der Epoche, die zugleich von der philosophischen Aufklärung und dem Pietismus geprägt war, die die Vorstellung vom grausamen Tod in der Literatur und Malerei und natürlich in der christlichen Predigt überwinden wollte. Aber Claudius schwamm doch auch »gegen den Strom«[120] – und das heißt in diesen Fall gegen das Menschen- und Todesbild Bürgers. Er tat das nicht als öffentlichen theologisch-philosophischen Diskurs, sondern in der Sprache seiner Dichtung, die äußerlich durchaus nicht religiös erscheint. Und er tat es in dem gemeinsamen Kommunikationsorgan des Musenalmanachs.

Das ließ sich durchweg zeigen, und zwar in der entscheidenden Tod-Strophe, die das Achtergewicht hat. Während die Furcht des Mädchens vor dem frühen Tod die verständliche und nachvollziehbar allgemein menschliche ist, sind die Sprache des Todes und sein Angebot durchweg biblisch geprägt. »Gib deine Hand«, »bin Freund«, »sey gutes Muts«

---

118   Vgl. Albrecht Schöne, Bürgers ›Lenore‹, in: Deutsche Vierteljahrsschrift für Literaturwissenschaft und Geistesgeschichte 28 (1954), S.324–344.

119   Reinhard Görisch, Matthias Claudius oder Leben als Hauptberuf, 2., überarbeitete Auflage, Marburg 2014, S.62–65. Vgl. auch Erik Neumann, Matthias Claudius in seiner Einstellung zur Aufklärung, in: Jahresschriften der Claudius-Gesellschaft 30 (2021), S.7–75.

120   Reinhard Görisch, Vom Mut, gegen den Strom zu schwimmen. Matthias Claudius' Verhältnis zu Aufklärung und Klassik, in: »Ich hab da 'n Büchel geschrieben …«. Reinhard Görisch zu seinem 80. Geburtstag. Sonderausgabe der Jahresschriften der Claudius-Gesellschaft, Kiel 2021, S.13–36.

»sanft schlafen« zeigen den theologischen Sprachhintergrund, den der Dichter auch sonst gebraucht. Eine erotische Nebenbedeutung gibt es nicht.

Claudius individualisiert den Tod wie Bürger. Der Tod kommuniziert mit der jungen Frau, aber er betrügt und belügt sie nicht, er ist kein zynischer Tod. Er ist nicht »wild«. Dahinter steht bei Claudius eine Theologie, die in dem Gedicht selbst nicht genannt wird, also verborgen ist. Der Tod verspricht ein »sanftes« Schlafen, will sagen: Er gehört auf die Seite Gottes und spielt eine Rolle im Heilsgeschehen. Er ist fürsorglich für die Zwischenzeit zwischen Sterben und Auferstehung, das ist sein »Beruf«. Er ist nicht tanzwütig, wie in den Darstellungen des Totentanzes, nicht zynisch wie bei Bürger, und natürlich schon gar nicht geil wie in der malerischen Tradition. Er ist ein »christlicher Knochenmann« (wie man in der Tat sagen kann).[121] Nur als eine Gestalt mit heilgeschichtlicher Aufgabe erscheint er Claudius ernsthaft begriffen zu sein. Deshalb nennt er ihn – noch nicht in dem Gedicht selbst, aber im Frontispiz und der Dedikation – »Freund Hain«. Erst in dem Gedicht ›Nach der Krankheit‹, also mit dem Namen, lässt er ihn lächeln. Damit gibt er ihm eine freundliche Physiognomie. Das könnte auch zu ›Der Tod und das Mädchen‹ passen.

Dieser »Schlaf« wird nicht endlos gedacht und auch nicht ziellos. Claudius kann der Liebe eine Dauer über das menschliche Leben hinaus zuschreiben. Im zweiten Phidile-Gedicht von 1775 kann er Phidile von ihrem Wilhelm (!) sagen lassen: »Und nimmt mich oder dich der Todt | so finden wir uns wieder.«[122] Das ist kein bloßes Spiel mit Worten, denn der Dichter bietet in seinem Brief an Voß aus dem August 1775 an, beim Druck die echten Personennamen einzusetzen: Ernestine (Boie) und Johann Heinrich (Voß).[123] Das meint Claudius ernst. Mit den Freunden kann er keinen Scherz treiben. Und er behauptet ja nichts, was nicht in der allgemeinen christlichen Überzeugung lebendig gewesen wäre.[124] Und genau das war, wie Claudius wissen konnte, auch

121 So Guthke (Anm. 15), S. 158.
122 SW, S. 124.
123 Briefe 1915, S. 16 f., Botengänge, S. 157 f. Die Angabe »Wandsbeck, Montag 1795« lässt sich auf den 30. August nach der Rückkehr aus Lauenburg, Reinfeld und Lübeck festlegen.
124 Vgl. auch Görisch, »Der Mensch ist hier nicht zu Hause« (Anm. 12), S. 238.

zwischen den Verlobten ein gemeinsamer Glaube und ein Versprechen einer Treue über den Tod, »jenseit des Grabes«, hinaus.[125]

Die eigentliche Aussage des Gedichtes liegt mithin in der zweiten, der Tod-Strophe. Sie enthält die Antwort auf Bürger. Und sie ist es, die die Bedeutung des Gedichts und damit die Rezeption ausmacht – bis in die Vertonung Schuberts hinein, die bekanntlich in Dur endet. Die »Fortsetzung« einer Folgestrophe kann deshalb ausfallen. Sie versteht sich auf christlichem Hintergrund von selbst. Das Gedicht bleibt nicht offen. Es klingt weiter. Der Göttinger Hainbund konnte das verstehen, weil er im gleichen Denk- und Wissens-Horizont lebte. Das war in späteren Interpretationsansätzen nicht mehr gegeben.

Neben dem zu Beginn erwähnten Luther-Lied »Mitten wir im Leben sind mit dem Tod umfangen« (Media vita in morte sumus) fand Claudius in seinen Gesangbüchern unmittelbar benachbart das Luther-Lied (Text und Melodie) »Mit fried' und freud' ich fahr dahin«, das den Lobgesang des Simeon (Nunc dimitis) aus Lukas 2,29–32 in Verse fasst. Die erste Strophe endet so: »Wie Gott mir verheissen hat: Der tod ist mein schlaf worden.«[126] Der Schlaf wohin? In das ewige Leben bei Gott. Genau das wollte Claudius in seinem Gedicht ›Der Tod und das Mädchen‹ sagen.

125 Vgl. Voß an Brückner, 12. Februar 1775: »Wie oft hat nicht sie [Ernestine] mich an den Tod erinnert, und mich mit ihrer ewigen, ungehinderten Liebe jenseit des Grabes aufgerichtet.« (Briefe von Johann Heinrich Voß [Anm. 3], S. 189) Voß kann Claudius bei seinem Besuch davon erzählt haben.

126 Plönisches Gesang-Buch (Anm. 13), S. 533 (D.M. Luther); Vollständiges Gesang-Buch (Anm. 13), S. 716, Nr. 957 (ohne Autor); EKG, S. 912, Nr. 519.

DIETMAR PRAVIDA

»Werkgenese« in der Editionsphilologie

Henning Boëtius und Friedrich Wilhelm Wollenberg als Beiträger zu ›Texte und Varianten‹ und die Frühgeschichte der Frankfurter Brentano-Ausgabe[*]

I.

Die neuere germanistische Editionswissenschaft seit 1945 leitet sich von Friedrich Beißners Ausgabe der Werke Friedrich Hölderlins her, die seit 1943 erschien.[1] Hier gebrauchte Beißner erstmals in einer Edition das zuvor 1938 von ihm am Beispiel Wielands entwickelte Verfahren der Verzeichnung von Textvarianten, die chronologisch und stufenförmig geordnet waren und die Entstehung eines Gedichttextes an einer bestimmten Stelle leicht nachvollziehbar machten. Es erlaubte im Prinzip eine – wenn auch idealisierte – genetische Lektüre. Zusammengehörige Varianten mehrerer Stellen wurden als eigenständige Fassungen dargestellt. Damit hat Beißner die ältere Form der Lesartenapparate, wie sie in der Weimarer Ausgabe von Goethes Werken üblich waren, überwunden, der Unlesbarkeit und undiskriminierte Anhäufung von Wichtigem und Unwichtigem vorgeworfen wurde.

Beißners Vorstoß erregte weithin Zustimmung bei den Hölderlin-Forschern und auch bei den Editionsphilologen; die erste Ausgabe, die seinem Modell folgte, war die Akademie-Ausgabe der Werke von Gottfried Wilhelm Leibniz, ihr schlossen sich viele weitere Ausgaben deutscher Schriftsteller bis in die 1970er Jahre an. Doch gab es auch Wider-

* Vortrag auf der von Uwe Maximilian Korn und Janina Reibold veranstalteten Tagung »Fünfzig Jahre Texte und Varianten« in Heidelberg, 9.–10. September 2021. Der geplante Band mit den Beiträgen zur Tagung konnte leider nicht realisiert werden. Für die Lektüre des Textes danke ich Christoph Perels, für sachliche Hinweise Konrad Heumann.
1 Friedrich Hölderlin, Sämtliche Werke, hrsg. von Friedrich Beißner und Adolf Beck, 8 Bde., Stuttgart 1943–1985.

spruch, der sich vor allem auf die Nachprüfbarkeit von Beißners Aussagen bezog, da seine auf Lesbarkeit und Nachvollziehbarkeit abzielende Darstellung bei schwierigeren Fällen notwendigerweise vom Bild, das die Handschriften zeigten, wegführte.[2] Im Anschluss an Beda Allemann und an Hans Werner Seiffert stellte Hans Zeller 1958 erstmals eine alternative Form der Variantendarstellung vor, die er für seine seit 1963 erscheinende Ausgabe der Gedichte Conrad Ferdinand Meyers entwickelt hatte (die zugehörigen vier Apparatbände erschienen 1964, 1967, 1975 und 1996, der Band mit Text und Apparat der Nachlassgedichte 1991).[3] Zweck seines Unternehmens war es, neben der entstehungsgeschichtlichen Entwicklung der Varianten (was in der Folge zunehmend »Textgenese« genannt werden sollte) auch die räumlichen Verhältnisse des handschriftlichen Befundes in einer Weise wiederzugeben, die die editorischen Entscheidungen des Herausgebers transparent machte. Die Gegensätze der Editionstechnik zwischen Beißner und Zeller prägten die kontroversen Diskussionen der 1960er Jahre, die auf einer Reihe von Kolloquien der Deutschen Forschungs-Gemeinschaft geführt wurden, in der Friedrich Beißner zunächst durchaus die Oberhand gegenüber Zeller behielt.[4]

Neben Zeller bemühte sich die Berliner Arbeitsstelle der Goethe-Ausgabe an der Deutschen Akademie der Wissenschaften zu Berlin um eine Neukonzeption der Editionsphilologie. Der Arbeitsgruppe um Siegfried Scheibe war besonders an einer scharfen begrifflichen Fassung

---

2   Beda Allemann, [Rez.] Friedrich Hölderlin, Sämtliche Werke, hrsg. von Friedrich Beißner, Bd. 1, 2 und 5, in: Anzeiger für deutsches Altertum 87 (1956/57), S. 75–82.

3   Hans Zeller, Zur gegenwärtigen Aufgabe der Editionstechnik. Ein Versuch, komplizierte Handschriften darzustellen, in: Euphorion 52 (1958), S. 356–377. – Conrad Ferdinand Meyer, Sämtliche Werke. Historisch-kritische Ausgabe, besorgt von Hans Zeller und Alfred Zäch, 15 Bde. [Bde. 1–7 hrsg. von Hans Zeller; Bde. 8–14 hrsg. von Alfred Zäch; Bd. 15 hrsg. von Rätus Luck], Bern 1958–1996. Vgl. Hans Werner Seiffert, Untersuchungen zur Methode der Herausgabe deutscher Texte, Berlin ²1969 (¹1963) (= Deutsche Akademie der Wissenschaften zu Berlin. Veröffentlichungen des Instituts für Deutsche Sprache und Literatur 28), S. 180–188.

4   Protokolle der Kolloquien von 1964, 1965 und 1966 finden sich in dem Ordner »Edition I«, Protokolle der Kolloquien von 1967 und 1968 in dem Ordner »Brentano Deutsche Forschungsgemeinschaft I« in der Brentano-Redaktion des Freien Deutschen Hochstifts (siehe Anm. 17). Siehe auch Uwe Maximilian Korn, Von der Textkritik zur Textologie. Geschichte der neugermanistischen Editionsphilologie bis 1970, Heidelberg 2021 (= Beihefte zum Euphorion 114), S. 217–222.

grundlegender editorischer Termini gelegen, vor allem der Begriffe der Fassung und der Autorisation. Die ›Grundlagen der Goethe-Ausgabe‹ wurden 1960/61 ausgearbeitet und zirkulierten in der Folge auch im westlichen Deutschland, wenngleich sie erst viel später publiziert wurden.[5] Von dort stammt das Interesse an der Begriffsbildung und präzisen Definition, woraus sich in der Folge die »Editionstheorie« im Gegensatz zur »Editionstechnik«, von der noch im Untertitel von Zellers Aufsatz von 1958 die Rede war, entwickeln sollte. Die Neuansätze sowohl Zellers wie auch Scheibes trafen sich im Bemühen um möglichst hohe editorische Objektivität, sei es bei Zellers Vorschlägen zur Variantendarstellung, sei es bei Scheibes und seiner Mitarbeiter Regeln zur Auswahl von Fassungen. Der prinzipielle Duktus, zu dem sowohl Zeller wie auch Scheibe durch die Auseinandersetzung mit ihren Vorgängern geführt wurden, prägte die weitere Entwicklung der – sich seit den 1970er Jahren zunehmend so nennenden – Editionswissenschaft. Entgegen dem Widerstand, der Zeller auf den Kolloquien begegnete, gab es nun eine Reihe jüngerer Wissenschaftler, die willens waren, seinen Ansatz produktiv aufzunehmen. Sie fanden sich in dem von Gunter Martens und Zeller im Jahr 1971 herausgegebenen Sammelband ›Texte und Varianten‹ zusammen, der 21 Beiträge enthielt.

Der Sammelband ist nach Auskunft der beiden Herausgeber im Vorwort »als ein erster Versuch gedacht, einen Überblick über die gegenwärtig relevanten Strömungen der Editorik zu geben und sowohl ihre grundlegenden Ansätze wie auch ihre paradigmatisch aufgezeigten Verfahrensweisen zur Diskussion zu stellen«.[6] Als vordringlich galt es, »eine begriffliche Klärung« und »Reflexion der editorischen Ziele und Methoden« zu beginnen.[7] Nach dem einleitenden Beitrag Siegfried

5 Ilse-Marie Barth, Klaus Baumgärtner, Hanna Fischer-Lamberg, Waltraud Hagen, Erich Mater, Edith Nahler, Horst Nahler, Helmut Praschek, Siegfried Scheibe, Grundlagen der Goethe-Ausgabe, in: Siegfried Scheibe, Kleine Schriften zur Editionswissenschaft, Berlin 1997 (= Berliner Beiträge zur Editionswissenschaft 1), S. 245–272, zur Entstehungsgeschichte vgl. Scheibes Vorbemerkung, ebd., S. 5–8. Zur frühen Kenntnisnahme in der Bundesrepublik vgl. Hans Zeller, [Rez.] Gerhard Seidel, Studien zur Edition poetischer Werke von Bertolt Brecht, Bd. 1–2, Diss. Greifswald 1966, in: Germanistik 9 (1968), S. 645–647, Nr. 2956.

6 Texte und Varianten. Probleme ihrer Edition und Interpretation, hrsg. von Gunter Martens und Hans Zeller, München 1971, Vorwort, S. VII–X, hier: S. VII.

7 Ebd., S. VIII.

Scheibes, der die Begriffsdefinitionen aus den ›Grundlagen der Goethe-Ausgabe‹ vorstellt und aus programmatischen Gründen an den Anfang des Bandes gesetzt wurde, folgen – so das Vorwort – Aufsätze, die »die verschiedenen Aufgabengebiete der Edition« behandeln, »wobei es darauf ankam, bereits durch die Anordnung die divergierenden Richtungen editorischer Reflexion, zugleich aber auch Ansätze möglicher Gemeinsamkeit aufzuzeigen«.[8]

An dem Band nahmen eine Reihe von Editoren von zu diesem Zeitpunkt noch im Planungsstadium befindlichen historisch-kritischen Ausgaben teil: Von der Klopstock-Ausgabe, die 1974 zu erscheinen begann, Klaus Hurlebusch, Elisabeth Höpker-Herberg und Rose-Maria Hurlebusch, von der Georg Heym-Ausgabe, deren Textbände zwischen 1960 und 1968 erschienen waren, deren – wie es damals noch hieß – Lesartenband aber noch ausstand,[9] Günter Dammann und Gunter Martens, schließlich zwei Mitarbeiter und designierte Bandherausgeber »Sämtlicher Werke und Briefe« Clemens Brentanos – kurz Frankfurter Brentano-Ausgabe –, Henning Boëtius und Friedrich Wilhelm Wollenberg. Es fehlen Mitarbeiter der zu diesem Zeitpunkt ebenfalls in Planung befindlichen historisch-kritischen Ausgaben von Heinrich Heine, Annette von Droste Hülshoff und Hugo von Hofmannsthal, die ihrer Anlage nach der Brentano-Ausgabe recht ähnlich konzipiert waren. In späteren Jahren sind dann die Mitarbeiter der Düsseldorfer Heine-Ausgabe den an den Sammelband von 1971 anschließenden Tagungen immer noch weitgehend fern geblieben oder haben sich dezidiert polemisch dazu verhalten, wie Eberhard Weidl in dem ›Texte und Varianten‹ zunächstfolgenden Band ›Edition und Wirkung‹ von 1975.[10] Die Editoren der Hofmannsthal-Ausgabe nahmen ebenfalls keinen Anteil. Die Mitarbeiter der von Winfried Woesler begonnenen Droste-Ausgabe haben sich später mit hoher Intensität beteiligt und sind bis heute

---

8 Ebd., S. VIII–IX.
9 Vgl. Waltraud Hagen, Handbuch der Editionen. Deutschsprachige Schriftsteller. Ausgang des 15. Jahrhunderts bis zur Gegenwart, Berlin 1979 (= Veröffentlichungen des Zentralinstituts für Literaturgeschichte der Akademie der Wissenschaften der DDR), S. 280.
10 Eberhard Weidl, Das Elend der Editionstechnik, in: Zeitschrift für Literaturwissenschaft und Linguistik 5, 1975, H. 19/20: Edition und Wirkung, hrsg. von Wolfgang Haubrichs, S. 191–199.

höchst aktiv. Dagegen fanden sich bei späteren Kolloquien und Tagungen keine Brentano-Editoren mehr ein – oder doch nur vereinzelt und dann nicht ohne polemische Attacken gegen die germanistische Editionsphilologie nach Beißner.[11] Von den genannten Editoren unter den Beiträgern zu ›Texte und Varianten‹ haben alle später auch tatsächlich Bände innerhalb der genannten Ausgaben bearbeitet. Nur die beiden Brentano-Editoren nicht. Im folgenden gilt das Interesse dem hier bemerkbaren Einschnitt – von der Beteiligung zur Nichtbeteiligung der Brentano-Forscher an editionswisssenschaftlichen Tagungen und Publikationen, von der designierten Herausgeberschaft zum Ausscheiden aus dem Kreis der Herausgeber oder Bearbeiter der Ausgabe, sowie der Vor- und Nachgeschichte dieser Vorgänge.

II.

Henning Boëtius (1939–2022) war von Zeller zu dem Sammelband eingeladen worden,[12] während Friedrich Wilhelm Wollenberg (1921–

---

11 Vgl. Hartwig Schultz, »In dem nächtlichen Feldlager der Spitzbubenbande erzählt«. Die Verfilzung von autobiographischen und epischen Werken Eichendorffs und ihre editorische Bewältigung (mit Randbemerkungen zur Zukunft historisch-kritischer Ausgaben), in: Editio 9 (1995), S. 117–129. Siehe bereits ders., Unumkehrbar? Vom Wandel der historisch-kritischen Ausgaben, in: Jahrbuch der Deutschen Schillergesellschaft 34 (1990), S. 416–418.

12 In Boëtius' autobiographischem Roman ›Der Insulaner‹ heißt es: »Ich fand schnell heraus, dass es in diesem Metier zwei Glaubensrichtungen gab, die sich ähnlich bekämpften wie die evangelische und die katholische Theologie: Die Beißnerschule und die Zellerschule. Friedrich Beißner […] war durch seine Stuttgarter Hölderlin-Ausgabe zum Papst der Editionstheorie geworden. Der Schweizer Hans Zeller, 21 Jahre jünger, hatte mit der kritischen Conrad-Ferdinand-Meyer-Werkausgabe den Gegenentwurf geliefert. Er war der Martin Luther der Editionstheorie. […] Ich lernte Beißner auf einer Tagung der Herausgeber und des wissenschaftlichen Beirats [d.h. vermutlich bei der Sitzung der Brentano-Unterkommission der Deutschen Forschungsgemeinschaft im Freien Deutschen Hochstift am 1.–2. Juli 1966, D. P.] persönlich kennen. Da Direktor Lüders völlig hilflos war, was die Editionstheorie betraf, musste ich das Konzept unserer Edition vorstellen. Das brachte mich in ziemliche Konflikte, sosehr ich auch beeindruckt war von der väterlichen Aura des Hölderlin-Herausgebers. Zeller hatte offenbar Wind bekommen von der Situation, denn er forderte mich auf, einen Aufsatz zu einem von ihm herausgegebenen Sammelband über Editionstheorie

2011), der in Hamburg lehrte, von Gunter Martens, der am selben Ort tätig war, hinzugezogen wurde.[13] Die Beiträge von Boëtius und Wollenberg laufen unter den Titeln ›Textqualität und Apparatgestaltung‹ (S. 233–250) respektive ›Zur genetischen Darstellung innerhandschriftlicher Varianten‹ (S. 251–272). Der erste Beitrag ist in der späteren Literatur besonders wegen der (letztlich erfolglosen) Einführung des Begriffs der Baldkorrektur als einer terminologischen Ergänzung zu den Termini Sofort- und Spätkorrektur bekannt geblieben (von ›Korrektur‹ spricht stets Boëtius, im Gegensatz zu Zeller, der lieber ›Sofortänderung‹ gebrauchte) (vgl. S. 241–243).[14] Der andere Beitrag wurde oft – übrigens nicht nur in Publikationen deutscher Editionswissenschaftler – wegen der auf den ersten Seiten geübten und viele Leser offenbar überzeugenden Kritik am Objektivitätsverständnis Zellers in seinem Euphorion-Aufsatz von 1958 und im Herausgeberbericht im zweiten Band der Meyer-Ausgabe (1964) angeführt (vgl. S. 251–255). Herbert Kraft füllt in seiner polemisch gestimmten Einführung in die Editionsphilologie von 1990 eineinhalb Seiten mit Zitaten daraus.[15]

Über diese Wirkungsgeschichte hinaus hat es aber noch eine besondere Bewandtnis: Schlägt man das besonders sorgfältig gearbeitete Sachregister in dem Sammelband unter dem Stichworten ›Genese‹ oder ›Genetische Darstellung von Textentwicklung‹ nach, so finden sich dort (mit einer zu vernachlässigenden Ausnahme) ausschließlich Verweise auf Seiten im Intervall von Seite 233 bis 272, also auf die beiden hier in Rede stehenden Beiträge.[16] In der Tat handeln beide zwar zunächst von

---

zu verfassen. Es war eine große Ehre, aber sie belastete gleichzeitig mein Verhältnis zu Lüders. Er ließ sich das Manuskript vorlegen und versuchte, alle Zeller'schen Anklänge zu beseitigen. Ich wehrte mich. Zeller seinerseits versuchte, die Beißner'schen Momente im Aufsatz zu eliminieren. Wieder einmal saß ich zwischen den Stühlen.« (Henning Boëtius, Der Insulaner. Roman, München 2017, S. 830)

13 Mündliche Mitteilung von Gunter Martens während der Heidelberger Tagung.

14 Boëtius wurde auch der Beitrag zu ›Textkritik und Editionstechnik‹ in den ›Grundzügen der Literatur- und Sprachwissenschaft‹ (Bd. 1: Literaturwissenschaft, hrsg. von Heinz-Ludwig Arnold und Volker Sinemus, München 1973 [= dtv 4226. Wissenschaftliche Reihe], S. 73–88) anvertraut.

15 Herbert Kraft, Editionsphilologie. Mit Beiträgen von Jürgen Gregolin, Wilhelm Ott und Gert Vonhoff, Darmstadt 1990, S. 257–259, Anm. 467.

16 Vgl. Texte und Varianten, S. 430, s. v. »Genese von Texten (s. a. Entwicklung)«. Der Ausdruck ›Textgenese‹ fällt bei Wollenberg bereits mehrmals (v. a. ebd.,

Fragen der Variantendarstellung, bemühen sich aber jeweils darum, einen Begriff des Textes zu entwickeln, der über die Belange rein editionstechnischer Fragen apparativer Verzeichnung hinausgeht. Oder vielmehr handeln sie von ›Werkgenese‹, ein Begriff, den auffälligerweise beide Autoren gebrauchen, was auf die Besprechungen zur editorischen Gestaltung der Brentano-Ausgabe zurückgehen dürfte, die im Jahr 1968 stattgefunden hatten.[17] Bei der inhaltlichen Füllung des Ausdrucks ›Werkgenese‹ schlagen sie dann jedoch verschiedene Wege ein. Bei beiden aber geht es darum, dass Genese nicht nur aus dem Hinterlassen von Schriftspuren auf dem Papier besteht und dass deren Rekonstruktion sich nicht auf die »Archivierung ihrer graphischen Rudimente« (S. 235) beschränken darf. Boëtius tendiert dahin, dass eine integrale und mehrkomponentige apparative Darstellung die Werkgenese zu erfassen erlaubt, während Wollenberg eine editorische Darstellung der *Werkgenese* prinzipiell nicht für möglich hält, jedoch die Darstellung der *Textgenese* als ein eingeschränkteres, aber realisierbares Ziel ansieht. In beiden Fällen steht die Diskussion, soweit sie sich den im engeren Sinn editionstechnischen Fragen zuwendet, unter dem leitenden Gesichtspunkt, wie der Beißnersche Stufenapparat, von dem beide ausgehen, durch Aufnahme zusätzlicher deskriptiver Mittel mit den durch Zellers Kritik und dessen Apparatmodell gestellten Herausforderungen vermittelt werden könne.

Boëtius entwickelt ein abstraktes Modell der Werkgenese, das er als ein heuristisches Mittel für die Analyse konkreter Textentstehungsvorgänge ansieht, mit dessen Hilfe die im handschriftlichen Befund nur schwer fassbaren Vorgänge der Entstehung eines literarischen Werkes analysiert werden können. Er bedient sich zu diesem Zweck der begrifflichen Werkzeuge der seinerzeit aktuellen Kybernetik (deren Nachfolger die Systemtheorie bildet). Aus dem Modell leitet er seine Begriffe der Korrekturarten und der Korrekturzusammenhänge her, die für eine editorische Erfassung der tatsächlichen »Komplexität des Entstehungsvorgangs von Dichtung« (S. 235) nötig sind. Er möchte also Varianten

---

S. 259 f.), als Synonym zu ›Textentwicklung‹, hat aber noch keinen eigenen Registereintrag erhalten.

17 Die Diskussionsprotokolle, die teils sehr ausführlich sind, finden sich in dem Ordner »Edition« in der Brentano-Abteilung des Freien Deutschen Hochstifts. Die hier und im folgenden zitierten Ordner sind derzeit noch nicht archiviert und gehören zu den Arbeitsinstrumenten der Brentano-Ausgabe.

nicht nur typisieren und verzeichnen, sondern ihre konkrete Funktion
in der Genese bestimmen. Er behandelt v. a. die Rolle von Sofortkorrekturen im Schreibprozess, die er als Rückkoppelungen oder Wechselwirkung von experimenteller Niederschrift und ästhetischer Kontrolle
(vgl. S. 235) auffasst, dank derer die Entstehung eines Textes mit höhe-
rer Unwahrscheinlichkeit und größerer Poetizität (oder, wie er sich aus-
drückt, »ästhetischer Textqualität«) zustande kommt (vgl. S. 234 f.). Boëtius hat diesen Ansatz in einem streckenweise gleichlautenden, in Hinsicht auf die theoretische Aufbereitung aber weitaus expliziteren – hier
auch die Terminologie der damals breit rezipierten Syntaxtheorie oder,
wie man damals sagte, der Generativen Transformationsgrammatik
aufgreifenden – Aufsatz von 1975 noch einmal skizziert, der unter dem
Titel ›Vorüberlegungen zu einer generativen Editionstheorie‹ in dem
bereits erwähnten Heft ›Edition und Wirkung‹ erschien und der noch
zwanzig Jahre später in den Band englischer Übersetzungen ›Contemporary German Editorial Theory‹ aufgenommen und übersetzt wurde.[18]

Wollenberg befasst sich ebenfalls mit der Genese und beginnt mit
der Frage, »wie weit über den Gegenstand der Edition, über den Begriff
Text Konsens besteht« (S. 251). Er stellt Überlegungen zum Verhältnis
von Text als »den sinnlich faßbaren Teil, den sprachlichen Körper«
(S. 255), wie er auf einer Handschrift überliefert oder bezeugt ist (den er
auch nicht mit dem materiellen Tintensediment auf dem Papier identifizieren möchte; S. 252), und Werkgenese an. Er bezieht sich auf das
Schichtenmodell in der phänomenologischen Ästhetik von Roman In-
garden und behandelt »Handschrift (= materielle Grundlage)«, geschriebenen Text und »Dichtung (= immaterielle Gestalt)« als »Ab-
straktionsebenen« (S. 261) oder »Schichten« (S. 255) des literarischen

---

18 Vorüberlegungen zu einer generativen Editionstheorie, in: Zeitschrift für Literaturwissenschaft und Linguistik 5, 1975, H. 19/20, S. 147–159; Preliminary Re-
flections on a Generative Theory of Editing (1975), in: Contemporary German
Editorial Theory, ed. by Hans Walter Gabler, George Bornstein, and Gillian Bor-
land Pierce, Ann Arbor 1995, S. 153–169. – Der betonte Szientismus, den Boëtius
zu dieser Zeit zu vertreten scheint, zeigt sich auch an seinen Rezensionen; eine
Neuausgabe von Enzensbergers Dissertation bespricht er negativ, weil es sich nur
um einen unveränderten Nachdruck ohne Aktualisierung des philologischen
Kenntnisstandes handle; Henning Boëtius, [Rez.] Hans Magnus Enzensberger,
Brentanos Poetik, München 1973 (= dtv 118. Sonderreihe), in: Germanistik 15
(1974), H. 1, S. 135 f., Nr. 952.

Werkes. Anhand von Äußerungen Beißners macht er deutlich, wie bei diesem die mangelnde Unterscheidung zwischen geschriebenem Text und »Dichtung« zu Problemen führt, da damit die (unter Umständen chronologisch nachvollziehbare) Textentwicklung (Textgenese) und das (unter Umständen einer immanenten Logik folgende) »Wachstum« des Gedichts (Werkgenese) im Sinn der Ausbildung eines »Gestaltzusammenhanges« – so Beißners Ausdruck – umstandslos zusammenzufallen scheint. Aus der Unmöglichkeit, letzteres direkt der Handschrift zu entnehmen, schließt Beißner – so Wollenberg – auf die Unmöglichkeit oder Unbeachtlichkeit der ersteren. Daraus folgt Beißners Option, bei der Variantendarstellung anstelle einer Rekonstruktion der tatsächlichen Textgenese das »ideale Wachstum« des Gedichts bieten zu wollen (S. 259 f.), im Zweifelsfall auch auf Kosten der Chronologie der Niederschrift.[19] Wollenberg stellt bei dieser Gelegenheit fest, »wie wichtig es für die Editionslehre ist, zu klären, was sie unter ›Text‹ zu verstehen hat« (S. 261). Im Anschluss entwickelt er Überlegungen zur Darstellung von Varianten, die unter verschiedensten – und nicht nur einem, etwa dem des schöpferischen Werdens, im Gegensatz zum bloßen artifiziellen Machen – Gesichtspunkten (stilistischen, inhaltlichen, poetologischen, hinsichtlich der Arbeitsweise) interessieren kann (S. 261 f.). Um solchen potentiellen Zwecken zu genügen, ist die vollständige Darbietung der Textgenese – also des schriftlichen Aspekts der Werkgenese – notwendig und insbesondere die Indizierung von Unsicherheiten (S. 262–267). Wollenberg entwickelt so aus theoretischen Überlegungen zum Status des Textes die Rechtfertigung eines textgenetischen Editionskonzepts, das sich von Beißner und Zeller gleichermaßen unterscheidet und zu einer Darstellung führt, die Beißnersche und Zellersche Elemente verbindet. Gegen die Lagerbildung in einer »Beißnerschule« und eine »Zellerschule« akzentuiert er deren Gemeinsamkeiten im Interesse an der Genese, während er die Unterschiede der Variantendarstellung für bloß apparattechnische Divergenzen hält (S. 263 mit Anm. 30), wobei er letzten Endes den Beißnerschen Ansatz – nach einigen Modifikationen und Ergänzungen, die Zellers Anregungen aufnehmen –

---

19 Vgl. Friedrich Beißner, Editionsmethoden der neueren deutschen Philologie, in: Zeitschrift für deutsche Philologie 83 (1964), Sonderheft, S. 72–95, hier: S. 81 f. zum »idealen Wachstum«.

für adäquater zu halten scheint.[20] Wollenberg schließt seine Ausführungen zum Zusammenhang von Werk, Text und Begründung der Variantendarstellung mit der Bemerkung, sein Ziel sei es gewesen, »auf ein Desiderat hinzuweisen: daß es der Editionslehre not tut, theoretisch fundierte Kriterien zu entwickeln, von denen die editorische Praxis ausgehen kann, an denen sie zu messen ist«. Obwohl in den Jahren 1965–1975 viele der Teilnehmer an der Diskussion ein ähnliches Problembewusstsein umgetrieben haben muss, ist dies wohl das erste Mal, dass die Forderung nach einer theoretischen Fundierung der »Editionstechnik« artikuliert wurde, einige Jahre bevor Hans Zeller selbst das Wort »Theorie« zuerst in den Mund nahm – was er in nennenswerter Weise erst seit 1979 tat[21] – und die von Wollenberg skizzierte Problemlage in allerdings anders motivierter Form in Angriff nahm; auf Wollenbergs Kritik hat Zeller hingegen nicht reagiert, er wird von ihm nie zitiert. Wollenberg hat im Anschluss an die zuletzt zitierte Bemerkung noch »einige apparattechnische Konsequenzen« geschildert, die aus seinen vorangegangenen Überlegungen folgten, also besonders die Frage, wie im Beißnerschen Stufenapparat Änderungszusammenhänge dargestellt und wie Unsicherheiten der Deutung angezeigt werden können. Diese Ausführungen entsprechen völlig dem Stand, den zu diesem Zeitpunkt die Diskussion der Editionsprinzipien der Frankfurter Brentano-Ausgabe erreicht hatte.

20 Wollenberg kommt damit über die Auseinandersetzung über missverständliche Formulierungen Zellers hinaus, welcher mit seiner Forderung nach der Rekonstruierbarkeit der Handschrift in dem Euphorion-Aufsatz von 1958 die frühe Diskussion (bei Jonas Fränkel, Walther Killy, Manfred Windfuhr, Winfried Woesler) auf unproduktive Nebengleise geführt hatte. Vgl. die Selbstkorrektur von Hans Zeller, Edition und Interpretation. Antrittsvorlesung, in: Zürcher Student 43, Nr. 7 (Januar 1966), S. 15 und 19.
21 Vgl. Hans Zeller, Braucht die Editionslehre eine Fachsprache? Für eine Verständigung, in: Die Nachlaßedition. La publication des manuscrits inédits. Akten des vom Centre National de la Recherche Scientifique und der Deutschen Forschungsgemeinschaft veranstalteten französisch-deutschen Editorenkolloquiums Paris 1977, hrsg. von Louis Hay und Winfried Woesler, Bern [u.a.] 1979 (= Jahrbuch für Internationale Germanistik, Reihe A, Bd. 4), S. 31–41.

III.

Pläne zu einer Edition der Werke Clemens Brentanos gab es seit langer Zeit. In den dreißiger Jahren war Ernst Beutlers Vorhaben, die in den Jahren 1912 und 1929 erworbenen Bestände des Brentano-Nachlasses zu edieren, an den Zeitläuften gescheitert.[22] Erst in den fünfziger Jahren konnte an die Wiederaufnahme gedacht werden. 1955 schrieb er in einem internen Schriftstück:

> Man muß sich nämlich klar sein, wohin das Hochstift steuert. [...] Die kommende Epoche wird eine rein wissenschaftliche sein. Durch den Erbvertrag mit Fräulein Sophie Brentano ist das Hochstift das Archiv für die deutsche Romantik geworden. In diesem Sinne hat es auch auf den großen Auktionen von 1929 an Handschriften aus der Romantik aufgekauft. Die Ausgabe der Werke von Clemens Brentano, Bettina Brentano und Achim v. Arnim wird die wesentliche Aufgabe der Zukunft sein. Es ist eine sehr schwere Aufgabe, nur von einem Gremium von Gelehrten und mit Unterstützung der Deutschen Forschungsgemeinschaft zu lösen.[23]

Soweit die Aktenlage ein Urteil erlaubt, scheint es, dass die Anregung zur Konkretisierung dieser Pläne im Jahr 1958 durch eine Anfrage des Doktoranden Friedrich Wilhelm Wollenberg an Detlev Lüders (1929–2012) kam. Lüders war in demselben Jahr über Hölderlin promoviert worden[24] und erst seit kurzem als Kustos der Handschriftenabteilung im Hochstift tätig. Beider Doktorvater war Adolf Beck (1906–1981). Wollenbergs erster Brief datiert vom 11. Dezember 1958, darin dankt er für Lüders' Arbeit an der Registrierung der Gedichthandschriften Clemens Brentanos, die offenbar auf Anfrage von Adolf Beck hin für Wollenbergs Dissertation unternommen wurde; am 19. Januar 1959 dankt Wollenberg für die Übersendung eines Verzeichnisses der Gedichthand-

---

22 Vgl. Joachim Seng, Goethe-Enthusiasmus und Bürgertum. Das Freie Deutsche Hochstift – Frankfurter Goethe-Museum 1881–1960, Göttingen 2009, S. 342.

23 Ernst Beutler, Aktennotiz zur Frage der Nachfolge von Herrn Dr. v. Maltzahn vom 13.5.1955; Freies Deutsches Hochstift, Hausarchiv, zitiert nach Seng, a.a.O., S. 343.

24 Detlev Lüders, Das Wesen der Reinheit bei Hölderlin, Diss. (masch.) Hamburg 1958.

schriften.[25] Das war der Ausgangspunkt eines editorischen Vorhabens zur Lyrik Brentanos, die Lüders unter Mitwirkung Wollenbergs herausgeben wollte. Nach ersten Schritten im Jahr 1962 verlief dieser Plan aber im Sande.[26] Konkrete Schritte konnten aber erst unternommen werden, nachdem Lüders im März 1963 nach Ernst Beutlers Tod am 8. November 1960 und nach einer Übergangszeit, in der er als kommissarischer Geschäftsführer fungierte, zum neuen Direktor des Hauses bestellt worden war (Lüders' Nachfolger in der Handschriftenabteilung wurde Bernhard Gajek).[27] Wollenberg wurde 1964 mit einer Arbeit über ›Brentanos Jugendlyrik. Studien zur Struktur seiner dichterischen Persönlichkeit‹ promoviert, die er 1958 bei Hans Pyritz (1905–1958, seit 1947 in Hamburg) begonnen und nach Pyritz' Tod im selben Jahr bei Adolf Beck, der seit 1949 in Hamburg lehrte, weiterverfolgt hatte.[28] Mittlerweile dachte Lüders im Anschluss an Ernst Beutlers groß konzipiertes Vorhaben an Ausgaben sämtlicher Werke nicht nur Clemens Brentanos, sondern auch Ludwig Achim von Arnims und Bettine von Arnims. Die Kommission für Germanistische Forschung der Deutschen Forschungsgemeinschaft riet indessen dazu, sich zunächst auf Clemens Brentano allein zu konzentrieren.[29] Im Herbst 1964 wurde ein Einladungsschreiben an die Professoren Emil Staiger, Paul Böckmann,

25 Freies Deutsches Hochstift, Brentano-Abteilung / Ordner Wollenberg.
26 Detlev Lüders an Friedrich Wilhelm Wollenberg, 12.3.1962; ebd. Der nächste Brief der Korrespondenz datiert erst vom 23.5.1965; hier geht es immer noch um die Gedichtausgabe und Wollenbergs Mitarbeit, für die dieser jedoch die schon seit 1962 gewünschte Freistellung von einem Teil seines Lehrdeputats nicht erhielt; ebd.
27 Vgl. Jahrb. FDH 1964, S. 426 sowie den Eintrag »Detlev Lüders« in: Munzinger Online / Personen. Internationales Biographisches Archiv, http://www.munzinger. de/document/00000010553 (abgerufen am 10.11.2023). Siehe auch Detlev Lüders, Welterfahrung und Kunstgestalt. Über die Notwendigkeit von Kunst und Dichtung, Würzburg 2004.
28 Friedrich Wilhelm Wollenberg, Brentanos Jugendlyrik. Studien zur Struktur seiner dichterischen Persönlichkeit, Diss. Hamburg 1964.
29 Protokoll der Sitzung der Kommission für Germanistische Forschung am 11. Dezember 1964; Freies Deutsches Hochstift, Brentano-Abteilung / Ordner DFG I. – Protokoll der Sitzung der Kommission für Germanistische Forschung am 24. Juni 1965; ebd. Siehe auch Ulfert Ricklefs, Anmerkungen zum Projekt einer historisch-kritischen Gesamtausgabe der Werke und Briefe Ludwig Achims von Arnim, in: Editio 1 (1987), S. 209–223, hier: S. 209. – Der Beschluss zum Beginn mit der Brentano-Ausgabe wird vermerkt im Jahrb. FDH 1964, S. 425.

Heinz Otto Burger, Richard Alewyn und Walter Müller-Seidel versandt, Staiger und Müller-Seidel sagten ab.[30] Seit 1965 förderte die DFG die Vorbereitungen für die Ausgabe.[31] Die in diesem Rahmen notwendige Erschließung der Handschriften – v. a. der Gedichthandschriften – unternahm nach dem Ausscheiden von Bernhard Gajek im Jahr 1966 (er ging nach Heidelberg, wo er sich bei Arthur Henkel über Clemens Brentanos Lyrik habilitierte) ein junger Wissenschaftler, Henning Boëtius.

Boëtius war am 23. Februar 1966 mit einer Arbeit über Hans Henny Jahnn in Frankfurt bei Heinz Otto Burger promoviert worden[32] und kam im selben Jahr als Forschungsstipendiat der DFG in das Hochstift (wo Burger zum Verwaltungsausschuss gehörte).[33] 1968 wurde er Leiter der neugegründeten Redaktion der Brentano-Ausgabe.[34] Ein Jahr zuvor hatten sich die schon damals so genannten »Hauptherausgeber« Detlev Lüders, Jürgen Behrens (1935–2005) und Wolfgang Frühwald (1935–2019) – der zu diesem Zeitpunkt noch nicht habilitiert war –, als Gremium konstituiert.[35] Zusammen mit ihnen arbeitete Boëtius an der Ausarbeitung der ›Vorläufigen Prolegomena‹, die 1967 fertig waren.[36,37]

---

30 Freies Deutsches Hochstift, Brentano-Abteilung / Ordner Beirat.

31 Vgl. Jahrb. FDH 1966, S. 479; 1967, S. 462.

32 Utopie und Verwesung. Zur Struktur von Hans Henny Jahnns Roman ›Fluß ohne Ufer‹, Bern 1967 (= Europäische Hochschulschriften, Reihe 1, Bd. 1). – Neben den ›Europäischen Hochschulschriften‹ eröffnete Boëtius noch eine weitere literaturwissenschaftliche Reihe mit dem ersten Band: Daniel Georg Morhofens Unterricht von der teutschen Sprache und Poesie. Nachdruck der vermehrten und verbesserten Ausgabe Lübeck 1700, hrsg. von Henning Boëtius, Bad Homburg vor der Höhe [u.a.] 1969 (= Ars poetica. Texte 1).

33 Vgl. Jahrb. FDH 1967, S. 462; 1968, S. 528.

34 Jahrb. FDH 1969, S. 432.

35 Detlev Lüders an den Beirat der Ausgabe, 25.8.1967; Freies Deutsches Hochstift, Brentano-Abteilung / Ordner Beirat: »Nach langen vergeblichen Bemühungen, einen zweiten Hauptherausgeber [d.h. einen Ordinarius] zu finden, hat sich das Hochstift entschlossen, eine Gruppe von drei Hauptherausgebern der jüngeren Generation zu bilden.« – Lüders hatte Frühwald am 9.6.1965 zur Teilnahme an der Ausgabe aufgefordert; Freies Deutsches Hochstift, Brentano-Abteilung / Ordner Frühwald bis 1985.

36 Vorläufige Prolegomena zur historisch-kritischen Ausgabe der Werke und Briefe Clemens Brentanos bearbeitet von Jürgen Behrens, Henning Boetius, Wolfgang Frühwald, Gerhard Junker, Detlev Lüders und Heinz Rölleke, Typoskript, Freies Deutsches Hochstift / Brentano-Redaktion o.J. (1967).

37 Boëtius war seit 1967 auch als Herausgeber der Hermanndramen bei der Hamburger Klopstock-Ausgabe vorgesehen; erschienen ist von ihm aber nur eine Re-

Von 1968 datiert ein Verlagsvertrag mit dem Bad Homburger Verlag Gehlen,[38] der 1970 in den Frankfurter Athenaeum-Verlag überging. Vom Januar 1968 stammt ein erster Plan mit der Bandaufteilung und vorgesehenen Beiträgern sowie vorgesehenen Abgabeterminen (die Bände sollten jeweils 1–2 Jahre später erscheinen), die von den tatsächlichen Erscheinungsterminen nicht unwesentlich abweichen.[39] (Abb. 1 a–c)

Nach den »Vorläufigen Prolegomena« wurden seit 1968 die Editionsprinzipien intensiv und unter Beteiligung der seinerzeit vorgesehenen Bandherausgeber diskutiert, zunächst noch im Jahr 1968 auf vier der Diskussion der Editionsprinzipien gewidmeten Sitzungen.[40] Die Variantenverzeichnung und Apparatdarstellung waren beinahe das einzige, jedenfalls das am ausgiebigsten behandelte Thema, während andere Fragen keine große Rolle gespielt zu haben scheinen. Dabei tat sich ein tiefer Gegensatz zwischen den Bandbearbeitern und den Hauptherausgebern auf, der etwa auf der Sitzung zu den Prosabänden zu einer Abstimmung führte, wo alle neun Bandbearbeiter zusammen mit dem Redaktionsleiter Boëtius gegen die Hauptherausgeber stimmten.[41] Die Bandbearbeiter favorisierten das Apparatmodell für Prosatexte, das soeben von der Klopstock-Ausgabe entwickelt worden war, die Herausgeber wollten an einem einheitlichen Modell für Vers und Prosa festhalten, und zwar an Beißner. Bei dieser Gelegenheit beriefen sich die Herausgeber darauf, dass die Festlegung auf den Beißnerschen Apparat schon Teil der frühesten Überlegungen seit 1963/64 und auch des Erstantrags an die DFG gewesen sei und nicht zur Diskussion stehe.

clam-Ausgabe von ›Der Tod Adams‹ im Jahr 1973. Die beiden Bände mit den Hermanndramen erschienen erst 2009 und 2018. Vgl. Friedrich Gottlieb Klopstock, Der Tod Adams. Ein Trauerspiel, hrsg. von Henning Boëtius, Stuttgart 1973 (= Universal-Bibliothek 9443).

38 Vgl. Jahrb. FDH 1968, S. 528.

39 Freies Deutsches Hochstift, Brentano-Abteilung / Ordner Edition II. – Siehe auch Jürgen Behrens, Detlev Lüders, Wolfgang Frühwald, Zum Stand der Arbeiten an der Frankfurter Brentano-Ausgabe, in: Jahrb. FDH 1969, S. 398–426; der alleinige Verfasser dieses Beitrags ist Wolfgang Frühwald.

40 Freies Deutsches Hochstift, Brentano-Abteilung / Ordner Edition I.

41 Protokoll der Sitzung der Prosa-Herausgeber der Frankfurter Brentano-Ausgabe vom 29. November 1968; ebd.

Freies Deutsches Hochstift
Frankfurter Goethe-Museum
Gr. Hirschgraben 23

Historisch-Kritische Ausgabe
================================

sämtlicher Werke und Briefe Clemens Brentanos
===

GLIEDERUNG, BEARBEITER, VORAUSSICHTLICHE
TERMINE DER MANUSKRIPT-ABLIEFERUNG

Bd.Nr.	Band-Titel	Bearbeiter	voraussichtl. Termin der MS-Abliefg.
I.Werke			
Lyrik			
1/2	Gedichte 1795–1806	Dr.Bernhard Gajek, Frankfurt a.M.	1972–74
3/4	Gedichte 1806–1826	Dr.Henning Boetius, Frankfurt a.M.	1972–74
5/6	Gedichte 1827–1842	Dr.Wolfgang Frühwald, Augsburg / Dr.Bernhard Gajek, Ffm.	1972–74
7	Bearbeitungen und Über-setzungen		
8/10	Des Knaben Wunderhorn	Dr.Heinz Rölleke, Köln	1971–72
11/12	Romanzen vom Rosenkranz	Dr.Friedrich Wollen-berg, Hamburg	1978
Dramen			
13	Gustav Wasa; Italieni-sches Schauspiel; Godwi und Godwine; Die lusti-gen Musikanten; Schat-tenspiel	Dr. Dieter Schmidt, Tübingen	1976
14	Ponce de Leon; Valeria oder Vaterlist; Zigeu-nerin; Juanna; Blut-schuld. Todtenbraut	Dr. Dieter Schmidt, Tübingen	1971
15	Aloys und Imelde	Dr.Conrad Wiedemann, Frankfurt a.M.	1973

-2-

*Abb. 1 a–c. Historisch-kritische Ausgabe
sämtlicher Werke und Briefe Clemens Brentanos.
Gliederung, Bearbeiter, voraussichtliche Termine der Manuskript-Ablieferung
(FDH, Brentano-Abteilung / Ordner Edition I), 3 S.*

- 2 -

Bd.Nr.	Band-Titel	Bearbeiter	voraussichtl. Termin der MS-Abliefg.
(Dramen; Forts.)			
16	Die Gründung Prags	Dr.Georg Mayer,Bochum	1972-73
17	Am Rhein, am Rhein; Oestreichs Muth; Oranje boven; Merlin; Geheimrat Schmalz; Victoria und ihre Geschwister; Fragmente	Dr.Henning Boetius, Frankfurt a.M.	1971
Prosa			
18	Romane: Godwi oder das steinerne Bild der Mutter; Der schiffbrüchige Galeerensklave	Gerhard Junker, Frankfurt a.M.	1971
19	Erzählungen: Der Sänger; Chronika(2 Fassungen); Die mehreren Wehmüller; Die Schachtel mit der Friedenspuppe; Der arme Raimondin; Die drei Nüsse; Kasperl und Annerl	Dr. Detlev Lüders, Frankfurt a.M.	1972-73
20/22	Märchen: Die Rose;Rheinmärchen; Italienische Märchen; Spätfassungen	Prof.Dr.Kurt Wölfel, Erlangen / Dr. Heinz Schlaffer, Erlangen	1972-75
23	Kleine Prosa: Bogs; Bärenhäuter; Philister; Parabeln; Beiträge zu Zeitungen und Zeitschriften (bis 1818); Kritiken (Prosa-Texte,die nur im Zusammenhang mit einem bestimmten Werk verständlich sind, kommen nicht in diesen Band,sondern in die entsprechenden Werkbände)	Dr.Conrad Wiedemann, Frankfurt a.M.	1977
24	Bearbeitungen: Spanische und italienische Novellen; Der Goldfaden	Dr. Peter Schmidt, Aachen	1974

-3-

- 3 -

Bd.Nr.	Band-Titel	Bearbeiter	voraussichtl. Termin der MS-Abliefg.

Religiöse Werke

Die Abteilung enthält außer Brentanos religiös-
politischen Schriften auch seine Emmerick-Bücher.
Diese sind so angeordnet, daß der Gesamtplan von
Brentanos religiösem Weltepos sichtbar wird.

25	Die barmherzigen Schwe-stern; Vorreden; Bei-träge zu Zeitungen und Zeitschriften(seit 1819)	Dr. Karl Eibl, Mülheim	1972
26	Leben Mariä		
27/29	Leben Jesu		
30	Bitteres Leiden	Dr.Bernhard Gajek, Frankfurt a.M.	1976-77
31/32	Materialien (Hensel-Tagebuch; Bruchstücke zur Emmerick-Biographie; Heiligenleben; Altes Testament etc.)		

33	Register zu den Werken (Personen und Orte)		

II. Briefe und Lebenszeugnisse

1-12	Briefe von und an Clemens Brentano	Dr.Jürgen Behrens, Frankfurt a.M. / Dr.Wolfgang Frühwald, Augsburg	ab 1973 jährl. 1 Band (ge-legentlich vielleicht 2 Bände)
13/14	Lebenszeugnisse		
15	Register zu den Briefen und Lebenszeugnissen (Personen, Orte, Werke Brentanos)	Dr.Jürgen Behrens, Frankfurt a.M. / Dr.Wolfgang Frühwald, Augsburg	

Wollenberg, der seit 1966 als Herausgeber der sogenannten ›Romanzen vom Rosenkranz‹ vorgesehen war,[42] sandte in der Folge von 1968 bis 1971 eine ganze Reihe von Briefen und Denkschriften zu den Editionsprinzipien, in denen er ein über Beißner hinausgehendes Modell vertrat, und schlug gelegentlich auch einen heftigen Ton gegenüber den Hauptherausgebern an.[43] Obwohl er sich damit bei weitem nicht auf ganzer Linie durchsetzte, haben seine Anregungen dennoch einen deutlichen Niederschlag in den erarbeiteten und damals als endgültig angesehenen Editionsprinzipien gefunden, deren gegenüber dem Beißnerschen Modell neuartige Teile wohl durchweg auf seine Anregungen zurückgehen.[44] Die letzte Fassung der Editionsprinzipien datiert von Februar 1973 und enthält mit einigen Abstrichen das Modell der Apparatdarstellung, das Wollenberg in seinem Aufsatz von 1971 in ›Texte und Varianten‹ vorgeschlagen hatte.[45] (Abb. 2 a–k)

42 Detlev Lüders an Friedrich Wilhelm Wollenberg, 6.5.1966; Freies Deutsches Hochstift, Brentano-Abteilung / Ordner Wollenberg.

43 Zum letztgenannten Punkt vgl. Friedrich Wilhelm Wollenberg an Detlev Lüders, 19.4.1969; ebd. – Antwort von Detlev Lüders am 7.5.1969; ebd. (vgl. dazu Wolfgang Frühwald an Detlev Lüders, 6.5.1969, Freies Deutsches Hochstift, Brentano-Abteilung / Ordner Frühwald bis 1985). – Friedrich Wilhelm Wollenberg, Betrifft: »Zu den Vorschlägen von Herrn Wollenberg«, Eingangsvermerk vom 23.2. 1970; ebd. (Auseinandersetzung mit der Kritik, 8 S.). – Detlev Lüders an Friedrich Wilhelm Wollenberg, 16.7.1970; ebd. – Henning Boëtius, [Stellungnahme zu Wollenbergs Vorschlägen], 23.9.1970; ebd. (8 S.).

44 Vgl. Aktennotiz »Über die Besprechung am 29. Januar 1971 im Hochstift über die Brentano-Ausgabe. Betr.: Wollenberg«; ebd. (2 S., anwesend Wolfgang Frühwald, Jürgen Behrens, Detlev Lüders; zu Wollenbergs Vorschlägen: Schweifklammer, Wahrscheinlichkeitsanzeigen bei Sofort- bzw. Spätkorrektur); dazu Protokoll einer »Besprechung mit Herrn Wollenberg« (3 S.) und einer Diskussion Wollenbergs mit Henning Boëtius und den Hauptherausgebern (3. S.): Wollenbergs Vorschläge wurden abgelehnt, aber am Schluss findet sich die Bemerkung, »daß Wollenbergs editionstheoretische Aktivität ein gut Teil der Neuerungen und Differenzierungen des Systems gegenüber dem klassischen Beißnerschen Modell stimuliert hat«.

45 Freies Deutsches Hochstift, Brentano-Abteilung / Ordner Edition II. Die Editionsprinzipien (31 S.) wurden am 6.2.1973 an die Bandherausgeber versandt, im Anschreiben wird Wollenbergs Rolle eigens hervorgehoben; dazu »Erweiterungen und Präzisierungen der Editionsprinzipien (Fassung für die Bände mit einfachem punktuell-lemmatisiertem Apparat)«, ebenso für die Briefe sowie ein »Rundbrief. Fassung für die Lyrikbearbeiter (incl. Romanzen vom Rosenkranz)«.

1o

2. Die Anwendung der Zeichen (mit Beispielen)

<u>Kursivzählung</u>: Vorentwürfe oder stark vom Bezugstext
abweichende Zwischenfassungen werden mit Hilfe einer
eigenen Kursivzählung in die Darstellung des Haupt-
textes eingegliedert. Korrespondieren einzelne Verse
oder Zeilen mit dem Haupttext, kann an den entsprechenden
Stellen die aufrechte Zählung als Zuordnungsmittel
hinzutreten.

Beispiel (Merlin-Drama):
2o,13 - 15:
I (Vorentwurf)
2o,13 <u>1</u>   Das ist nicht schwer, ich darf nur zum
                        Graf Groeben
2o,14 <u>2</u>   Mich den Merlin <u>(1)</u> v
                        <u>(2)</u> erheben

      <u>3</u> <u>(1)</u> Und
        <u>(2)</u> So ist
        <u>(3)</u> Und
        <u>(4)</u> So wird die
        <u>(5)</u>/:So:/ werden sich die Sänger auch ent-
                        schließen
      <u>4</u>   Sich als Graf Brühl und Kaniz zu genießen,
2o,15 <u>5</u>   Herr Bereux, <u>(1)</u> sei wieder Brühl -   <u>(⟶)</u>
                        <u>(2)</u> sind Sie Graf /:Brühl - :/

Die Verse <u>3</u> u. <u>4</u> sind in Bezug auf den Haupttext
überzählig (Plusverse). Mit dem Verfahren der Doppel-
zählung lassen auch Versumstellungen gut sichtbar
machen.

<u>Stufen- und Schichtensiglen</u>: Gleichartige Stufensymbole
haben den gleichen Geltungsbereich. Es gilt also die
Leseregel des Beißnerschen Stufenapparates: "Eine
<u>(2)</u> kündigt ... an, daß alles, was vorher, hinter der
<u>(1)</u> steht, jetzt aufgehoben ... ist; ebenso hebt die
<u>(3)</u> die vorangehende <u>(2)</u> auf, das <u>(b)</u> das <u>(a)</u> und das

Abb. 2 a–k. Historisch-kritische Ausgabe
sämtlicher Werke und Briefe Clemens Brentanos.
Editionsprinzipien, Boetius-Fassung, Redaktionsexemplar
(FDH, Brentano-Abteilung / Ordner EP – NEP), Seite 10–20.

(c) das (b) ... " (StA I,2, S.319) Die gleiche
Regel gilt auch für die den Stufensiglen funktionell
völlig entsprechenden Schichtensiglen (I, a usw.).
Die Entscheidung des Editors für eine bestimmte
Klasse von Stufen- oder Schichtensiglen (römische
od. arabische Ziffern, Kleinbuchstaben, Doppelbuchstaben
usw.) hat nichts mit der Qualität oder Gewichtigkeit
einer Änderung zu tun sondern ausschließlich mit
der Quantität der im Zusammenhang darzustellenden
Korrekturen.

Darstellung mit aus: Mit Hilfe des genetischen
Kürzels aus läßt sich die Darstellung einfacher,
punktueller Varianten platzsparend bewerkstelligen.

Beispiel: statt Stufendarstellung
            Baum] (1) Strauch (2) Text
            Darstellung mit aus
            Baum aus Strauch

Komplexe Entwicklungen verlangen die Darstellung
im Stufensystem (auch Beißner verwendet aus nur
bei einer Variante zum Textwort)! Praktikabel ist
in manchen Fällen das Verfahren der Einblendung
von Einzelvarianten in das Stufensystem mit Hilfe
von aus: Wo (aus An ?) Will und Muß sich recht (1) ver-
                                                    stand
                                                    (2) em-
                                                    pfand,

Bei der vereinfachenden Darstellung mit Hilfe von
aus wird zwischen Sofortkorrektur, Spätkorrektur
und untentscheidbaren Fällen unterschieden, nicht
jedoch zwischen verschiedenen Folgetextlängen (s.u.).
Es bedeuten:
        Sofortkorrektur   der aus die
        Spätkorrektur   der aus die ⟶
        unentscheidbar   der aus die (⎯⟩)

12

Definition und Technik des Folgetextpfeiles:

Der Folgetextpfeil ist das wichtigste diakritische
Zeichen der Brentano-Ausgabe, da mit seiner Hilfe die
chronologische Bewertung eines Autoreingriffs erfolgt.
Der Folgetextpfeil zeigt das Bestehen von Folgetext
auf der Stufe an, auf der der Pfeil erscheint (symboli-
scher Ersatz des Folgetextes). Der einzusetzende Folgetext beginnt jeweils g e n a u unterhalb des linken
Pfeilendes. Durch diese Anordnung wird die auf der
folgenden Stufe dargestellte Änderung zugleich als
Spätkorrektur ausgewiesen: weiß auf der Grundschicht
bereits Folgetext bestand, erweist sich die Variante,
auf deren Höhe der Folgetext explizit erscheint, als
Spätkorrektur.

Beispiel: (1) um ⟶
             (2) an das Haus

Bedeutung: Die Änderung 'um' zu 'an' erfolgte spät, d.h.
mindestens nach der Niederschrift von 'das'.

Sofortkorrekturen werden indirekt durch das Fehlen
des Folgetextpfeiles xxxxxixxxxx bei einfachem Wechsel
der Stufensymbole verzeichnet.

Beispiel: (1) um
             (2) an das Haus

Bedeutung: Die Änderung 'um' zu 'an' erfolgte 'sofort',d.h.
irgendwann vor der Niederschrift von 'das ...'.

XXXXXXXXXX Ist die chronologische Einordnung einer
Variante unsicher in Bezug auf die Alternative 'Spät-
Sofortkorrektur', so wird dieser Sachverhalt durch die
Einklammerung des Pfeiles dargestellt:

Beispiel: (1) um (⟶)
             (2) an das Haus

13

Enthält eine variante Partie drei und mehr Stufen
von Korrekturen, so£ ergeben sich, insofern Spätkorrekturen dabei sind, folgende mögliche Fälle:

a) Kombiniertes Auftreten von Sofort- und Spätkorrektur:

Beispiel: (1) um ⟶
　　　　　 (2) au
　　　　　 (3) an das Haus ...

Bedeutung:

In einen fortlaufenden Text '... um das Haus ...'
wird s p ä t eingegriffen durch den Ansatz 'au'
(intendiert:'auf' als Ersatz für 'um'), der wiederum
s o f o r t in 'an' geändert wurde (FT-Pfeil fehlt
hinter 'au', obwohl der Folgetext nicht verworfen ist).

b) mehrstufige Spätkorrekturen

Beispiel: (1) um ⟶
　　　　　 (2) auf ⟶
　　　　　 (3) an das Haus ...

Bedeutung: in den fortlaufenden Text wurde zweimal
an der gleichen Stelle mit größerem zeitlichen
Abstand eingegriffen.

Darstellung der Folgetextlänge:

Bei Spätkorrekturen ergeben sich in Bezug auf die
FT-Länge drei Darstellungsweisen;

Spätkorrektur mit
　　1.　　　　　　　FT unbestimmter Länge　　⟶
　　2. langem　　　 FT bestimmter Länge ⟶ Haus
　　3. kürzem　　　 FT bestimmter Länge /:... :/

14

Liegt nur mögliche Spätkorrektur vor, so tritt für
die beiden ersten Fälle kursive Einklammerung des
symbolisch dargestellten FT hinzu: $(\longrightarrow)$
$(\longrightarrow$ Haus$)$

n

Der dritte Fall wird wie folgt dargestellt:

(1) das (Haus)
(2) ein Haus

Die Darstellung einer Spätkorrektur mit kurzem
Folgetext benutzt das Wiederholungszeichen zur
Kennzeichnung von invariantem Text, der aus dar-
stellungstechnischen Gründen im Apparat zweimal
erscheint, im Überlieferungsträger jedoch nur einmal
auftritt.

Beispiel: (1) das Haus
          (2) ein /:Haus:/

Bedeutung: die Änderung von 'das' zu 'ein' erfolgte
nach der Niederschrift von 'Haus'.

Die Darstellung mit 'oder':

Der Terminus oder dient der Einleitung alternativer
genetischer Abläufe. Er wird genau unter die Stufensymbole gesetzt, deren relative Chronologie um
weitere Möglichkeiten ergänzt werden soll. Diese
aufwendige 'explizite' Darstellungsform würde auf
die Fälle beschränkt, die mit den zur Verfügung
stehenden diakritischen Zeichen (Null-Index, Entkopplungszeichen, Null-Phase) nicht darstellbar sind.

15

<u>Verunsicherung von Korrekturfolgen:</u>
Wenn die Handschrift nicht erkennen läßt, in welcher
Reihenfolge die Varianten zu einer Werkstelle
niedergeschrieben wurden (dies kann vor allem
für Zwischenstufen unsicher sein), dann muß die
genetische Aussage der Stufensymbole durch ein
Zusatzzeichen (Null-Index) aufgehoben werden.

Beispiel: $\underline{(1)}$ liebe
             $\underline{(2)}^{0}$ schöne
             $\underline{(3)}^{0}$ dunkle
             $\underline{(4)}$ grüne

Bedeutung: Der am Stufensymbol angebrachte Null-Index
sagt aus, daß die Reihenfolge der Stufen 2 und 3
austauschbar ist, d.h. die Abfolge der beiden
Zwischenstufen bleibt unsicher.

16

4. Verunsicherung von Korrekturzusammenhängen

Zur Kennzeichnung von benachbarten Korrekturen,
deren gegenseitige Zuordnung unsicher ist, wird ein
Entkopplungszeichen ('Gleitschiene') eingeführt.

Beispiel:

Und auf (1) kühlen | (a) Mormorb
     (2) /:kühle:/m | (b) /:Marmo:/boden

Der senkrechte Strich vor (a) und (b) ist die gemeinte
Gleitschiene. Durch diese Entkopplungszeichen (EZ) wird
ausgedrückt, daß folgende genetische Interpretationen
des handschriftlichen Sachverhalts gleichberechtigt neben-
einander möglich sind:

a. (1) kühlen
    (2) kühlem (a) Marmorb

b. (1) kühlen (a) Marmorb
          (b) Marmoboden
    (2) kühlem /:Marmoboden:/

c. (1) kühlen Marmorb
    (2) kühlem Marmoboden

d. (1) kühlen Marmorb
    (2) kühlem (a)/:Marmorb:/
          (b) Marmoboden

– 5 –

17'

Sind aus graphischen oder grammatikalischen Gründen
bestimmte Kombinationen sicher erkennbar oder aus-
zuschließen, dann wird wie folgt verfahren:

Und auf (1) kühlen   (a) Marmorb
      (2) /:kühle:/m | (b) /:Marmo:/boden

Durch die Kürzung der Gleitschiene wird in diesem Fall
die Kombination a.(Sofortkorrektur 'kühlen' zu 'kühlem')
ausgeschlossen und die Lesung 'kühlen Marmorb' als sichere
Grundschicht ausgewiesen. Frei bleibt, ob die Änderung zu
'kühlem' vor, nach oder zugleich mit der Änderung zu
'Marmoboden' eintrat.

Ein anderes Beispiel, das die Sicherstellung einer
Kombination aus grammatikalischen Gründen demonstriert,
lautet:

Aus den Schloten glänzend wallen
leis (1) der | (a) S
          | (b) M(?)
    (2) des | (c) weichen (?) (—→)
           (d)   Rauches - Wolken.

Durch die untere Verkürzung der 'Gleitschiene' wird
die Kombination von 'Rauches - Wolken' mit 'der'
ausgeschlossen.

- 18 -

Ersatzlose Streichung und Texterweiterung

Die Kastenklammer [   ] wird als deskriptives Zeichen nur
für solche vom Autor getilgte Textpartien verwendet, die
genetisch nicht weiterentwickelt oder nicht einzuordnen
sind (z.B. zusammenhanglose Notiz am Rand einer Handschrift).
Sie kann auch (vor allem innerhalb eines punktuellen
Lemmaapparates) durch verbale Umschreibung 'darunter
gestrichen, danach gestrichen' usw. ersetzt werden.

Im punktuellen Lemmaapparat werden ersatzlose Streichungen
und Texterweiterungen allgemein durch verbale Hinweise
ausgedrückt: 'darüber, darunter, davor, danach gestrichen'
                'nachträglich eingefügt'

Innerhalb der Darstellung größerer Korrekturflächen
(Großlemmabereich, integraler Apparat) werden
ersatzlose Streichungen und Texterweiterungen mit
Hilfe des FT-Pfeiles und der Nullphase (Nullstelle)
dargestellt, wobei die Lücke das Fehlen von Text auf
der Grundstufe (=Texterweiterung) bzw. in der Endstufe
(=Texttilgung, ersatzlose Streichung) anzeigt.

Beispiel für ersatzlose Streichung:

ein (1) großer ──→
    (2)   Mann ....

Beispiel für Texterweiterung:

ein (1)   ──→
    (2) großer Mann ...

Unentscheidbarkeit 'ersatzlose Streichung – ersetzende
Sofortkorrektur'

Die gleichen Darstellungsmittel werden auch für die nicht
seltenen Fälle von Autoreingriffen verwendet, bei denen der

graphische Befund im Zusammenhang mit der semantischen
Analyse keine Entscheidung zuläßt, ob es sich um
eine ersetzende Sofortkorrektur oder um eine nachträgliche Texttilgung handelt.

Handschrift: der ~~schöne~~ helle Tag

Apparat: der (1) schöne (→)
              (2)   helle Tag

Bedeutung:
Gilt der Pfeil nicht, dann ist die ersetzende
Sofortkorrektur ' schöne' zu 'helle Tag' ablesbar;
gilt der Pfeil hingegen, dann wird ersatzlose Streichung
als Spätkorrektur 'schöne helle Tag' zu 'helle Tag'
ausgedrückt.

<u>Kennzeichnung und Verzeichnung von Konjekturen</u>
Darstellungstechnisch werden unterschieden
a) Konjekturen, die eine Abweichung zwischen Textteil
und Überlieferungsträger zur Folge haben,

b) Konjekturen, die ausschließlich im Bereich von
Vorstufen liegen und daher nur im Apparat dargestellt werden

Zu a) Wie oben beschrieben, werden Konjekturen bzw.
in der Textkonstituierung nicht eindeutige Partien
(z.B. bei alternativer Textlage im Überlieferungsträger)
soweit sie für den Textteil relevant sind xxxxx , dort
durch ein Sternchen am linken oder rechten Rand
auf der Höhe der betroffenen Zeile markiert. Im Apparat
wird das konjizierte Lemma durch ein entsprechendes
Sternchen ausgezeichnet, so daß der Leser die Textlage
schnell beurteilen kann.

Beispiel:
Textteil   2o* hat sie dann die Gruft erschlossen
Apparat   2o*] der

2o

Zu b) Konjekturen, die ausschließlich im Apparat
verzeichnet werden, erfordern zur Darstellung folgende
Mittel:

1. Textergänzung durch den Herausgeber mit
   Hilfe der Spitzklammer
   Beispiel: de<m>

   Innerhalb von Vorstufen kann die Ergänzung
   auch unterbleiben
   Beispiel: (1) Li
              (2) Liebe
   Steht lückenhafter Text hingegen in der End-
   stufe, wird immer ergänzt
   Beispiel: (1) Li
              (2) Li<ebe> (=Text)

2. Ersatzlose Streichung durch den Herausgeber mit
   Hilfe der kursiven Kastenklammer
   Beispiel: erkenn[n]en

3. Textänderung durch den Herausgeber mit Hilfe der
   kursiven runden Klammer (Einblendung) und dem
   Zusatz H (= Handschrift)

   Beispiel: (1) an dem (am den H) Haus
              (2) Text

In Fällen schwieriger oder unsicherer Textkonstitutionen
wurde soweit möglich im Apparat eine Strichätzung der
fraglichen Partie eingefügt.

Wollenberg bezog seit November 1969 ein Habilitationsstipendium der DFG,[46] das bis 1974 oder 1975 gewährt wurde. Im April 1973 kündigte er an, er werde noch im selben Jahr den Textband seiner Romanzen-Edition abliefern und vielleicht zwei Jahre später den Apparat- und Kommentarband.[47] So wurde es im Vertrag, den Wollenberg mit dem Athenaeum-Verlag abschloss, festgehalten (mit dem Jahr 1976 als Abgabetermin). Er hatte im Vergleich mit den anderen Bandbearbeitern stets die spätesten Abgabedaten.

In der Folge gab es einige Ereignisse, die diese Planung über den Haufen warfen. Der Band der zuerst erscheinen sollte, Heinz Röllekes Ausgabe von ›Des Knaben Wunderhorn‹, lag schon seit 1972 beim Verlag, der aber mit dem Beginn der Arbeiten am Satz zögerte, vermutlich wegen wirtschaftlicher Schwierigkeiten. Im Juni 1973 kündigte er einseitig den 1968 mit dem Hochstift abgeschlossenen Vertrag über die Publikation der Ausgabe.[48] Ungefähr zur selben Zeit im Jahr 1973 verließ Boëtius das Hochstift und trat danach ein Habilitationsstipendium der DFG an, das den Arbeitstitel »Werkgenese bei Brentano« trug.[49] (Boëtius' Nachfolger als Leiter der Brentano-Redaktion wurde zunächst

46 Bericht der Deutschen Forschungsgemeinschaft über ihre Tätigkeit 1969, Bad Godesberg 1970, S. 223: »Wollenberg, Friedrich Wilhelm, Dr., Hamburg: Brentanos ›Romanzen vom Rosenkranz‹. Hist.-kritische Ausgabe im Rahmen der Frankfurter Brentano-Ausgabe (Hab.)«. – Friedrich Wilhelm Wollenberg an Detlev Lüders, 13.2.1970; Freies Deutsches Hochstift, Brentano-Abteilung / Ordner Wollenberg.

47 Friedrich Wilhelm Wollenberg an Detlev Lüders, 7.4.1973; ebd. – Friedrich Wilhelm Wollenberg an Jürgen Behrens, 10.3.1974; ebd.

48 Aktennotiz vom 5.6.1973 »Betr.: Neugliederung der Brentano-Ausgabe. Besprechung der Haupt-Herausgeber am 5. Juni«; Freies Deutsches Hochstift, Brentano-Abteilung / Ordner Edition II.

49 Zu den Umständen seines Ausscheidens aus dem Freien Deutschen Hochstift vgl. Boëtius, Der Insulaner (Anm. 12), S. 850 f. Meine Kenntnis des Vorgangs beruht zudem auf Auskünften von Hartwig Schultz im Jahr 2006 und auf gelegentlichen Mitteilungen von Doris Hopp und von Ellen Ritter, die damals bereits im Hochstift angestellt waren. – Zu dem Habilitationsprojekt vgl. ebd., S. 852 f. sowie Jahresbericht DFG 1973, Bd. 2: Programme und Projekte, Bonn-Bad Godesberg 1973, S. 94: »Dr. Boëtius, Jan-Henning, Förderung von Einzelprojekten im Normalverfahren«. Der Titel von Boëtius' Projekt findet sich in einer von Hartwig Schultz stammenden »Aktennotiz. Betr.: Gespräch mit Boetius (Dr. Lüders, Dr. Schultz) 26.8.1974«; Freies Deutsches Hochstift, Brentano-Abteilung / Ordner Ausgeschiedene Mitarbeiter.

Jürg Mathes, der aber schon wenige Monate später wieder ausschied.[50]) In Krisenbesprechungen mit der DFG[51] wurde ein neuer Verlag gesucht und – offenbar auf Anregung der DFG[52] – eine Neuplanung der Ausgabe unternommen. Jetzt wurde der geplante Umfang der Ausgabe reduziert, eine neue Erscheinungsweise beschlossen – separat erscheinende Textbände zuerst, später die Apparatbände – sowie eine Revision der Editionsprinzipien ins Werk gesetzt.[53] Zumindest den Bandbearbeitern gegenüber stellten es die Hauptherausgeber so dar, als sei das letztere vor allem auf Drängen der DFG geschehen, wiewohl es in den Schriftwechseln der Hauptherausgeber untereinander genug Aussagen gibt, die zeigen, dass sie selbst eine Ausweitung über den von Beißner gesetzten Standard hinaus vermeiden wollten.

Die neuen Editionsprinzipien, die 1975 beschlossen wurden,[54] stellen eine radikale Vereinfachung der Prinzipien von 1973 dar und kürzen dabei fast alles, was an Zellerschen Elementen einst dem Beißnerschen Apparatmodell hinzugefügt worden war. Man darf wohl davon ausgehen, dass es gerade das Beispiel Wollenbergs war, das diesen Schritt veranlasste, da ein von ihm im Sommer 1974 eingesandtes Spezimen aus seiner Edition in Frankfurt einiges Erschrecken bereitet hatte.[55] Lediglich zwei Zeichen, das Grenzzeichen und die sogenannte »Gleitschiene« – entsprechend der Zellerschen »Weiche« – blieben erhalten, sowie ein Index-Zeichen für unsichere Variantenfolge. Alle weitergehenden deskriptiven Elemente wurden beseitigt. Vor allem wurde die

---

50 Jahrb. FDH 1974, S. 396; 1975, S. 496.

51 Vgl. Freies Deutsches Hochstift, Brentano-Abteilung / Ordner DFG II. Siehe auch die Ordner »Verlage« und »Edition I«.

52 Vgl. Detlev Lüders an Friedrich Wilhelm Wollenberg, 31.7.1974; Freies Deutsches Hochstift, Brentano-Abteilung / Ordner Wollenberg.

53 Zu den vergleichbaren Vorgängen einige Jahre später bei der Hofmannsthal-Ausgabe vgl. Konrad Heumann, Abschluss der Kritischen Hugo von Hofmannsthal-Ausgabe, im vorliegenden Band, S. 262–266, hier: S. 265.

54 Freies Deutsches Hochstift, Brentano-Abteilung / Ordner EP – NEP Brentano. Vorhanden sind: (1) Boëtius-Fassung (Redaktionsexemplar), o.D. [1973], nicht durchlaufend paginiert, als Anlage die Editionsprinzipien der Hofmannsthal-Ausgabe; (2) Entwurf [I] (Schultz); (3) Entwurf II (März 1975); (4) Entwurf III (Juni 1975); (5) Entwurf IV (Juni 1975); (6) Druckfassung im Typoskript; (7) gedrucktes Exemplar der losen Beilage zu FBA 9/1 (1975).

55 Vgl. Hartwig Schultz an Friedrich Wilhelm Wollenberg, 24.9.1974; Freies Deutsches Hochstift, Brentano-Abteilung / Ordner Wollenberg.

Reduktion des Lesartenapparats auf die »genetisch relevanten« Varianten beschränkt.[56] Im wesentlichen war dies das Werk des neuen Redaktionsleiters Hartwig Schultz, der seit dem 1. Mai 1974 im Haus war und in enger Abstimmung mit den Hauptherausgebern arbeitete.[57] Diejenigen Bandbearbeiter, die bereits an ihren Bänden gearbeitet hatten, waren gezwungen, die Apparate ganz neu zu erarbeiten – anders als in den Jahren zwischen 1968 und 1973 wurden sie nicht mehr zur Diskussion herangezogen. Da mit dem Verlagswechsel die alten Verträge ungültig geworden waren, mussten neue abgeschlossen werden, in denen die Befolgung der Editionsprinzipien – und übrigens auch die Regelung von Konflikten zwischen Bandherausgeber und Hauptherausgebern – Teil des Vertrags war. Der erste Band der FBA erschien dann im Jahr 1975, in der Folge kamen bis zur Mitte der 1990er Jahre kontinuierlich Textbände der dramatischen, prosaischen und religiösen Werke heraus, nur bei einigen wenigen von ihnen erschienen zugleich auch Apparat und Kommentar. Von seiten der Editionswissenschaft wurde die Ausgabe öffentlich lange Zeit nicht zur Kenntnis genommen und nur nebenbei in gelegentlichen Äußerungen wegen des Prinzips der Variantenreduktion kritisiert.[58]

56 Die Rede von »genetisch relevanten« Varianten hatte – was bei der Neufassung der Editionsprinzipien wohl niemand interessierte – zuerst Boëtius im Druck gebraucht (Texte und Varianten [Anm. 6], S. 238), allerdings schwerlich zum Zweck einer Reduktion des Apparatumfangs. Intern findet sich der Ausdruck auch in dem Protokoll »Kritische Hofmannsthal-Ausgabe. Konferenz der Herausgeber 22. November 1969«; Brentano-Abteilung / Ordner Edition (dieser Ordner ist vom Ordner »Edition I« zu unterscheiden). – Zu den neuen Editionsprinzipien vgl. Hans Zeller an Wolfgang Frühwald, 10.10.1975 und 26.12.1975, Wolfgang Frühwald an Hans Zeller, 15.10.1975, sowie Wolfgang Frühwald an Hartwig Schultz, 15.10.1975; Freies Deutsches Hochstift, Brentano-Abteilung / Ordner Frühwald bis 1985. Siehe auch Detlev Lüders, Probleme der Varianten-Auswahl. Zu den Apparat-Prinzipien der vom Freien Deutschen Hochstift – Frankfurter Goethe-Museum veranstalteten Brentano- und Hofmannsthal-Editionen, in: Hay/Woesler, Die Nachlaßedition (Anm. 21), S. 224–228.

57 Zur Arbeit an den Editionsprinzipien vgl. Detlev Lüders an Friedrich Wilhelm Wollenberg, 31.7.1974, Freies Deutsches Hochstift, Brentano-Abteilung / Ordner Wollenberg; Hartwig Schultz an Wolfgang Frühwald, 7.11.1974 und 10.10. 1975, Freies Deutsches Hochstift, Brentano-Abteilung / Ordner Frühwald bis 1985.

58 Die erste und bislang vereinzelt gebliebene Rezension, die im engeren Sinn editionswissenschaftlich interessiert ist, stammt aus dem Jahr 2007 und befasst sich mit dem einzigen Band der Ausgabe, der eine nähere Auseinandersetzung mit der neueren Editionswissenschaft nach Beißner erkennen lässt; vgl. Rüdiger Nutt-

Wollenberg, der seine Edition immer noch nicht fertiggestellt hatte, sandte zunächst wieder eine Reihe von Memoranda mit in der Sache scharf formulierten Begleitbriefen zur Kritik an den neuen Editionsprinzipien, auf die die Herausgeber ebenso scharf reagierten.[59] Wollenbergs Nachteil war es, dass er seine Edition nicht vorlegen konnte und dass die von ihm eingesandten Beispiele seines Apparats bei der Umfangsberechnung auf eine Vielzahl von Lesartenbänden (noch ohne den Kommentar) führten – die Rede war von vier bis acht Bänden –, was weder dem Willen der Hauptherausgeber, noch dem durch die Neuplanung beschränkten Bandumfang und am wenigsten dem jetzt propagierten Auswahlapparat entsprach.[60] Lüders schrieb Wollenberg am 11. Dezember 1974:[61]

Angesichts solcher Perspektiven müssen Maßnahmen ergriffen werden, um eine Einhaltung der gemeinsam beschlossenen Bandzahl zu gewährleisten. Zu diesen Maßnahmen gehört an zentraler Stelle eine

Kofoth, [Rez.] Clemens Brentano, Sämtliche Werke und Briefe. Historisch-kritische Ausgabe, Bd. 11,1: Romanzen vom Rosenkranz. Frühe Fassungen, Entstehung und Überlieferung, hrsg. von Dietmar Pravida, Stuttgart 2006, in: Arbitrium 25 (2007), H. 2, S. 210–216.

59 Vgl. Friedrich Wilhelm Wollenberg an Detlev Lüders und die Hauptherausgeber (mit Kopien an den Kohlhammer-Verlag und die DFG), 25.9.1975; Freies Deutsches Hochstift, Brentano-Abteilung / Ordner Wollenberg (Stellungnahme zu den Editionsprinzipien, die er nicht akzeptieren könne), Beilage: »Memorandum zu den Editionsprinzipien der Frankfurter Brentano-Ausgabe (Neue Fassung von 1975)« (4 S.). – »Stellungnahme der Hauptherausgeber der Frankfurter Brentano-Ausgabe zu dem Memorandum von Dr. Wollenberg vom 25.9.75 zu den Editions-Prinzipien dieser Ausgabe« (1. und 2. Fassung, je 5 S.); ebd. – Detlev Lüders an Friedrich Wilhelm Wollenberg, 23.3.1976; ebd. (Berufung auf die Stellungnahmen von Verlag und DFG, Behauptung der Sachgemäßheit der Variantenauswahl, »gerade auch unter wissenschaftlichen Gesichtspunkten«).

60 Vgl. Hartwig Schultz an Friedrich Wilhelm Wollenberg am 24.9.1974 und erneute Erinnerung am 7.11.1974; ebd. (Anfrage wegen Umfangsplanung; Erschrecken angesichts der überlassenen Kopien der Romanzenapparate, aus denen sich ergibt »daß bereits die Darstellung einer einzigen Handschrift Hunderte von Seiten im Apparatband beansprucht wird«). – Friedrich Wilhelm Wollenberg an Hartwig Schultz, 12.11.1974; ebd. (Bandherausgeber seien für Umfangsplanung nicht zuständig, Forderung nach »zunächst« drei Bänden und/mit Bandteilung). – Jürgen Behrens, Aktennotiz; ebd. (Wollenberg solle die Editionsprinzipien akzeptieren; nur dann könne seine Edition der Romanzen in der Ausgabe erscheinen).

61 Detlev Lüders an Friedrich Wilhelm Wollenberg, 11.12.1974; ebd.

Modifikation der Darbietungsform. Die offenbar unförmig anschwellenden Apparate müssen reduziert werden.

Das ist keineswegs auf die »Romanzen« zu beschränken; es gilt allgemein für die Ausgabe. Die Hauptherausgeber werden in Kürze Editionsprinzipien beschließen, die eine Reduzierung des Apparatumfangs ermöglichen.

Dieser Schritt erfolgt in vollem Einvernehmen mit der Germanistischen Kommission der DFG. Auch dieses Gremium ist davon überzeugt, daß die Apparat-Straffung nicht nur aus ökonomischen, sondern vor allem auch aus wissenschaftlichen Erwägungen notwendig ist. Nur so ist zu erreichen, daß der Apparat sich auf die Substanz der Genese konzentriert. In Kürze werden wir Ihnen die neuen Editionsprinzipien senden. Wir bitten Sie, sich schon jetzt mit der Straffung und Umarbeitung vertraut zu machen. Natürlich müssen Sie zunächst von den Editionsprinzipien Kenntnis nehmen und entscheiden, ob Sie auf der Basis dieser Prinzipien die Edition fertigstellen wollen. Dann wird auch der Weg zum Abschluß des neuen Vertrags frei sein.

Unter diesen Umständen musste Wollenberg das akzeptieren,[62] lieferte seine Edition aber nicht ab und bat immer wieder um Verlängerung der Abgabefrist. Im Jahr 1977 wurde er auf der Grundlage der bereits geleisteten Arbeit an der Edition (und ohne weitere Habilitationsschrift) in Hamburg habilitiert[63] und erhielt im selben Jahr eine Stelle als »wissenschaftlicher Rat und Professor«, seit 1979 war er bis zur Verrentung 1987 Professor für Neuere deutsche Literaturwissenschaft.[64] Der Aufsatz in ›Texte und Varianten‹ ist neben seiner Dissertation seine einzige wissenschaftliche Publikation überhaupt geblieben, ein schon seit 1965

---

62 Friedrich Wilhelm Wollenberg an Detlev Lüders, 7.12.1976; ebd. – Detlev Lüders an Friedrich Wilhelm Wollenberg, 17.12.1976; ebd. (kündigt Vertrag an). – Friedrich Wilhelm Wollenberg an Detlev Lüders, 6.3.1977; ebd. (kündigt Text und Apparat zum 31.3.1978 druckfertig an; der Kommentar solle voraussichtlich Ende 1979 folgen).

63 Mündliche Mitteilungen zu dem Habilitationsvorgang verdanke ich Wolfgang Frühwald, der seinerzeit daran beteiligt war, während des Brentano-Kolloquiums im Freien Deutschen Hochstift, 19.3.2003 (vgl. Jahrb. FDH 2003, S. 368).

64 Zu Wollenbergs Laufbahn vgl. Hannelies Ettrich, [Art.] Friedrich Wilhelm Wollenberg, in: Stormarn Lexikon, Version vom 21.10.2021, https://www.stormarn-lexikon.de/friedrichwilhelmwollenberg/ (aufgerufen am 10.11.2023).

für das seit 1962 wieder erscheinende Jahrbuch des Freien Deutschen
Hochstifts vorgesehener Aufsatz über Brentanos ›Fortsetzung von Hölderlins Nacht‹ kam nicht zustande.[65] In den 1980er Jahren spricht Wollenberg in seinen Briefen davon, dass die Edition sein Lebenswerk sei,
das er unbedingt noch fertigstellen wolle;[66] aber er lieferte auf Jahre
hinaus nicht. Als ihm Anfang 1984 der neue Direktor des Hochstifts,
Christoph Perels – Detlev Lüders war am 30. September 1982 »aus ge-
sundheitlichen Gründen«, wie es heißt, ausgeschieden[67] – einen end-
gültigen Abgabetermin zum 31. Oktober 1984 nannte,[68] sandte er den
bisher bearbeiteten Teil der Edition – den Text der Romanzen I–IX in
»überarbeiteter« und X–XIX in »überarbeitungsbedürftiger« Form sowie die Varianten der Romanzen I–VII und Teile von VIII und XII in
»vollständiger« (439 Seiten) und in »verkürzter Darstellung« (96 Seiten) – ein.[69] In der Folge antwortete er auf Anfragen jedoch erneut nur
mit jahrelanger zeitlicher Verzögerung, bat aber zugleich immer wieder
darum, die Edition doch noch vollenden zu dürfen.[70] Schließlich schrieb
ihm Perels im März 1988 endgültig ab.[71] Die ›Romanzen‹ wurden
einem anderen Wissenschaftler anvertraut, dem vormaligen Eichen-
dorff-Editor Clemens Rauschenberg, der aber, mit einem zweijährigen
Stipendium versehen, nur den Textband der Reinschrift des Versepos
lieferte und die zugehörigen Entwurfshandschriften nicht einmal ein-
sah.[72] Der Textband erschien 1994 (Band 10 der Ausgabe), die Edition

---

65 Friedrich Wilhelm Wollenberg an Detlev Lüders, 6.1.1966, Freies Deutsches
    Hochstift, Brentano-Abteilung / Ordner Wollenberg; Wolfgang Frühwald an
    Jürgen Behrens, 15.9.1968, Freies Deutsches Hochstift, Brentano-Abteilung /
    Ordner Frühwald bis 1985. Vgl. Gabriele Brandstetter, Hieroglyphik der Liebe.
    Überlegungen zu Brentanos ›Fortsetzung von Hölderlins Nacht‹, in: Jahrb. FDH
    1983, S. 213–266.
66 Friedrich Wilhelm Wollenberg an Detlev Lüders, 26.11.1981; Freies Deutsches
    Hochstift, Brentano-Abteilung / Ordner Wollenberg. – Friedrich Wilhelm Wol-
    lenberg an Christoph Perels, 15.7.1984; ebd.
67 Jahrb. FDH 1983, S. 350.
68 Christoph Perels an die Hauptherausgeber, 10.7.1984; Freies Deutsches Hochstift,
    Brentano-Abteilung / Ordner Wollenberg.
69 Vgl. Christoph Perels an Friedrich Wilhelm Wollenberg, 14.11.1984; ebd.
70 Friedrich Wilhelm Wollenberg an Christoph Perels, 4.12.1984 und 20.7.1987;
    ebd.
71 Christoph Perels an Friedrich Wilhelm Wollenberg, 28.3.1988; ebd.
72 Freies Deutsches Hochstift, Brentano-Abteilung / Ordner Rauschenberg.

der Entwürfe und der Kommentarband erst 2006 und 2008 (Band 11/1 und 11/2 der Ausgabe, herausgegeben von Dietmar Pravida). Wollenbergs dem Hochstift 1984 eingesandtes Editionsmanuskript ist heute verschollen und war bereits im Jahr 1999, als die Arbeit an den Apparatbänden der ›Romanzen‹ wieder aufgenommen wurde, nicht mehr auffindbar.[73]

Henning Boëtius hatte noch vor 1973 ebenfalls einen Vertrag über einen Band der Brentano-Ausgabe abgeschlossen, über die Dramen Brentanos, die in dessen Wiener Zeit 1813 und 1814 entstanden sind.[74] Die Revision der Editionsprinzipien machten, wie er schreibt, »eine völlige Neubearbeitung der von mir zu 90 % ebenfalls fertiggestellten Lesartenapparate« erforderlich,[75] zugleich musste er seine Habilitationsschrift fertigstellen. Im letzten Brief an die Brentano-Redaktion vom 13. Juni 1976 kündigte er an: »ich fahre jetzt für sechs Wochen weg, dann beende ich die Reinschrift meiner Habilarbeit, dann hätte ich Zeit, bis April 77 das Textmanuskript des Dramenbandes druckfertig vorzulegen. Eine andere Einteilung ist mir leider nicht möglich [...].«[76] Auf weitere Anfragen hat er nicht mehr geantwortet,[77] zu seiner Habilitation kam es nicht, auch Vorabpublikationen daraus gibt es – abge-

---

73 Christoph Perels und Hartwig Schultz bestätigten im Jahr 1999 und noch einmal 2003 (mündlich), dass sie das Manuskript seinerzeit gesehen haben, konnten aber über dessen Verbleib keine Auskunft geben; Suchen danach blieben vergeblich.

74 Vgl. Detlev Lüders an Henning Boëtius, 3.12.1973; Freies Deutsches Hochstift, Brentano-Abteilung / Ordner Ausgeschiedene Mitarbeiter (Anfrage wegen des Abgabedatums des Dramenbandes, das Typoskript des Textteils solle schon vorliegen, wie Boëtius gesagt habe). – Der genannte Ordner enthält die Korrespondenzen mit Elisabetta Bolla 1974–1980 (Italienische Märchen); Karl Eibl 1967–1974 (Barmherzige Schwestern); Gerhard Junker 1974 (Godwi); Frank Rainer Max 1980–1983; Rosa Pregler 1975–1976 (Barmherzige Schwestern); Gerhard Schaub 1974–1975 (Rheinmärchen); Heinz Schlaffer 1967–1974 (Märchen); Dieter Schmidt 1965–1974 (Dramen); Conrad Wiedemann 1966–1978 (Aloys und Imelde); Kurt Wölfel 1965–1974 (Märchen); Erika Tunner 1969–1981 (Lebenszeugnisse).

75 Henning Boëtius an Hartwig Schultz, 3.4.1976; ebd.

76 Henning Boëtius an Hartwig Schultz, 13.6.1976; ebd.

77 Detlev Lüders an Henning Boëtius, 22.7.1976; ebd. – Damit endet die Korrespondenz, das Material wurde nicht übersandt, jedenfalls fehlt ein entsprechender Ordner, anders als bei dem seinerzeit von Conrad Wiedemann bearbeiteten Drama ›Aloys und Imelde‹. Zum Abbruch des Habilitationsprojekts vgl. Boëtius, Der Insulaner (Anm. 12), S. 881 f.

sehen von dem erwähnten Aufsatz von 1975[78] – nicht. 1985 erschien
sein Band ›Der andere Brentano‹ im Eichborn-Verlag. Dort veröffentlichte Boëtius eine Reihe unbekannter Texte Brentanos, die, wie er
glaubte, der Öffentlichkeit bislang vorenthalten worden waren, und
rechnete dabei polemisch mit dem Freien Deutschen Hochstift und mit
der Brentano-Forschung ab.[79] Dieser Band zeigt zugleich, dass Boëtius
in dem seither verstrichenen Jahrzehnt das philologische Handwerk
abhandengekommen war.[80] Ein Rückblick auf seine wissenschaftliche
Karriere, seine Konflikte mit Detlev Lüders und Jürgen Behrens und
auf seine Beschäftigung mit Clemens Brentano findet sich in seiner
Romanautobiographie ›Der Insulaner‹ von 2017. Den fraglichen Dra-
menband hat Caroline Pross (in Zusammenarbeit mit Simone Leidinger, Dietmar Pravida und Christina Sauer) ediert; Text und Apparat sind
2007 und 2008 erschienen (Band 13/3 und 15/4 der Ausgabe). Übrigens
erschienen alle genannten Bände der FBA ungefähr in der Form, die
Wollenberg und Boëtius seinerzeit gewünscht hatten, die ›Romanzen‹
zumindest mit einer gegenüber den Editionsprinzipien von 1975 modi-
fizierten Form der Variantenverzeichnung, die sich um größere de-
skriptive Genauigkeit bemüht, und in vollem Umfang. Die einst be-
fürchtete Vielzahl an Apparatbänden hat sich dabei nicht ergeben. Auch
bei den Wiener Dramen wurde auf eine bloße Auswahl der Varianten
zugunsten vollständiger Wiedergabe verzichtet. Dies ist im übrigen
auch bei so gut wie allen anderen Bänden der Ausgabe der Fall, die seit
den späten 1980er und den 1990er Jahren erschienen, insbesondere bei
den Lyrik- und Dramenbänden, deren handschriftliche Grundlagen besonders umfangreich sind. Ausnahmen bilden lediglich die Bände ›Die
Mährchen vom Rhein‹ (herausgegeben von Brigitte Schillbach, 1983)

---

78 Vgl. Anm. 18.
79 Henning Boëtius, Der andere Brentano. Ausgewählt, transkribiert, eingeleitet
    und kommentiert. 130 Jahre Literaturskandal, Frankfurt am Main 1985. Vgl.
    ders., Der Insulaner (Anm. 12), S. 909–911. Zur literaturkritischen Diskussion
    um den Band siehe die Nachweise bei Dietmar Pravida, Die Erfindung des Rosen-
    kranzes. Untersuchungen zu Clemens Brentanos Versepos, Frankfurt am Main
    [u.a.] 2005 (= Forschungen zum Junghegelianismus 13), S. 351 f., Anm. 1102.
80 Vgl. Jahrb. FDH 1985, S. 342. Zu einem typischen Fall für Boëtius' editorisches
    Vorgehen vgl. Dietmar Pravida, Brentano in Wien. Clemens Brentano, die Poesie
    und die Zeitgeschichte 1813/14, Heidelberg 2013 (= Frankfurter Beiträge zur
    Germanistik 52), S. 97, Anm. 224.

und ›Die barmherzigen Schwestern – Kleine religiöse Prosa‹ (herausgegeben von Renate Moering, 1985/1990).[81]

Nicht zuletzt wegen der Polemik in dem genannten Band ›Der andere Brentano‹ und nachfolgenden einschlägigen Äußerungen in Presse
und Rundfunk hat Boëtius bei älteren bzw. früheren Mitarbeitern des
Hauses gemischte Erinnerungen hinterlassen. Hingegen ist der von
Boëtius während der Zeit seiner Tätigkeit in der Brentano-Redaktion
erstellte, äußerlich unscheinbare Karteikartenkatalog der Brentano-
Handschriften, in dem die Handschriften aller Werke identifiziert und
nach Werkzugehörigkeit und genetischer Folge geordnet sind, seither
der Ausgangspunkt aller editorischen Beschäftigung mit Brentanos
Werken geblieben und darf getrost als die philologische Grundlage der
Brentano-Ausgabe betrachtet werden.[82] Dieses Verdienst ist in der Erinnerung der Brentano-Philologen unvergessen.

81 Vgl. FBA 17, S. 466; FBA 22/2, S. 163. Dagegen wich bereits Heinz Rölleke in sei-
    ner Ausgabe des ›Wunderhorns‹ – deren erster Teil 1975 als Anfangsband der
    Brentano-Ausgabe erschien – ausdrücklich von der Forderung nach Varianten-
    reduktion ab (vgl. FBA 9/1, S. 63). Keine explizite Erklärung findet sich in dem
    1987 erschienenen Band ›Erzählungen‹ (FBA 19, hrsg. von Gerhard Kluge), doch
    hat auch hier keine Variantenreduktion stattgefunden. Sonderfälle innerhalb der
    Ausgabe bilden ›Das bittere Leiden unsers Herrn Jesu Christi‹ (FBA 26 und 27/2,
    hrsg. von Bernhard Gajek und Irmengard Schmidbauer, 1980/1995, vgl. FBA
    27/2, S. 149 f.) und ›Trutz Nachtigal‹ (FBA 5/2, hrsg. von Sabine Gruber, 2009,
    vgl. ebd., S. 438). In der endgültigen Fassung der Editionsprinzipien aus dem Jahr
    2007 ist diese Abkehr vom Prinzip der Variantenreduktion nicht deutlich heraus-
    gestellt worden (vgl. FBA 1, Anhang: Editionsprinzipien – Siglen und Abkürzun-
    gen, S. 10*–13*), vermutlich um bei künftigen Bänden, den religiösen Schriften
    zumal, die Option einer reduzierten Variantenverzeichnung offenzuhalten.
82 In diesen Zusammenhang gehören Boëtius' Aufsätze ›Zur Entstehung und Text-
    qualität von Clemens Brentanos »Gesammelten Schriften«‹ (Jahrb. FDH 1967,
    S. 406–457) und ›Entstehung, Überlieferung und Datierung dreier Gedichte Cle-
    mens Brentanos‹ (Jahrb. FDH 1970, S. 258–281), beide grundlegend für die Bren-
    tano-Philologie.

Freies Deutsches Hochstift

Aus den Sammlungen
Jahresbericht 2022

Inhalt

Aus den Sammlungen

Jahresbericht 2022

Jacob Philipp Hackerts Zeichnung
›Bei Vietri‹

Dominant und ungestüm wirkt die knorrige Eiche, die auf einem bebuschten und berankten Felsvorsprung thront. Gerade noch der Schwerkraft trotzend, wächst sie windschief aus der rechten in die linke Bildhälfte hinein und überragt das Hochformat. Unter den bedrohlich wirkenden, zerklüfteten Felsformationen rastet, in einiger Entfernung zum Betrachter, eine bäuerlich gekleidete Frau vor einem weiteren groben, mit Buschwerk bewachsenen Felsblock. Ihre Beine sind ausgestreckt und überkreuzt, zu ihrer Linken hat sie einen geflochtenen Korb abgestellt. Dem Betrachter zugewandt steht rechts neben ihr ein Wanderer mit Stock, Rucksack und breitkrempigem Hut (Abb. 1).

Die im Mai 2022 als Schenkung aus der Sammlung Karin und Rüdiger Volhard in die Kunstsammlung des Freien Deutschen Hochstifts gelangte Zeichnung stammt von dem Landschaftsmaler Jacob Philipp Hackert (1737–1807).[1] Bei dem recht großen Blatt (470 × 352 mm) handelt es sich um eine sorgfältig ausgearbeitete Zeichnung, deren motivisches Grundgerüst Hackert zunächst über ein paar angedeuteten Bleistiftmarkierungen mit der Feder in Grau umriss. Durch Pinsel und Lavierung schließlich erzielt er in abgestuften Braunnuancen einen Sepia-Gesamteindruck – eine Technik, die er in Italien perfektioniert hatte. In doppelter Hinsicht stellt die Schenkung einen überaus glücklichen Zuwachs dar: Da das Motiv in mehreren, leicht abgewandelten Versionen existiert – zweimal als beinahe identische Zeichnung, als Gemälde und sogar als Druckgraphik – und Wiederholungen keine Seltenheit in Hackerts Œuvre darstellen, dient das Blatt zum einen als stellvertretendes Zeugnis für Hackerts charakteristische, ökonomische Arbeitsweise und gibt auch Aufschluss über seinen Geschäftssinn. Zum zweiten knüpft die Zeichnung direkt an den Sammlungsbestand an: Das Hochstift ist seit 1907 im Besitz der Gemäldeversion des Motivs.

Als Goethes Zeichenlehrer weckte Hackert bereits früh das Sammlungsinteresse des Freien Deutschen Hochstifts, so dass er mittlerweile mit mehr als 20 unikalen Werken – Gemälden und Zeichnungen – prominent vertreten ist. Goethe und Hackert begegneten sich erstmals im Jahr 1787 in Neapel. Zu diesem Zeitpunkt war Hackert bereits ein arrivierter Künstler, der als Hofmaler

---

1 Inv.Nr. III–16058.

© 2024 Nina Sonntag, Publikation: Wallstein Verlag
DOI https://doi.org/10.46500/83535509-5-012 | CC BY-NC-SA 4.0

Abb. 1. Jacob Philipp Hackert, Bei Vietri, Feder in Grau, Pinsel in Braun,
in Sepia laviert über Spuren von Bleistift, allseitige Umrahmung mit der Feder
in Sepia auf gelblichem Velinpapier, 470 x 352 mm.

im Dienst des Königs Ferdinand IV. von Neapel stand. Goethe war derart beeindruckt von dessen Virtuosität und Fleiß, dass Hackert zu seinem einflussreichsten Zeichenlehrer in Italien avancierte.[2] Der lernwillige Schüler schätze
nicht nur Hackerts Akribie bei der Wiedergabe der Natur, sondern auch seine
Aufrichtigkeit, denn der Landschaftsmaler attestierte ihm zwar eine gewisse
»Anlage«, diese jedoch müsse intensiv geschult werden. Daher riet er dem
Dichter »achtzehn Monate« bei ihm zu bleiben, danach könne er Solides zustande bringen.[3] Zu anderthalb Jahren Studium kam es nicht, jedoch riss der

2 Vgl. den Eintrag zu Hackert von Thomas Weidner im Goethe-Handbuch, Supple-
   mente, Bd. 3: Kunst, hrsg. von Andreas Beyer und Ernst Osterkamp, Stuttgart und
   Weimar 2011, S. 487–490.
3 Goethe vermerkt dies in seinem Tagebuch der Italienischen Reise am 15. März
   1787 (WA I 31, S. 51). Das dilettantische Zeichnen war in der Goethezeit ein verbreitetes Phänomen, das ohne Anspruch auf »Dürer-Potential« schlicht privates

Abb. 2. Jacob Philipp Hackert, Bei Vietri, 1790 [= 1770], Feder und Pinsel in Braun
über Spuren von Bleistift, 468 × 348 mm (Klassik Stiftung Weimar,
Graphische Sammlungen, Inv.-Nr. Schuchardt I, S. 335, Nr. 66).

Kontakt auch nach Goethes Italienreise nicht ab. Die beiden standen von 1796
bis 1806 im brieflichen Austausch und schließlich übernahm Goethe auf eigene Initiative hin die Aufgabe seines Biographen; die »biographische Skizze«
erschien allerdings erst 1811, einige Jahre nach Hackerts Tod.[4]

»Vergnügen« bereiten sollte; Golo Maurer, »Was Ihnen und andern Freude
macht …«. Zeichnen im Zeitalter Goethes, in: Zeichnen im Zeitalter Goethes.
Zeichnungen und Aquarelle aus dem Freien Deutschen Hochstift, Ausst.-Kat.,
hrsg. von Mareike Hennig und Neela Struck, München 2022, S. 35–38, hier: S. 36.

4 Aus einem Brief Goethes an Hackert vom 4. April 1806 geht hervor, dass er diesen
um Aufzeichnungen bittet, um eine »Selbstbiographie« für ihn zu entwerfen. Der
Brief ist abgedruckt in: Lehrreiche Nähe: Goethe und Hackert. Bestandsverzeichnis
der Gemälde und Graphik Jakob Philipp Hackerts in den Sammlungen des Goethe-
Nationalmuseums Weimar, hrsg. von Norbert Miller und Claudia Nordhoff, München 1997, S. 102 f.

Abb. 3. Jacob Philipp Hackert, Landschaft bei Vietri,
Öl auf Eichenholz (FDH, Inv. Nr. IV–987).

Goethe sammelte im Laufe seines Lebens rund 30 Zeichnungen und Druck-
serien des Landschaftsmalers und beauftragte sogar den Kunsthändler Carl
Gustav Boerner, ihm neue Hackert-Zugänge direkt beiseite zu legen. Zu seinen Erwerbungen zählte auch die zweite Zeichnungsversion unseres Blatts
›Bei Vietri‹, er erwarb sie 1814 bei Johann Gottlob Stimmel in Leipzig. Sie
verblieb zeitlebens in seinem Besitz, weshalb das Blatt heute, wie schon im
Schuchardtschen Inventar verzeichnet, in den Graphischen Sammlungen der
Klassik Stiftung Weimar verwahrt wird (Abb. 2).[5] Die beiden Blätter sind
nahezu identisch in Größe (468 × 348 mm), motivischer Anlage und techni-
scher Ausführung, um beide wurde auch allseitig mit der Feder in Sepia eine
feine Linie als Umrahmung gezogen.

Kompositorisch leicht verändert hat Hackert die Gemäldeversion ›Landschaft bei Vietri‹ ausgeführt (Abb. 3). Gespiegelt zu den Zeichnungsvarianten
findet sich der Felsen mit der Eiche in dem Tondo auf der linken Seite. Während in den Zeichnungen ein paar quer verlaufende, an der Eiche festgebun-
dene Äste zu erkennen sind – vermutlich wurde die Eiche zum begehbaren
Aussichtspunkt umfunktioniert – fehlt dies in der Gemäldeversion. Auch
tauscht Hackert die Staffagefiguren aus und fügt anstelle von Menschen Zie-

5 Christian Schuchardt, Goethes Kunstsammlungen, Bd. 1, Jena 1848–49, S. 335,
   Nr. 66; Claudia Nordhoff und Hans Reimer, Jakob Philipp Hackert, 1737–1807.
   Verzeichnis seiner Werke, Berlin 1994, Bd. 2, S. 346, Nr. 847.

Abb. 4. Jacob Philipp Hackert, »a Vietri«, Radierung, 1777, British Museum,
Inv.-Nr. 145134001 (© The Trustees of the British Museum).

gen und Rinder harmonisch in die Landschaft. Der Hintergrund verwandelt
sich von den in den Zeichnungen leicht angedeuteten Bergrücken zu einem
Gewässer, wodurch das Geschehen in einem Tal verortet wird. Leicht verändert
wurde zudem der Bildausschnitt: Der Felsblock rechts wird angeschnitten und
nicht wie in den Zeichnungen ganz gezeigt, dafür ist vom Felsengestein links
mehr zu sehen.

Im Jahr 1779 veröffentlichte Hackert schließlich unter dem Titel ›A Vietri‹
eine Druckgraphik der verwachsenen Eiche auf dem Felsen für eine Radierfolge von Ansichten aus dem Königreich Neapel, dem Blatt 3 der ›Suite de IV
Vuës dessinées dans le Roïaume de Naples et Gravées‹ (Abb. 4).[6] Bei dem vier
Radierungen enthaltenden Zyklus handelt es sich um das graphische Hauptwerk seiner römischen Zeit, das Hackert seinem Freund Johann Friedrich Reif-

6 In Goethes eigener Kunstsammlung befand sich ein Satz der vier Radierungen;
   vgl. Schuchardt, a.a.O., Bd. 1, S. 125. Vgl. zur Radierfolge F. Carlo Schmid, Jakob
   Philipp Hackert als Radierer: anlässlich der neueren Literatur zu Leben und Werk
   des Künstlers, in: Zeitschrift der Schweizerischen Bibliophilen-Gesellschaft 39
   (1996), S. 163–179, hier: S. 173 f. Leider konnte das Vietri-Blatt bisher nicht als
   Radierung für die Kunstsammlungen des Hochstifts erworben werden.

Abb. 5. Jacob Philipp Hackert, »a la Cava«,
Radierung, 1777 (FDH, Inv. Nr. III–14215).

fenstein (1719–1793) widmete. Die Tatsache, dass die Kompilation ohne Auftrag entstand, spricht für die Bedeutung, die Hackert den vier ausgewählten
Motiven und damit der Landschaft zwischen Neapel und Salerno beimaß. Die
Größe des Vietri-Blattes (455 × 365 mm) entspricht in etwa den Zeichnungsvarianten, das Motiv ist wie beim Gemälde gespiegelt zu den Zeichnungen,
auch der gewählte Bildausschnitt, die Staffagefiguren und der Hintergrund
stimmen mit der Gemäldeversion überein.

Beim Vergleich der Versionen zeigt sich, dass Hackert mittels kleiner Veränderungen von Staffage und Hintergrund unterschiedliche Bildstimmungen
erzielt, die den Eindruck der stets im Vordergrund stehenden Natur unterschiedlich kontextualisieren, doch nie schmälern. Hackert nutzte die Ausstaf-
fierung gleich einem Baukastenprinzip und erläutert sein Vorgehen wie folgt:

Thiere, als Ochsen und Schafe, verhindern zwar nichts, im Gegentheil sie
beleben, und weil wir an die zahmen Thiere gewöhnt sind, so tragen sie auf
Spaziergängen zu unserm Vergnügen bei. [...] Höchstens kann ein Hirt,
oder ein paar Hirten, sitzend unter einem Baume angebracht werden, die
das Vieh hüten, als Mann, Frau und Kinder. Diese weil sie unschuldig sind,
und bloß in der Absicht das Vieh zu hüten auf der Stelle sitzen, verhindern
uns nicht an unserm Vergnügen, sondern erregen wohl eher eine unschuldige Freude.[7]

7   WA I 46, S. 376.

Abb. 6. Jacob Philipp Hackert, Landschaft im Tal von la Cava, 1773,
Öl auf Eichenholz (FDH, Inv. Nr. IV–986).

Auch in unserem Fall variiert Hackert durch den Austausch der Staffagefiguren die Stimmung, welche die Natur auf den Betrachter macht: Die menschen-
leere Einsamkeit der Gegend wird sowohl in der Radierung als auch im Gemälde unterstrichen, in der Zeichnung wird hingegen, durch die gefährliche
Positionierung der verweilenden Bauern nahe der fragil wirkenden überkragen-
den Gesteinsformation, die sublime Naturgewalt hervorgehoben. Die Menschen werden kompositorisch zu Accessoires, sie sind lediglich Statisten auf
der großen Bühne der Natur. Der dramatische Ausdruck verliert sich im Gemälde deutlich, auch da in Radierung und Zeichnung die Eiche zu einer Aus-
sichtsplattform gemacht worden ist. Das Gemälde wirkt friedlicher, gezeigt
wird ein idyllisches Stück unberührter Natur. Die gemilderte Anmutung der
Fragilität der Eiche wird zudem durch die Veränderung vom rechteckigen
Hochformat zum Tondo begünstigt.

Mit Blick auf ein weiteres Motiv der gleichen Radierungsserie, dem Blatt
›A la Cava‹, welches auch in unserem Bestand vertreten ist, wird Hackerts
Arbeitsweise ebenso deutlich. Auch zu dieser Radierung gibt es das Äquivalent
eines Gemäldes, betitelt mit ›Landschaft im Tal von la Cava‹. Es wurde 1907
vom Hochstift als Pendant zusammen mit der ›Landschaft bei Vietri‹ erworben
(Abb. 5–6). In der radierten Variante lagert ein Hirte, dem Betrachter den Rü-

cken zugewandt, auf einem Hügel im Bildvordergrund; im Gemälde fehlt dieser. Das Rundformat macht zwar auch eine Motivbeschneidung nötig, Hackerts Abwandlung entspricht allerdings der Bildwirkung der Vietri-Varianten: Menschenunberührte wird menschenerschlossener Natur gegenübergestellt.

Trotz aller Veränderungen bleibt der Baum auf dem Felsen in allen Varianten das zentrale Element. Für Hackert, dessen »Baumporträts« in seinem Gesamtwerk eine besondere Stellung einnehmen,[8] war die Darstellung der botanischen Eigenarten verschiedener Baumarten eine Kunst, die von hoher Perfektion und Kennerschaft zeugt. Das Baumstudium erfordere »viel Übung und Zeit«, schrieb Hackert in seinem kurzen Traktat über Landschaftsmalerei. Eine Anleitung zur Erlernbarkeit des Zeichnens aller Baumarten lieferte er gleich hinterher und teilte die Blätter in drei wesentliche Grundformen (Kastanie, Eiche und Pappel) ein, von denen sich alle übrigen Blattformen ableiten ließen.[9] Für dieses schematische, didaktische Vorgehen erfuhr Hackert von seinen Künstlerkollegen und insbesondere von der nachfolgenden Künstlergeneration der Romantiker auch Kritik. Für sein Kunstverständnis jedoch lag genau hier die empirische Qualität, denn die hohe Akribie führte dazu, »daß ein jeder Botanicus den Baum sogleich erkenne, so wie auch Pflanzen und andere Blätter im Vorgrunde«.[10] So sind seine Baumbilder in ihrer vielfältigen Ausdruckskraft und Einzigartigkeit auch künstlerisch zu verstehen. Jeder Baum hat ein realistisches Vorbild und übernimmt mit der Wiedererkennbarkeit die Funktion einer »Wegmarke«.[11]

Mit dem Austausch des figürlichen Personals oder der Abänderung des Hintergrunds büßten Hackerts Arbeiten folglich kein Stück ihres hohen Anspruchs an Realitätsnähe und botanischer Korrektheit ein. Allerdings wurden die Baumstudien durch die frei erdachte Staffage und den Hintergrund erst zu Landschaftsbildern:

---

8 Vgl. Wolfgang Krönig, Baum-Bilder von Philipp Hackert (1737–1807). Der einzelne Baum als Thema seiner Kunst, in: Jahrbuch der Berliner Museen 32 (1990), S. 209–235, sowie Hermann Mildenberger, Die Baumporträts, in: Jakob Philipp Hackert. Europas Landschaftsmaler der Goethezeit, Ausst.-Kat., hrsg. von Hubertus Gaßner, Weimar 2008, S. 268–283.

9 WA I 46, S. 362 f.

10 Ebd., S. 366. In Hackerts Radierfolge ›Principes pour apprendre à dessiner le paysage d'après nature gravés à l'eau-forte‹, die 1801/02 erschien und aus acht großformatigen Baumblättern besteht, werden ausgewählte Baumsorten mit ihren Eigenarten gleich einem Bestandskatalog dokumentiert, jede Art wird durch ein stellvertretendes, charakteristisches Exemplar vorgestellt.

11 Claudia Nordhoff, »Der große Weg«. Jakob Philipp Hackert als Zeichner nach der Natur, in: Pantheon. Internationale Jahreszeitschrift für Kunst 58 (2000), S. 128–137, hier: S. 133.

Und findet er keinen Mittelgrund und Ferne an der Stelle, wo er seinen
Baum gezeichnet hat, so suche er sich einige Schritte weiter einen Fond
dazu, der sich paßt, und mache ein paar Figuren oder Thiere im Vor- oder
Mittelgrund; so bleibt es kein bloßes Studium von Baum, sondern es wird
schon eine Landschaft. Nichts gefällt mehr, sowohl in der Natur als in
Zeichnungen und Gemählden, als ein schöner Baum. Einige Felsen, Steine
oder andere Bäume im Mittelgrund, und etwas Fernung macht eine schöne
Landschaft, wo der Baum am ersten brillirt.[12]

Nicht nur die Motive legte Hackert systematisch an, sondern auch die Zeichentechnik. Seine bei den Zeitgenossen beliebten Sepia-Zeichnungen entstanden nach einem bestimmten Schema, wie Wolfgang Krönig beschreibt:
Mit der Feder entstehe zunächst das »Gerüst«,[13] mit sicherem Strich werden
so die Umrisslinien des gesamten Motivs festgehalten, »während nur wenige
zarte Umrisse in Bleistift (Graphit) an höheren und entfernteren Stellen im
Bilde zu finden sind, meist überdeckt und oft kaum erkennbar«.[14] Zuletzt
werde das Motiv mit Pinsel übergangen und ihm durch Lavierung in diversen
Braunabstufungen Tiefe verliehen. Goethe selbst nahm von diesen »merkwür-
digen, meisterhaften Bleistift- und Federzeichnungen nach der Natur«, denen
»Sepia Kraft und Haltung« gibt,[15] mehr als nur Notiz. Beeindruckt notierte er
im Tagebuch der Italienischen Reise: »Drei Tinten stehen, wenn er tuscht, immer bereit, und indem er von hinten hervorarbeitet und eine nach der andern
braucht, so entsteht ein Bild, man weiß nicht woher es kommt.«[16]

Hackerts regelhafte Technik zeugt von einem individuellen Verständnis von
Zeichnung: Seine vor dem Objekt entstehenden Blätter sind keine skizzenhaften, flüchtigen Zeichnungen, sondern kompositorisch wohlüberlegt zusam-
mengestellte und sorgfältig ausgeführte Umrisszeichnungen. Meist sind sie
keine alleinstehenden Studienblätter in seinem Gesamtwerk, vielmehr tau-
chen die Grundmotive oft sogar Jahrzehnte nach ihrer Entstehung, als Wie-

---

12 WA I 46, S. 366 f.
13 Krönig, Baum-Bilder von Philipp Hackert (Anm. 8), S. 212.
14 Ebd., S. 213. Auch in den beiden Vietri-Zeichnungen finden sich unter Feder und
    Pinsel auf den ersten Blick schwer zu erkennende und vielmehr als Markierung
    dienende Bleistiftstriche. Ich danke an dieser Stelle Herrn Christoph Orth, Kus-
    tode der Graphischen Sammlungen bei der Klassik Stiftung Weimar, vielmals für
    die Überprüfung der Technik anhand des Originals.
15 WA I 49/2, S. 242. Vg. zu Hackerts Technik: Wolfgang Krönig, Sepia-Zeichnun-
    gen aus der Umgebung Neapels von Philipp Hackert, in: Wallraf-Richartz-Jahr-
    buch 33 (1971), S. 175–204.
16 WA I 31, S. 50 f.

derholungen und Varianten wieder auf.[17] Diese ökonomische Motivverwer-
tung ist Teil seines unternehmerischen Arbeitens, wie Freunde in einem
Nachruf äußerten: »Er benutzte seine Entwürfe auf dreyfache Art, zuerst als
Studien nach der Natur, dann zur Grundlage seiner Gemähide, und endlich,
nachdem er die Skizzen ausgeführt hatte, zum Verkauf.«[18] Die Übertragung in
andere Techniken geschieht also nicht beliebig, sondern, wie bei Hackert üblich, optimiert und systematisiert: Als erstes fertigt er die Zeichnung, anschließend zumeist ein Gemälde und zum Schluss weitere Verkaufsvorlagen wie
etwa eine Radierung.

Bei den vorliegenden Vietri-Varianten vermutet Claudia Nordhoff, dass alle
bekannten Versionen auf eine unbekannte oder verlorene Vorzeichnung zurückgehen.[19] Sie deklariert ferner das Gemälde aus unserem Besitz, aufgrund
des auf das Jahr 1773 datierten Pendants ›Landschaft im Tal von la Cava‹, als
früheste Fassung.[20] Bei der Radierung handle es sich schließlich um die spä-
teste Wiederholung (entstanden ist das Blatt 1777, veröffentlicht wurde die
Radierfolge 1779). Da die Weimarer Zeichnung links oben am Bildrand mit »à
Vietri 1790.« bezeichnet ist, nimmt Nordhoff schließlich an, dass es sich bei
unserer Zeichnung (damals noch in Privatbesitz) um ein Blatt handle, das nach
1790 als Replik auf Kundenwunsch entstanden sei.

Bisher unerwähnt in der Literatur blieb der Umstand, dass bei der Datierung des Weimarer Blatts die vorletzte Ziffer mit anderer Tinte über-
schrieben wurde und unter der Zahl »9« deutlich eine »7« zu lesen ist.[21] Diese
als nachträgliche von anderer Hand zu wertende Korrektur ist nicht unerheblich: Hackert lernte die damals touristisch noch nicht erschlossene Landschaft rund um Salerno und die sorrentinische Halbinsel kennen, als er aufgrund einer Erkrankung im Frühjahr 1770 – er hielt sich gerade in Neapel

---

17 Vgl. Thomas Weidner, Jakob Philipp Hackert. Landschaftsmaler im 18. Jahrhun-
    dert, Bd. 1, Berlin 1998, S. 55.

18 Fragmente über Jakob Philipp Hackert als Mensch und als Künstler. Von zwey
    seiner Freunde in Hamburg, in: Morgenblatt für gebildete Stände vom 25. Au-
    gust 1807, S. 809–811, hier: S. 810. Vgl. hierzu Claudia Nordhoff, Ideale Land-
    schaft und Prospektmalerei: »Die Kombinationslandschaft«, in: Nordhoff/Rei-
    mer, Jakob Philipp Hackert (Anm. 5), Bd. 1, S. 51–55, insbesondere S. 54.

19 Vgl. die Ausführungen im Werkverzeichnis Nordhoff/Reimer (Anm. 5), Nr. 368,
    847 und 1248.

20 Nordhoff erwähnt zusätzlich eine nicht mehr lesbare Jahreszahl »1773« auf dem
    Gemälde ›Landschaft bei Vietri‹ selbst, die die Autorin allerdings nicht ausfindig
    machen konnte und die auch nicht im hauseigenen Bestandskatalog der Gemälde
    von Petra Maisak und Gerhard Kölsch aus dem Jahr 2011 erwähnt wird.

21 Auch an dieser Stelle bin ich Herrn Christoph Orth für die freundliche Überprü-
    fung und Bestätigung meiner Vermutung am Original sehr zu Dank verpflichtet.

auf – von seinem Freund und Arzt Cirillo wegen der »heilsamen Veränderung der Luft« zu einem längeren Aufenthalt nach Vietri und La Cava (heute Vietri sul Mare und Cava de' Tirreni) geschickt wurde. Er blieb dort bis November des gleichen Jahres.[22] Eine Datierung auf 1770 wäre daher um einiges schlüssiger und würde das Weimarer Blatt als die früheste bekannte Version ausweisen, die womöglich an Ort und Stelle in der Natur entstand. Als nächstes fasste Hackert, analog der Aussage seiner Zeitgenossen, das Motiv im Gemälde und zum Schluss als Radierung. Lediglich die undatierte Frankfurter Version lässt sich in dieser Reihe nur unpräzise als Kopie der Zeichnung von 1770 einordnen.

Die Wahl unterschiedlicher Techniken kam dem kommerziell denkenden Hackert entgegen, denn Zeichnungen, Gemälde und Druckgraphik konnten zu unterschiedlichen Preisen angeboten werden. Tatsächlich staffelten sich die Preise seiner Landschaften nach Arbeitszeit, also vorrangig nach Größe und verwendeter Technik und nicht nach dem dargestellten Gegenstand.[23] So konnte jeder, seinem Geldbeutel entsprechend, fündig werden. Mit den druckgraphischen Reproduktionen seiner Gemälde, die erschwinglicher und handelbarer waren, konnte Hackert seinen Kundenstamm zusätzlich erweitern. Nicht nur durch den Technikwechsel sondern auch durch die modulare Abwandlung der Staffage reagierte er mit minimalem Aufwand auf vielfältige Kundenwünsche. Oder er kopierte, wie im Fall der Vietri-Zeichnungen, für einen Kunden ein Blatt minutiös ohne Veränderung. Die in unserem Verständnis gewichtige Frage nach Original[24] und Kopie war in Hackerts Verständnis, einem »pictor oeconomicus«, unerheblich – eine eigenhändige Kopie galt sehr wohl als Original. Ebenso wenig dürfte diese Unterscheidung für die zahlreichen Käufer entscheidend gewesen sein: »Es gibt genug Platz und Raum zu Zeichnungen; passen sie nicht für einen, so passen sie für hundert andre.«[25]

Nina Sonntag

---

22 WA I 46, S. 129. Die Gegend mit ihrer üppigen Vegetation, den Schluchten, Grotten und Höhlen fesselte ihn so sehr, dass er auch in den Jahren 1772, 1775, 1778 und 1781 wiederkehrte.

23 Vgl. Weidner, Jakob Philipp Hackert (Anm. 17), Bd. 1, S. 56.

24 Vgl. ebd., S. 55–58.

25 Fragmente über Jakob Philipp Hackert als Mensch und als Künstler (Anm. 18), S. 806.

Bildung und Vermittlung

Ausstellungen

Dauerausstellung

Nach der langen Zeit pandemiebedingter Schließungen konnten die Dauerausstellungen im Goethe-Haus, im Deutschen Romantik-Museum und in der
Gemäldegalerie von Jahresbeginn 2022 an wieder ohne Einschränkungen geöffnet werden. Lediglich bestimmte Hygienekonzepte waren zu Beginn noch
einzuhalten. Anfang Juni fiel die Maskenpflicht für Besucher und Mitarbeiter.
Eine Beschränkung der Teilnehmerzahl bei Führungen auf 15 Personen, die
zunächst der Pandemiesituation geschuldet war, bewährte sich in den kleinen
Räumen des Goethe-Hauses und der Galerie auch hinsichtlich der Akustik
und des Platzes und wurde daher beibehalten. Im gesamten Jahr blieb das
Haus am Montag geschlossen und am Donnerstag bis 21 Uhr geöffnet.

»Als wäre ich selbst dabei gewesen«. Zeichnungen der ersten Sammlung Karl Ströher aus dem Vermächtnis von Ulrike Crespo

Vom 8. Februar bis zum 11. April präsentierte die Kunstsammlung im Handschriftenstudio im dritten Obergeschoss des Romantik-Museums die erste
Wechselausstellung seit Eröffnung des Hauses. Unter dem Titel »›Als wäre ich
selbst dabei gewesen‹. Zeichnungen der ersten Sammlung Karl Ströher aus
dem Vermächtnis von Ulrike Crespo« war eine Auswahl von Blättern aus dem
Konvolut zu sehen, das die Fotografin und Mäzenin (1950–2019) dem Freien
Deutschen Hochstift 2020 vermacht hatte.[1] Die kleine Sammlung hatte Cres-
pos Großvater, der Unternehmer, Kunstsammler und Mäzen Karl Ströher
(1890–1977) zusammengetragen. Aus diesem Konvolut kamen 34 Blätter an
das Hochstift. Ihr Schwerpunkt liegt auf dem späten 19. Jahrhundert und hier
vor allem auf kleinen, unspektakulären, gleichsam privaten Blättern mit leich-
tem, schnellem Strich und beiläufigen Motiven von bekannten Künstlern wie
Johann Christian Erhard, Wilhelm von Kobell, Thomas Ender und Heinrich

---

1 Vgl. Jahrb. FDH 2022, S. 322.

Crola und regional bedeutenden Zeichnern wie Karl Peter Burnitz oder Jakob Becker. In den fünf Vitrinen des Handschriften-Studios wurde eine Auswahl von 18 Bleistift- und Federzeichnungen, Aquarell- und Deckfarbenstudien gezeigt. Die Kategorien »Natur«, »Wandern und Zeichnen«, »Figur«, »Skizzen« und »Vertrautes« versammelten Genreszenen und Landschaften, Porträts, Detailstudien und sogar ein winziges Seestück. Verbunden sind die Blätter durch einen zügigen, leichten Duktus und eine skizzenhafte Haltung, die die zeichnerischen Fähigkeiten der Künstler gut zum Ausdruck bringen. In der kleinen Ausstellung gab es zu jedem Blatt einen zweisprachigen Text, ein Wandtext erläuterte zudem die Provenienz der Sammlung. Erfreulich war auch das Presseecho auf die zwar kleine, doch in ihrer Intimität besondere Ausstellung.

Mareike Hennig

»Ich liebe deine Liebe«. Der Briefwechsel zwischen Friedrich Schlegel und Friedrich von Hardenberg (Novalis)

Vom 26. April bis zum 28. August 2022 war im Handschriftenstudio des Deutschen Romantik-Museums eine Ausstellung zu sehen, die sich aus Anlass ihrer 250. Geburtstage der Freundschaft zwischen Friedrich Schlegel und Friedrich von Hardenberg widmete. Im Zentrum stand der Briefwechsel, dessen überlieferte Teile (62 Briefe) fast vollständig im Freien Deutschen Hochstift verwahrt werden. Die Ausstellung fand in sechs Folgen (›Episoden‹) statt und präsentierte insgesamt 30 ausgewählte Korrespondenzstücke – vom Kennenlernen der 20-jährigen Studenten 1793 in Leipzig bis zu Hardenbergs schwerer Erkrankung im Sommer 1800.

Gezeigt wurden die Briefe in den fünf schreibtischartigen Vitrinen des Studios, wobei jedem Stück eine ganze Vitrine gewidmet war (Abb. 1). Die Rückseiten waren als Reproduktionen zu sehen, zudem standen Volltranskriptionen als Lesehilfen zur Verfügung, so dass die Besucherinnen und Besucher der Ausstellung in der Lage waren, dem schriftlichen Austausch der beiden anhand der originalen Überlieferungsträger zu folgen. Bestimmte Passagen waren am Rand markiert und mit Erläuterungen versehen, ferner gab es begleitendes Material, namentlich Manuskripte aus dem reichhaltigen Nachlass Hardenbergs, der ebenfalls im Hochstift verwahrt wird. Auf diese Weise wurden signifikante Themenfelder des Briefwechsels sichtbar und durch Kontextualisierungen verständlich. Ein besonderes Augenmerk lag auf der Materialität der Handschriften, also jenen Merkmalen der Schriftträger, die bei Editionen gemeinhin verloren gehen.

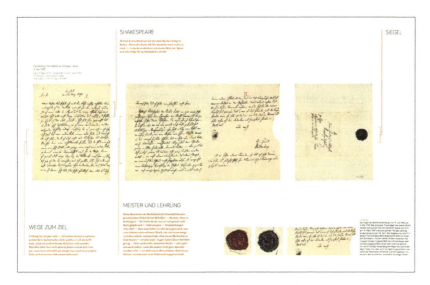

Abb. 1. Die 4. Vitrine der 3. Episode
mit dem Brief von Hardenberg an Schlegel vom 3. Mai 1797
samt Erläuterungen und begleitendem Material.

Konzipiert wurde die Ausstellung von Prof. Dr. Nicholas Saul (University of Durham, UK) und Prof. Dr. Johannes Endres (University of California, Riverside, USA) in enger Zusammenarbeit mit der Handschriftenabteilung, die auch für die Auswahl und Erläuterung der ergänzenden Dokumente zuständig war. Die Gestaltung der Ausstellung lag in den Händen von *Sounds of Silence*. Begleitend erschien ein umfangreicher Katalog.

Während der Laufzeit der Ausstellung fand an der Goethe-Universität Frankfurt vom 25. April bis 4. Juli 2022 eine neunteilige Ringvorlesung mit dem Titel »›Sich kreuzende Stimmen‹. Novalis, Friedrich Schlegel und die Romantik« statt, die von Prof. Dr. Roland Borgards und Dr. Konrad Heumann betreut wurde und in einem Sammelband dokumentiert wird. Außerdem veranstaltete Prof. Dr. Frederike Middelhoff am 30. Juni und 1. Juli 2022 mit acht Fachkolleginnen und -kollegen im Hochstift einen Workshop (»Aber genug – behalten Sie mich nur ein bischen lieb«. Friedrich von Hardenberg (Novalis) und Friedrich Schlegel im Gespräch mit Briefkorrespondentinnen).

Konrad Heumann

Zeichnen im Zeitalter Goethes

Am 26. August 2022 wurde die Ausstellung »Zeichnen im Zeitalter Goethes«
mit einer festlichen Vernissage eröffnet. Mit ihr präsentierte das Deutsche
Romantik-Museum – nicht ganz ein Jahr nach seiner Eröffnung – die erste
große Sonderausstellung im neu eingerichteten Wechselausstellungsraum
(Abb. 2). Kuratiert wurde sie von Dr. Neela Struck und Dr. Mareike Hennig.
Sie zeigte eine Auswahl von etwa 130 Zeichnungen und Aquarellen, Skizzen-
büchern und Alben aus dem gut 3000 Blatt umfassenden Bestand der Hand-
zeichnungen, der in den Kunstsammlungen seit dem 19. Jahrhundert mit
Bezug auf Goethe und seine Zeit zusammengeführt wird. Unter den über
60 ausgestellten Künstlerinnen und Künstlern befanden sich Jakob Philipp
Hackert und Angelika Kauffmann, Johann Heinrich Tischbein und Johann
Heinrich Füssli, Ludwig Ernst Morgenstern, Karl Friedrich Schinkel, Caspar
David Friedrich und Lovis Corinth. Die Exponate präsentierten die Vielfalt der
Zeichnung im Zeitalter Goethes sowohl in bezug auf ihre Themen, als auch
auf ihre Techniken und Funktionen. Neben Berühmtheiten wie Goethes Far-
benkreis oder Tischbeins Aquarell von Goethe am Fenster seiner Wohnung in
Rom gab es auch Überraschungen wie anatomische Zeichnungen, Salon- und
Amateurkunst oder Zeichnungen von Dichterinnen und Dichtern. Zudem
waren die Besucher eingeladen, in der Ausstellung selbst zu zeichnen und ihre
Arbeiten im Raum an einer eigens dafür vorgesehenen Wand zu präsentieren.

Grundlage der Ausstellung war ein mehrjähriges wissenschaftliches Projekt zur Erfassung, Bearbeitung und Veröffentlichung des Gesamtbestandes
der Handzeichnungen des Hochstifts (siehe S. 268). Geleitet und durchgeführt
von Dr. Neela Struck und gefördert von der Art Mentor Foundation Lucerne,
machte diese Erschließung den Umfang und den Charakter der Sammlung
zum ersten Mal greifbar und legte die Basis für ihre Präsentation. Für die Finanzierung der Ausstellung konnten zahlreiche Institutionen ebenso wie private Förderer gewonnen werden. Neben der Art Mentor Foundation Lucerne
waren dies der Kulturfonds Frankfurt RheinMain, Dr. Dirk Ippen, die Rudolf-
August Oetker-Stiftung, die Dr. Marschner Stiftung, die Sparkassen-Kulturstiftung Hessen-Thüringen und der AsKI.

In neun offenen, ineinander übergehenden Bereichen präsentierte die Ausstellung zunächst Goethes Auseinandersetzung mit der Kunst seiner Zeit.
Hier waren Einflüsse aus dem Frankfurter Elternhaus ebenso thematisch wie
die Begegnungen in Leipzig, Goethes erste ernstzunehmende Zeichenversuche
und schließlich die prägenden Kunst- und Seherfahrungen auf den Reisen
durch die Schweiz und vor allem nach Italien. Goethes frühe Beschäftigung
mit Zeichnung wurde in Blättern aus dem Umkreis Frankfurter Künstler wie
Johann Andreas Benjamin Nothnagel, Georg Melchior Kraus und Johann Ludwig Ernst Morgenstern sowie mit Arbeiten seines Lehrers Adam Friedrich

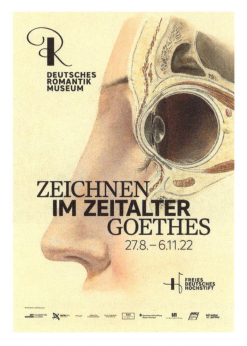

Abb. 2. Plakat der Ausstellung »Zeichnen im Zeitalter Goethes«.

Oeser greifbar, der seiner Kunstbetrachtung neue Perspektiven gab. Der Sturm und Drang als Kategorie der Bildenden Kunst war mit eindrucksvollen Blättern von Friedrich Müller, genannt »Maler Müller«, vertreten und die Konjunktur der erhabenen Schweizer Landschaften durch Arbeiten von Franz Schütz und Augustus Wallis. Von beindruckender Qualität ist die umfangreiche Sammlung der Zeichnungen aus Italien, die das Hochstift in Hinsicht auf die wichtige, von Kunstbetrachtung und eigener künstlerischer Arbeit geprägte Reise Goethes schon früh sammelte (Abb. 3). Hier öffnete sich der Raum und zeigte die ganze Vielfalt bildhafter Landschaften von Jacob Philipp Hackert und Christoph Heinrich Kniep, Figurenstudien von Angelika Kauffmann, an Ort und Stelle aufgenommene Skizzen von Carl Ludwig Kaaz oder Historienkompositionen von Johann Heinrich Tischbein. Bemerkenswert war ein bisher in der Forschung noch nicht publiziertes Konvolut von Landschafts- und Antikenstudien Johann Christian Reinharts.

Neben der Kunst im biographischen Umfeld Goethes bildete die Zeichnung als Kulturpraxis einen weiteren Schwerpunkt der Sammlung. Dieser in kunsthistorischen Sammlungen selten vertretene Bereich verdeutlicht die zeitge-

Abb. 3. Blick in die Ausstellung, Bereich Italien.

nössische Omnipräsenz des Zeichnens. Die Ausstellung beleuchtete das Phänomen der Doppelbegabungen – zeichnende Schriftsteller, wie auch Goethe
einer war – mit Arbeiten von Maler Müller und Dicherinnen und Dichtern der
Romantik. Übergroße Entwurfszeichnungen von Bettine von Arnim waren
ebenso zu sehen wie Titelentwürfe von Clemens Brentano. Die Nähe von
Schrift und Zeichnung zeigte sich in Briefen, Alben und Skizzenbüchern, in
denen man digital blättern konnte, und einem »begehbar gemachten« Stammbuch. In den Abteilungen »Freundschaftsbild« und »Zeichnen in Gesellschaft«
wurde deutlich, wie stark das Zeichnen die Gesellschaft durchzog: Gezeichnet
wurde von Amateuren und Profis, zur Unterhaltung, Erinnerung und im ge-
selligen Kontext. In diesem farblich akzentuierten Bereich konnten die Besucherinnen und Besucher am eigens eingerichteten Zeichentisch arbeiten
und ihre Blätter in die Ausstellung integrieren.

Den Abschluss bildeten wissenschaftliche Zeichnungen und Illustrationen.
Goethes ›Farbenkreis‹ und seine Zeichnung zu Alexander von Humboldts
›Ideen zu einer Geographie der Pflanzen‹ verdeutlichten die enge Verbindung
von naturwissenschaftlicher Forschung und Zeichnung. Greifbarer noch wurde
das Zeichnen als Form der Erkenntnis und der Vermittlung von Wissen in den
feinen Arbeiten, die Christian Koeck für die Publikationen zu den Sinnesorga-
nen des Neuroanatomen Thomas Samuel Soemmerring anfertigte. Auch diese
Blätter machen die ungewöhnliche Vielfalt der Zeichnungssammlung des
Hochstifts fasslich. Die Illustrationszeichnungen zu Goethe und seinen Zeitgenossen bildeten die letzte Rubrik. Hier fand sich die ganze Bandbreite von
skizzenhaften Bleistiftentwürfen bis zu ausgeführten Wandbildern. Zwei Ar-

beiten von Lovis Corinth führten die Besucherinnen und Besucher schließlich über das Zeitalter Goethes hinaus ins 20. Jahrhundert. Beginn und Ende der Ausstellung markierte eine digitale Arbeit von Dani Muno. Die Frankfurter Künstlerin hatte sich mit einer Zeichnung Bettine von Arnims auseinandergesetzt und ließ Ihre Version der ›Verherrlichung der Dichtkunst‹ auf einer Projektionsfläche allmählich vor den Augen der Besucher entstehen.

Die Gestaltung der Ausstellung lag in den Händen des Gestalterinnen-Duos *Sounds of Silence*, Petra Eichler und Susanne Kessler. Sie betreuten parallel zur Konzeption der Ausstellung zunächst auch die Ersteinrichtung des 400 m² großen Untergeschosses mit der notwendigen Infrastruktur (mobile Wände, Licht und Lichtschienen, Sicherheitstechnik etc.) und entwarfen die Erstausstattung der Vitrinen. Für die graphische Gestaltung zeichnete Michaela Kessler von *desres design studio* verantwortlich. Gegliedert wurde die große Ausstellungsfläche durch wiederverwendbare Wandelemente, die im Durchgang durch die Ausstellung immer neue Räume und Blickachsen eröffneten. Hinzu kamen einige spezielle Ausstellungmöbel wie Pulte oder Wandhalterungen für besondere Formate und Darstellungsformen wie die übergroßen, fragilen Entwürfe Bettine von Arnims. Die Farbgebung wurde hell, zurückhaltend, doch nuancenreich gewählt, so dass trotz der Empfindlichkeit der Objekte eine lichte Atmosphäre herrschte. Einzig der Bereich der Salonkunst hob sich mit einem kräftigen Rosé-Ton von den anderen Wandfarben in ihren hellen Papier- und Brauntönen ab. Ohne Farben und Themen konkret einander zuzuordnen, entstand eine unaufdringliche Gliederung der großen Ausstellungsfläche. Die Ausstellunggraphik arbeitete bei Bilderschildern, Zitaten, Wand- und Einführungstexten mit einer zurückgenommenen, feinen und geraden Schrift. Im Gegensatz dazu stand die uneinheitliche Rahmung der Exponate mit historischen Rahmen, die der Hängung Spannung verlieh und die individuellen Charaktere der Zeichnungen unterstrich.

Zur Ausstellung erschien im Hirmer Verlag ein Katalog, der die Zeichnungssammlung über die Schau hinaus nachhaltig sichtbar macht. Er hat 312 Seiten, ist reich bebildert und umfasst das Geleitwort der Direktorin, fünf Essays und 110 Einträge zu den einzelnen Exponaten. Im einleitenden Essay befasst sich Dr. Neela Struck mit der Geschichte und Kontur der vorgestellten Sammlung, Aufsätze von Steffen Egle M.A. (Kaiserslautern), Prof. Dr. Johannes Grave (Jena), Dr. Mareike Hennig und PD Dr. Golo Maurer (Rom) beleuchten andere Aspekte der Zeichnung im Zeitalter Goethes. Für die 110 Katalognummern konnten Kolleginnen und Kollegen aus Museen, Universitäten aber auch aus dem eigenen Haus gewonnen werden. Beteiligt waren Dr. Markus Bertsch (Hamburg), Prof. Dr. Anne Bohnenkamp-Renken, Prof. Dr. Roland Borgards (Frankfurt), Prof. Dr. Mechthild Fend (Frankfurt), Dr. Mareike Hennig, Dr. Anja Heuß, Dr. Jenns Howoldt (Lübeck), Dr. Petra Maisak (Bad Homburg), Dr. Hermann Mildenberger (Weimar), Dr. Astrid Reuter

(Frankfurt), F. Carlo Schmid (Düsseldorf), Dr. Hinrich Sieveking (München), Dr. Andreas Stolzenburg (Hamburg), Dr. Neela Struck und Bettina Zimmermann M.A.

Sowohl bei den Besuchern als auch in der Presse fand die Ausstellung ausnehmend positive Resonanz. Hervorzuheben sind ganzseitige Besprechungen in der F.A.Z. und in der Frankfurter Rundschau. Auch im Hessischen Rundfunk wurde die Ausstellung ausführlich besprochen. Im englischsprachigen online-Magazin ›Nineteenth Century Art Worldwide. A Journal of Nineteenth-Century Visual Culture‹ wurde die Ausstellung in einem Artikel zum Romantik-Museum lobend hervorgehoben.[2]

Ein besonderes Augenmerk lag auf dem umfangreichen, vielschichtigen Begleitprogramm. Neben den individuell gebuchten und den wöchentlichen kostenlosen Führungen fanden Kuratorinnenführungen statt. In Theaterführungen brachte die Schauspielerin Katharina Schaaf als Zeichner Goethe den Besuchern das Zeichnen und die Zeichnungen nahe. Dr. Neela Struck gab am 8. September mit dem Vortrag »Ich klebte mit Giesel am Album« einen Einblick in die umfangreiche und faszinierende Sammlung von Zeichnungen aus dem Umfeld der Schwestern von Arnim – eine Besonderheit des Bestandes. Am 21. September 2022 stellte PD Dr. Golo Maurer von der Bibliotheca Hertziana in Rom und Mitautor des Kataloges sein Buch ›Heimreisen. Goethe, Italien und die Suche der Deutschen nach sich selbst‹ vor.

Ungewöhnlich groß und abwechslungsreich war das Kreativ-Angebot. Es folgte dem Anliegen der Ausstellung, die Besucherinnen und Besucher wieder an die Kulturpraxis des Zeichnens heranzuführen, die im Zeitalter Goethes fest in der Gesellschaft verankert war. So fand am Zeichentisch in der Ausstellung regelmäßig ein offenes Zeichenatelier statt, in dem die Besucherinnen und Besucher unter künstlerischer Anleitung ihr Talent erproben konnten (Abb. 4). Das bereits vor zwei Jahren eingeführte Format der Zeichenschule wurde fortgesetzt und lud ein, sich in einer mehrstündigen Veranstaltung mit der Kuratorin Neela Struck und Christina Szilly von der Abteilung Bildung und Vermittlung direkt mit den Zeichnungen auseinanderzusetzen und damit Betrachtung und Zeichenpraxis zu verbinden. Darüber hinaus gab es eine eigene Zeichenschule für Kinder. Auch das Zeichnen im Freien wurde erprobt: Am 4. September und am 9. Oktober zeichnete Cristina Szilly mit Besuchern in den Gärten des Romantik-Museums und des Liebieghauses, bzw. auf einer Wanderung vom Eisernen Steg bis zur Gerbermühle. Wie gut das Angebot angenommen wurde, zeigte die Resonanz ebenso wie die stets üppig bestückte

---

2 Mechthild Fend, [Ausstellungskritik:] Deutsches Romantik-Museum, Frankfurt, in: Nineteenth-Century Art Worldwide 21, no. 3 (Autumn 2022), https://doi. org/10.29411/ncaw.2022.21.3.9.

Abb. 4. Zeichnungen von Besucherinnen und Besuchern.

Besucher/innen-Zeichnungs-Wand. Schließlich schlugen zwei Kooperationen die Brücke von den Künstlerinnen und Künstlern des 18. und 19. Jahrhunderts in die Gegenwart. Anfang Oktober waren Studierende der Zeichenklasse der Hochschule für Gestaltung Mannheim mit ihrer Professorin Vroni Schwegler zu Gast und übersetzten die historischen Arbeiten zeichnerisch in ihre eigene Sprache. Ebenso erfreulich und ergiebig verliefen zwei Veranstaltungen mit der Freien Kunstakademie Frankfurt, deren Zeichenklassen nach einem Durchgang mit den Kuratorinnen selbständig in der Ausstellung zeichneten.

Neela Struck, Mareike Hennig

»Warum soll der Mensch anders sein, als er ist?« – Auf Entdeckungsreise durch die Handschriften Karoline von Günderrodes

Vom 15. September bis zum 11. Dezember 2022 wurde im Handschriftenstudio in Kooperation mit der Goethe-Universität Frankfurt eine kleine Ausstellung zu Karoline von Günderrodes Leben und Werk gezeigt. Zu sehen waren Dokumente zum familiären Umfeld sowie ausgewählte literarische und philosophische Arbeiten. Die Abteilungen trugen die Titel »Jugend und Familie«, »Geselligkeit des Frankfurter Patriziats«, »Literarisches Schaffen«, »Philosophische Studien« und »Literarische Zusammenarbeit in der Romantik«. Kuratiert wurde die Schau von Dr. Joanna Raisbeck (University of Oxford), die 2021 für ihre Dissertation ›Poetic Metaphysics in Karoline von Günderrode‹ mit dem Klaus Heyne-Preis zur Erforschung der Deutschen Romantik der

Goethe-Universität Frankfurt ausgezeichnet worden war. Die Erarbeitung der Ausstellung war Bestandteil dieser Auszeichnung.

Erstmals zu sehen war ein bisher unbekannter Sammelband mit Günderrodes Werken, der vom Frankfurter Juristen Fritz Schlosser (1780–1851) zusammengestellt wurde und sich heute in dessen Büchernachlass in der Martinus-Bibliothek (Mainz) befindet. Er enthält nicht nur drei Drucke, sondern auch fünf Abschriften von Günderrode-Gedichten in Schlossers Handschrift. Zwei dieser Gedichte waren bisher unbekannt.[3]

Die Ausstellung wurde im Handschriften-Studio des Deutschen Romantik-Museums gezeigt, wo interessierte Besucher alle Gelegenheit und Bequemlichkeit finden, sich so intensiv mit den präsentierten Dokumenten und anderen Stücken zu befassen, wie die Objekte es nahelegen. Sie wurde am 14. September nachmittags mit einem einführenden Vortrag der Kuratorin und Grußworten von Prof. Dr. Frederike Middelhoff und Prof. Dr. Anne Bohnenkamp sowie Lesungen durch Barbara Englert im vollbesetzten Gartensaal eröffnet. Dieses Format zur Eröffnung von Studio-Ausstellungen hat sich bewährt und soll künftig an den langen Donnerstagen um 18 Uhr angesetzt werden.

Konrad Heumann

Unheimlich Fantastisch – E. T. A. Hoffmann 2022

Die vom 24. November 2022 bis zum 12. Februar 2023 im Ernst Max von Grunelius-Saal des Deutschen Romantik-Museums gezeigte Schau »Unheimlich Fantastisch – E. T. A. Hoffmann 2022« war die dritte und letzte Station eines insgesamt dreiteiligen Ausstellungsparcours, der vom 25. Juli bis zum 22. Oktober 2022 zunächst in der Staatsbibliothek Bamberg, dann – teils parallel – vom 17. August bis zum 2. November 2022 in der Staatsbibliothek zu Berlin und schließlich in Frankfurt am Main zu sehen war (Abb. 5 und 6). Anlass dafür war der 200. Todestag E. T. A. Hoffmanns, der als Erfinder der fantastischen Literatur gelten kann und dessen vielgestaltiges Œuvre bis heute in allen Künsten weiterwirkt. E. T. A. Hoffmann selbst war ein romantisches Allround-Talent, das beileibe nicht nur durch seine literarischen Texte, sondern zugleich als Komponist und Musiker und als karikaturistischer Zeichner hervortrat. Seine internationale Rezeption ist einzigartig. Die dreiteilige Schau war dabei so konzipiert, dass die Kernbereiche an allen drei Orten ge-

---

3 Vgl. Holger Schwinn, »Silenos ruht in stillen Wiesengründen …«. Neuentdeckte Lyrik und Eintragungen von Karoline von Günderrode in der Schlosser'schen Bibliothek, in: Jahrb. FDH 2022, S. 96–129.

Abb. 5. Blick in die E.T.A. Hoffmann-Ausstellung.

Abb. 6. Plakat zur Ausstellung »Unheimlich Fantastisch – E.T.A. Hoffmann 2022«.

zeigt wurden, dass aber in Bamberg, Berlin und Frankfurt jeweils standortspe-
zifische eigene Ergänzungen hinzukamen. Im Deutschen Romantik-Museum
waren dies insgesamt drei Erweiterungen: 1. der Werkdialog zwischen Clemens
Brentano und E. T. A. Hoffmann, 2. die Beziehungen Hoffmanns zum Frankfurter Verleger Friedrich Wilmans und 3. die Topographie des späten Märchens
›Meister Floh‹, dessen Handlung in Frankfurt angesiedelt ist. Der gesamte
Ausstellungszyklus wurde federführend für die Staatsbibliothek zu Berlin von
Dr. Christina Schmitz, Ursula Jäcker und Benjamin Schlodder kuratiert, die
kuratorische Verantwortung der standortspezifischen Erweiterungen lag in
Bamberg bei Dr. Bettina Wagner und in Frankfurt bei Prof. Dr. Wolfgang Bunzel, der auch die drei Frankfurter Schwerpunkte konzipierte. Für die Gestaltung der Ausstellung an allen drei Orten war das Berliner Studio TheGreenEyl
zuständig.

Das Ziel der Ausstellung war ein doppeltes: Zum einen ging es darum, erkennbar werden zu lassen, dass E. T. A. Hoffmann ein – romantisches – Multi-
talent war. Er selbst bemerkt einmal über sich in einem Brief an den Freund
Theodor Gottlieb von Hippel: »Die Wochentage bin ich Jurist und höchstens
etwas Musiker, sonntags, am Tage wird gezeichnet, und abends bin ich ein sehr
witziger Autor bis in die späte Nacht.« Die Ausstellung gab einen Überblick
über diese – zuweilen irritierende – Vielfalt von Betätigungsfeldern. Zum
anderen sollte nach der Aktualität von Hoffmanns Werk gefragt werden. Im
Medium der fantastischen Literatur schuf der Autor Automatenwesen, imagi-
nierte Mischgestalten zwischen Mensch und Tier, ja sogar zwischen Mensch
und Pflanze, erdachte ein Gedankenmikroskop und lotete die Grenzen zwischen Traum, Fantasie und Wahn aus. Basierend auf den Erkenntnissen seiner
Zeit antizipierte er künftige Erfindungen und thematisierte Ängste, die heute
realer denn je erscheinen. Dadurch wurde er zu einem der frühesten Vertreter
der Science Fiction und vermittelte den modernen Ausprägungen dieses Gen-
res wichtige Impulse. Indem Hoffmanns Fantasiewelten mit den heutigen
technischen Möglichkeiten von Body Enhancement und der Erzeugung virtu-
eller Realitäten gezielt in Verbindung gebracht werden, zeigt sich die visionär-
prognostische Kraft seiner Texte. Zugleich kann so ein Œuvre, das historisch
geworden ist, in die Gegenwart geholt werden.

Das Gemeinschaftsprojekt – eine der größten deutschen Literaturausstel-
lungen der letzten Jahre – stieß sowohl bei Presse wie auch beim Publikum auf
großes Interesse. Als regelrechter Magnet erwies sich die Schau bei den Schulen im Rhein-Main-Gebiet. Um den gewaltigen Bedarf an Führungen für
Schüler abdecken zu können, wurde ein Team von vier Personen zusammengestellt, das aus zwei bewährten Kräften aus dem Hochstift (Petra Mayer-
Frühauff und Frederic Hain), einer Praktikantin (Dr. Ann-Kristin Wigand) und
einer studentischen Hilfskraft der Abteilung Romantik-Forschung (Tristan
Logiewa) bestand. Der Kurator selbst hat den Großteil der nichtschulischen

Führungen übernommen und zusätzlich zum Ausstellungsbesuch vertiefende Nachbereitungsgesprächsrunden mit Schülern und Lehrern angeboten. In Summe wurden 110 Führungen mit 1767 Teilnehmern durchgeführt. Ergänzend dazu gab es 17 öffentliche Theaterführungen mit 269 Teilnehmern. Insgesamt haben die Ausstellung in den gut elf Wochen, in denen sie gezeigt wurde, 8706 Personen (4594 Erwachsene, 687 Studierende und 3425 Schüler) besucht. Vom 400 Seiten starken, reich bebilderten Begleitbuch, das im Spector Verlag Leipzig erschienen ist, wurden alle Exemplare, die für den Standort Frankfurt zum Vorzugspreis zur Verfügung standen, verkauft. Der Band ist zum regulären Verkaufspreis weiterhin im Buchhandel erhältlich. Auch die Inhalte der Ausstellung selbst stehen in digital aufbereiteter Form weiterhin zur Verfügung.[4]

Begleitend zur Frankfurter E.T.A. Hoffmann-Ausstellung fanden zahlreiche Veranstaltungen statt, darunter das Hörspielkonzert ›Die Elixiere des Teufels‹ (Andreas Wiersich mit dem Midnight Story Orchestra), der Lieder- (Sopran, Tenor, Klavier) und Rezitationsabend »Hoffmanns Geschöpfe: Kapellmeister Kreisler, Klein Zaches und Undine«, die kommentierte Schauspielaufführung »E.T.A. Hoffmann und die Commedia dell'arte«, eine Lesung mit anschließendem Gespräch von Eckhart Nickel, der seinen auf E.T.A. Hoffmann Bezug nehmenden Roman ›Hysteria‹ (2018) vorstellte, und eine Lesung der Erzählung ›Der Sandmann‹ durch den Schauspieler Peter Schröder als Finissage. Besonders erfreulich ist, dass einige dieser Veranstaltungen in Zusammenarbeit mit der Volksbühne und der Stadtbücherei stattfanden. Zum didaktischen Zusatzangebot gehörten zwei Fortbildungen für Lehrkräfte, sieben Termine der sog. Offenen Werkstatt und ein Termin des Offenen Zeichenateliers.

Eine dreiteilige Schau dieser Größenordnung, die über einen Zeitraum von fast sieben Monaten reicht, ist natürlich nur möglich durch die Unterstützung vieler Förderer. Dazu zählen die Kulturstiftung des Bundes, die Wüstenrotstiftung, Lotto Berlin, die Aventis Foundation, die Friede-Springer-Stiftung, die Stiftung Preußische Seehandlung und die Breitbach-Stiftung. Für den Standort Bamberg kam vor allem die Oberfrankenstiftung hinzu, für den Standort Frankfurt stand der Kulturfonds Frankfurt Rhein-Main an erster Stelle, flankiert von der Adolf-Christ-Stiftung.

Parallel zur Ausstellung wurde unter dem Titel »Eine virtuelle Zeitreise in E.T.A. Hoffmanns Frankfurt« eine ergänzende App entwickelt, die es ermöglicht, den Stadtraum auf den Spuren des Märchenromans ›Meister Floh‹ (1822) zu entdecken.[5] Interessierte können seitdem und auch weiterhin auf

---

4 https://ausstellungen.deutsche-digitale-bibliothek.de/unheimlich-fantastisch/.
5 https://virtuelle-zeitreise.freies-deutsches-hochstift.de/#/de.

ihren Smartphones an insgesamt drei Plätzen der Frankfurter Innenstadt – Roßmarkt, Hauptwache und Liebfrauenberg – erkunden, wie Frankfurt zur Zeit E.T.A. Hoffmanns ausgesehen hat (siehe S. 267). Ausstellungsbegleitend haben hier neun Führungen im Frankfurter Stadtraum stattgefunden, in denen Funktion und Leistung dieser augmented-reality-Anwendung erprobt werden konnte.

Über 200 Besucher kamen zur Eröffnung der Ausstellung »Unheimlich fantastisch – E.T.A. Hoffmann 2022« am 23. November. Als Vertreterin der zahlreichen Förderer begrüßte Dr. Julia Cloot vom Kulturfonds Frankfurt Rhein-Main. In die Ausstellung führten die Kuratoren Prof. Dr. Wolfgang Bunzel und Dr. Christina Schmitz (Staatsbibliothek Berlin) ein. Umrahmt wurden die Ansprachen vom Glasharmonikaspiel Sascha Reckerts.

Am 26. November trat im Auftrag des Freien Deutschen Hochstifts das Midnight Story Orchestra auf der Bühne des Cantate-Saals in der Volksbühne auf und lockte 180 Besucher zu einem fulminanten Hörspielkonzert von E.T.A. Hoffmanns Roman ›Die Elixiere des Teufels‹ unter der Leitung von Andreas Wiersich. Diese Veranstaltung war der Auftakt für ein breitgefächertes Begleitprogramm zu Ausstellung. Schon am 17. Oktober hatte an der Goethe-Universität die von Prof. Dr. Frederike Middelhoff und Dr. Nathan Taylor organisierte und vom Hochstift mitbeworbene Goethe-Ringvorlesung (montags, 18 Uhr) zu E.T.A. Hoffmann begonnen.

Wolfgang Bunzel

Veranstaltungen

Goethe-Geburtstag

Goethes Geburtstag konnte nach mehreren Jahren eingeschränkter oder gar ausgefallener Feiern am 27. und 28. August wieder in alter Form begangen werden: Sogar die Kerzen im Goethe-Haus durften wieder brennen. Die gerade eröffnete Zeichnungsausstellung gab das Thema vor, der Fokus lag auf Italien. Umrahmt von neapolitanischer Musik des Ensembles InCoincidenza führten Dr. Neela Struck und Dr. Mareike Hennig im Arkadensaal in die Ausstellung ein und luden gemeinsam mit Dr. Nina Sonntag stündlich zu Kurzführungen ein. Die Küche des Goethe-Hauses schmückte Cristina Szilly mit Gemüse und Obst, und den Blumenschmuck übernahm mit Ute Reußenzehn und Julia Bräumer von der *Blumenwerkstatt Frankfurt* ein neuer floristischer Betrieb.

Rund um Goethe und die Romantik

2022 war das erste vollständige Veranstaltungsjahr, in das das Deutsche Romantik-Museum als Ausstellungs- und Veranstaltungsort ebenso einbezogen wurde wie der Gartensaal. Es fanden 32 Abendveranstaltungen statt, davon acht Konzerte, und eine große Zoom-Konferenz. Hinzu kamen drei Ausstellungseröffnungen, zwölf Veranstaltungen am Freitagnachmittag, neun Kinderlesungen, sechs »Verweile doch!«-Termine und acht »Blaue Donnerstage«, außerdem eine Exkursion und der Aktionstag »Zauberwort und Blaue Blume«, bei dem in einer großen Kooperation das gesamte Museum bespielt wurde. Einige der Veranstaltungen waren schon für die Jahre 2020 und 2021 organisiert worden, in denen sie nicht stattfinden konnten. Der Besucherzuspruch im Jahr 2022 war ausgesprochen unterschiedlich und nicht vorhersehbar.

Die erste Abendveranstaltung fand am 25. Januar statt. Unter dem Titel »Das Empyräo des Intellektuellen« feierte das Hochstift mit der Herausgeberin Dr. Ulrike Leuschner, Vertretern der Familie Merck, dem Leiter des Wallstein Verlages Thedel von Wallmoden und ca. 25 Gästen den Abschluss der Merck-Edition. 2007 hatte Ulrike Leuschner den 5-bändigen Briefwechsel Johann Heinrich Mercks mit ca. 150 Briefpartnern herausgegeben. 2021 erschien der neunte und letzte Band von Mercks Gesammelten Schriften.

Es folgte am 2. Februar eine Gastveranstaltung der Krupp Reimers Forschungsgruppe. Aus Anlass des gerade erschienenen Buches ›Renaissancen – Über ein Muster der Aneignung von Tradition‹ diskutierten Mitglieder der Forschungsgruppe unter der Leitung von Dr. Albrecht von Kalnein.

Die Veranstaltung mit der größten Reichweite war eine Feier zum Abschluss der in 55 Jahren entstandenen 40-bändigen Kritischen Hofmannsthal-Ausgabe. Sie wurde am 22. Februar in Kooperation mit dem Verlag, der S. Fischer Stiftung und der Hofmannsthal-Gesellschaft als Videokonferenz ausgerichtet. Besonders eingeladen waren die Haupt- und die Bandherausgeber sowie die Mitglieder des Hochstifts und der Hofmannsthal-Gesellschaft. Die Veranstaltung stieß mit 180 Teilnehmern aus ganz Europa und den USA auf ausgesprochen reges Interesse. Prof. Dr. Bohnenkamp moderierte den Abend, zu dem einleitend Dr. Antje Contius, die Geschäftsleiterin der S. Fischer Stiftung, die Gründe für das Engagement der Stiftung an diesem Projekt beleuchtete und an die Verlegerin Monika Schoeller erinnerte. Prof. Dr. Heinz Rölleke, der Projektleiter, berichtete aus seiner Sicht über die Entwicklung der Ausgabe seit 1974. Es folgten Videobotschaften von Künstlerinnen und Künstlern (Kammersängerin Brigitte Fassbaender, Schauspieler Michael Heltau, Schriftsteller Ferdinand Schmalz, Autor des Auftragswerks ›Jedermann stirbt‹) sowie Grußbotschaften der Stadt Frankfurt (Dr. Ina Hartwig), des Deutschen Literaturarchivs Marbach (Prof. Dr. Sandra Richter) und der Hofmannsthal-Gesellschaft (Prof. Dr. Alexander Honold, Basel). Die geschäftsführende Verlegerin des S. Fischer Verlags, Dr. Siv Bublitz, verortete das Großprojekt in der Verlagsgeschichte. Es folgte ein 13-minütiger Film von Alexander Paul Englert, in dem Dr. Konrad Heumann und Dr. Katja Kaluga ausgewählte Handschriften und Bücher aus dem Hofmannsthal-Nachlass zeigen und den Bezug zur Kritischen Ausgabe herstellen. Den Abschluss machten Prof. Dr. Martin Stern (Basel), der die Ausgabe seit ihren frühesten Anfängen in den sechziger Jahren begleitet hat, und Dr. Claudia Heine von der Kritischen Richard Strauss-Ausgabe (München). Dr. Katja Kaluga dankte schließlich den über all die Jahre an diesem Großprojekt beteiligten internen und externen Mitwirkenden.[6]

Am 16. März stellte Dr. Kaltërina Latifi die neue Romantik-Zeitschrift ›Serapion‹ vor, und Prof. Dr. Silvio Vietta gab Antworten auf die Frage »Warum ist die Romantik kulturgeschichtlich so bedeutsam?« Am 23. März hielt Prof. Dr. Heinrich Detering seinen aus 2020 verschobenen Vortrag »Der Kampf gegen das Meer. Ökologisches im ›Faust II‹«.

Am 4. Mai konnte im dritten Anlauf endlich die Exkursion nach Steinau an der Straße auf den Spuren der Brüder Grimm stattfinden. 35 Teilnehmer, geführt von Prof. Dr. Wolfgang Bunzel und Dr. Joachim Seng, organisiert und begleitet von Dr. Jasmin Behrouzi-Rühl, besuchten das Brüder Grimm-Museum und im Steinauer Schloss die Ausstellung zu den Grimms sowie am Ende eine eigene Vorstellung des Figurentheaters im Marstall.

Am 10. Mai fanden die »Goethe-Annalen 1822« in der bewährten und beliebten Besetzung mit Dr. Gustav Seibt und Prof. Dr. Ernst Osterkamp im Gespräch mit Prof. Dr. Anne Bohnenkamp statt. Das Trio widmete sich Goethes bewegtem Lebensjahr 1822.

Wie die Exkursion ebenfalls im dritten Anlauf konnte am 15. Mai, dem Internationalen Museumstag, das Schattenspieltheater ›Der Wolf und die sieben Geißlein‹ mit dem ›Theater der Dämmerung‹ von und mit Friedrich Raad stattfinden. Die Dr. Elisabeth und Dr. Hans Feith-Stiftung hatte die Vorführung, die Groß und Klein erfreute, finanziert.

Die Feith-Stiftung hatte außerdem schon im Jahr 2020 für die Nacht der Museen das Konzert ›Folkmusik‹ mit den Haynern gefördert. Wegen der Planungsunsicherheit wurde die für den 21. Mai angekündigte Nacht der Museen von der Stadt Frankfurt kurzfristig im Frühjahr abgesagt. Das Konzert der Hayner auf historischen und traditionellen Instrumenten wie Dudelsack, Akkordeon, Drehleier etc. samt Erklärungen der Instrumente und Stücke fand dennoch unter dem angekündigten Termin unter freudiger Teilnahme der Besucher statt.

---

6 Vgl. https://www.hofmannsthal.de/aktuelles/kritische-hugo-von-hofmannsthal-ausgabe-abgeschlossen/.

Die inzwischen seit 10 Jahren bestehende Reihe der Frankfurter Hausgespräche, in Kooperation mit der Stiftung Polytechnische Gesellschaft, dem Jüdischen Museum und dem Haus am Dom, stellte in diesem Jahr die Frage »Soll, muss und kann Sprache gerecht sein?« Am 18. Mai widmete sich die Abschlussveranstaltung im Hochstift der Frage »Sprachgewalt – Sprachgerechtigkeit: Ein Thema der Romantik?« Prof. Dr. Jochen A. Bär (Vechta) und Prof. Dr. Frederike Middelhoff (Frankfurt) hielten aus sprachwissenschaftlicher und literaturhistorischer Sicht einführende Vorträge und diskutierten die Fragen im Gespräch mit Prof. Bohnenkamp.[7]

Die eigentlich als Jahresauftakt gedachte Veranstaltung »Soll ich mich des Grünen freuen?« zum Thema »Goethe und die Natur« mit dem seit einigen Jahren bewährten Duo Dr. Joachim Seng und Michael Quast von der Frankfurter Volksbühne musste krankheitsbedingt verschoben werden. Sie fand am 24. Mai mit 65 Gästen statt.

Am 1. Juni fand in der Reihe »Romantik lesen« ein Abend zu E.T.A. Hoffmanns ›Meister Floh‹ statt. Der bekannte Schauspieler Stefan Wilkening las aus dem ›Meister Floh‹, Prof. Dr. Roland Borgards und Prof. Dr. Frederike Middelhoff stellten Werk und Autor vor.

Am 10. Juni fand das Abschlusskonzert der Brentano-Akademie unter der Leitung von Julian Prégardien im Arkadensaal mit drei jungen Lied-Duos statt. Dieser Termin stammte noch aus Coronaverschiebungen von 2020. Ebenso aus 2020 neuangesetzt war das Gesprächskonzert mit Dr. Ulrike Kienzle und Michael Gees (Klavier) zu Beethovens romantischem Impuls am 17. Juli, zu dem sich über 70 Gäste einfanden.

Am 12. Juni bot Reinhard Pabst einen Spaziergang auf den Spuren von James Joyce durch Frankfurt.

Am 18. Juni wurde im Rahmen einer Vernissage die durch eine Förderung der Willy Robert Pitzer Stiftung ermöglichte Prismen-Installation »Lichte Nacht der Iris. The Rainbow's Missing Colours« von Ingo Nussbaumer im Elliptischen Treppenhaus des Deutschen Romantik-Museums präsentiert. Die Bildergalerie auf der Webseite wurde entsprechend ergänzt.

In der Reihe »Weltliteratur in Übersetzungen« stellte am 21. Juni die Übersetzerin Anne Weber im Gespräch mit Prof. Dr. Daniel Göske das Buch ›Nevermore‹ von Cécile Wajsbrot vor. Die Autorin selbst konnte leider nicht wie geplant nach Frankfurt kommen. Am 28. September erörterte Prof. Dr. Göske mit dem Übersetzer Michael Walter das Buch ›Lord Jim‹ von Joseph Conrad.

Hervorzuheben ist der Aktionstag »Zauberwort und Blaue Blume«, der am 24. Juni 2022 von Kursteilnehmern der Frankfurter Volkshochschule (Be-

---

7 Auf der Webseite www.frankfurterhausgespraeche.de können die Beiträge nachgehört werden.

reich kulturelle Bildung), von der Musikschule Frankfurt und Studierenden der Hochschule für Musik und darstellende Kunst bestritten wurde. Alle Schulen behandelten in ihrem Unterricht im ersten Halbjahr in den verschiedensten Disziplinen Themen der Romantik und besuchten im Vorfeld mit den Kursleitern und/oder Schülerinnen und Schülern das Deutsche Romantik-Museum. Am Veranstaltungstag konnten insgesamt fast 400 Besucher bei freiem Eintritt einen romantischen Nachmittag voller Musik, Kunst und Poesie im Museum erleben. Vom Gartensaal bis in die Domgalerie wurden auf allen Stockwerken des Museums musikalische, literarische und künstlerische Darbietungen der Romantik präsentiert.[8]

Eine größere Anzahl von Besuchergruppen wünschte und erhielt besondere Vorträge und Führungen, so am 21. August, initiiert vom Umweltamt der Stadt Frankfurt, zum Thema Wasser durch Prof. Dr. Wolfgang Bunzel im Rahmen des »Wilden Sonntags«. Mehrere Goethe-Gesellschaften verbanden ihren Besuch im Goethe-Haus und im Deutschen Romantik-Museum mit Vorträgen im Arkadensaal, zum Bespiel die Goethe-Gesellschaft Hannover, die am 15. Juni im Arkàdensaal einen musikalischen Vortrag von Dr. Ulrike Kienzle hörte.

Am 8. September stellte Dr. Neela Struck die Zeichnungen der Arnim-Brentano-Familie im Bestand des Freien Deutschen Hochstifts vor. Die Sammlungsgeschichte des Hochstifts war auch Thema bei Dr. Anja Heuß' Vortrag zur Stiftung Robert Heuser-Covaz am 1. November.

Weitere Buchvorstellungen: Am 13. September kam PD. Dr. Martina Wernli, deren Habilitationsschrift ›Federn lesen‹ aufzeigt, wie schwierig allein der physische Prozess des Schreibens im 18. und 19. Jahrhundert gewesen ist. Am 18. Oktober stellte Prof. Dr. Roland Kaehlbrandt im Gespräch mit Prof. Dr. Anne Bohnenkamp sein Buch ›Liebeserklärung an die deutsche Sprache‹ vor. Und am 7. November stellte unser Mitglied im Wissenschaftlichen Beirat, Prof. Dr. Jeremy Adler, seine Biographie ›Goethe. Die Erfindung der Moderne‹ im Gespräch mit Prof. Dr. Andreas Fahrmeir (ebenfalls im Beirat) vor. Am 15. November präsentierten dann in der Reihe »Romantik lesen« unter dem Titel ›Die Taunusreise und andere Orte des Erzählens‹ Dr. Mareike Hennig, Prof. Dr. Günter Oesterle, Prof. Dr. Roland Borgards und der Schauspieler Stefan Wilkening weitere Texte aus der Handlichen Bibliothek der Romantik.

Am 27. September veranstaltete der Verein Ostwestpassagen in Kooperation mit dem Hochstift einen Abend zur persischen Dichterin Forugh Farrochsad, zu dem Dr. Jasmin Behrouzi-Rühl grüßte.

---

8 Vgl. den Film: https://www.youtube.com/watch?v=YkZYhmoKLMQ.

Lied & Lyrik

Besonders viele Besucher lockte am 26. April die Veranstaltung »›Gelobt sey uns die ewge Nacht‹ – Eine literarisch-musikalische Annäherung an Novalis« aus Anlass seines 250. Geburtstages in der Reihe Lied & Lyrik mit Prof. Dr. Dieter Borchmeyer, Vortrag und Rezitation, Ulrike Malotta, Mezzosopran, Konstantin Paganetti, Bariton, und Hedayet Jonas Djeddikar, Klavier, der auch die Auswahl und Einstudierung übernommen hatte.

Nach dreimaliger Verschiebung konnte am 29. Juni der Abend zu Paul Celan stattfinden mit Sofia Pavone, Mezzosopran, Theodore Browne, Tenor, und Hedayet Jonas Djeddikar, Klavier. Er wurde von den Besuchern als sehr berührend empfunden. Am 10. Oktober gab in derselben Reihe der Pianist Kit Armstrong mit dem Sänger Benjamin Appl einen außergewöhnlichen Abend zu Franz Schubert mit fünf Goethe-Gedichten in Vertonungen. Es war der erste Abend, der nach dem pandemiebedingten Besucherschwund im Frühjahr und Sommer wieder deutlich über 100 Besucher anlockte. Ein wunderbarer musikalischer Abend zum Thema »Hoffmanns Geschöpfe« mit Nora Friedrich, Sopran, und Michael Porter, Tenor, sowie Burkhard Bastuck am Flügel beschloss am 30. November mit Bezug zur gerade eröffneten E.T.A. Hoffmann-Ausstellung das Veranstaltungsjahr des Hochstifts.

Vorlesungen

Am 25. April begann in Kooperation mit dem Institut für Deutsche Literatur und ihre Didaktik, organisiert von Prof. Dr. Roland Borgards und Dr. Konrad Heumann, die Vorlesungsreihe »›Sich kreuzende Stimmen‹ – Novalis, Friedrich Schlegel und die Romantik« anlässlich der 250-jährigen Jubiläen dieser beiden Autoren mit der Vorlesung von Prof. Dr. Nicholas Saul (University of Durham, UK) über den frühromantischen Briefwechsel zwischen Friedrich von Hardenberg und Friedrich Schlegel, die vom Freien Deutschen Hochstift über Zoom gehostet wurde und 80 Teilnehmer fand.

Am 9. Mai hielt ebenfalls per Zoom Prof. Dr. Johannes Endres (University of California, Riverside, USA) seine Vorlesung über »Novalis, Friedrich Schlegel und die Republik«. Ab dem 16. Mai, mit der Vorlesung von Dr. Konrad Heumann über »Handschriften«, fanden die Termine an der Universität Frankfurt statt. Die Vorlesungsreihe begleitete die Ausstellung »›Ich liebe deine Liebe‹. Der Briefwechsel zwischen Friedrich Schlegel und Friedrich von Hardenberg (Novalis)«, die vom 26. April bis zum 28. August in sechs Folgen im Handschriftenstudio zu sehen war. Am 30. Juni und 1. Juli richtete in diesem Kontext das Institut für deutsche Literatur und ihre Didaktik mit Prof. Dr. Frederike Middelhoff im Arkadensaal den zweitägigen Workshop »›Aber genug –

behalten Sie mich nur ein bischen lieb‹ – Friedrich von Hardenberg (Novalis) und Friedrich Schlegel im Gespräch mit Briefkorrespondentinnen« aus, der von der Stiftung Polytechnische Gesellschaft finanziell unterstützt wurde.

Vom Zwackelmann zur Tigertatze

Am 9. März stellten Tilman Spreckelsen und der Sprecher Christian Brückner unter dem Titel »Wie man aus der Mühle des Magiers entkommt« den Schriftsteller Otfried Preußler vor. Die Veranstaltung erschien anschließend in einer Sonderfolge des F.A.Z.-Podcasts und fand schon in den ersten Tagen über 5000 Hörer (am 30. Mai fast 10 000). Der Abend stand thematisch in Zusammenhang mit der von Dr. Jasmin Behrouzi-Rühl initiierten Kinderbuchvorlesereihe »Vom Zwackelmann zur Tigertatze«, in der im Jahr 2022 an neun Terminen abwechselnd aus bekannten Klassikern der Kinderliteratur und aus Neuerscheinungen, die zu solchen Klassikern werden könnten, vorgelesen wurde. Entweder lasen die Autoren selbst oder die Schauspielerin Pirkko Cremer. Die Reihe fand samstags um 14 Uhr statt und wurde und wird zu gleichen Teilen von der Marga Coing-Stiftung und der Dr. Hans Feith und Dr. Elisabeth Feith-Stiftung gefördert. Die Frankfurter Buchhandlung Weltenleser begleitet sie mit einem Büchertisch. Die letzte Lesung im Jahr 2022 fand am 3. Dezember mit ›Die Katze mit Hut‹ von Simon und Desi Ruge mit 25 Kindern statt.

Der mit Tilman Spreckelsen für den 5. April angesetzte Abend zu »Kinderbuchklassiker als Schullektüre« musste wegen Krankheit vorerst entfallen.

Verweile doch!

Die bereits im Jahr 2021 eröffnete neue Reihe »Verweile doch!«, in der an den langen Donnerstagen Stationen des Deutschen Romantik-Museums vertieft werden, begann am 27. Januar mit Prof. Dr. Wolfgang Bunzel zum Thema »Schach! Bettine von Arnim fordert den preußischen König heraus« und wurde am 24. Februar fortgesetzt mit Dr. Joachim Seng zu »Existenz ohne Boden: Rahel Varnhagen geb. Levin«. Dem Dichter Novalis widmete sich am 28. April Dr. Konrad Heumann. Am 2. Juni folgte in dieser Reihe eine Führung mit der Direktorin Prof. Dr. Anne Bohnenkamp zum Thema »Goethes Faust im Deutschen Romantik-Museum«, die vom Garten durch alle Stockwerke ging und schließlich im Regenbogenraum auch die digitale ›Faust‹-Ausgabe vorstellte. Nach der Sommerpause widmete sich am 27. Oktober Joachim Seng mit Ernst und Scherz unter dem Titel »Schauerpower – Mary Shelley erschafft das Monster der Moderne« der gruseligen Seite der Romantik. Am

10. November schloss Dr. Mareike Hennig die Reihe mit »Philipp Otto Runge: Die Farbenkugel«. Die Nachfrage überstieg die Zahl der möglichen Teilnehmer meist bei weitem.

Blauer Donnerstag

Ebenso ergeht es uns hinsichtlich der Nachfrage mit der neuen Reihe »Der blaue Donnerstag«, in der an acht Terminen die Schauspielerin Katharina Schaaf mit Lesungen und Erläuterungen Themenkreise der Romantik aufgriff und vorstellte, so zu »Märchenwald und Nachtigallen«, »Schaurig-schön!«, »Seelen-Landschaft« und zu »Sehnsucht, Freundschaft, Liebe, Schmerz«.

Freitags um vier im Gartensaal

Die erste Veranstaltung des Jahres 2022 in der neuen Reihe »Freitags um vier im Gartensaal« fand am 25. Februar statt: Die Schriftstellerin Andrea Hensgen sprach vor ausverkauftem Haus über erste Sätze in Romanen. Am 11. und 18. März folgte die Fortsetzung der im letzten Jahr begonnenen Lektüre und Interpretation von Goethes ›Faust‹ mit Prof. Dr. Anne Bohnenkamp. Dr. Jasmin Behrouzi-Rühl, die die Reihe betreut, las die Texte. Am 25. März stellte Dr. Joachim Seng in dieser Reihe die Frage »Hatten die Romantiker Humor?« Die Vorstellung der digitalen Plattform »Skandal-Kultur reloaded« fand am 13. Mai unter dem Titel »Unerhört! Literaturskandale der Romantik« mit Dr. Claudia Bamberg, Dr. Cornelia Ilbrig und Thomas Claus ausnahmsweise im Arkadensaal statt. Die Webseite wurde gezeigt und es wurden Filme abgespielt. Am 3. Juni folgte mit »Atelier Hofmannsthal«, einem Format, das sich originalen Handschriften widmet, ein Nachmittag mit Dr. Katja Kaluga über eine Hofmannsthal-Neuerwerbung der Handschriftenabteilung. Dr. Konrad Heumann widmete sich entsprechend am 8. Juli im »Atelier Novalis« dem Werk des Dichters Friedrich von Hardenberg. Am 9. September stellte Reinhard Pabst mit »Vier Raubdrucke und ein Todesfall« bibliophile Exkurse zu Goethes ›Wahlverwandtschaften‹ vor, und am 23. September widmete sich Dr. Joachim Seng der Editionsgeschichte der ›Kinder- und Hausmärchen‹ der Brüder Grimm. Katharina Schaaf stellte am 14. Oktober Salonspiele vor, Reinhard Pabst und Dr. Konrad Heumann verdeutlichtem im Gespräch die unterschiedlichen Ansätze zweier literarischer Fährtensucher und am 2. Dezember schloss Dr. Jasmin Behrouzi-Rühl die Reihe mit der Vorstellung von Otfried Preußlers weihnachtlichem Erwachsenenbuch ›Die Flucht nach Ägypten – Königlich böhmischer Teil‹.

Jasmin Behrouzi-Rühl

Jahrestagung der Leiter Graphischer Sammlungen

Vom 28. bis zum 30. September fand in Frankfurt die Jahrestagung der Leiter Graphischer Sammlungen in Deutschland, Österreich und der Schweiz statt. 2022 kamen etwa 95 Kolleginnen und Kollegen nach Frankfurt, wo die Veranstaltung von Städel Museum, Historischem Museum und Freiem Deutschen Hochstift gemeinsam vorbereitet worden war. Die Tagung verband Vorträge mit dem lebendigen Austausch der Kolleginnen und Kollegen aus unterschiedlichen Sammlungen. Am 30. September war die Tagung zu Gast im Hochstift. Im Arkadensaal waren Vorträge zum Themenkomplex der Romantik und des 19. Jahrhunderts zu hören. Anschließend erhielten die Teilnehmer eine Führung durch die Ausstellung »Zeichnen im Zeitalter Goethes«.

Mareike Hennig

Museumspädagogik

Das Jahr 2022 war geprägt von einer guten Nachfrage nach Vermittlungsangeboten, insbesondere das Deutsche Romantik-Museum zeigte seine Anziehungskraft für Klassen und Gruppen. Zwar gab es noch Einschränkungen, doch konnten diese im Verlauf des Jahres schrittweise zurückgenommen werden. Ab Januar stand das Team der Gästeführerinnen und Gästeführer nach entsprechenden Weiterbildungen den Besuchergruppen mit dem einstündigen Rundgang »Einblicke in die Romantik« zur Verfügung. Neben den Team-Weiterbildungen betreute die Bildung und Vermittlung ein Schülerpraktikum.

Besuche verschiedener Weiterbildungen waren wieder möglich, so war Dr. Doris Schumacher u. a. am 5. Mai in Steinau beim Treffen des Arbeitskreises Museumspädagogik des Museumsverbandes, wo es um digitale Vermittlung der Brüder Grimm ging. Online nahm sie am Jahrestreffen des Netzwerks »Kulturelle Bildung und Integration 2.0« der Kulturstaatsministerin unter dem Titel »Jetzt! Kulturelle, historische und politische Bildung vernetzen« teil.

Verschiedene Kooperationen wurde fortgesetzt, so mit dem Kulturamt Frankfurt (»Places to see«) und dem Lions Club. Das Romantik-Museum lieferte hierbei zahlreiche Impulse. Das »Junge Literaturland« des Hessischen Rundfunks fand in der 17. Staffel wieder mit Beteiligung des Hochstifts statt. Der Kurs »Kreatives Schreiben« der Philipp-Reis-Schule Friedrichsdorf (9. Klasse) unter Leitung von Stephanie Schön hatte sich bewusst das Romantik-Museum ausgesucht, um unterstützt von dem Autor Dalibor Marković Poetry-Slam-Texte zu verfassen. Im November wurde im Rahmen des Projektes »Kultur.Forscher!« eine neue Kooperation mit der Schillerschule Frankfurt begonnen, organisiert von Katja Sacher. Die Lehrkräfte der Schillerschule konzipieren dabei Unterrichtseinheiten, bei denen sich die Schülerinnen und Schüler intensiv mit dem Romantik-Museum beschäftigen.

Die Reduzierung der Gruppengröße aufgrund der Pandemie, z. B. 15 statt 25 Personen im Goethe-Haus, brachte es mit sich, dass nicht alle Anfragenden mit der gewünschten Führung versorgt werden konnten. Hier machte sich auch die Montagsschließung bemerkbar. Das Angebot zum Romantik-Museum, sowohl der Rundgang »Einblicke in die Romantik« als auch der Projektvormittag für Schulen »Romantik entdecken«, wurde sehr gut angenommen. Auch in Richtung bildender Kunst gab es eine Weiterentwicklung, neben einer Führung durch die Gemäldegalerie sind auch die Rundgänge »Die Kunst der Romantik« sowie »Goethe und die Farben der Romantik« buchbar. Beide Angebote können durch kreativ-praktische Teile erweitert werden. Zudem gibt es zwei Quiz-Varianten zur Nutzung nach einem Rundgang. Für ganze Oberstufen-Jahrgänge, die uns gerne geschlossen besuchen, gibt es eine Einführung mit Powerpoint-Präsentation im Arkadensaal. Um Einzelpersonen bei der konzentrierten Beschäftigung mit der Schau weniger zu stören, wurde ein Audio-Führungssystem für Gruppen angeschafft, das mehr Ruhe bringt. Die gute Nachfragesituation erhöhte sich noch einmal spürbar mit der Ausstellung zu E. T. A. Hoffmann ab November, die viele Klassen anzog.

Am 29. April fand die Premiere des Stücks ›Die blaue Stunde‹ mit Pirkko Cremer statt. Das Stück wurde speziell konzipiert, um Grundschülerinnen und -schülern einen Zugang zur Epoche der Romantik zu verschaffen. Weitere Termine wurden von verschiedenen Schulen gebucht.

Weitere Angebote im Überblick:

26. März	Satourday »Geschichtenerzähler« mit Pirkko Cremer
10. April	Künstlerische Praxis »Die Zeichenschule«
24. April	»Offenes Kaminzimmer« mit ehrenamtlicher Unterstützung
15. Mai	Internationaler Museumstag mit besonderen Angeboten, z. B. dem Schattenspiel ›Der Wolf und die sieben Geißlein‹
25. Juni	Satourday »Die Frage nach dem Ich« mit Pirkko Cremer
21. August	Ferien-Werkstatt »Romantischer Blütenzauber«
27./28. August	Museumsuferfest mit besonderen Angeboten
9. Oktober	»Offenes Kaminzimmer« mit ehrenamtlicher Unterstützung
18. November	Bundesweiter Vorlesetag: E. T. A. Hoffmanns ›Nussknacker und Mausekönig‹ mit Pirkko Cremer

Die Frankfurter Studientage für Lehrkräfte fanden zum Thema »Goethe als Dramatiker der Klassik. Iphigenie. Torquato Tasso« mit Dr. Paul Kahl am 10. und 11. Juni statt. Die Hälfte der acht Teilnehmenden kam aus Hessen, aber auch Nordrhein-Westfalen, Rheinland-Pfalz und Baden-Württemberg waren vertreten. Zur E. T. A. Hoffmann-Ausstellung war eine akkreditierte Weiterbildung für Lehrkräfte mit Prof. Dr. Wolfgang Bunzel vorgesehen, wegen der guten Nachfrage fanden schließlich zwei Veranstaltung am 25. und 26. November mit insgesamt 27 Lehrkräften statt. Auch die kostenfreie Kuratoren-Führung für Lehrkräfte musste verdoppelt werden, an den Terminen am 1. und 8. Dezember nahmen ebenfalls 27 Personen teil. Hier zeigt sich deutlich die Lehrplan-Nähe von E.T.A. Hoffmann, dessen Werk ›Der Sandmann‹ in der Oberstufe gelesen wird. Doris Schumacher führte im Romantik-Museum mehrere Lehrkräfte-Fortbildungen durch, die sich aus einem längeren Rundgang mit anschließendem Weiterbildungsteil und Gespräch zusammensetzten. Dieser Austausch trug sehr dazu bei, die Bedürfnisse der Lehrkräfte kennenzulernen. Sehr positiv wurde nicht nur die Dauerausstellung selbst, sondern auch das digital zur Verfügung gestellte Material (Stationen-Liste, Biografie-Postkarten, Epilog-Postkarten) aufgenommen.

2022 wurden 1007 Führungen in den Dauerausstellungen gebucht, davon 442 im Goethe-Haus und 565 in der Romantik-Ausstellung. Insgesamt haben daran 14484 Personen teilgenommen (∅ 14 Personen), wobei sich hier die reduzierte Gruppengröße bemerkbar macht. 51 gebuchte Rundgänge fanden zusätzlich in den Wechselausstellungen statt. Dazu kamen 137 ergänzende Programme. Die Eröffnung des Deutschen Romantik-Museums brachte also die erhoffte Erhöhung der Besuche von Klassen und Gruppen mit sich, die eine Führung buchten.

Doris Schumacher

Brentano-Haus Oestrich-Winkel

Als einer der beiden Geschäftsführer der vom Freien Deutschen Hochstift gemeinsam mit der Stadt Oestrich-Winkel gebildeten Trägergesellschaft Brentanohaus gemeinnützige GmbH begleitet der Leiter der Abteilung Romantik-Forschung den Fortgang der Sanierungsarbeiten und kümmert sich um alle Belange, die Bezug zum Anwesen haben. Regelmäßig nimmt er an den Sitzungen der Baukommission teil. Im Zentrum des 6. Bauabschnitts, der die Jahre 2021 und 2022 umfasst, stand die Restaurierung der Schauräume in der westlichen Haushälfte; sie umfassen den großen Salon und die drei von ihm abgehenden Kabinettzimmer. Für die Dauer der Sanierung wurden sämtliche darin befindlichen Möbel und Einrichtungsgegenstände ausgelagert und in den bereits instandgesetzten Räumen aufgestellt. Entstanden ist so ein von Prof. Dr. Wolfgang Bunzel erarbeiteter interimistischer Führungsparcours. Viele der auch bisher gezeigten Objekte waren weiterhin zu sehen, einzelne Möbel und Einrichtungsgegenstände mussten aber in Interimsstätten innerhalb des Hauses zwischengelagert werden.

Die erste Sitzung der Baukommission fand in diesem Jahr am 1. Februar statt, weitere Besprechungen folgten am 7. April, am 19. Juli, am 13. September und am 2. Dezember, zusätzlich am 7. Juni eine Sondersitzung mit Vertretern des Hessischen Ministeriums. Die jährliche Gesellschafterversammlung der Trägergesellschaft Brentano-Haus wurde am 28. Oktober in Form einer Videobesprechung abgehalten. Zur Jahresmitte konnte mit Laura Müllner (Wiesbaden) eine weitere Gästeführerin gewonnen werden, die seitdem Baronin Angela von Brentano und Rebecca Kirsch unterstützt.

Am Tag des Offenen Denkmals am 11. September gab es wieder ein vielfältiges Veranstaltungsprogramm und über den ganzen Tag verteilte Kurzführungen durch das Brentano-Haus. Am 7. Februar erschien in der Frankfurt-Ausgabe der Bild-Zeitung ein ganzseitiger Artikel (»Hier sanieren sie das Goethe-Wohnzimmer«). Er sorgte für soviel mediale Aufmerksamkeit, dass am 16. Februar gleich zwei Fernsehteams von RheinMainTV und vom Hessischen Rundfunk im Brentano-Haus Berichte drehten. Der Beitrag in RheinMainTV wurde am 17. Februar ausgestrahlt, derjenige des hr folgte am 23. Februar in der Sendung »Maintower«.

Wolfgang Bunzel

Forschung und Erschließung

Editionen und Forschungsprojekte

Historisch-kritische Ausgabe
sämtlicher Werke und Briefe Clemens Brentanos
(Frankfurter Brentano-Ausgabe)

Clemens Brentano, Sämtliche Werke und Briefe. Historisch-kritische Ausgabe veranstaltet vom Freien Deutschen Hochstift, hrsg. von Anne Bohnenkamp, Ulrich Breuer, Wolfgang Bunzel, Ulrike Landfester, Christof Wingertszahn, Stuttgart: Kohlhammer Verlag 1975 ff.

Zum Jahresende 2022 lagen insgesamt 58 Bände der Ausgabe vor:

1   Gedichte 1784–1801, Text, Lesarten und Erläuterungen, unter Mitarbeit von Michael Grus hrsg. von Bernhard Gajek (2007)

2,1 Gedichte 1801–1806, Text, Lesarten und Erläuterungen, hrsg. von Bernhard Gajek und Michael Grus (2012)

2,2 Gedichte 1807–1813, Text, Lesarten und Erläuterungen, hrsg. von Michael Grus (2019)

3,1 Gedichte 1816/1817, Text, Lesarten und Erläuterungen, hrsg. von Michael Grus und Kristina Hasenpflug (1999)

3,2 Gedichte 1818/1819, Text, Lesarten und Erläuterungen, hrsg. von Michael Grus, Kristina Hasenpflug und Hartwig Schultz (2001)

3,3 Gedichte 1820–1826, Text, Lesarten und Erläuterungen, hrsg. von Michael Grus (2002)

4,1 Gedichte 1826–1827, Text, Lesarten und Erläuterungen, hrsg. von Holger Schwinn und Renate Moering (2020)

4,2 Gedichte 1827–1833, Text, Lesarten und Erläuterungen, hrsg. von Renate Moering und Holger Schwinn in Zusammenarbeit mit Ulrike Landfester (2022)

5,1 Gedichtbearbeitungen I, Text, Lesarten und Erläuterungen, unter Mitarbeit von Silke Franziska Weber hrsg. von Sabine Gruber (2011)

5,2 Gedichtbearbeitungen II, Trutz Nachtigal, Text, Lesarten und Erläuterungen, unter Mitarbeit von Holger Schwinn hrsg. von Sabine Gruber (2009)

6   Des Knaben Wunderhorn, Teil I, Text, hrsg. von Heinz Rölleke (1975)

7   Des Knaben Wunderhorn, Teil II, Text, hrsg. von Heinz Rölleke (1976)

8   Des Knaben Wunderhorn, Teil III, Text, hrsg. von Heinz Rölleke (1977)

9,1 Des Knaben Wunderhorn, Teil I, Lesarten und Erläuterungen, hrsg. von Heinz Rölleke (1975)

9,2   Des Knaben Wunderhorn, Teil II, Lesarten und Erläuterungen, hrsg. von Heinz Rölleke (1977)

9,3   Des Knaben Wunderhorn, Teil III, Lesarten und Erläuterungen, hrsg. von Heinz Rölleke (1978)

10   Romanzen vom Rosenkranz, Text und Lesarten, unter Mitarbeit von Michael Grus und Hartwig Schultz hrsg. von Clemens Rauschenberg (1994)

11,1 Romanzen vom Rosenkranz, Lesarten, Entstehung und Überlieferung, hrsg. von Dietmar Pravida (2006)

11,2 Romanzen vom Rosenkranz, Erläuterungen, hrsg. von Dietmar Pravida (2008)

12   Dramen I, Text, hrsg. von Hartwig Schultz (1982)

13,1 Dramen II,1, Aloys und Imelde, Text, unter Mitarbeit von Michael Grus und Simone Leidinger hrsg. von Christian Sinn (2010)

13,2 Dramen II,2, Dramen und Dramenfragmente; Prosa zu den Dramen, Text, hrsg. von Christina Sauer (2013)

13,3 Dramen II,3, Wiener Festspiele, Prosa zu den Dramen, Text, unter Mitarbeit von Dietmar Pravida und Christina Sauer hrsg. von Caroline Pross (2007)

14   Dramen III, Die Gründung Prags, Text, hrsg. von Gerhard Mayer und Walter Schmitz (1980)

15,2 Dramen II,1, Aloys und Imelde, Lesarten und Erläuterungen, unter Mitarbeit von Holger Schwinn hrsg. von Christian Sinn (2011)

15,3 Dramen II,2, Dramen und Dramenfragmente; Prosa zu den Dramen, Lesarten und Erläuterungen, unter Mitarbeit von Cornelia Ilbrig und Christina Sauer hrsg. von Jutta Heinz (2014)

15,4 Dramen II,3, Wiener Festspiele, Prosa zu den Dramen, Lesarten und Erläuterungen, unter Mitarbeit von Simone Leidinger, Dietmar Pravida und Christina Sauer hrsg. von Caroline Pross (2008)

15,5 Dramen III, Die Gründung Prags, Lesarten und Erläuterungen, hrsg. von Ulrike Landfester (2020)

16   Prosa I, Godwi, Text, Lesarten und Erläuterungen, hrsg. von Werner Bellmann (1978)

17   Prosa II, Die Mährchen vom Rhein, Text, Lesarten und Erläuterungen, hrsg. von Brigitte Schillbach (1983)

18,1 Prosa III,1, Italienische Märchen I, hrsg. von Wolfgang Bunzel (2021)

18,3 Prosa III,2, Italienische Märchen II, Text, hrsg. von Ulrike Landfester (2014)

18,4 Prosa III,2, Italienische Märchen II, Lesarten und Erläuterungen, unter Mitarbeit von Judith Michelmann hrsg. von Ulrike Landfester (2018)

19   Prosa IV, Erzählungen, Text, Lesarten und Erläuterungen, hrsg. von Gerhard Kluge (1987)

21,1 Prosa VI,1, Satiren und Kleine Prosa, Text, Lesarten und Erläuterungen, hrsg. von Maximilian Bergengruen, Wolfgang Bunzel, Renate Moering, Stefan Nienhaus, Christina Sauer und Hartwig Schultz (2013)

21,2 Prosa VI,2, Kleine Prosa, Text, hrsg. von Michael Grus und Armin Schlechter (2021)

22,1 Religiöse Werke I,1, Die Barmherzigen Schwestern; Kleine religiöse Prosa, Text, hrsg. von Renate Moering (1985)

22,2 Religiöse Werke I,2, Die Barmherzigen Schwestern; Kleine religiöse Prosa, Lesarten und Erläuterungen, hrsg. von Renate Moering (1990)

23,1 Religiöse Werke II,1, Leben Mariä, Text, hrsg. von Johannes Barth (2016)

24,1 Religiöse Werke III,1, Lehrjahre Jesu, Teil I, Text, hrsg. von Jürg Mathes (1983)

24,2 Religiöse Werke III,2, Lehrjahre Jesu, Teil II, Text, hrsg. von Jürg Mathes (1985)

26   Religiöse Werke V,1, Das bittere Leiden unsers Herrn Jesu Christi, Text, hrsg. von Bernhard Gajek (1980)

27,1 Religiöse Werke II,3, Leben Mariä, Erläuterungen, unter Mitarbeit von Konrad Feilchenfeldt hrsg. von Marianne Sammer (2017)

27,2 Religiöse Werke V,2, Das bittere Leiden unsers Herrn Jesu Christi, Lesarten und Erläuterungen, hrsg. von Bernhard Gajek und Irmengard Schmidbauer (1995)

28,1 Materialien zu nicht ausgeführten religiösen Werken (Anna Katharina Emmerick-Biographie), Text, hrsg. von Jürg Mathes (1981)

28,2 Materialien zu nicht ausgeführten religiösen Werken (Anna Katharina Emmerick-Biographie), Lesarten und Erläuterungen, hrsg. von Jürg Mathes (1982)

29   Briefe I (1792–1802), nach Vorarbeiten von Jürgen Behrens und Walter Schmitz hrsg. von Lieselotte Kinskofer (1988)

30   Briefe II (Clemens Brentanos Frühlingskranz), hrsg. von Lieselotte Kinskofer (1990)

31   Briefe III (1803–1807), hrsg. von Lieselotte Kinskofer (1991)

32   Briefe IV (1808–1812), hrsg. von Sabine Oehring (1996)

33   Briefe V (1813–1818), hrsg. von Sabine Oehring (2000)

34   Briefe VI (1819–1823), hrsg. von Sabine Oehring (2005)

35   Briefe VII (1824–1829), hrsg. von Sabine Oehring (2012)

36   Briefe VIII (1830–1835), hrsg. von Sabine Oehring (2015)

37,1 Briefe IX (1836–1839), hrsg. von Sabine Oehring (2016)

37,2 Briefe X (1840–1842), hrsg. von Sabine Oehring (2017)

38,1 Erläuterung zu den Briefen 1792–1802, hrsg. von Ulrike Landfester (2003)

38,3 Erläuterungen zu den Briefen 1803–1807, hrsg. von Lieselotte Kinskofer (2004)

Seit dem 1. Juli 2018 wird die Frankfurter Brentano-Ausgabe (FBA) mit Mitteln aus dem – vom Land Hessen finanzierten – Innovations- und Strukturentwicklungsbudget (IB) gefördert. Die wissenschaftlichen Mitarbeiter Dr. Michael Grus und Dr. Holger Schwinn, die je eine halbe Stelle innehaben, sind dabei an der Goethe-Universität Frankfurt am Main der Professur für Neuere deutsche Literatur zugeordnet, die Prof. Dr. Roland Borgards innehat. Prof. Dr. Wolfgang Bunzel als vom Hochstift fest angestellter Abteilungsleiter übt nach wie vor die Funktion des Koordinators und wissenschaftlich Verantwortlichen für die Edition aus. Unterstützt werden er und die beiden Projektmitarbeiter von zwei studentischen Hilfskräften, die ebenfalls aus Mitteln des Hochstifts finanziert werden.

Im Jahr 2022 erschien Band 4,2 der Frankfurter Brentano-Ausgabe, der die Gedichte aus den Jahren 1827 bis 1833 präsentiert, d.h. Lyrik aus der Koblenzer, Frankfurter und frühen Münchener Zeit. Das Spektrum der Texte reicht von den Beiträgen zu Melchior Diepenbrocks Sammlung ›Geistlicher Blumenstrauß‹ und dem umfangreichen ›Mosel-Eisgangs-Lied‹ über Gelegenheits- und Stammbuchverse bis hin zu den Anfängen der Linder-Lyrik. Mit Emilie Linder, Marianne von Willemer und Luise Hensel haben drei sehr unterschiedliche Frauen Anregungen zu den Gedichten geliefert, in denen generell christlich-religiöse Motive vorherrschen. Die bis zum Heterogenen gehende Vielfalt der Texte dieses Zeitraums ist ein Indiz dafür, dass sich der Autor in einer Übergangsphase seines Schaffens befand, das anfangs noch im Berliner Neupietismus wurzelt und am Ende in die Spätzeit der Münchener Romantik mündet.

Die Besprechung der Hauptherausgeber fand am 28. November 2022 statt.

Mitwirkende an der Frankfurter Brentano-Ausgabe:

Hauptherausgeber:

Prof. Dr. Anne Bohnenkamp (zugleich Projektleiterin, Frankfurt am Main), Prof. Dr. Ulrich Breuer (Mainz), Prof. Dr. Wolfgang Bunzel (Frankfurt am Main), Prof. Dr. Ulrike Landfester (St. Gallen), Prof. Dr. Christof Wingertszahn (Düsseldorf)

Mitarbeiter der Brentano-Redaktion:

Redaktionsleiter: Prof. Dr. Wolfgang Bunzel
Redakteure: Dr. Michael Grus, Dr. Holger Schwinn
Studentische Hilfskräfte: Tristan Logiewa, Anna Schmitt

Bandherausgeber:

PD Dr. Johannes Barth (Wuppertal), Prof. Dr. Wolfgang Bunzel (Frankfurt am Main), PD Dr. Daniel Cuonz (St. Gallen), Dr. Sabine Gruber (Tübingen/Leipzig), Dr. Michael Grus (Wiesbaden), PD Dr. Jutta Heinz (Notzingen/Jena), Dr. Cornelia Ilbrig (Frankfurt am Main), Prof. Dr. Ulrike Landfester (St. Gallen), Dr. Renate Moering (Wiesbaden), Dr. Armin Schlechter (Speyer/Koblenz) und Dr. Holger Schwinn (Offenbach).

Wolfgang Bunzel

Abschluss der Kritischen Hugo von Hofmannsthal-Ausgabe

Im Februar 2022 wurde vom S. Fischer Verlag der Band XXXV der Kritischen Hofmannsthal-Ausgabe »Reden und Aufsätze 4 (1920–1929)« ausgeliefert. Er umfasst knapp 120 Texte, darunter die berühmte Rede ›Das Schrifttum als geistiger Raum der Nation‹ (1927), Hofmannsthals tastender Versuch einer Kulturdiagnose in einer Zeit der Umbrüche. Ferner enthält der Band Schriften zu Theater und Literatur in ihren historischen und aktuellen Ausprägungen, einen wichtigen Text zum noch jungen Kino, mehrere Programmschriften für die Salzburger Festspiele sowie Reiseessays (Sizilien, Marokko). Ferner beteiligte er sich 1922–1924 für die nordamerikanische Zeitschrift ›The Dial‹ mit fünf bemerkenswerten Berichten über das Wiener Kulturleben am transatlantischen Austausch.

Mit SW XXXV liegen alle 40 Bände (42 Teilbände) der vom Freien Deutschen Hochstift veranstalteten Werkausgabe vor (Abb. 7). Geboten werden auf 28 500 Seiten etwa 1100 Werke, Pläne und Entwürfe, zu denen die Entstehungsgeschichten und die Varianten dokumentiert werden, ferner gibt es ausführliche Stellenkommentare namentlich zur Quellensituation, die Hofmannsthal als produktiven Leser zeigen und zugleich die vielen Binnenbezüge seines Gesamtwerks offenlegen. Ein Band (SW XXXVI) widmet sich Hofmannsthals zahlreichen Herausgeberschaften, ein weiterer (SW XL) der Dokumentation seiner Arbeitsbibliothek mit sämtlichen handschriftlichen Eintragungen und Anstreichungen.

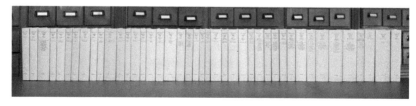

Abb. 7. Kritische Hofmannsthal-Ausgabe (© Alexander Paul Englert).

Die ersten Überlegungen zu einer Kritischen Hofmannsthal-Ausgabe reichen lange zurück. Bereits unmittelbar nach Hofmannsthals Tod im Juli 1929 warb Rudolf Borchardt für eine »wissenschaftlich einwandfreie und sachlich möglichst vollständige Herausgabe von Hofmannsthals veröffentlichten und unveröffentlichten Werken«, der die Einrichtung einer Arbeitsstelle samt Archiv in Rodaun sowie die Gründung einer Hofmannsthal-Gesellschaft vorausgehen müsse.[9] Zur selben Zeit begannen die Witwe Gerty von Hofmannsthal, die Tochter Christiane Zimmer und deren Ehemann, der Indologe Heinrich Zimmer, mit der Durchsicht des Nachlasses. Von einer wissenschaftlichen »Bibliotheksausgabe« nahm man nach eingehender Beratung zunächst Abstand, zu unübersichtlich war der Gesamtbestand des Überlieferten mit seinen zahllosen Plänen, Fragmenten und Fassungen und zu komplex die Entstehungsmetamorphosen und Motivwanderungen innerhalb des Werks. Außerdem war man vertraglich an den S. Fischer Verlag gebunden, dessen sechsbändige Ausgabe der ›Gesammelten Werke‹ (1924) noch nicht verkauft war. So entschied man sich zunächst für eine Reihe von Nachlasspublikationen, die ab 1930 in schneller Folge erschienen, um den Autor im Gespräch zu halten. Der Nationalsozialismus und der Tod Heinrich Zimmers im amerikanischen Exil (1943) setzten diesen Bemühungen ein Ende.

In den Jahren 1945 bis 1959 brachte Herbert Steiner bei S. Fischer eine 15-bändige Leseausgabe heraus, die die Hofmannsthal-Rezeption der Nachkriegszeit nachhaltig prägte, da sie das zu Lebzeiten verstreut Publizierte erstmals auf breiter Basis verfügbar machte. Das Problem einer angemessenen Veröffentlichung der nachgelassenen Werke und Entwürfe war damit aber noch nicht gelöst. So wandten sich Hofmannsthals Erben und der S. Fischer Verlag Anfang der 1960er Jahre zunächst an das Deutsche Literaturarchiv und dann, im Sommer 1963, an das Freie Deutsche Hochstift, um über die Zukunft des Nachlasses und die Möglichkeit einer historisch-kritischen Ausgabe zu sprechen. Die Verhandlungen mit Detlev Lüders, dem eben erst berufenen Direktor, standen unter günstigen Vorzeichen. Lüders wollte das Hochstift zu einem modernen Forschungsinstitut ausbauen, in dem editorische Großprojekte ihren Ort haben sollten. So hatte er gleich zu Beginn seiner Dienstzeit die Grundlagen zur historisch-kritischen Gesamtausgabe der Werke und Briefe Clemens Brentanos gelegt.

In den folgenden Jahren gelang es Lüders, den Werknachlass, den das Ehepaar Zimmer ins amerikanische Exil mitgenommen hatte, als Leihgabe der Houghton Library (Harvard University) nach Frankfurt zu holen. 1967 erwarb

9 Vgl. zum folgenden (mit Nachweisen) Konrad Heumann, Nachlass/Editionen/Institutionen, in: Hofmannsthal-Handbuch. Leben – Werk – Wirkung, hrsg. von Mathias Mayer und Julian Werlitz, Stuttgart 2016, S. 401–405.

zudem die Volkswagen-Stiftung für das Hochstift Hofmannsthals Korrespondenzarchiv, das Hofmannsthals Sohn Raimund in London verwahrt hatte (Schenkung 1992). Mit Hofmannsthals Arbeitsbibliothek kam Ende 1968 schließlich auch der restliche bei Raimund von Hofmannsthal verbliebene Teil nach Frankfurt. Damit war hinsichtlich der Materialbasis der Rahmen für die Kritische Hofmannsthal-Ausgabe geschaffen. Zwar veräußerten die Erben nach Ablauf der Leihfrist sukzessive alle Werkhandschriften, doch konnte der größte Teil vom Hochstift erworben werden. Ein weiterer Teil kehrte in die Houghton Library zurück, wo er sich bis heute befindet.

Anfang 1967 wurde im Freien Deutschen Hochstift eine »zentrale Redaktion« mit einem Redaktionsleiter und mehreren Mitarbeiterinnen und Mitarbeitern eingerichtet, die, zunächst gefördert durch die Fritz Thyssen Stiftung, die Handschriften ordneten, inventarisierten und systematisch auswerteten. Als weitsichtig erwies sich die Idee, neben jungen Wissenschaftlerinnen und Wissenschaftlern auch den ehemaligen Verleger Rudolf Hirsch (1905–1996) unter Vertrag zu nehmen, der bei S. Fischer die Steinersche Ausgabe betreut hatte und nicht nur über beste Hofmannsthal-Kenntnisse und erhebliche publizistische Erfahrung, sondern auch über ein weitgespanntes Beziehungsnetzwerk verfügte. Er wurde in den folgenden Jahren zu einer Schlüsselfigur der Hofmannsthal-Philologie, die er bis zu seinem Tod blieb. Er und Lüders gehörten dem Gremium der Hauptherausgeber an, das die Leitlinien der Edition festlegte. Weitere Mitglieder waren in dieser Phase der Frankfurter Ordinarius Martin Stern, der 1968 als wichtige flankierende Maßnahme die Hofmannsthal-Gesellschaft mit ihren wichtigen Publikationsreihen gründete, der Tübinger Altphilologe und Rilke-Herausgeber Ernst Zinn und schließlich dessen Fakultätskollege Heinz-Otto Burger, der als erster Projektleiter fungierte. Später traten weitere Personen in den Kreis der Hauptherausgeber ein: Clemens Köttelwesch (1980), Christoph Perels (1989), Edward Reichel (1993), Mathias Mayer (1996) und Anne Bohnenkamp-Renken (2004).

Von 1969 bis 2008 unterstützte die Deutsche Forschungsgemeinschaft (DFG) die editorischen Arbeiten. Als Novum im Förderungsverfahren vergab sie Stipendien an hauptamtliche Editoren. Tatsächlich wurden die meisten der erschienenen Bände von diesen Mitarbeitern vorgelegt. Ellen Ritter (1943–2011) etwa, die der Arbeitsstelle seit 1968 angehörte, zeichnet als Editorin für mehr als 7000 Druckseiten verantwortlich, also für ein Viertel der gesamten Ausgabe.[10] Hauptamtliche Stellen gab es auch in der Basler Arbeitsstelle der Ausgabe, die ab 1971 für drei Jahre vom Schweizerischen Nationalfonds finanziert wurde. Sie wurde von Martin Stern geleitet, der 1968 an die Universität Basel berufen worden war.

---

10 Vgl. den Nachruf in: Hofmannsthal. Jahrbuch zur europäischen Moderne, 19 (2011), S. 216–219.

Die beiden ersten Bände ›Timon der Redner‹ und ›Erzählungen 1‹ kamen Ende 1975 in den Buchhandel. Die Resonanz war groß, jedoch in vielen Fällen auch kritisch. So beklagte etwa Walter Boehlich in der ›Zeit‹, die Ausgabe sei ein »Millionenobjekt für eine Handvoll Spezialisten«, und Gerhard F. Hering polemisierte in der Frankfurter Allgemeinen Zeitung, die ›Timon‹-Edition sei »admirabel als Fleißleistung, eigentlich aber doch aberwitzig«. Zur selben Zeit wurden die Editionsprinzipien der Ausgabe neu ausgerichtet und der editorische Apparat verschlankt. Ende der 1970er Jahre kam es aus vielen Gründen zu einer tiefgreifenden Krise der Ausgabe, in der sich die Hauptherausgeber, der Redaktionsleiter, die Mitarbeiter, die Setzerei, der Verlag und die DFG unversöhnlich gegenüberstanden. Da ab 1978 keine Bände mehr erschienen, führte im Herbst 1980 die Germanistische Kommission der DFG unter dem Vorsitz von Wolfgang Frühwald eine tiefgreifende Reform der Redaktionsstruktur herbei. Zugleich wurde ein ›erweiterter Beirat‹ gebildet, der sich aus den Hauptherausgebern, dem zuständigen Referenten der DFG, fünf Mitgliedern der germanistischen Kommission sowie den Vertretern des Hochstifts und des Verlags zusammensetzte. Seit dieser Zeit ging die Ausgabe kontinuierlich und weitgehend konfliktfrei voran.

1989 übernahm die Projektleitung der Wuppertaler Germanist Heinz Rölleke (1936–2023), der dem Hochstift bereits durch seine umfangreiche ›Wunderhorn‹-Edition im Rahmen der Frankfurter Brentano-Ausgabe verbunden war. Heinz Rölleke leitete die Ausgabe über 30 Jahre und führte das Großunternehmen mit großem Geschick erfolgreich zu Ende.[11] Besonders bewährte sich, dass er mehrere Dissertationen sowie eine Habilitation anregte und engagiert betreute, die als Editionsmanuskripte in die Ausgabe eingingen. Auf dieser Weise konnten nicht nur komplexe Werkbereiche nach dem Ausscheiden früherer Bearbeiter relativ kurzfristig erschlossen werden, es wurde auch eine neue Generation von Forschenden in die Hofmannsthal-Philologie eingeführt.

Heinz Rölleke ist am 2. Juni 2023 an seinem Wohnort in Neuss gestorben. Wir gedenken seiner mit großer Dankbarkeit. Während seiner gesamten Amtszeit war er das entscheidende Bindeglied zwischen der Leitung des Hochstifts, den Hauptherausgebern, den Gremien, dem Redaktionsteam, den Zuwendungsgebern und dem Verlag. Wer ihn einmal, um nur ein Beispiel zu nennen, in einer der Sitzungen des wissenschaftlichen Beirats der DFG miterlebt hat, kann ermessen, wie sehr der erfolgreiche Fortgang der Ausgabe mit seiner souveränen Verhandlungsführung und dem Vertrauen, das er unter Fachkollegen genoss, zusammenhing. Zugleich war er für die Mitarbeitenden ein stets kompetenter Ansprechpartner, etwa wenn es um Fragen der Kom-

---

11 Vgl. Heinz Rölleke, Hugo von Hofmannsthal: Sämtliche Werke – Kritische Ausgabe. 40 Bände – eine fast vollendete Edition, in: Geschichte der Germanistik 49/50 (2016), S. 104–119.

mentierung ging, bei denen er aus seiner editorischen Erfahrung und einem immensen literaturhistorischen Wissen schöpfen konnte. Besonders zu erwähnen ist seine Zuverlässigkeit, die dazu führte, dass anstehende Aufgaben umgehend erledigt und Entscheidungen mit großer Effizienz gefällt werden konnten. Dies wusste besonders auch der akademische Nachwuchs zu schätzen, für deren Promotionsvorhaben er ein gewissenhafter, teilnehmender und überaus professioneller Betreuer war. Dies kam letztlich auch der Ausgabe sehr zugute.

Mit seiner Edition der ›Jedermann‹-Texte (SW IX, erschienen 1990) leistete Heinz Rölleke zudem einen der wichtigsten Beiträge zur Hofmannsthal-Philologie, der bis in die Inszenierungspraxis der Theater hinein bis heute Folgen hat. Mit dem ihm eigenen Enthusiasmus und seiner Fähigkeit, sich in unterschiedlichen Medien und Formaten prägnant zu äußern, gelang es ihm, Hofmannsthals ›Jedermann‹, der wegen seiner scheinbar rückwärtsgewandten Konzeption bei Feuilleton und Academia stets einen schweren Stand hatte, immer wieder wortgewaltig als »altes Spiel vom modernen Melancholiker« (um den Titel eines seiner Aufsätze zu zitieren) zu positionieren.

Zu erwähnen ist auch, dass Heinz Rölleke 2002 bis 2014 der Vorsitzende der Hofmannsthal-Gesellschaft war, die ihren Sitz ebenfalls im Hochstift hat. Seit 2017 gehörte er dem Ehrenrat der Gesellschaft an.

Neben Heinz Rölleke wären noch weitere tragende Säulen der Ausgabe zu nennen, ohne deren Engagement der erfolgreiche Abschluss des Projekts nicht möglich gewesen wäre. Von den über 70 Personen, die seit ihrer Gründung der Frankfurter Arbeitsstelle angehörten, seien stellvertretend die langjährigen Redakteure Ingeborg Beyer-Ahlert (tätig von 1970 bis 2005), Klaus-Dieter Krabiel (tätig 1988–2012) und Katja Kaluga (tätig 2009–2022) erwähnt, die durch ihre intensive und kenntnisreiche Nacharbeit an den eingereichten Editionsmanuskripten für die gleichbleibend hohe Qualität des Gesamtprojekts einstanden. Gefördert wurde die Ausgabe wie berichtet vor allem von der DFG, nach 2008 von der S. Fischer Stiftung (Berlin), dem Deutschen Literaturfonds e. V. (Darmstadt) sowie weiteren Stiftungen und privaten Spendern.

Hofmannsthal digital. Digitalisierung und Bereitstellung des Werkarchivs von Hugo von Hofmannsthal

Nach Anschluss der kritischen Hofmannsthal-Ausgabe hat sich die Handschriften-Abteilung 2022 einem Folgeprojekt gewidmet: der Digitalisierung des im Freien Deutschen Hochstift verwahrten Werknachlasses mit dem Fernziel einer Engführung von Archiv und Kritischer Edition in einem frei zugänglichen Online-Portal.

Hugo von Hofmannsthals Nachlass ist der umfangreichste Einzelbestand in den Sammlungen des Hochstifts. Er enthält neben Briefen, Dokumenten und

Hofmannsthals Arbeitsbibliothek auch den Großteil der überlieferten Werkmanuskripte. Von März bis Dezember 2022 wurden sämtliche Werkhandschriften auf der hauseigenen Reproanlage fotografiert (34 657 Digitalisate) und in Museum-Digital erschlossen. Hierfür wurden die Konvolute eingehend beschrieben und den entsprechenden Kapiteln der Kritischen Ausgabe zugeordnet, so dass sie künftig mit dem aktuellen Forschungsstand verknüpft sind.

Die Digitalisate wurden am 6. Februar 2023 online veröffentlicht und sind dort auf vielfältige Weise durchsuchbar: chronologisch, nach Titeln, nach Typ (Handschrift, Typoskript), nach Schreiber (eigenhändig, Schreiberhand), nach Bühnenskizzen u. a.[12]

Gefördert wurden Digitalisierung und Publikation durch »WissensWandel. Digitalprogramm für Bibliotheken und Archive« innerhalb des Programms »Neustart Kultur« der Staatsministerin für Kultur und Medien. Es arbeiteten mit: Sonja Gehrisch M. A. (Image-Digitalisierung) sowie Dr. Katja Kaluga und Dr. Olivia Varwig (Metadaten).

Konrad Heumann

Eine virtuelle Zeitreise in E.T.A. Hoffmanns Frankfurt

Im Dezember 2021 haben Prof. Dr. Wolfgang Bunzel und Joshua Enslin M.A. eine gemeinsam erstellte Antragsskizze im Rahmen des Förderprogramms »museum4punkt0« beim Bundesministerium für Kultur und Medien (BKM) eingereicht. Sie trug den Titel »Eine virtuelle Zeitreise in E.T.A. Hoffmanns Frankfurt«, zielte auf die Erstellung einer augmented-reality-Anwendung im Frankfurter Stadtraum ab und ergänzte die Ausstellung »Unheimlich Fantastisch – E.T.A. Hoffmann 2022« im Deutschen Romantik-Museum. Konkreter Bezugspunkt war dabei der Märchenroman ›Meister Floh‹ (1822), der in Frankfurt spielt und in dem zahlreiche real existierende Straßen (Kalbächer Gasse), Plätze (Roßmarkt), Stadtteile (Sachsenhausen) und Institutionen (Börse, Gefängnis, Weinhäuser etc.) erwähnt werden. Ziel war es zu rekonstruieren, wie man sich die Szenerie vorzustellen hat, in der sich die in Frankfurt angesiedelte Handlung des Romans abspielt. Damit die Benutzerinnen und Benutzer eine virtuelle Zeitreise in die Geschichte machen können, wurden die historischen Bildzeugnisse der genannten Plätze und Straßen digital erfasst und über den heutigen Stadtraum gelegt. Auf diese Weise wurde die Gegenwart im Wortsinn durchsichtig auf die Geschichte, die Realität durchsichtig auf die Fiktion. Nachdem die Antragsskizze vom BKM als vielversprechend eingestuft worden war, erging die Aufforderung, einen vollständigen Förderantrag auszuarbeiten. Dieser wurde im Januar 2022 eingereicht und im März bewilligt.

12 https://hessen.museum-digital.de/collection/563.

Bereits am 31. März fand die Auftaktveranstaltung zu den neu geförderten Projekten in Form einer Videokonferenz statt, seitdem gab es in kurzen Zeit-abständen Abstimmungen zwischen den Projektverantwortlichen sowie Prä-sentationen im Projektverbund. Das Projekt begann am 1. April und endete am 30. November. Mit Hilfe der vom Mediengestaltungsbüro MESO erarbei-teten App können die Nutzer auf ihren Smartphones an insgesamt drei Plät-zen der Frankfurter Innenstadt – Roßmarkt, Hauptwache und Liebfrauen-berg – erkunden, wie Frankfurt zur Zeit E.T.A. Hoffmanns ausgesehen hat.[13] Da die App auf einer Open Source-Grundlage basiert, erfüllt sie das Kriterium der Nachhaltigkeit und kann künftig ohne großen Aufwand ergänzt bzw. wei-terentwickelt werden. Federführender Projektmitarbeiter war Batuhan Ergün M.A., der ab Anfang Juni von Henning Cromm als studentischer Hilfskraft unterstützt wurde.

Wolfgang Bunzel

Zeichnen im Zeitalter Goethes.
Die Zeichnungen und Aquarelle in der Sammlung
des Freien Deutschen Hochstifts – Frankfurter Goethe-Museum

Das Projekt »Zeichnen im Zeitalter Goethes« zur Erschließung und Ver-mittlung des Gesamtbestandes der Handzeichnungen im Freien Deutschen Hochstift wurde seit Mai 2019 von der Art Mentor Foundation Lucerne geför-dert und lief zum Jahresende 2022 aus. Zum Abschluss wird an dieser Stelle über die Arbeit des Jahres 2022 hinaus das Gesamtergebnis des mehrjährigen Projektes vorgestellt. Zielsetzung war die vollständige Erschließung und Ver-mittlung des unikalen Zeichnungsbestandes des Freien Deutschen Hochstifts, sowohl als Veröffentlichung aller Blätter als auch in Form einer Sonderaus-stellung im Deutschen Romantik-Museum und partizipatorischer Vermitt-lungsformate.

Die Leitung und Durchführung des Projektes lag von Mai 2019 bis Ende 2022 in den Händen von Dr. Neela Struck. Digitalisierung und Metadaten-erfassung der Zeichnungen wurden von einem Team von Mitarbeiterinnen und Mitarbeitern durchgeführt. An erster Stelle sind hier Linda Baumgartner M.A. und Carina Koch B.A. zu nennen; des weiteren waren Fabian Ohlen-schläger, Ana Dumitrescu-Krampol und Lisa-Marie Timm für das Projekt tätig. Der Export der Metadaten wurde von Joshua Enslin M.A., Mitarbeiter für Digitale Projekte des Hauses, Esther Woldemariam M.A. und Sonja Gehrisch M.A. von der Bildstelle durchgeführt. Während der Vorbereitung der Ausstel-

---

13 https://virtuelle-zeitreise.freies-deutsches-hochstift.de/.

lung waren überdies Mitarbeiterinnen verschiedener Abteilungen des Hauses in die Projektarbeit involviert, so Dr. Mareike Hennig, Dr. Nina Sonntag, Cristina Szilly, Waltraut Grabe, Brita Werner und Kristina Faber.

Im Rahmen der digitalen Erschließung des Bestandes wurden insgesamt 3236 Zeichnungen und Aquarelle digitalisiert, von denen 1461 gebunden in Form von Alben oder Skizzenbüchern vorliegen. Die Metadaten aller Zeichnungen wurden in der Datenbank »Faust« der Firma Landsoftware erfasst. Hierfür wurde zunächst auf der Basis der seit 1903 im Haus geführten Inventarbücher der Graphischen Sammlung für alle unikalen Objekte ein Basisdatensatz angelegt. Zeichentechnik, Papiersorten, Maße, Bezeichnungen, Wasserzeichen und Sammlermarken wurden jeweils am Original bestimmt. Die bereits in der vorhandenen Kartei und in den Inventaranlagen kumulierten Informationen wurden überprüft, ausgewertet, ggf. eingearbeitet oder korrigiert und bereichert. Im Zuge der wissenschaftlichen Erforschung des Bestandes konnten neue Zuschreibungen vorgenommen und Gegenstände bestimmt werden. Durch das Projekt wurden die Zeichnungen und Aquarelle des Freien Deutschen Hochstifts, die in der Graphischen Sammlung getrennt voneinander nach thematischen Sektionen sortiert aufbewahrt werden, erstmals als Sammlung sichtbar gemacht. Die Erkenntnisse, die das Erschließungsprojekt in Hinblick auf Kontur und Geschichte der Sammlung zu Tage förderte, sind in einen Aufsatz der Verfasserin eingeflossen, der unter dem Titel »Die Zeichnungen und Aquarelle des Freien Deutschen Hochstifts – Konturen einer Sammlung« das Katalogbuch einleitet.

Im Laufe der Erschließungs- und Forschungsarbeit ergaben sich gegenüber dem bei Antragstellung ins Auge gefassten Bestand Änderungen, die sich auf die Gesamtzahl der erfassten Objekte auswirken: 36 Miniaturen wurden aufgrund ihres objektartigen Charakters aus dem Projekt ausgesondert. Ebenso wurden insgesamt 20 Objekte im Laufe der weiteren Bearbeitung aus dem Zeichnungsprojekt ausgeschieden. Sie erwiesen sich bei der Betrachtung unter dem Mikroskop als kolorierte Drucke und können somit – trotz der von Hand vorgenommenen Kolorierung – nicht als unikale Objekte behandelt werden. Eine deutliche Erweiterung erfuhr der Bestand jedoch durch bei Antragstellung nicht berücksichtigte Konvolute von Zeichnungen. Zu den großen Überraschungen, die die Erforschung des Bestandes zutage förderte, zählen die 76 meisterhaft fein ausgeführten anatomischen Zeichnungen von Christian Koeck, Vorzeichnungen zu den Illustrationen von Samuel Thomas Soemmerrings ›Abbildungen der menschlichen Sinnesorgane‹. Die wissenschaftliche Zeichnung im Zeitalter Goethes erfuhr durch dieses Konvolut eine substantielle Erweiterung und fand im Rahmen der Ausstellung großes Interesse bei Besuchern, Künstlern sowie von Seiten der Universität. Im Zuge der Errichtung des Romantik-Museums durchgeführte Forschungen zur Baugeschichte des Goethe-Hauses am Hirschgraben förderten überdies zwei Konvolute mit Architekturzeichnungen zu Tage, die ebenfalls nachträglich in das Projekt aufgenommen wurden. Hierzu zählen 13 Bauzeichnungen, die der Architekt Fritz Josseaux zu Dokumentationszwecken im Zweiten Weltkrieg anfertigte. Weitere 35 Architekturzeichnungen von Schülerinnen und Schülern der Frankfurter Städel-Schule entstanden ebenfalls im Auftrag des Freien Deutschen Hochstifts und ebenfalls zu Dokumentationszwecken um 1940. Sie bildeten nach Kriegsende die Grundlage für den Wiederaufbau der Memorialstätte.

Bereits seit Juni 2021 lief der kontinuierliche Export der Daten in die Museumsplattform Museum-Digital. Mit dem letzten erfolgten Export vom November 2022 umfasst die online veröffentlichte »Sammlung der Zeichnungen und Aquarelle« 2399 Datensätze und ist abgeschlossen. Innerhalb dieser 2399 Datensätze wurden bei 24 gebundenen Objekten die in ihnen enthaltenen insgesamt 934 Zeichnungen zwar mit ihren jeweiligen Metadaten, jedoch nicht mit einzelnen Datensätzen erfasst. Die Onlineveröffentlichung aller im Projekt generierten Inhalte sowie der Digitalisate aller unikalen Objekte der Graphischen Sammlung des Freien Deutschen Hochstifts auf der Museumsplattform Museum-Digital markiert einen Meilenstein für die Digitalstrategie des Hauses.[14] Für die Benutzer im Internet wird der Bestand somit auf breiter Ebene einsehbar und für vielfältige Zwecke verwendbar. Dem Fachpublikum steht durch die Veröffentlichung erstmals ein Bestand zur Verfügung, der wertvolle Bausteine für die weitere Erforschung einzelner Künstlerinnen und Künstler bereithält. Das besondere Interesse der Fachwelt fand namentlich die Neuzuschreibung von 25 bislang unpublizierten und unbekannten Zeichnungen von Johann Christian Reinhart. Der Forschung zu Franz Kobell und zu den Bildenden Künsten im Sturm und Drang vermögen die 464 Zeichnungen aus dem Nachlass von Friedrich Müller neue Impulse zu geben: Dieses umfangreiche Konvolut ist erstmals auch mit einer konkreten Thematisierung seiner Zuschreibungsproblematik im Netz verfügbar. Interessante Anknüpfungspunkte bieten auch die 31 Reisestudien von Carl Ludwig Kaaz, die anatomischen Zeichnungen des Christian Koeck sowie die vielfältigen zeichnerischen Betätigungen der Schwestern Maximiliane, Armgart und Gisela von Arnim. Zu den meisten der hier benannten Themen sind bereits separate, die Forschungsergebnisse des Projektes vertiefende Publikationen abgeschlossen, im Entstehen begriffen oder in Planung.

Eine zentrale Zielsetzung des Projekts wurde mit der vom 26. August bis 6. November 2022 als erste Sonderausstellung im Deutschen Romantik-Museum präsentierten gleichnamigen Ausstellung eingelöst: Eine Auswahl von rund 130 Zeichnungen und Aquarellen machte den Bestand für das Museums-

---

14 https://goethehaus.museum-digital.de/collection/16?navlang=de.

publikum und die Fachwelt sichtbar, zeigte Höhepunkte der Sammlung ebenso wie Überraschungen aus der Bearbeitung des Bestandes und machte das Zeichnen im Zeitalter Goethes als eine weit verbreitete Kulturpraxis erfahrbar. In vielfältiger Form wurde dabei ein besonderes Augenmerk auf partizipatorische Formate gelegt.

Den Ausgangspunkt bildete das gemeinsam mit Cristina Szilly aus der Abteilung Bildung und Vermittlung entwickelte und seit Herbst 2020 regelmäßig durchgeführte Format der Zeichenschule, bei dem allen Interessierten die Gelegenheit gegeben wurde, sich aus nächster Nähe mit der technischen Finesse originaler Handzeichnungen vertraut zu machen, um im Anschluss selbst verschiedene Zeichenmittel erproben zu können. Die Zeichenschule war beginnend im Herbst 2020 und über 2021 hinaus trotz der pandemiebedingten Restriktionen regelmäßig durchgeführt worden. Die hierfür erforderlichen Materialien waren in Form einer großzügigen Sachspende der Firma Faber-Castell eingeworben worden. Das Format wurde im Rahmen der Ausstellung auf Kinder und Jugendliche ausgeweitet sowie an verschiedenen Orten – in Museumsgärten und auf einem Spaziergang zur Gerbermühle – durchgeführt. Regelmäßig bestand überdies im Offenen Zeichenatelier die Möglichkeit zum Zeichnen unter künstlerischer Anleitung durch Cristina Szilly, kostenlos und ohne vorherige Anmeldung. Alle Angebote wurden gut angenommen und brachten vielfältige, teils erstaunlich gute Resultate hervor. Besonders hervorzuheben ist die positive Resonanz von seiten der Schulklassen, da die analogen Kompetenzen hier in zunehmender Konkurrenz zum digitalen Bereich stehen.

Kooperationen mit der Zeichenklasse der Hochschule für Gestaltung Mannheim und ihrer Professorin Vroni Schwegler, mit Studierenden der Freien Kunstakademie Frankfurt unter der Leitung von Claudia Himmelreich sowie mit dem Kunsthistorischen Institut der Universität Frankfurt, namentlich Prof. Mechthild Fend, brachte darüber hinaus junge Künstler, Dilettanten und Wissenschaftler in einen intensiven Dialog mit den Exponaten. Ganz besonders hervorzuheben ist, dass mit einer Medieninstallation der Künstlerin Dani Muno und drei Zeichnungen der Künstlerin Vroni Schwegler auch zeitgenössische Auseinandersetzungen mit den Zeichnungen entstehen konnten.

Eine weitere Einladung zur Partizipation bot sich den Besuchern auch in der Konzeption der Ausstellung selbst: An ausgewählten Stellen wurde hier die Online-Publikation des Zeichnungsbestandes in die analoge Präsentation in der Ausstellung hineingeholt. In der Sektion »Schreiben und Zeichnen« wurde das Thema »Zeichnungen in Büchern« mit einer Auswahl von Skizzenbüchern und Alben sowie einem Künstlerstammbuch illustriert. QR-Codes ermöglichten es den Besuchern, sich nach individuellen Interessen auf dem Smartphone Zugang zum Buch zu verschaffen und dieses anhand einer eigens für das Projekt in Museum-Digital implementierten Blätterfunktion durchzusehen.

Zu einer nachhaltigen Sichtbarmachung des Bestandes für ein breites Publikum trägt auch der begleitend zur Ausstellung erschienene Katalog bei. Er wurde von Mareike Hennig und Neela Struck im Auftrag des Freien Deutschen Hochstifts herausgegeben, umfasst 312 reich bebilderte Seiten und erschien 2022 im Münchner Hirmer Verlag in einer Museumsauflage von 800 Exemplaren (siehe S. 239). Die Veröffentlichung des Bestandes erweist sich als eine ideale Kombination aus analoger und digitaler Präsentation: Das gedruckte Buch zeigt die Sammlung in ihren Schwerpunkten und Glanzlichtern sowie in ihrer besonderen kulturgeschichtlichen Relevanz. Es vertieft die Stärken der Sammlung, während die online-Veröffentlichung der Sammlung in ihrer ganzen Breite dem Projektziel der Gesamtveröffentlichung aller Zeichnungen Rechnung trägt. Die Veröffentlichung in Museum-Digital hält für die Nutzer alle relevanten Informationen in großer Dichte und Tiefe bereit, behält sich zugleich aber die Möglichkeit kontinuierlicher Vertiefung und Erweiterung des Bestandes wie des Wissens über diesen vor.

Neela Struck

Restaurierungen und Sicherungsmaßnahmen

Für die Ausleihe in eine Ausstellung zu dem Maler Alexander Macco: »MACCO. Von Rom nach Bamberg«, die vom 7. September bis 13. November 2022 in der Neuen Residenz in Bamberg zu sehen war, wurde das Porträt des Großherzogs Carl Friedrich von Sachsen-Weimar-Eisenach aus dem Jahr 1825 fachgerecht restauriert. Die Diplom-Gemälderestauratorin Maike Behrends retuschierte kleine Kratzer und Ausbrüche und reinigte das unfrische Porträt, das sonst nicht hätte ausgestellt werden können.

Im Mai gingen zwei wertvolle Zeichnungen zur Restaurierung an den Graphik-Restaurator Hans Hilsenbeck in Baunatal-Großenritte, einem ausgewiesenen Experten insbesondere auf dem Gebiet der Zeichnungen des 19. Jahrhunderts und seit Jahrzehnten für das Hochstift tätig. Es handelte sich zum einen um die 1789 entstandene großformatige Federzeichnung ›Ideale Landschaft‹ von Christoph Heinrich Kniep, die eine antike Hirtengruppe mit Sängerin inmitten einer weiten, bewaldeten Landschaft zeigt, zum anderen um eine Feder- und Pinselzeichnung Johann Christian Reinharts mit Kopien nach antiken Gefäßen und Skulpturen (›Altar und römischer Kelchkrater aus der Sammlung Borghese‹). Beide Blätter waren für die Ausstellung »Zeichnen im Zeitalter Goethes« vorgesehen, wiesen dafür aber zu viele Beschädigungen bzw. Verschmutzungen auf. Hans Hilsenbeck konnte kleine Risse flicken, Verklebungen lösen und gröbere Verschmutzungen beseitigen und so den Zustand und das Erscheinungsbild der Blätter entscheidend verbessern.

An zahlreichen Möbeln im Goethe-Haus zeigen die Polster Spuren von Verschleiß. Hier wird auf längere Sicht eine gründliche Bestandsaufnahme und durchgehende Restaurierung fällig werden. Ein Lehnstuhl im Peking-Zimmer wies massive Risse im Polster auf. Die Textilrestauratorin Christina Stührenberg konnte den Schaden Ende November an Ort und Stelle fachgerecht sichern.

Mareike Hennig

Provenienzprüfung des Handschriftenbestandes

Seit dem 1. Oktober 2021 überprüft Dr. Anja Heuß die Provenienzen der Handschriften und Manuskripte, die in den Jahren 1933 bis 1945 erworben wurden. Das Projekt, das voraussichtlich bis zum 30. September 2024 läuft, wird vom Deutschen Zentrum Kulturgutverluste mit Sitz in Magdeburg kofinanziert.

Bei dem Sammlungsbestand handelt es sich um 331 Erwerbungsvorgänge bzw. 731 Handschriften und Manuskripte. Nach Ihrer Rückkehr aus dem Krankenstand hat Anja Heuß die Arbeit am Projekt im Juni 2022 wieder aufgenommen. In der zweiten Jahreshälfte wurden Archivrecherchen im Deutschen Literaturarchiv Marbach und im Goethe- und Schiller-Archiv in Weimar durchgeführt.

Die Digitalisierung der Handschriften ist weitgehend abgeschlossen. Alle erstellten Digitalisate wurden in der Datenbank Museum-Digital hochgeladen; die Datensätze werden laufend für die Veröffentlichung am Ende des Projektes vorbereitet und ergänzt, z.B. durch Stichworte, Literaturverweise, Provenienzangaben, Verlinkung mit digitalisierten Auktionskatalogen sowie durch Provenienzberichte.

Etwa ein Drittel der Handschriften wurde von Sophie (Sissi) Brentano, Enkelin Christian Brentanos, durch Kauf oder Geschenk erworben; es handelt sich meist um Handschriften und Manuskripte von Clemens Brentano. Die Provenienz ist hier unproblematisch. Weitere 145 Handschriften stammen aus der Stiftung Heuser-Covaz. Robert F. Heuser (1864–1938) war ein Nachfahre von Cornelia Schlosser, geborene Goethe. Über die Familien Schlosser, Nicolovius und Heuser wurden zahlreiche Andenken an Goethe über Generationen weitervererbt. Robert F. Heusers Adoptivsohn Tullio Heuser-Covaz (1904–1978) wandelte sein Erbe teilweise in eine Stiftung um, die vom Freien Deutschen Hochstift verwaltet wurde. Die Geschichte der Familie Schlosser/Nicolovius und der Stiftung wurde von Anja Heuß in einem Abendvortrag im Arkadensaal des Freien Deutschen Hochstifts am 1. November 2022 vorgetragen. Die Provenienz dieses Konvoluts ist ebenfalls unbedenklich.

Bei 19 Handschriften hingegen ist die Provenienz derzeit als problematisch zu bewerten. Diese Handschriften stammen z. B. aus der Lengfeld'schen Buchhandlung in Köln sowie aus den Autographensammlungen von Kurt Loewenfeld in Hamburg und Beno Kaufmann in Dresden. Die ursprünglichen Eigentümer wurden wegen ihrer jüdischen Herkunft in der Zeit des Nationalsozialismus verfolgt und mussten daher ihre Sammlungen verkaufen. Im kommenden Jahr wird das Freie Deutsche Hochstift diese Fälle weiter prüfen und dann im Einzelfall versuchen, die Erben der Sammler zu ermitteln.

Anja Heuß

Lehre und Vorträge

Die Direktorin stellte das Deutsche Romantik-Museum an verschiedenen Orten vor, so am 19. Januar in Bad Harzburg auf Einladung der dortigen Goethe-Gesellschaft, am 26. Januar auf Einladung des Kunstsalon Köln, am 24. Februar auf Einladung des Graduiertenkollegs Jena und am 30. Mai auf Einladung des Zonta Clubs Frankfurt am Main. Vom 4. bis 6. April nahm sie an einer (wegen der Pandemie mehrfach verschobenen) Fachtagung zum Thema »Literatur ausstellen« im Literaturarchiv Sulzbach-Rosenberg teil und hielt einen Vortrag über das Ausstellungskonzept des Romantik-Museums. Am 19. April reiste sie auf Einladung der Goethe-Gesellschaft Leipzig nach Leipzig und sprach dort über Zerstörung und Wiederaufbau des Frankfurter Goethe-Hauses. Am 30. April hielt sie auf Einladung von Dr. Dirk Ippen einen Vortrag zum Thema »Goethe und die Romantik« im Bayerischen Voralpenland (Bergerhof). Am 6. Mai sprach sie auf Einladung der F. A. Z. im Rahmen des Kongresses »Zwischen den Zeilen« mit Simon Strauss über »Das Vermächtnis der Romantik heute«. Vom 22. bis 25. August folgte sie einer Einladung der Alfred Toepfer-Stiftung und hielt im Seminarzentrum Gut Siggen den Impulsvortrag zum Thema »Kann und soll Sprache gerecht sein?«. Am 9. September nahm sie auf dem Jahrestreffen der Arbeitsgemeinschaft literarischer Gesellschaften für das Freie Deutsche Hochstift den Hartmut-Vogel-Preis in Empfang. Der mit 5000 € dotierte Preis für herausragende Leistungen bei der Literaturvermittlung wurde dem Hochstift für die neue Dauerausstellung zur Romantik zuerkannt. Die Laudatio hielt Lothar Müller (Süddeutsche Zeitung). Am 19. Oktober nahm sie auf Einladung der Mainzer Akademie der Wissenschaften und der Literatur an einer digitalen Podiumsdiskussion zum Thema Wissenschaftskommunikation teil. Am 29. November wiederholte sie für den Lions Club Frankfurt am Main den Vortrag »Kann Sprache gerecht sein?«. Am 5. Dezember sprach sie auf Einladung der Goethe-Gesellschaft Fulda über »Goethe und das Geld«.

Am 18. und 24. Februar nahm die Direktorin an den Sitzungen des Stiftungsrats der Stiftung polytechnische Gesellschaft teil (weitere Sitzungen am 28. April und am 28. September); aufgrund eines krankheitsbedingten Rücktritts wurde sie kurzfristig gebeten, auch im Präsidialausschuss des Stiftungsrats mitzuwirken (Treffen am 11., 12., 18., 21. und 27. Januar sowie am 4. und 14. Februar). Am 22. Februar fand eine digitale Sitzung der Steuerungsgruppe des Editionsprojekts »Goethes Lyrik« statt. Im Berichtszeitraum fanden wiederholt digitale Besprechungen zum Akademie-Projekt »Propyläen. Forschungsplattform zu Goethes Biographica« statt (Kooperation mit der KSW Weimar). Am 24. März war die Direktorin bei den Sitzungen von Vorstand und Kuratorium der S. Fischer Stiftung in Berlin; weitere Sitzungen folgten am 31. Mai und am 12. September. Am 25. März beteiligte sie sich auf Einladung des Bundesverwaltungsamts an der Preisgerichtssitzung des Münzwettbewerbs »100-Euro-Goldmünze ›Faust‹«. Am 8. April war sie bei der Jurysitzung für den Hölderlin-Preis der Stadt Bad Homburg, am 17. Oktober nahm sie an der Sitzung der Jury des Heine-Preises (Düsseldorf) teil. Am 1. Mai nahm sie auf Einladung der Forschungsstätte für Frühromantik und Novalis-Museum in Schloss Oberwiederstedt an der Feier des 250. Geburtstags von Novalis im Geburtshaus des Dichters teil, im Anschluss folgte die Jubiläumstagung der Internationalen Novalis-Gesellschaft in Halle. Am 26. und 27. Mai nahm sie am mehrfach verschobenen Jahrestreffen der Ortsvorstände der Goethe-Gesellschaften in Bad Alexandersbad teil, hielt dort die Laudatio für die Verleihung einer Ehrenmitgliedschaft der Goethe-Gesellschaft Weimar an Dr. Margrit Wyder (Präsidentin der Goethe-Gesellschaft der Schweiz) und berichtete über die Tätigkeiten des Hochstifts. Vom 27. bis 29. Mai fand die Frühjahrstagung der Deutschen Akademie für Sprache und Dichtung in Dresden und Freiberg statt. Vom 20. bis 23. September nahm sie als Mitglied des Ausschusses und Leiterin der Kommission für die Edition von Texten seit dem 18. Jahrhundert an der internationalen Tagung der Arbeitsgemeinschaft für germanistische Editoren in Klagenfurt teil. Am 19. Oktober folgte eine Sitzung des Beirats für die Sanierung des Goethe-Hauses Weimar. Vom 3. bis 5. November fand die Herbsttagung der Deutschen Akademie für Sprache und Dichtung statt (Kommission für Publikationen, Leitung der Kommission für Zuwahlen). Am 11. November tagte der Vorstand der Goethe-Gesellschaft in Weimar.

Im Wintersemester 2022/23 leitete Prof. Bohnenkamp ein Hauptseminar zum Thema »Literatur ausstellen«. Beide Semester des Jahres 2022 veranstaltete sie gemeinsam mit Prof. Dr. Bunzel ein Oberseminar für Examenskandidaten und Doktoranden.

Prof. Dr. Wolfgang Bunzel hielt am 29. April in der Staatsbibliothek zu Berlin auf dem Kolloquium »200 Jahre ›Meister Floh‹. E. T. A. Hoffmanns Märchen zwischen Zensur und Staatsaffäre« einen Vortrag über die Umschlagillustrationen des ›Meister Floh‹. Am 19. Mai sprach er im Rahmen der – als

Zoom-Konferenz abgehaltenen – Mannheimer Ringvorlesung »E.T.A. Hoffmann. Ästhetik – Epistemologie – Aktualität« zum Thema »Hoffmann ausstellen«. Im Rahmen der Brentano-Akademie Aschaffenburg (6.–11. Juni) gab
der Leiter der Abteilung Romantik-Forschung am Eröffnungstag eine Einführung in das Schaffen der Künstlerin Editha Pröbstle und leitete am 10. Juni ein
Literarisches Kolloquium zu Clemens Brentanos Italienischen Märchen; zudem hielt er dort einen der drei Vorträge. Am 28. Juni sprach er an der Universität Wuppertal über das »Spannungsfeld von Lyrik und Prosa um 1900«. Im
Rahmen einer Veranstaltungsreihe des Stadtarchivs Bad Homburg stellte er
am 20. Juli in der Villa Wertheimber die Konzeption des Deutschen Romantik-
Museums vor. Am 18. Oktober referierte er im Gesprächskreis Taunus in
Kronberg über Achim von Arnims und Clemens Brentanos Sammlung »alter
deutscher Lieder« ›Des Knaben Wunderhorn‹.

Am 26. März nahm Prof. Bunzel an der Stiftungsratssitzung der Stiftung
»Wege wagen mit Novalis« in Schloss Oberwiederstedt teil und überbrachte
bei dieser Gelegenheit ein vor einiger Zeit gemeinsam angekauftes Stammbuch mit einem Eintrag Friedrich von Hardenbergs (Novalis). Als Mitglied des
wissenschaftlichen Beirats wohnte er am 16. September dem jährlichen Bei-
ratstreffen der Arbeitsstelle für Lessing-Rezeption in Kamenz bei. Im Som-
mersemester 2022 hielt er ein Seminar zum Thema »Sehnsuchtsraum und
Schreckensort. Der Wald in der deutschen Romantik« und im Wintersemester
2022/2023 ein Seminar über »E.T.A. Hoffmanns Stadt-Räume«.

Dr. Joachim Seng sprach am 6. April 2022 zum Thema »›Goethe lebt …!‹
Zwei Goethe-Filme aus dem Jahr 1932« im Germanischen Nationalmuseum
Nürnberg. Auf der Kulturreise der Goethe-Gesellschaft Ulm ins Elsass vom
29. April bis 1. Mai hielt er zwei Vorträge: »Der junge Goethe im Elsass« am
30. April in der Protestantischen Kirche in Sessenheim sowie »Johann Georg
Schlosser und Cornelia geb. Goethe in Emmendingen« am 1. Mai in Emmendingen. Am 9. November sprach er bei der Goethe-Gesellschaft Rosenheim
zum Thema »Wider ›das Gesetz von der Erhaltung des Schmerzes‹. Paul Celans Freundschaft mit Klaus Demus«.

Publikationen

Publikationen des Freien Deutschen Hochstifts

Jahrbuch des Freien Deutschen Hochstifts 2022, hrsg. von Anne Bohnenkamp,
    Göttingen: Wallstein [2023 erschienen]. (366 Seiten, mit Beiträgen von
    Hermann Bernauer, Karl S. Guthke, Anja Heuß, Nico Imhof, Katja Kaluga,
    Ursula Regener, Rüdiger Scholz, Holger Schwinn.)
Clemens Brentano, Sämtliche Werke und Briefe. Historisch-kritische Ausgabe,
    Bd. 4,2: Gedichte 1827–1833, Text, Lesarten und Erläuterungen, hrsg. von

Renate Moering und Holger Schwinn in Zusammenarbeit mit Ulrike Landfester, [Redaktion: Michael Grus und Holger Schwinn,] Stuttgart: Kohlhammer. (454 Seiten.)

Hugo von Hofmannsthal, Sämtliche Werke. Kritische Ausgabe, Bd. 35: Reden und Aufsätze 4 (1920–1929), hrsg. von Jutta Rißmann, Ellen Ritter (†), Mathias Mayer und Katja Kaluga, Frankfurt am Main: S. Fischer. (1478 Seiten.)

Ich liebe Deine Liebe. Der Briefwechsel zwischen Friedrich Schlegel und Friedrich von Hardenberg (Novalis). Eine Ausstellung zum 250. Geburtstag der beiden Dichter, hrsg. von Nicholas Saul und Johannes Endres, Erläuterung der die Briefhandschriften ergänzenden Exponate, Textkonstitution und Redaktion: Konrad Heumann, Katja Kaluga, Bettina Zimmermann, Fotos: Alexander Paul Englert, Göttingen: Göttinger Verlag der Kunst – Frankfurt am Main: Freies Deutsches Hochstift. (192 Seiten.)

Zeichnen im Zeitalter Goethes. Zeichnungen und Aquarelle aus dem Freien Deutschen Hochstift, hrsg. von Mareike Hennig und Neela Struck, München: Hirmer – Frankfurt am Main: Freies Deutsches Hochstift. (312 Seiten.)

Weitere Veröffentlichungen (Auswahl)

Goethes Dichtung und Wahrheit. Spielarten autobiographischen Schreibens, hrsg. von Anne Bohnenkamp und Bernhard Fischer, Berlin und Boston: de Gruyter.

Briefe der Frau Rat Goethe. Ausgewählt und hrsg. von Joachim Seng. Berlin: Insel Verlag (= Insel-Bücherei 1509).

Unheimlich Fantastisch – E.T.A. Hoffmann 2022. Begleitbuch zur Ausstellung, hrsg. von Benjamin Schlodder, Christina Schmitz, Bettina Wagner, Wolfgang Bunzel, Leipzig: Spector Books.

Wolfgang Bunzel, Am Nullpunkt der Geschichte. Novalis' ›Die Christenheit oder Europa‹ und Friedrich Schlegels Zeitschrift ›Europa‹ als komplementäre Gründungsdokumente des romantischen Europa-Diskurses, in: Café Europa. Vorträge und Debatten zur Identität Europas, hrsg. von Michael Hohmann und Pierre Monnet, Göttingen: Wallstein, S. 69–91.

Wolfgang Bunzel, Der mikroskopische Blick. Zu den Umschlagillustrationen von E.T.A. Hoffmanns ›Meister Floh‹, in: E.T.A. Hoffmann-Jahrbuch 30, S. 96–116.

Wolfgang Bunzel, »Schreiben, ohne Schriftsteller zu sein«. Bettine von Arnim, in: »jetzt kommen andre Zeiten angerückt«. Schriftstellerinnen der Romantik, hrsg. von Martina Wernli, Berlin und Heidelberg: Springer (= Neue Romantikforschung 1), S. 177–200.

Wolfgang Bunzel, Clemens Brentanos Geschichte von Komanditchen – ein Fragment gebliebenes Anti-Märchen, in: Clemens Brentano, Das Märchen von Komanditchen. Fragment. Illustrationen von Editha Pröbstle, Neustadt an der Aisch: Philipp Schmidt, S. 72–75.

Wolfgang Bunzel, Ort des Aufbruchs und des Transits. Die Stadt Frankfurt am Main und ihre Umgebung als regionales literarisches Zentrum um 1800, in: Rad und Sparren, Heft 51: Hölderlins Zeit – Main und Taunus um 1800, S. 1–6.

Joachim Seng, Schattenbilder der Seele, in: Claudia Berg. Die Ewigkeit im Augenblick. Werkkatalog der Radierungen, Gemälde und Zeichnungen der Jahre 2016–2022. Texte von Helmut Brade, Joachim Seng, Christian Lehnert und Barbara Stark, Halle an der Saale: Galerie Erik Bausmann, S. 14–17.

Erwerbungen

Kunstsammlungen

Unter den Neuzugängen ist eine umfassende, qualitätvolle Sammlung von Handzeichnungen bekannter Künstler des 18. und 19. Jahrhunderts von herausragender Bedeutung, die Ende Mai aus der Sammlung Karin & Rüdiger Volhard in die Kunstsammlung des Freien Deutschen Hochstifts kam. Es handelt sich dabei um 39 Dauerleihgaben sowie drei Schenkungen, die den Bestand an Handzeichnungen insbesondere im Bereich der Romantik substantiell erweitern.[15] Dieser Zugang ist ein so unerwarteter wie qualitativ bedeutender Gewinn für das Hochstift und für die Kunstsammlung eine große Freude. Spürbar ist, dass diese Sammlung über Jahrzehnte überlegt zusammengetragen wurde, wobei das spezifische Interesse des Sammlers den Blättern einen inneren Zusammenhang verleiht. Auf dem Kunstmarkt wäre eine solche Fülle hervorragender Blätter im Moment kaum denkbar. Gerade durch die Erweiterung des Hauses um das Deutsche Romantik-Museum ist der Ausbau der Kunstsammlung in das 19. Jahrhundert hinein ein wichtiges Anliegen. Der Neuzugang versammelt Zeichnungen u.a. von Franz Ludwig Catel, Johann Georg von Dillis, Thomas Ender, Ferdinand August Fellner, Ernst Fries, Ludwig Emil Grimm, Jacob Philipp Hackert, Johann Adam Klein, Johann Christian Klengel, Franz und Ferdinand Kobell, Jacob Mechau, Friedrich Nerly, Johann Friedrich Overbeck, Friedrich Preller, Johann Christian Reinhart, Johann Wilhelm Schirmer, Julius Schnorr von Carolsfeld und Edward Steinle. Neben den prominenten Namen sind auch die weniger bekannten Zeichner mit sehr guten Blättern vertreten. Auch in dieser Hinsicht zeigt sich, dass die Sammlung nicht allein um der Namen willen, sondern mit kundigem Blick in bezug auf die Spezifika der Zeichenkunst an einer Epochenschwelle zusammengebracht wurde. Sie verbindet feinste Bleistiftzeichnungen in nazarenischer Manier mit zügigen Kreidearbeiten, Feder- und Pinselzeichnungen und bildhaft ausgefertigten farbigen Blättern in Aquarell- oder Deckfarben. Auch motivisch ist die Sammlung vielgestaltig. Vertreten sind neben Landschaften auch Aktstudien, biblische Szenen, Idealansichten, Architekturen und Porträts. Die quantitativ vorherrschenden Landschaftsdarstellungen reichen von klassisch komponierten, zum Teil bildhaft ausgeführten farbigen Ansichten etwa in Zeichnungen von Kobell, Preller, Reinhart oder Schirmer bis zu einem ungewöhnlichen Einzelbaum bei Hackert oder skizzenhaft-schnellen doch sicher

---

15 Inv.Nr. III–16064 bis III–16102 und III–16058 bis III–16060.

festgehaltenen Weitblicken von Fries. Figurenstudien von Fellner, eines der
seltenen, sorgsam ausgeführten ganzfigurigen Mädchenporträts von Grimm,
ein Knabenakt von Klein und eine Muttergottes mit Jesuskind des Nazareners
Overbeck können für den weitgefassten Bereich der Figurenzeichnung stehen.
Viele Blätter entstanden in Italien und zeigen berühmte Ansichten wie die
Caracalla-Thermen (Rebell), den Blick auf Olevano (Preller), den Golf von
Neapel (Schirmer) oder in einer bemerkenswerten Studie gar den Blick in den
Krater des Vesuv (Catel). Das Interesse des Sammlers lag spürbar auf einer
Umbruchsituation der Kunst um 1800. Der klassische Bildaufbau der Deutsch-
römer behielt seine Bedeutung noch bei, doch kamen allmählich subjektivere
Blicke dazu, die sich von den kulissenartigen Kompositionen lösten. Im Me-
dium der Zeichnung ist dieser Umbruch früher spürbar als in der Malerei und
die Vielfalt der Ansätze um 1800 – klassisch, romantisch, nazarenisch – findet
in dieser Sammlung einen lebendigen Ausdruck.

Näher betrachtet werden sollen hier die drei Schenkungen, die dem Hochstift aus der Sammlung zukamen. Es handelt sich um Zeichnungen von Jacob
Philipp Hackert, Jacob Wilhelm Mechau und aus dem Umkreis von Ernst Ferdinand Oehme. Hackerts (1737–1807) großformatige (470 × 325 mm), aus-
drucksstarke Zeichnung *Bei Vietri* zeigt eine über einen Felsvorsprung hän-
gende, knorrige Eiche, unter der ein Paar auf einem Weg rastet. Sie ist eine
schöne Ergänzung im Bereich des für das Hochstift so wichtigen Künstlers
und hat enge Beziehungen zu anderen Arbeiten in unserer Sammlung (s. den
Beitrag von Nina Sonntag, S. 221–231).[16]

Ebenfalls großformatig ist mit 556 × 752 mm eine Landschaft des Dresdner Zeichners, Malers und Radierers Jacob Wilhelm Mechau (1754–1808)
(Abb. 8).[17] Sie gehört in den Kontext bildhafter, sorgfältig ausgearbeiteter
Zeichnungen, die im späten 18. Jahrhundert fast wie Gemälde gehandelt wurden. Die *Gebirgslandschaft mit Fluss* ist eine Federzeichnung in Grauschwarz
mit Sepia laviert und eröffnet einen tiefen Bildraum. Mechau signierte und
datierte das Blatt mit »J. Mechau 1797 a Papigno«. Die Landschaft lässt sich
damit in die Nähe von Terni verorten, einem der bevorzugten Orte für Italien-
reisende in der Zeit um 1800, an den auch Mechau reiste. Deutlich von Hackert beeinflusst, rahmt der Zeichner die Komposition seitlich durch Bäume
bzw. eine Felswand und führt den Blick wie auf einer Bühne über einen detail-
lierten Vordergrund mit Wasser und kleinteiliger Vegetation in ein dichtes
Waldstück und bis zu den hellen Bergen im Hintergrund. Durch den differen-
zierten Einsatz der Sepiatinte schafft Mechau einen Eindruck von flirrendem
Licht und dunkel-verdichteten Partien. Der Künstler wurde vor allem durch

16 Inv.Nr. III–16058.
17 Inv.Nr. III–16059.

Abb. 8. Jacob Wilhelm Mechau, Gebirgslandschaft mit Fluss.

die Folge ›Malerisch radirte Prospekte von Italien, nach der Natur gezeichnet und zu Rom radirt‹, bekannt, die er mit Johann Christian Reinhart und Albert Christoph Dies schuf. Für unsere Sammlung von besonderem Interesse ist Mechau durch seine künstlerische Position, die klassische Kompositionen mit frühromantischen Tendenzen verbindet.

Eine wunderbare Ergänzung zu den beiden Landschaften von Hackert und Mechau bietet die dritte Schenkung. Sie wurde vom Vorbesitzer noch als Arbeit des Dresdner Malers und Freundes von Caspar David Friedrich, Ernst Ferdinand Oehme (1797–1855), erstanden. Inzwischen nimmt die Forschung an, dass es sich bei dem *Italienischen Kloster unter hohen Bäumen* eher um eine Arbeit aus Oehmes Umfeld handelt (Abb. 9).[18] Die hochformatige Darstellung wird von den dichten Kronen hoher Bäume überdacht, die gut ein Drittel des Bildes einnehmen. Zwischen den Stämmen fällt der Blick auf die Gebäude eines Klosters. Im Schatten der Bäume sind drei weißgekleidete Mönche zu erkennen, den Vordergrund bildet dichtes Busch- und Wurzelwerk. Wie bei Hackert und Mechau ist auch hier die Vegetation vorherrschendes Thema der Zeichnung und bestimmt deren eigene, südliche Lichtstimmung. Thematisch jedoch nimmt der Künstler mit der nahsichtigen, erzählerischen Szene eine andere Position ein als die Künstler der Generation zuvor.

18 Inv.Nr. III–16060.

Abb. 9. Umkreis von Ernst Ferdinand Oehme,
Italienisches Kloster unter hohen Bäumen.

Das fein ausgearbeitete, atmosphärische Aquarell bringt einen romantischen
Ton in die Gruppe der Schenkungen. Besonders froh sind wir über diese Arbeit, da es in der Gemäldesammlung erst 2020 einen Neuzugang mit einer
Alpenlandschaft Oehmes gab. Der Bereich der Dresdner Romantik erhielt so
auch im Bereich der Graphik einen weiteren schönen Zuwachs.

Im September erweiterte Rüdiger Volhard diese Schenkungen um zwei
weitere Zeichnungen, die beide im Zusammenhang mit Ludwig Emil Grimm
(1790–1863) stehen. Der jüngere Bruder Jacob und Wilhelm Grimms ist einer
der wichtigsten Radierer des 19. Jahrhunderts und ein bemerkenswerter Zeichner. Das Aquarell *Während der Jagd bei Hof* aus dem Jahr 1818 wurde über
Bleistift ausgeführt und misst 189 × 236 mm (Abb. 10).[19] Als letzte Seite eines
Skizzenbuches ist es noch mit der Rückseite aus fester Pappe verbunden. Am
unteren Rand notierte Grimm: »unsere Jagd bey Hof. hinter Wilhelmshöhe

19 Inv.Nr. III–16104.

Abb. 10. Ludwig Emil Grimm,
Während der Jagd bei Hof.

3 Stunden von Cassel / Mittwoch d 12ten Nov. 1818.« Die Szene zeigt im Vordergrund eine Jagdgesellschaft: rechts unter einem Baum zwei junge Männer, links daneben eine Dreiergruppe, folgend ein sitzender junger Mann mit Hund, ganz links ein älterer Mann mit Flinte und vor der Gruppe ein erlegtes Reh. Die Jäger mit ihren Pfeifen, Flinten, Felltaschen und Stiefeln haben sich wohl nach der Jagd versammelt, wirken gelöst und vertraut. Grimm gibt ihre unterschiedlichen Physiognomien und Staturen wieder, ohne ins Detail zu gehen. Die Szene ist mit Bleistift umrissen und vielleicht erst nachträglich aquarelliert: Der Hintergrund zeigt recht summarisch eine bewaldete Berglandschaft. Die Unterschrift lokalisiert die Jagdgesellschaft in die Gegend von Schauenburg-Hoof, südwestlich von Kassel, wahrscheinlich in das Waldgebiet Hirzstein. Hier besaß die mit den Grimms bekannte Familie von Dalwigk einen Landsitz. Ein Gegenstück hat das Aquarell in einer kleinen Federzeichnung Grimms, die sich nur auf die Figurengruppe konzentriert. Dieses Blatt klebte in einem Album, das Grimm für eine Freundin, Amalie Heereman von Zuydtwyck, anfertigte. Ob Grimm in der dort eingeklebten, in der Figurenanordnung vom Aquarell etwas abweichenden Federzeichnung ein altes Blatt noch einmal aufgriff, oder eine alte Zeichnung in das Album gab, ist unklar. Unter den Dauerleihgaben aus der Sammlung Volhard befindet sich jedoch ein ganzfiguriges Porträt jener Amalie Heereman von Zuydtwyck, das Grimm 1827 in Bleistift anfertigte. Mit dem neu hinzugekommenen Aquarell schließt sich so ein Kreis.

Das zweite Geschenk ist ein Porträt Ludwig Emil Grimms von dessen Schüler Louis Linck (gest. 1849) aus dem Jahr 1847. Die 307 × 216 mm große Bleistiftzeichnung zeigt Grimm in Halbfigur, den Oberkörper leicht nach links, das Gesicht zum Betrachter gewandt.[20] Signiert ist das Blatt links mit der ligierten Signatur des Zeichners, rechts mit »Kassel den Iten Okt / 1847«. Linck zog in jenem Jahr nach München, um sein Studium bei Peter Heß weiterzuführen. Ein erhaltener Brief Lincks an Grimm berichtet von der freundlichen Aufnahme und erwähnt, dass er dem neuen Lehrer auch das Porträt Grimms vorlegte. Interessant ist die Darstellung Grimms als älterer Mann. Er, der meist als jüngerer Bruder wahrgenommen wird, war 1847 57 Jahre alt, Professor an der Kunstakademie in Kassel und ein gesuchter Graphiker. Lincks Porträt zeigt Grimm als aufrechten Herrn mit klaren Gesichtszügen, feinen Falten um Augenbrauen, Nase und Mund, vollem Haar und kleinem Bärtchen. Es betont den intensiven Blick und modelliert das Gesicht durch Schatten und Lichteffekte. Der feine, weiche Bleistiftstrich schafft den Eindruck einer realistischen Wiedergabe, ohne kühl zu werden.

Gleich zu Jahresbeginn freute sich die Kunstsammlung über ein Geschenk von Dr. Klaus-Dieter Stephan, das der Sammlung ein besonderes Zeugnis der Porträtkunst um 1830 zuführte.[21] Die fein ausgearbeitete Kreidezeichnung des Malers Friedrich Eduard Eichens (1804–1877) zeigt den Schauspieler Pius Alexander Wolff (1782–1832) und entstand um 1827 (Abb. 11). Eichens stellte Wolff in Halbfigur vor einem Fenster dar, durch welches das Königliche Schauspielhaus in Berlin zu sehen ist. Gekleidet in einen Rock mit breitem Aufschlag und ein Hemd mit hohem Kragen und Halsbinde, mit dunklen Locken und einer Schriftrolle in der Hand, gab Eichens dem Porträtierten zum einen bürgerliche Attribute bei, bezeichnete aber mit der Rolle und dem Theatergebäude zum anderen dessen Profession und adelte ihn schließlich durch eine halbgeöffnete Draperie, die den Sitzenden hinterfängt. Wolffs Blick ist versunken, der Ausdruck abwesend, sogar leicht melancholisch. Auffallend ist die feine Ausführung des Blattes: Eichens setzte die schwarze Kreide sowohl in weichen Schatten, als auch in präzisen Linien auf das braune Papier und schuf damit einen malerischen Ton. Dieser wird durch die leuchtenden Weißhöhungen verstärkt, bleibt aber immer leicht. Die Ranken des Efeus am Fenster, die Haare oder die Architektur des Theaters geben dem Porträt in ihrer Sorgfalt eine feine Qualität, die sich auch im Ausdruck der Figur zeigt. Pius Alexander Wolf hatte es als Schauspieler zu Berühmtheit gebracht. 1803 war er, kaum über 20-jährig, Mitglied des Ensembles am Weimarer Schauspielhaus, das zu dieser Zeit von Goethe geleitet wurde. Ein Stich dieses Porträts, auch von Eichens ausgeführt, befindet sich ebenfalls in der Graphischen Sammlung.

---

20 Inv.Nr. III–16103.
21 Inv.Nr. III–16052.

Abb. 11. Friedrich Eduard Eichens, Porträt von Pius Alexander Wolff.

Aus dem Erbe ihres Vaters schenkten die Kinder von Prof. Klaus Parlasca der Kunstsammlung zwei Zeichnungen. Die *Italienische Landschaft* von Thomas Ender (1793–1875) ist ein Aquarell über Bleistift.[22] Es misst 197 × 299 mm und ist namentlich signiert. Die sorgfältige Zeichnung zeigt über einem Einstieg mit dichter Vegetation in zarten Abstufungen von Grüntönen und rahmenden Zypressen und Pinien die Aussicht auf eine Stadt in dunstiger Ferne. Der ansteigende Felsen rechts könnte für Neapel sprechen, wenn auch das Meer nicht zu sehen ist. Vorn zieht sich ein Weg mit Wanderern und Kutschen in die Bildmitte. Die Atmosphäre ist hell und frisch. Die Zeichnung ist ein schöner Beitrag zur Italien-Sehnsucht im Kontext romantischer Landschaftskunst. Ender wurde im Kreis der in Italien reisenden Zeichner geschätzt, seine Motive bieten schöne Ausblicke in die Landschaft, sind fein und atmosphärisch.

22 Inv. Nr. III–16046.

Abb. 12. John Flaxman, Reliefmedaillon mit drei Frauengestalten.

Beim zweiten Blatt handelt es sich um den Entwurf für ein Reliefmedaillon mit drei Frauengestalten von John Flaxman (1755–1826) (Abb. 12).[23] Ausgeführt wurde es mit Feder in Grau und grauen Lasuren über Bleistift in einer Größe von 150×134 mm. Der Engländer Flaxmann ist einer der wichtigsten klassizistischen Zeichner, dessen linearer, konturierender Duktus stilbildend wirkte. Das Blatt ist eine ungewöhnlich freie und leichte Arbeit des Künstlers. Goethe beschäftigte sich ausführlich mit Flaxmann, so dass das kleine Blatt sehr gut in unsere Sammlung passt.

Im Mai schenkte Rüdiger Volhard dem Hochstift aus seiner eigenen Sammlung eine Kreidezeichnung des Künstlers Hans Traxler (geb. 1929) mit dem Titel: *Auch Du in Arkadien.*[24] In sechs Einzelzeichnungen, jeweils zu zweit übereinander angeordnet, zeigen sie Goethe im langen Rock an seinem Schreibpult. Handschriftlich setzte der Künstler unter jede Darstellung einen Text, der Goethes gymnastische Übungen bei »Haltungsschäden« beschreibt und ihn am Ende agil weiterarbeiten lässt. Er lautet: »Irgendwann erwischt es jeden. / Auch Goethe hatte Haltungsschäden! / Nach vielem Dehnen … / … strecken … / … richten … / … gings zügig weiter mit dem Dichten.« Für die Kunstsammlungen ist das Blatt ein schöner humoristischer Zugewinn zu den Goethe-Darstellungen des 20. Jahrhunderts.

23 Inv.Nr. III–16047.
24 Inv.Nr. III–16056.

Abb. 13. Unbekannt, Ansicht des Liebfrauenbergs bei Schnee, um 1760.

Fünf Guckkastenblätter mit drei Frankfurt-Ansichten, einer Ansicht der
ehemaligen Jakobskirche im Wiener Stubenviertel sowie einer Vedute der
Würzburger Residenz gelangten als Ankauf über die Bibliothek in die Graphische Sammlung.[25] Die kolorierten Kupferstiche haben ein mittelgroßes Format, das international für Guckkästen gebräuchlich war. Neben den historischen Ansichten geben die Blätter auch einen Einblick in die Vielfalt und
Wirkungsästhetik eines ersten Massenmediums. Die Guckkästen bestanden
aus einem Holzkasten, Glaslinse, Spiegel, Kerze und einem Bild. Sie zeigten
vorrangig Ansichten von Städten wie Plätze, Straßenzüge, Parkanlagen, Se-
henswürdigkeiten und Schlösser, aber auch Katastrophen wie Brände, Erd-
beben oder Überschwemmungen. Die Attraktion, mit der man einen Blick auf
ferne Orte werfen konnte, wurde auf Jahrmärkten präsentiert. Die Linse ließ
das Bild wie durch ein Vergrößerungsglas erscheinen, im dunklen Kasten
wurde das Bild beleuchtet. Um die Illusion darüber hinaus zu unterstützen,
wurden die Perspektiven oft überzeichnet. Überzeichnung und Tiefenillusion
kennzeichnet auch die beiden kolorierten Kupferstiche des Liebfrauenbergs bei
Schnee, die um 1760 entstanden sind (Abb. 13). Ein Blatt misst 323 × 456 mm,
das zweite 300 × 483 mm. Den damals zweigrößten Platz der Stadt beleben
Schlittschuhläufer, pferdegezogene Schlitten, Spaziergänger und Reiter. Eine
Vedute zeigt den Platz nach Westen, mit der Liebfrauenkirche auf der Rechten,

25   Inv.Nr. III–16105 bis III–16109.

die andere erweist sich als spiegelverkehrte Wiederholung der Gebäude. Diese Spiegelverkehrtheit ist vorsätzlich, auch die Bezeichnung »LA G^DE PLACE DU MONT S^TE MARIE À FRANCFORT« ist in spiegelverkehrter Schrift zu lesen. Der im Guckkasten verbaute Spiegel ließ Schrift und Motiv wieder seitenrichtig erscheinen. Die Stiche unterscheiden sich deutlich voneinander. Die unterschiedlichen farbigen Akzente wurden mittels Gouachefarben von Hand gesetzt, ferner wechselt das Bildpersonal innerhalb der beiden Darstellungen wie Versatzstücke in einem Bühnenbild.

Die dritte Frankfurt-Ansicht zeigt den Hühnermarkt, entstanden ist sie um 1770 und hat die Maße 274 × 432 mm. Von besonderem Interesse ist dieses Blatt, da Goethes Tante Johanna Maria Melber an der Nordseite des Platzes wohnte. Bei ihr lebten Johann Wolfgang und seine Schwester Cornelia zeitweise, während der Vater das Haus am Hirschgraben 1755 umbauen ließ. Zu sehen ist der Hühnermarkt von Westen, im Hintergrund überragt die Domspitze die Häuserreihen. Belebt wird der Platz durch Kaufleute, Arbeiter und Frauen, die ihre Einkäufe erledigen. Deutliche Schäden zeigen, dass auch dieses Blatt für einen Guckkasten gebraucht wurde. Zur Verstärkung des Leuchteffekts sind einige Fenster ausgeschnitten und mit dünnem Papier hinterklebt. Die nach hinten gefaltete Bildunterschrift gibt in vier Sprachen (lateinisch, französisch, italienisch und deutsch) Auskunft über den dargestellten Ort, den »Prospect des Marckts zu Franckfurt am Mayn«. Unten rechts sind Herstellungsort und Verleger genannt: »Georg Balthasar Probst, excud. A.V.« Augsburg war das deutsche Zentrum der Herstellung von Guckkastenblättern. Zwischen 1766 und 1828 stellten hier fünf Verleger etwa 1080 Blätter her, darunter Georg Balthasar Probst (1732–1801). Von ihm wurden zwischen 1766 und 1790 etwa 350 hochwertige Guckkastenblätter verlegt. Probsts Stiche fanden in großen Auflagen Verbreitung, vom Kaiser in Wien hatte er ein Privileg auf seine Werke erlangt, welches auf allen Blättern, wie auch in unserem, vermerkt ist: »C. P. S. C. M.« bzw. »Cum Gratia et Privilegio Sac. Caes. Majestatis«.

Auch im Bereich der Objekte gelangte ein besonderes Geschenk in die Kunstsammlung. Dr. Mechthild Schneider überließ dem Hochstift das sogenannte *Hasen-Service* (Abb. 14).[26] Es befand sich bislang als Leihgabe im Museum in Wiepersdorf und sollte dort nach der Neukonzeption der Ausstellung nicht mehr gezeigt werden. Das Teegeschirr stammt aus dem Besitz von Lujo Brentano. Es besteht aus einem Tablett, fünf Untertassen und vier Tassen. Das Service war ein Geschenk zur Hochzeit des Nationalökonomen, einem Neffen Bettine von Arnims und Sohn ihres Bruders Christian, mit Valeska Erbreich am 7. April 1874. Die »Wiepersdorfer Gratulanten« bemalten es kleinteilig mit allegorischen Familienszenen einer Hasengruppe und persön-

---

26 Inv.Nr. IV–2022–001.

*Abb. 14. Tablett aus dem Hasen-Service
der Familie Lujo und Valeska Brentano.*

lichen Wünschen für die frisch Vermählten. So zeigt das ovale Tablett (33,5 ×
41 cm) einen Rosenbusch mit dem Hasen-Hochzeitspaar und Familienszenen
sowie einem Zug tanzender und musizierender Hasen. Die Inschrift lautet:
»Vivat zum 7. April 1874«, unten in der Darstellung »Aussteuer« und »Sei ihr
ein treuer Gatte!« Die vier Tassen schmücken eine Hasenmutter mit zwei Kindern und dem Schriftzug »Glück und Segen!«, eine Schulstube mit dem Titel
»Erziehungsresultate«, ein Hasenpaar mit Blumenkohl und dem Titel »Fress-
Gevatter« und eine Vorlesung mit dozierendem Hasen und Zuhörern. Auf
dem dargestellten Buch findet sich die Schrift »N Ö« für National-Ökonomie,
darunter die Bezeichnung: »Katheder-Socialist«, was sich auf den Bräutigam
bezieht. Die Untertassen zierten drei Hasen mit miteinander verbundenen
Ohren und dem Text »National-ökonomisches Problem«, drei tanzende Hasen
als »Wiepersdorfer Gratulanten«, ein Fackelzug »Vivat Professor und Professorin!«, ein sich liebkosendes Hasenpaar mit dem Titel »Häusliche Scene« und
ein Hasenpaar mit der Schrift »Kleiner Disput«.

Mareike Hennig, Nina Sonntag

Handschriften

Der Handschriftenbestand des Hauses ist im Erwerbsjahr 2022 um viele interessante Stücke, vor allem aus Goethes Umkreis, erweitert worden.

Goethe-Umkreis

Die beiden folgenden Stücke kamen als Ankauf von Gabriele Arhelger (Bremen) ins Haus, einer Nachfahrin der Frankfurter Familie Streng, zu der auch Goethes Großmutter Cornelia Walther (1668–1754) gehörte. Deren Mutter Anna Margarethe (1638–1709) war eine geborene Streng. Cornelia heiratete in zweiter Ehe den Schneidermeister Friedrich Georg Göthé (1657–1730). Als letztes der drei gemeinsamen Kinder der beiden kam 1710 Johann Caspar Goethe zur Welt. Die Finanzierung verdanken wir der Erich und Amanda Kress-Stiftung.

Heinrich Wilckhaußen, Lehrbrief für Johann Jacob Göthe (1694–1717), Hanau, Juni 1716[27]

Der reich dekorierte und teils in feiner Kalligraphie verfasste Lehrbrief des früh verstorbenen Halbbruders von Johann Wolfgang von Goethes Vater Johann Caspar ist auf Pergament geschrieben und auf Karton montiert (Abb. 15). Johann Jacob stammte aus der ersten Ehe des Schneidermeisters Friedrich Georg Göthé mit Anna Elisabetha Lutz, die bereits 1700 verstarb. In Hanau und Frankfurt wurde er zum Handelsmann ausgebildet. Bereits ein Jahr nach dem Abschluss seiner Lehre starb er. Der Lehrbrief ist das von ihm bisher einzig bekannte originale Zeugnis – und somit eine willkommene Ergänzung des Handschriftenbestandes zu Goethes Familie.

Alles, was wir über Johann Jacobs Leben und seinen Ausbildungsweg wissen, stammt aus einer Trauerrede, die zwei Tage nach seinem Tod am 6. September 1717 im Frankfurter Gasthaus Zum Weidenhof – seinem Zuhause – von dem Leichenbitter Johann Christian Heuson gehalten wurde. Ein Exemplar der Rede hatte sich in der Frankfurter Universitätsbibliothek erhalten, ist aber im Zweiten Weltkrieg verbrannt. Der Frankfurter Archivar Rudolf Jung hat im Goethejahr 1899 in den Berichten des Freien Deutschen Hochstifts eine Zusammenfassung publiziert, worin es heißt: »Frühe zeigte der Knabe die Neigung für den Handelsstand; der Vater ließ ihn deshalb, noch ehe er in die kaufmännische Lehre eintrat, die ›Buchhalterei‹ in deutscher und französi-

---

27 Hs–31541.

Abb. 15. Heinrich Wilckhaußen,
Lehrbrief für Johann Jacob Göthe vom Juni 1716.

scher Sprache erlernen.«[28] 1710 ging Johann Jakob für sechs Jahre in die Lehre
nach Hanau zu dem Handelsmann Heinrich Wilckhaußen, der einen Tuchhan-
del betrieb. Dieser ließ den Lehrbrief, den oben in der Mitte das Wappen der
Grafschaft Hanau-Lichtenberg ziert, im Juni 1716 anfertigen:

> Ich, Heinrich Wilckhaußen, Bürger und HandelsMann alhier in der Hoch-
> Gräfflichen ResidentzStadt Hanau, Bezeuge öffentlich und thue kund aller
> männiglichen mit dießem gegenwärtigen Brieff und Testimonium, dem-
> nach der Ehrbare und bescheidene Johann Jacob Göthe, deß Ehren vest=
> und Vorachtbaren Herrn Friederich Göthe Bürger und Gasthalters zu
> Franckfurth am Mayn eheleiblicher Sohn, Bey mir die Handelung auff
> Sechs Jahr lang, als von Ostermeeß 1710. biß Ostermeeß 1716. für einen
> Handelsjungen auffgehalten, und sich gebrauchen lassen, und währender
> solcher seiner Lehrzeit hat Er Sich, Treu, auffrecht, Ehr- und redlich, auch
> fromm und Gottesfürchtig, und wie es einem Ehrliebenden jungen Men-
> schen zustehet und obliegt, dermaßen und wohlverhalten, daß ich an sei-
> nen Ihme anbefohlenen geschäfften, jederzeit ein Sattsames Vergnügen
> gehabt habe. Also daß ich Ihne wegen seiner treu geleisteten Dienste und
> verhaltens halben, gerne länger bey mir sehen und haben mögen. Diewei-
> len Er aber sein fortun in der Handelung auch an andern orthen zu suchen

---

28 Rudolf Jung, Johann Jakob Goethe 1694–1717, in: Berichte des Freien Deutschen
    Hochstiftes 1899, S. 244.

entschlossen ist, mich dahero umb willige Dimission, auch ertheilung eines Testimonÿ und Schrifftlichen Zeugnüßes, seines ermeldten wohlverhaltens halben, dienstfreundlich ersucht; Alß habe ich Ihme solches nicht versagen können, sondern gebührendermaßen, zu seiner Beförderung, gerne und willig ertheilen wollen. Gelanget demnach an alle und jede, weß Standts Dignitaet und Würden die seyn, mein respective dienstfr[eundlich] ersuchen und Bitten, Sie wollen nicht allein, dießem meinem, Ihme ertheilten Testimonio guten glauben zustellen, sondern auch ermeldten Johann Jacob Göthe, allen günstigen willen und Beförderung zu erweißen, bestermaßen lassen recommendiret seyn, solches wird Er, für seine Persohn, nicht allein mit gehorsambsten Danck zu erkennen wissen, sondern auch ich bin es in der gleichen und andern begebenheiten hinwiederumb zu verschulden, willig und erbiethig. Zu mehrer Confirmation und Bekräfftigung, habe ich dießes, nicht allein unterschrieben, sondern auch mit meinem gewöhnlichen Pettschafft besiegelt. So geben und geschehen, in der hochGräfflichen Residenz Stadt Hanau, den [Lücke im Text] Junÿ, des EinTaußend Siebenhundert und Sechszehendten Jahres.

Heinrich Wilckhaußen obigeß
bekenne ich vndt Atistirt eß[29]

Wilckhaußen schätzte seinen Lehrling sehr und hätte ihn am liebsten noch länger in seinen Diensten behalten. Johann Jacob wechselte nach seinem Weggang aus Hanau nach Straßburg in die Firma des Tuchhändlers Christoph Paul Platz. Dieser schickte ihn 1717 zur Ostermesse nach Frankfurt, um Ware einzukaufen. Dort erkrankte er und starb am 6. September.

Lutherbibel mit handschriftlichen Einträgen von Simon Friedrich Streng (1760–1842) und Carl Friedrich Otto Streng (geb. 1827)[30]

Es handelt sich um folgende Publikation der Cansteinschen Bibelanstalt, die ab 1712 in hohen Auflagen revidierte Lutherbibeln druckte:

Biblia, Das ist: Die gantze Heil. Schrift Altes und Neues Testaments, Nach der Teutschen Uebersetzung D. Martin Luthers [...] Nebst der Vorrede Des

---

29 Erstmals berichtet wurde über den Lehrbrief von Karl Paetow, Eine verschollene Urkunde von Goethes Oheim, in: Die Neue Schau. Monatsschrift für das kulturelle Leben im deutschen Haus 12 (1951), H. 10, S. 257 f. Der Text ist dort auf der abgebildeten Fotografie allerdings kaum zu lesen. Der vollständige Text wurde zum ersten Mal wiedergegeben in: Heiner Boehncke, Hans Sarkowicz und Joachim Seng, Monsieur Göthé. Goethes unbekannter Großvater, Berlin 2017, S. 374 f.

30 Hs–31542 / B.m. hs. Eintr. 145.

S. Hn. Baron C.H. von Canstein, 45. Auflage, Halle: Waisenhaus 1735. 1079 S., 308 S., 4 S. Perikopenordnung.

Das in schwarzes Leder gebundene Bändchen stammt aus dem Besitz von Cornelia Goethe (1726–1799). Sie war die Tochter von Hermann Jacob Goethe, einem weiteren Halbbruder Johann Caspar Goethes aus der ersten Ehe seines Vaters Friedrich Georg Göthé mit Anna Elisabetha Lutz. Diese Cornelia, nicht zu verwechseln mit Goethes Großmutter väterlicherseits, heiratete 1749 den Frankfurter Handelsmann und Spezereihändler Ulrich Thomas Streng (1712–1777).[31] Die floral gestalteten Metallschließen der Bibel enthalten die Ritzgravur »C.G.« und das Jahr »1736«, was zeigt, dass die Bibel für die 10-jährige Cornelia gekauft worden war – möglicherweise als Geburtstagsgeschenk. Die Bibel wurde in der Familie von Generation zu Generation weitergegeben.

Die ältere der beiden Eintragungen stammt von Simon Friedrich Streng, einem Sohn Cornelias, und lautet:

Von meiner Lieben Mutter Cornelia Streng geborene Goethe auf meinen Confirmations-Tage d[en] 15 July 1776 erhalten Simon Fried: Streng

Die zweite Eintragung stammt von Simon Friedrich Strengs Enkel:

Von meinem Großvater: Simon Friedrich Streng zum Geschenk erhalten, um es als Familien-Andenken treu zu bewahren. Im Jahre 1840. – als ich 13 Jahre alt war:
    Carl Friedrich Otto Streng

Wolfgang Melber (Kronberg), ein Nachfahre der mit Johann Wolfgang von Goethe verwandten Frankfurter Familie Melber, machte der Handschriftensammlung ein Konvolut mehrerer Stücke zum Geschenk, darunter die folgenden:

Urkunde über den Kauf zweier Häuser am Hirschgraben und auf dem Roßmarkt, Frankfurt am Main, 12. April 1623, mit anhängendem Wachsabdruck des Frankfurter Stadtsiegels[32]

Die aus der Zeit des Dreißigjährigen Krieges stammende Urkunde, ein im Querformat beschriebenes und auf ein großformatiges Papier montiertes Blatt, dokumentiert in heute nur noch schwer verständlicher Urkundenspra-

---

31 In der Handschriftensammlung des Freien Deutschen Hochstifts befindet sich eine Vollmacht für den Prokurator Peter Nordmann zur Einholung des Heiratsconsensus zur Eheschließung mit Ulrich Thomas Streng vom 30. Oktober 1749 von der Hand Cornelias (Hs–1247).

32 Hs–31543.

che den Verkauf der beiden Häuser Zum Römischen Kayser und Zum Phönix an den Schnurhändler Matthes Prim (Priemen)[33] und seine Frau Anna:

> Wir Burgermeister, Schöffen unnd Rath der Statt Franckfurt Bekennen offentlich mit dießem Brieff, Daß vor Unns stunde an unßerer gegenwertigkeit Johann Campoing Handelsmann, als gewalt: unnd befehlshaber Daniel Colpeins, Peter unnd Johann Binoÿ, Inwohner Zu Amsterdam, Und bekanthe offenbarlich, daß er Krafft den Ersten Januarÿ des Sechszehenhundert und Neunzehenden Jahrß auß gedachtem Amsterdam von seinen Principalen an Ihne abgangenen, Uns vorgezeigten GewaltSchreibens recht und redlichen verkaufft hatte, und gabe auch in deren namen vor Uns auff, Mattheiß Priemen, Handelßmannen, Annen seiner Haußfrawen und ihren Erben, Zwo Behaußungen mit ihren Rechten und Gerechtigkeiten, deren der Erste, Zum Römischen Kaÿßer genant, oben am Hirschgraben, unfern von der Catharinen Pforten, Zwischen den Behaußungen, Zur Weisßen Blumen und Zum Pellican: Die andere aber, Zum Phöenix genant, uff dem Rosßmarck, neben weÿlandt des Ehrnvesten Gerhart Bienoy unßers geweßenen MitSchöffen und Rathsfreundts S. Wittiben, einer, und der Guldenen Ketten anderseits gelegen, stosßen beede hinden aneinander: Solche Behaußungen seÿen gantz Zinßfreÿ, ledig und eigen. Und der Verkauff darvor geschehen, umb NeunTaußendt Sechshundert gulden, guter unßerer Statt wehrung. Und bekanthe obgemeldter Gewalthaber, daß seine Principalen sampt und sonders des Kauffgeldts darumb von den Kauffern gütlich und wol bezahlt seÿen und gewehret, hat auch vor Uns in deren namen auff solch Kauffgeldt und berürte Zwo Behaußungen lauterlich und gentzlich verziehen. Auch hat der Gewalthaber beÿ seinen Burgerlichen pflichten behalten und bethewret, daß angeregte Behaußungen, seines wisßens, mit einigen Zinßen nicht beschweret, auch sonsten Niemanden verpfendet oder verleget seÿen, in keine weiß. Hat auch weiters in obbenanter seiner Principalen namen den Kauffern und ihren Erben vor Uns Zugesaget und versprochen, Sie Kauffern und ihre Erben vor alle rechte ansprüch, Jahr und tag, nach der Statt Franckfurt recht und gewonheit gegen Menniglich Zu vertretten, Zu gewahren und schadloß Zu halten.   So hat sich obbesagter Kauffer Mattheiß Priemen, beÿ den eÿden und pflichten, damit er dem heiligen Reich, und Uns, als Burger alhier, Zugethan und verwanth ist, benommen, daß dießer Kauff Ihme, Annen seiner Haußfrawen und ihren Erben, sonsten aber Niemandt anderm, Uns mit der Burgerschafft nicht verbunden, geschehen seÿe.   Doch hierinnen vorbehalten und ohne nachtheil, dem Reich, dem Rath, und der Statt Franckfurt an ihren diensten, gnadt,

---

33 Vgl. die Erwähnung in: Alexander Dietz, Frankfurter Handelsgeschichte, Bd. 2, Frankfurt am Main 1921, S. 82.

freÿheiten, Rechten und gerechtigkeiten. Hierbeÿ seindt geweßen, Achilles von Hÿnsperg, Hieronymus Steffan, Schöffen, und Martin Müller.

Zu urkundt haben Wir unßerer Statt groß Insigel, umb fleißig beschehener bitte willen, an dießen Brieff thun hencken. So geschehen den Zwölfften Aprills, im Sechszehenhundert dreÿ und zwanzigsten Jahr.

Rückseitig findet sich die Notiz »Kauf-Brief vom Hauß auf dem Hirschgraben«. Das im Text erwähnte Siegel ist der beigebundene Wachsabdruck des Frankfurter Stadtsiegels mit der Umschrift »Frankenvort specialis domus imperii« (Frankfurt, besondere Stätte des Reichs). Abgebildet ist der in ein Falten werfendes Gewand gekleidete, gekrönte Kaiser,[34] mit einem Lilienzepter in der rechten sowie dem Reichsapfel in der linken Hand. Das Stadtsiegel wurde vom 13. bis zum frühen 19. Jahrhundert vom Rat der Stadt für Rechtsgeschäfte verwendet.

Der Kaufbrief wurde in der Familie Melber überliefert. Deren Name taucht im Text aber nicht auf, somit bleibt die Verbindung zur Familie unklar. Möglicherweise sind beide oder eines der erwähnten Häuser von dem damaligen Käufer Matthes Prim (Priemen) an einen Melber weiterverkauft und der Kaufbrief bei der Abwicklung dieses Geschäfts weitergereicht worden.

Gedicht von Unbekannt (»G. F.«) für Johann Georg David Melber (1773–1824) zur Geburt seines Sohnes Georg Karl Friedrich Melber (1816–1873), »B.« (Ort nicht identifiziert), 6. Oktober 1816[35]

An
Herrn Doctor Melber
bei
der Nachricht von der Geburt seines jungen Sohnes.

Des Vaters Geist, der Mutter Herz,
Ein fester Sinn in Glück und Schmerz,
Dies schmücke – auch für Dich zum Lohn,
Beglückend deinen jungen Sohn;
Dann hat er, was kein Gold ihm reicht,
Ein Gut, das nimmer von ihm weicht!
G. F.

B. den 6ten Oktober, 1816.

---

34 Bei der im Jahr 1619 in Frankfurt erfolgten Kaiserwahl löste Ferdinand II. Kaiser Matthias als Kaiser des Heiligen Römischen Reiches Deutscher Nation ab.

35 Hs–31548.

Johann Georg David Melber, der dritte Sohn von Goethes Tante Johanna Maria Melber geb. Textor (1734–1823), ließ sich 1796 als Arzt in Frankfurt nieder und betreute auch Goethes Mutter Catharina Elisabeth. 1815 heiratete er Sabine Caroline Buck (1793–1855), ein Jahr später kam am 28. September das erste von drei Kindern, Georg Karl Friedrich, zur Welt.

Walther Wolfgang von Goethe (1818–1885)
an Georg Karl Friedrich Melber (1816–1873), Dresden, 11. Mai 1858[36]

Goethes ältester Enkel Walther Wolfgang gratuliert dem fast gleichaltrigen Frankfurter Verwandten zur Verlobung mit Maria Friederika Wecker. Georg Karl Friedrich Melber war ein Enkel von Goethes Tante Johanna Maria Melber geb. Textor (1734–1823):

> Mein theurer Georg!
> Nimm die aufrichtigen Wünsche die ich Dir absichtlich erst jetzt, um in der für Dich so festlichen Zeit an mich zu mahnen, darbringe, so entgegen wie ich sie Dir in treuer Gesinnung biete; und sey meiner Theilnahme für das Dir erblühende häusliche Glück von ganzer Seele überzeugt! – Kunde Deiner Verlobung hatte ich auf indirectem Wege bereits vor Empfang des Briefes erhalten; wenn dieser auch nicht überrascht durch die Nachricht selbst, war ich doch herzlich erfreut durch den Beweis Deiner unveränderten Freundschaft.
> Ich sende Dir dieses mein Blatt aus Dresden wo wir, da Wolfgang[37] hier seit zwey Jahren bey der Preuß: Gesandtschaft als Legations-Secretair angestellt ist, in diesem Augenblick einen kleinen Familiencongress' bilden. – Von mir persönlich wüßte ich nur gar wenig mitzutheilen: ich habe noch immer meinen Wohnsitz in Weimar und mich von dort nur auf kürzere Zeit, etwa zu einer Bade- oder Vergnügungsreise, entfernt. – Daß mein Weg mich gar nicht wieder nach der alten Großvaterstadt[38] geführt, bedaure ich selbst aufrichtig und der Wunsch: den mir so lieben Ort und alle Freunde daselbst wiederzusehen, wird jetzt wo ich die Bekanntschaft Deiner Frau zu machen habe, begreiflicherweise noch gesteigert. – Empfiehl mich Derselben angelegenst!
> Die Meinigen freuen sich herzlich Deines Glückes und fügen ihre Glückwünsche zu denen Welche ich Dir darbringe. –

36 Hs–31544.
37 Walther Wolfgangs Bruder Wolfgang Maximilian (1820–1883), von 1856–1860 Legationsrat in Dresden.
38 Frankfurt am Main.

Gott mit Dir und Deinem neuen Hausstand, lieber Georg! und vergiß
nicht

Deines alten treuen

Dresden den 11ten May

1858 Freundes Walther v. Goethe.

Sechs Jahre später gratulierte Walther Wolfgang von Goethe zur Taufe von
Melbers am 28. August geborenem Sohn Walther Wolfgang (1864–1938), für
den er die Patenschaft übernommen hatte – womöglich weil es auch der Geburtstag seines Großvaters Johann Wolfgang von Goethe war.[39] Die Briefe
zeugen von dem herzlichen Verhältnis zwischen den beiden Familien und die
nach wie vor bestehende Verbindung der Familie Goethe in die »Großvater-
stadt« Frankfurt am Main.

*Ottilie von Goethe (1796–1872) an Friederike Serre geb. Hammerdörfer
(1800–1872) zu Weihnachten 1838 oder später (»zum 24.«), ohne Ort,
mit Adresse und Siegelrest*[40]

Von Eberhard Köstler (Tutzing) konnte ein Weihnachtsgedicht Ottilie von
Goethes für die mit ihr befreundete Amalie Friederike Serre erworben werden
(Abb. 16). Ottilie lernte Friederike Serre, die ihr »sehr gefiel«, Ende Juli/An-
fang August 1838 bei einer Bekannten in Dresden kennen,[41] nur wenige Tage
später reiste sie nach Schloss Maxen zu den Serres, um dort 10 Tage auf dem
Land zu verbringen.[42] Die beiden Frauen standen in regem Briefaustausch.

An Friedericke von Serre
Wenn alle Leiden die Du geendet,
Wenn alle Freuden die Du gespendet
Erglänzen als Lichter im Wiederschein,
So muß Dein Weihnachtsbaum glänzend sein.

Ottilie.

Amalie Friederike Serre und ihr Mann Friedrich Anton (1789–1869) emp-
fingen in ihrer Dresdner Villa und auf Schloss Maxen südlich der Stadt zahl-

---

39 Hs–31370.
40 Hs–31564.
41 Ottilie von Goethe an ihren Sohn Walther am 5.8.1839; vgl. Karsten Hein, Ottilie
von Goethe (1796–1872). Biographie und literarische Beziehungen der Schwiegertochter Goethes, Frankfurt am Main 2001, S. 454.
42 Ottilie von Goethe an ihre Mutter Henriette von Pogwisch am 27.8.1838; ebd.,
S. 455.

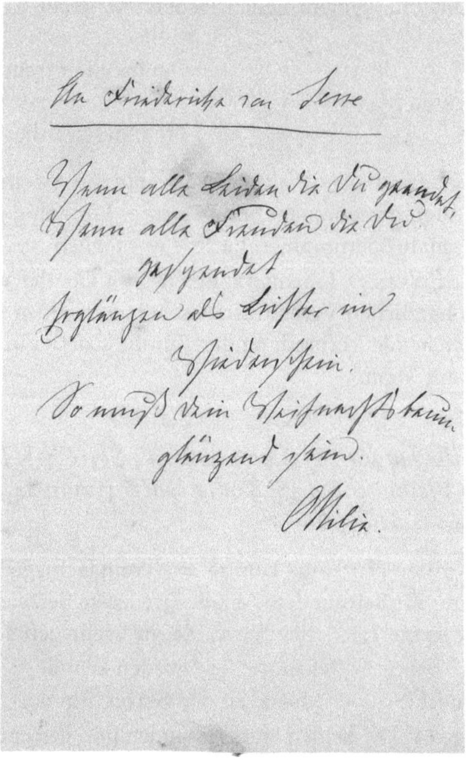

Abb. 16. Ottilie von Goethe, Weihnachtsgedicht für Friederike Serre.

reiche namhafte Persönlichkeiten, darunter Ludwig Tieck, Karl Gutzkow, Hans Christian Andersen, Clara und Robert Schumann, Elisa von der Recke, Ernst Rietschel – und auch Ottilie von Goethe. Anton Serre war Mitbegründer der gemeinnützigen Deutschen Schillerstiftung, die sich ab 1859 für notleidende Schriftstellerinnen und Schriftsteller sowie deren hilfsbedürftige Angehörige und Nachkommen einsetzte. Auch seine Frau Friederike und Ottilie von Goethe engagierten sich für die Stiftung.

Finanziert wurde der Ankauf aus der Erich und Amanda Kress-Stiftung.

Stammbuchkassette von Georg Wolfgang Fischer (1758–1838)[43]

Aus dem Nachlass der Darmstädter Schriftstellerin Gabriele Wohmann (1932–2015) kam als Geschenk von Ulrike Schiedermair (Frankfurt) eine Stammbuchkassette mit Stammbuchblättern und zahlreichen Scherenschnitten von Georg Wolfgang Fischer, einem Frankfurter Handelsmann, ins Haus. In seinem Geschäft auf dem Römerberg bot er seiner Kundschaft Strümpfe, Kappen, bologneser Kreppflor (Trauerflor), Bett- und Futterbarchent (Stoff aus Kamelhaar), Handschuhe, türkisches Garn und vieles mehr.[44]

Ein beiliegendes alphabetisches Verzeichnis der Eintragenden listet 47 Einträge aus den Jahren 1791–1838 auf, die meisten von ihnen stammen aus Frankfurt.

Romantik

Clemens Brentano (1778–1842) an Mathias Thiel (1775–1843), Jena,
zwischen Mitte und Ende April 1799[45]

Anlässlich der Eröffnung des Deutschen Romantik-Museums im September 2021 haben Michael und Elke von Brentano (London) – in Würdigung der wissenschaftlichen Leistung der Frankfurter Brentano-Ausgabe und als Zeichen der Verbundenheit mit der Stadt Frankfurt am Main – dem Hochstift einen frühen Brief Clemens Brentanos geschenkt (Abb. 17). Das Schriftstück war bisher Teil einer seit 2005 im Hochstift befindlichen Leihgabe des Ehepaars Brentano, die u.a. Briefe von Clemens Brentano, Bettine und Achim von Arnim sowie von Sophie und Georg Michael von La Roche enthält. Es handelt sich um den einzigen bekannten Brief Brentanos an Thiel.

Brentano hatte den aus Riga stammenden Mathias Thiel während seines Medizinstudiums in Jena kennengelernt. In der zweiten Aprilhälfte 1799 schrieb er an den Freund, der inzwischen in Kurland als Hauslehrer tätig war, einen langen, in seiner demonstrativen Manieriertheit für diese Jahre durchaus typischen Brief:

> Lieber treuer Mathias!
> Ich nenne dich so, weil ich mir gerne erträume, was mir wohlthut, und so denke ich denn auch, daß du mich nicht vergeßen, und daß dein Herz so oft

---

43 Hs–31414.
44 Vgl. Handlungs-Addreß-Calender von Frankfurt am Main auf das Jahr 1801, S. 9.
45 Hs–31406. Der Brief findet sich gedruckt in der Frankfurter Brentano-Ausgabe, Bd. 29, S. 165–168 (Text), Bd. 38,1, S. 228–235 (Kommentar).

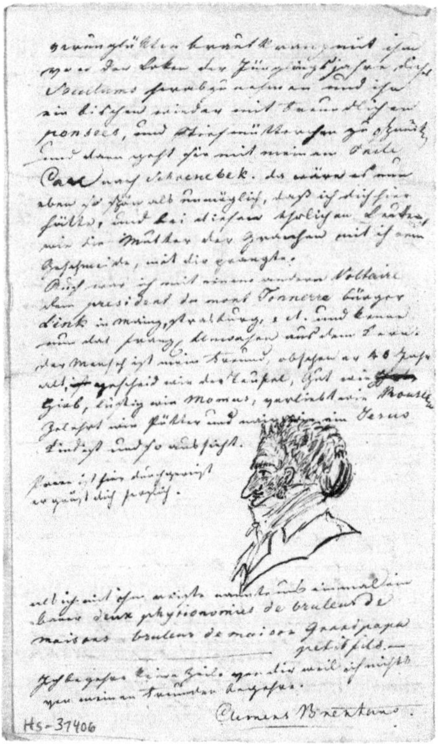
Clemens Brentano.
Hs-37406

Abb 17. Clemens Brentano an Mathias Thiel, zwischen Mitte und Ende April 1799, Seite 4.

als das meinige an der Zeit zum Veräther wird und sich troz ihres nagenden Zahns mit mir beschäftigt. Lieber Thiel es ist noch keine der traulichen Stunden verlohren gegangen, die wir am Lieblingsplätzchen in den Maienkranz unsres Lebens geflochten haben, ich habe sie alle wieder gefunden; denn oft ruhe ich da nun allein, wo wir sonst freundlich den schnell verschlungenen Knoten unsrer Freundschaft bewunderten und, wenn die Sonne sank, wie am Lebensabende das Gewebe des Lebens, mit behutsamen Finger seine zarten Fäden in unsren guten Herzen einzlen *(!)* aufsuchten.

Brentano berichtet im folgenden von seiner Einsamkeit und seinem Verhältnis zum gemeinsamen Freund Gustav Ludwig von Wrangel, ferner von der Hochzeit seines Bruders Franz mit Antonie von Birkenstock im Sommer 1798. Dann kommt er auf seine Lieblingsschwester Sophie (»mit dem einen grosen

Auge«) und seine Großmutter Sophie von La Roche zu sprechen, die in jungen
Jahren einige Zeit mit Christoph Martin Wieland verlobt war:

> Meine liebe Alte Grosmutter, die mir ein bischen übernatürlich, denn ich
> kann warlich nicht begreifen, warum gut ist, kömmt im Maÿ mit eben die-
> ser raren Schwester hier her, um ihren alten Wieland zu besuchen, und den
> verunglükten Brautkranz mit ihm von den Loken der Jünglingsjahre, dieses
> Seculums herabzunehmen und ihn ein bischen wieder mit Freundlichen
> pensees, und Stiefmütterchen zu schmücken …

Am Ende des Briefs berichtet Brentano von einem Freund namens Link, mit
dem er die neuen französischen Départements in Rheinhessen und im Elsass
bereist habe:

> Auch war ich mit einem andern Voltaire dem president du mont Tonnerre
> Bürger Link in Mainz, strasburg, ect. und kenne nun das franz[ösische]
> Unwesen aus dem Kern. Der Mensch ist mein Freund, obschon er 40 Jahr
> alt, gescheid wie der Teufel, Gut wie Hiob, Lustig wie Momus, verliebt wie
> Rousseau Gelehrt wie Pütter und naiv wie ein Jesus Kind ist und so aus-
> sieht.

An dieser Stelle fügt Brentano eine Porträtskizze des Freundes ein (Abb. 17).
Es dürfte sich um Heinrich Link handeln, der Anfang 1799 zum Richter am
Zivilgericht des Département du Mont-Tonnerre in Mainz berufen worden
war.[46] Er wird in ähnlichen Kontexten auch in ›Clemens Brentanos Frühlingskranz‹ erwähnt.[47]

Wilhelm Berger (1790–1858), Italienisches Reisetagebuch,
23. April bis 3. September 1823[48]

Wilhelm Berger war der Schwager des Architekten Karl Friedrich Schinkel,
unter dessen Einfluss er an der Berliner Bauakademie Architektur studiert hatte.
Anschließend war er in der preußischen Ministerial-Baukommission tätig.
Am 13. März 1823 beantragte er, mittlerweile zum Bauinspektor aufgestiegen,
beim zuständigen Ministerium einen »Urlaub von 3 bis 4 Monaten«, da »sich
ihm eine sehr vortheilhafte Gelegenheit zu einer Reise nach Italien darbiete«,
die »wenigstens theilweise und mittelbar einen dienstlichen Zweck« habe.[49]

---

46 FBA 38,1, S. 167 f.
47 FBA 30, S. 62.
48 Hs–31403.
49 Geheimes Staatsarchiv Preußischer Kulturbesitz, I. HA Rep. 93 B Ministerium der
    öffentlichen Arbeiten, Nr. 412, Bl. 14–15ᵛ (Transkription Christoph von Wolzogen).

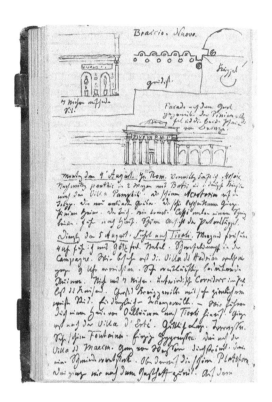

Abb 18. Wilhelm Bergers italienisches Reisetagebuch mit den Eintragungen
vom 4./5. August 1823 in Rom, oben Zeichnungen zum 1821 eröffneten
›Braccio Nuovo‹ des Museo Chiaramonti im Vatikanischen Museum:
»Facade nach dem Gart[en] / gegenüber der [antike] Pinien=Apfel
und die beiden Pfauen von Bronze«.

Das Tagebuch seiner Reise, die am 28. März vom Ministerium bewilligt wurde,[50] umfasst 142 Seiten, im laufenden Text finden sich 50 Zeichnungen von
Gebäuden und architektonischen Details (Abb. 18).

Berger brach am 23. April 1823 von Berlin auf. Begleitet wurde er zunächst
von dem 20-jährigen Carl Scheppig, der wenig später als angehender Architekt

50 Ebd. Ein Mitarbeiter des Ministeriums merkte an: »Ob übrigens unter gewöhn-
    lichen Bau-Meistern, die vielleicht selten oder nie Prachtgebäude aufzuführen
    eine Aussicht haben, nicht besser thäten, England u. Frankreich, als gerade immer
    Italien, zu besuchen, ist eine andere Frage.«

in Schinkels Büro mitarbeitete. Die ersten Reisestationen waren Leipzig, Bayreuth (mit dem markgräflichen Theater), Nürnberg, Augsburg, München und Innsbruck, dann fuhr man über den Brenner nach Bozen, Trient, Rovereto und Verona bis nach Venedig (16.–19. Mai). Anschließend ging es zurück nach Verona (19.–22. Mai) und von dort nach Mailand (22. Mai – 4. Juni), wo Berger – wie auch in München, Verona, Neapel, Rom und Rovereto – mit großer Begeisterung Rossini hörte, dann nach Lugano und über den Gotthardpass nach Zürich, wo die beiden am 7. Juni eintrafen.

Am folgenden Tag reiste Berger alleine wieder in den Süden. Nach aufreibenden Nachtfahrten gelangte er abermals nach Mailand (12.–16. Juni), es folgten Genua (17.–20. Juni), Lucca und schließlich Florenz (23.–25. Juni), wo er zu Santa Croce notierte: »In Einer Seitenkapelle die Bilder von Ghiotto wovon bei Schinkels die Kupferstiche hängen.« Am 28. Juni erreichte Berger Rom, eines der Hauptziele seiner Reise. Wie auch sonst hielt er zunächst seine Eindrücke bei der Ankunft fest:

> Erblickte die Peterskuppel in der schönsten Abendsonne. [...] Der Corso. die beiden Straßen. rechts und links baut man schöne neue Terrassen mit großen halben Marmor=Bassins. Wir fuhren durch den Corso nach der Dogana welche eine Fronte von antiken korinthischen Säulen hat. Dann nach der Auberge Franz. Es war Dämmerung eingetreten. Wir gingen über die Engelsbrücke nach der Peterskirche welche mit Ballons sanft erleuchtet war. Göttlicher Anblick. Die Fontainen. der Obelisk. wir erwarteten die Fakkel= Erleuchtung welche einen ungeheuern Effect machte.

Touristische Attraktionen spielten auch in den kommenden Tagen eine Rolle, so am folgenden Morgen, als er am Festgottesdienst in der Peterskirche teilnahm (»Die Schweizer ließen mich dicht zum Altar treten. Die Cardinäle. Der unglaublich schlechte Gesang bei der Messe. Der quäkende Tenor und die Kastraten«), und abends bei einem »Feuerwerk auf der Engelsburg welches den Dom von Mayland vorstellte. Ungeheure Menschenmasse«. Zugleich erkundete Berger mit Kennerblick die Kunstsammlungen und Gebäude der Stadt. So registrierte er etwa die Bauweise und die Schäden an der Kuppel des Petersdoms. Auch traf er sich mit den deutschen Künstlern. Am 11. Juli reiste er weiter nach Neapel (13.–29. Juli), von dort aus bestieg er, die erste Strecke von einem Esel getragen, den Vesuv:

> Unerhörter Anblick dieses Kraters der seit der letzten Eruption eine halbe Meile tief und 3½ Meilen im Umkreise hat. Der Nebel lag noch auf dem zackigen Saum des Kraters. Wir gingen eine Strecke um diese spitze Schneide herum. Unten ein gelbes Schwefelmeer. Steile unerhört geformte Abhänge woran schwarze Rauchsäulen hinansteigen. Unten ein Geräusch als ob ein ungeheurer Kessel am Feuer stände und brodelte oder als wenn viele Wagen führen. Hin und wieder einzelne gelbrothe Schwefelflammen.

Die Rückreise führte Berger nochmals nach Rom (1.–6. August) und Florenz
(11.–13. August), es folgte ein Besuch der Antikensammlung des Castello del
Catajo südlich von Padua und schließlich ein kurzes Wiedersehen mit Vicenza,
»diesem schönen irdischen Paradiese« (16./17. August). In Rovereto (18.–
22. August) traf er den befreundeten Unternehmer Kofler wieder, mit dem er
bereits in Leipzig und Mailand verabredet war und dessen dichtes Verbin-
dungsnetzwerk ihm auf seiner Reise durch Tirol und Italien immer wieder
geholfen hatte. Kofler dürfte ihm auch Zugang zur Filanda Bettini, einer großen, über mehrere Terrassen angelegten Fabrik für Seidenspinnerei im Süden
der Stadt, ermöglicht haben, von der Berger am 19. August berichtet:

> Sehr interessanter Anblick. Die unzähligen Weiber welche bei ihrer Arbeit
> singen. Der Sohn des Herrn Bettini führte uns selbst herum. Die Dampf=
> Maschine. Das warme Wasser welches einen immer gleichen Grad von
> Wärme beibehalten muß der nach dem Thermometer bestimmt wird. die
> unzähligen bleiernen Röhren welche das Wasser nach den Kesseln leiten
> woraus gesponnen wird. Die feinen Fäden bei dem Spinnen welche nie zer-
> reissen. 5 bis 6 Cocons geben einen Faden bei dem Spinnen und drehen sich
> während der Zeit schnell im Wasser umher. Oben eine Kapelle welche in
> den Felsen eingehauen ist. Darüber ein schön ausgemaltes Zimmer wo
> man von dem Balcon eine göttliche Aussicht hat. Terrassen mit den schöns-
> ten Blumen und Orangen. Oben die Statue des Mercur.

Gemeinsam mit Kofler trat Berger am 22. August die Rückreise an. Sie fuhren
über Regensburg, Eger, Karlsbad, Leipzig (28. August – 2. September) und er-
reichten Berlin am 3. September. Das Tagebuch endet mit den Worten: »Ich
sah die Thürme Berlins mit sehr gemischten Empfindungen an. Um ½ 2 Uhr
kamen wir an.«

Das Tagebuch ist noch unpubliziert, es liegt jedoch eine zeilengenaue Transkription des Verkäufers Christoph von Wolzogen vor.[51] Die Aufzeichnungen
bieten Anknüpfungspunkte für viele Fragen, etwa diejenige, inwieweit Karl
Friedrich Schinkels Italienreise im folgenden Jahr, die der Vorbereitung des
Königlichen Museums (heute Neues Museum) diente, sich an den Erfahrungen seines Schwagers orientierte.[52] So besuchte Schinkel wie Berger das Castello del Catajo.

Finanziert wurde der Ankauf durch eine Spende von Claudia Greve, der
hierfür herzlich gedankt sei.

---

51 Das Tagebuch war Bestandteil des Freiherrlich von Wolzogen'schen Familien-
    archivs.
52 Karl Friedrich Schinkel, Die Reisen nach Italien 1803–1805 und 1824, hrsg. von
    Georg F. Koch, überarbeitet und ergänzt von Helmut Börsch-Supan und Gott-
    fried Riemann, Berlin 2006 (Karl Friedrich Schinkel, Lebenswerk 19).

Karl Friedrich Schinkel, Beschreibung des Freskos ›Saturn und
die neue Götterwelt‹ im Königlichen Museum zu Berlin, um 1835,
Abschrift von Elisabeth von Wolzogen geb. Schinkel, zwischen 1847
und 1851[53]

Für die Gestaltung der Wände der Vorhalle und des oberen Treppenbezirks des
Königlichen Museums (heute Neues Museum) hatte der Architekt Karl Friedrich Schinkel von Anfang an ein umfangreiches Bildprogramm vorgesehen,
das in Form von Fresken ausgeführt werden sollte. Dargestellt werden sollten
allegorische Szenen zur Menschheits- und Kunstentwicklung. Als das Museum 1830 eröffnet wurde, waren die Wandflächen der Vorhalle jedoch nur
einfach verputzt. Erst im Laufe der Jahre legte Schinkel Gouache-Entwürfe
für die einzelnen Wandbilder vor, den ersten im Jahr 1828 und den letzten
erst 1834. Sie dienten als Vorlage für die Ausführung durch Peter Cornelius
und seine Werkstatt (1841–1870). Im Zweiten Weltkrieg wurden die Fresken
zerstört.[54]

Schinkel lieferte zu seinen Entwürfen kurze Beschreibungen, die 1838 publiziert wurden.[55] Handschriftlich hat sich nur eine diplomatische Abschrift
der Beschreibung des Freskos ›Saturn und die neue Götterwelt‹ erhalten.
Sie stammt von Schinkels Tochter Elisabeth und wurde dem Hochstift von
Christoph von Wolzogen geschenkt.

Bettine von Arnim geb. Brentano (1785–1859)
an Ottilie von Goethe geb. von Pogwisch (1796–1872),
Weimar, Anfang September 1826[56]

Von Eberhard Köstler (Tutzing) konnte ein bisher unbekannter Brief Bettine
von Arnims an Goethes Schwiegertochter Ottilie erworben werden (Abb. 19).

Zwischen dem 26. August und dem 12. September 1826 hielt sich Bettine
von Arnim anlässlich Goethes Geburtstag in Weimar auf, wo sie an insgesamt
zehn Tagen bei Goethe zu Besuch war. Am Morgen des 27. August bat sie
Ottilie um einen Termin bei Goethe[57] – und tatsächlich wurde sie am selben
Tag noch vor dem Mittagessen empfangen.

---

53 Hs–31404.

54 Vgl. Jörg Trempler, Das Wandbildprogramm von Karl Friedrich Schinkel. Altes
    Museum Berlin, Berlin 2001.

55 Ernst Förster, Briefe über Malerei in Bezug auf die Königlichen Gemäldesamm-
    lungen zu Berlin, Dresden und München, Stuttgart und Tübingen 1838, S. 47–57
    (Sechster Brief).

56 Hs–31411.

57 Hs–25764.

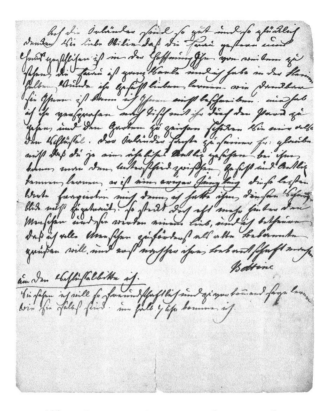

Abb. 19. Bettine von Arnim an Ottilie von Goethe,
Weimar, Anfang September 1826.

Wenige Tage später, am 31. August, war nicht nur Bettine bei Goethe zu Gast, sondern auch »ein irländischer Reisender«, nämlich George Downes aus Dublin, der Goethe einen Brief sowie einige Mineralien von dem angesehenen Dubliner Mineralogen Karl Ludwig Giesecke überbrachte.[58] Downes berichtete über das lange Gespräch mit Goethe 1832 in seinem Reisebericht ›Letters from Continental Countries‹ – darin erwähnte er auch Bettine und Ottilie.[59]

Wohl Anfang September erbat Bettine von Arnim bei Ottilie den Schlüssel zu Goethes Grundstück mit dem Gartenhaus an der Ilm, um Downes' Ehefrau, die ihn auf seiner Reise nach Weimar begleitete, den Garten zu zeigen:

58　Vgl. Goethes Tagebuch, WA III 10, S. 236.
59　George Downes, Letters from Continental Countries, 2 Bde., Dublin 1832.

Ach die Irländer sind so gut und so glücklich denken Sie liebe Ottilie daß die Frau gestern ums Haus geschlichen ist in der Hoffnung Ihn [Goethe] von weitem zu sehen die Frau ist ganz Seele und ich habe in der kleinen halben Stunde ihr Gesicht lieben lernen. wie dankbar sie Ihnen ist kann ich Ihnen nicht beschreiben. nur hab ich ihr versprochen nach Tisch mit ihr durch den Park zu gehen und den Garten zu zeigen schicken Sie mir also den Schlüssel. Der Irländer sagte zu seiner Fr[au]: glaube nicht daß du je ein ähnliches Antliz gesehen bei ihm kann man den Unterschied zwischen Gesicht und Antliz kennen lernen <u>er ist ein ewiger Jüngling</u> diese lezten Worte frapirten mich denn ich hatte ihm diesen Scharfblick nicht zugetraut. so steckt doch oft mehr hinter den Menschen und sie werden einem lieb, und ich betheure daß ich alle Menschen zuförderst als alte Bekannte grüßen will. und erst nachher ihre Bekanntschaft machen

Bettine

<u>Um den Schlüssel bitte ich.</u>
Sie sehen ich will so freundschaftlich und zuvorkommend seyn lernen wie sie selbst sind. um halb 7 Uhr komme ich.

Bettines Brief ist ein Zeugnis für die Weimarbegeisterung vieler (junger) Engländer, Schotten und Iren in den 1820er Jahren, die den berühmten Dichter Goethe treffen wollten.

Goethe schrieb übrigens einen Tag nach Bettines Abreise aus Weimar – er sollte sie nie mehr in seinem Haus empfangen – entnervt an den Großherzog Carl August: »Diese leidige Bremse ist mir als Erbstück von meiner guten Mutter schon viele Jahre sehr unbequem. Sie wiederholt das selbe Spiel das ihr in der Jugend allenfalls kleidete wieder, spricht von Nachtigallen und zwitschert wie ein Zeisig.«[60]

Finanziert wurde der Ankauf aus einer Spende von Dr. Volker Güldener.

Friedrich de la Motte Fouqué (1777–1843),
eigenhändiges Gedicht ›An Fr. Henriette Schubart‹,
Nennhausen, 14. Oktober 1818[61]

Bei dem Berliner Auktionshaus Jeschke van Vliet ersteigerte das Hochstift ein Exemplar des von Friedrich de la Motte Fouqué herausgegebenen ›Frauentaschenbuchs für das Jahr 1819‹ (Nürnberg: Schrag, 1818). Darin enthalten ist u.a. der Erstdruck von Joseph von Eichendorffs Novelle ›Das Marmorbild‹. Auf dem grünen Vorsatzpapier des hübschen zeitgenössischen roten Ganz-

60 Goethe an Carl August, 13. September 1826, WA IV 50, S. 55.
61 Hs–31410.

lederbandes mit goldgeprägten Deckelfileten und Ganzgoldschnitt sowie beigebundener illustrierter Original-Kartonage findet sich Fouqués eigenhändiges Widmungsgedicht für die Schriftstellerin und Übersetzerin Henriette Schubart (1769–1831):

An Fr. Henriette Schubart.

Der Sänger geht durch den grünen Wald;
Seine Seele träumt, seine Zither schallt,–
Woher, woher die schönen Lieder mitsammen?
Da singt vom verwitterten Burggestein
Es hold ihm in Traum und Klingen herein.
Woher, woher die schönen Lieder mitsammen?
Es singt von Altschottland's Heldenblut,
Von Zauberthaten und Minnegluth.
Woher, woher die schönen Lieder mitsammen?
Der Sänger schreitet durch's Trümmerthor:
»Wer lockt Euch, Ihr holden Mährlein, empor?
Woher, woher, die schönen Lieder mitsammen?
Das ist gewiß ein gar mächtiger Held!
Dem wär' ich so gern zu Thaten gesellt!
Woher, woher die schönen Lieder mitsammen?«
Und wie sein Auge durch's Fenster zielt,
Da sitzt ein Fräulein; die singt und spielt,
Daher, daher die schönen Lieder mitsammen!
Der Sänger, der neigt sich, und stimmt mit ein,
Sie neigt sich, und singet fürder den Reih'n,
Daher, daher die schönen Lieder mitsammen?
Und wer nun den grünen Wald durchzieht,
Der grüsset burgauf in das Wechsellied:
»Willkommen, willkommen, Ihr schönen
Lieder mitsammen!«

Nennhausen,
Am 14ᵗ October,   Friedrich Baron de la Motte
1818.   Fouqué

Henriette Schubart, die ältere Schwester Sophie Mereau-Brentanos, war wie diese als Schriftstellerin tätig und übersetzte aus dem Englischen. Ihre Arbeiten sind bisher kaum erforscht.[62] 1817 erschien ihre Übersetzung ›Schottische

---

62 Britta Hannemann geht in ihrer Publikation ›Weltliteratur für Bürgertöchter. Die Übersetzerin Sophie Mereau-Brentano‹ (Göttingen 2005) in Kapitel 3: Übersetzungen aus dem Englischen, auch auf Henriette Schubart ein.

Lieder und Balladen von Walter Scott‹.[63] In Fouqués Frauentaschenbuch ist
ihre Ballade nach Walter Scott ›Else Brand‹ gedruckt, auf die Fouqué in seinem
Gedicht anspielt, wenn er das »Fräulein« von »Altschottland's Heldenblut«
singen lässt.

Fouqués Widmungsgedicht erschien erstmals im vierten Band seiner ›Gedichte‹ (1820).[64]

Karl August Varnhagen von Ense (1785–1858) an Sarah Austin (1793–1867), Berlin, 21. März 1843[65]

Zwischen 1833 und 1857 standen Varnhagen und die englische Schriftstellerin
und Übersetzerin Sarah Austin in Briefkontakt.[66] Austins Übersetzungen ist
es zu verdanken, dass bedeutende Werke deutscher Literatur (vor allem auch
der Romantik) im englischsprachigen Raum rezipiert wurden. Sie galt in der
Mitte des 19. Jahrhunderts als deren kenntnisreichste Übersetzerin und Vermittlerin.

Nachdem der Briefwechsel mit Varnhagen ab Juli 1836 mehrere Jahre
ruhte, nahm Austin die Korrespondenz im Februar 1843 wieder auf, als sie mit
ihrem Mann in Berlin weilte. Nach dem Erscheinen der zweiten Auflage der
ersten drei Bände seiner ›Denkwürdigkeiten‹[67] bei F. A. Brockhaus lässt Varnhagen Austin umgehend ein Exemplar zukommen:

Gnädige Frau!

Eben ist beifolgendes Buch fertig geworden, erlauben Sie, dass ich Ihnen
dasselbe ehrerbietigst zu Füssen lege! Ich hoffte, Ihnen heute meinen Besuch machen und mich einigermassen schadlos dafür halten zu können,
dass ich Sie so lange nicht gesehen; aber bei dem schönen Sonnenschein ist
die Luft so scharf, dass meine Brust sie im Freien nicht athmen darf. Ich
hoffe, daß Ihnen und Hrn. Austin, dem ich mich angelegentlichst empfehle,
das Wetter nur heiter, aber nicht schädlich ist! –

Sie finden in dem Buche grösstentheils schon Bekanntes, doch sind im
ersten Bande S. 22–279 und im zweiten S. 144–192 neu, auch im dritten

---

63 Schottische Lieder und Balladen von Walter Scott. Uebersetzt von Henriette
   Schubart, Leipzig und Altenburg 1817.

64 Friedrich de la Motte Fouqué, Gedichte, Bd. 4: Dramatische Dichtungen, nebst
   einigen Liedern, Stuttgart und Tübingen 1820, S. 276.

65 Hs–31567.

66 Von Sarah Austin sind 33 Briefe an Varnhagen überliefert, sie befinden sich in
   der Sammlung Varnhagen der Biblioteka Jagiellońska (Krakau).

67 Karl August Varnhagen von Ense, Denkwürdigkeiten und Vermischte Schriften,
   2. Auflage, 3 Bde., Leipzig 1843.

Bande einiges in dem Aufsatze über den Wiener Kongress, wozu der Fürst von Metternich selbst mir ein paar Berichtigungen gegeben hat. Das Ganze bleibt gleichwohl noch immer fragmentarisch. Nehmen Sie das Buch freundlich auf, und gedenken Sie dabei der hochachtungsvollen und ergebenen Gesinnungen, die der Verfasser Ihnen widmet! –

Verehrungsvoll Ihr   gehorsamster
Berlin, den 21. März 1843   Varnhagen von Ense.

Noch am selben Tag bedankte sich Austin für das »sehr freundliche & wertvolle Geschenk«:

Dear Sir

I receive with great gratitude your very kind & valuable gift, which will furnish me with many interesting recollections of Berlin & much matter for reflection.

I hope to see you in a day or two – somewhere or somehow. On Friday if none of these imperious necessities of court life – to which I am so little accustomed & which make me half a republican – I shall go to Frau v. Olfers – & hope to find you and Miss Solmar there.

Most truly, dear Sir, your obliged S. Austin[68]

Der bislang unbekannte Brief Varnhagens stammt aus dem Handel (Eberhard Köstler, Tutzing).

Konrad Heumann, Bettina Zimmermann

Bibliothek

Nachdem mit dem Jahr 2021 die Förderung durch die Carl Friedrich von Siemens Stiftung München ausgelaufen war, verringerte sich der Zuwachs der Bibliothek an Neuerwerbungen im Jahr 2022 deutlich. Das betraf vor allem den Altbestand der in diesem Jahr nur um 20 Titel wuchs (2021: 448). Insgesamt erweiterte sich der Bibliotheksbestand um 860 Titel, wovon 440 angekauft wurden und der Rest als Geschenke, Belege oder im Schriftentausch ins Haus kam. Wichtige Unterstützer der Bibliothek waren auch in diesem Jahr wieder die Erich und Amanda Kress-Stiftung, die uns die Fortführung eines wichtigen Projekts ermöglicht, nämlich die Komplettierung der Bibliothek von Johann Caspar Goethe im Frankfurter Goethe-Haus. 2022 konnten dafür vier Titel ermittelt und angeschafft werden. Auch der Marga Coing-Stiftung, Frankfurt am Main, verdanken wir wieder den Ankauf wichtiger Einzelstücke.

---

68 Zitiert nach T.H. Pickett und Mark McCulloh, Sarah Austin's letters to K.A. Varnhagen von Ense (1833–1843), in: Euphorion 82 (1988), S. 63–88.

Bibliothek von Goethes Vater

Der bekannte Spruch »Bücher haben ihre Geschichte« trifft auf die folgende Neuerwerbung in besonderer Weise zu. Es handelt sich um ein Buch von Johann Christian Itter (1654–1699) mit dem Titel *De Honoribus Sive Gradibus Academicis Liber, Ea ratione atque instituto scriptus, ut non Jurisprudentiae tantum, sed aliarum etiam disciplinarum Cultoribus usui esse queat* (Frankfurt am Main: Knoch, 1698; Abb. 20). Der Band mit dem hübschen gestochenen Frontispiz und einer Titelvignette beschäftigt sich mit der Geschichte der akademischen Grade, also mit der Welt des Gelehrtenstandes, für die sich Johann Caspar Goethe sehr interessierte. Itter hatte 1678 in Gießen sein juristisches Examen abgelegt und lebte als Jurist in Frankfurt am Main. Ab 1688 hatte er das Amt des Stadtschreibers inne. Sein Vater Anton Itter (1602–1695) war seit 1635 Lehrer, seit 1656 Konrektor des Frankfurter Gymnasiums gewesen. Sein Ethik-Lehrbuch für Gymnasien ›Synopsis Philosophiae Moralis, Seu Praecepta Ethica: compendiose tradita & explicata, illustrioribus virtutum …‹ (Editio sexta, limatior & auctior, Francofurti: Waechtlerus, 1677), das sicher auch in Frankfurt am Main als Lehrbuch genutzt wurde, erlebte viele Auflagen und war über die Grenzen der Stadt hinaus weit verbreitet. Das Buch seines Sohnes über die akademische Rangfolge war dessen einzige bekanntere Publikation. Allerdings begegnet uns der Name von Johann Christian Itter auch in einem anderen Zusammenhang, der nichts mit der akademischen Welt, aber

Abb. 20. Johann Christian Itter, De Honoribus Sive Gradibus Academicis Liber, Frankfurt am Main 1698.

sehr viel mit der Geschichte der Familie Goethe zu tun hat. Aus einem »Währschaftsbrief« vom 3. Dezember 1681, der im Institut für Stadtgeschichte aufbewahrt wird, geht hervor, dass Adelburgis Itter, die Frau des Autors, zu den Miteigentümern der »Gastherberge Zum Weidenhof auf der Zeil« gehörte und diese mit Zustimmung ihres Mannes »an den Gasthalter Johann Schellhorn und seine Frau Anna Maria« verkauften. Im Jahr 1705 wird schließlich Goethes Großvater, Friedrich Georg Göthé, durch seine Hochzeit mit Cornelia Schellhorn geb. Walther die Gastwirtschaft »Zum Weidenhof« übernehmen und damit auch das Geld erwirtschaften, von dem sein Sohn Johann Caspar später seine Bücher kaufen und einen akademischen Grad erwerben konnte.

Lektüren in Goethes Elternhaus

In unsere Bibliothek gelangten nun drei Bände einer interessanten Lehrbuchreihe, die auch in Goethes Elternhaus für den Unterricht Verwendung gefunden haben könnte. Es handelt sich dabei um Ausgaben antiker Autoren, die teilweise in Frankfurt am Main verlegt wurden. Diese lateinischen Schulausgaben waren mit umfangreichen deutschen Kommentaren von Esaias Schneider (1684–1731) versehen, einem evangelischen Prediger und Theologen aus Augsburg. Schneider hatte in Leipzig und Altdorf studiert und als Prediger in Leutkirch, später als Diakon an St. Ulrich in Augsburg gearbeitet. Seine Idee, »Lateinische Autores Classico mit Teutschen Anmerkungen« herauszubringen, griff der bekannte Augsburger Buchhändler und Verleger Paul(us) Kühtze auf, in dessen Verlag die ersten Ausgaben erschienen. Schneider war der erste, der das Pseudonym Emanuel Sincerus für seine mit umfassenden Wort- und Sacherläuterungen versehenen Editionen (die Erläuterungen nehmen etwa die Hälfte jeder Textseite ein) benutzte. Später wurde »Emanuel Sincerus« zu einem Sammelpseudonym, unter dem auch andere Bearbeiter nach demselben Konzept antike Klassiker herausgaben. Als der nun erworbene Band mit sechs Komödien von Terenz erschien, war Schneider schon lange tot, doch seine Buchreihe wurde immer wieder in unterschiedlichen Verlagen nachgedruckt und aufgelegt. So auch die Ausgabe *Publii Terentii Carthaginensis Afri Comoediæ Recte Tandem Captui Juventutis Accommodatæ Oder: Deutliche und nach dem Begrif der Jugend endlich recht eingerichtete Erklärung Des P. Terentii eines Comici: Nebst Teutschen Summarien der Capitel, und doppelten Registern. Durch Emanuel Sincerum, ans Licht gestellet* (Frankfurt und Leipzig: bei Heinrich Ludwig Brönner, 1762; Abb. 21). Der Band enthält ein anonym gestochenes Frontispiz von barocker Üppigkeit, das eine Bühnenszene zeigt, darunter das Motto »Vita datur nobis hominum spectanda Theatro«. Im Vordergrund sieht man wild gestikulierendes Saalpublikum. In der Terenz-Ausgabe selbst, die vielleicht auch in Goethes Elternhaus genutzt wurde, wird

Abb. 21. Esaias Schneider, Publii Terentii Carthaginensis Afri Comoediæ
Recte Tandem Captui Juventutis Accommodatæ, Frankfurt und Leipzig 1762,
Frontispiz und Titelseite.

nicht allein der lateinische Text geliefert und die »Antiquitäten zulänglich erläutert«, es werden auch die schwersten Stellen durch deutsche Paraphrasen
und Anmerkungen erklärt. Außerdem wird der Inhalt jeder Komödie in deutscher Sprache zusammengefasst und der »studierenden Jugend zum Besten an
das Licht gegeben«. Jeder Band ist zudem mit einer Vorrede versehen, in der
der anonyme Herausgeber gleich zu Beginn anmerkt, wie die heidnischen Autoren zu lesen seien, und versichert, dass er persönlich die Stücke von Terenz
nicht für den Lateinunterricht ausgewählt hätte, weil »derselbe für andern den
Vorwurf leiden muß, als sollte er, wegen seiner hie und da eingemengten
Scherz-Reden, für die ohne dem zum Bösen sehr geneigte Jugend überaus
nachtheilig seyn«. Interessant für die damalige Schulpraxis ist auch die im
Anschluss aufgeworfene Frage: »Ob es rathsam und erlaubt seye, in Christlichen Schulen der Jugend, um der Lateinischen und Griechischen Sprachen
willen, Heydnische Autores zu recommendiren oder zu erklären?« Nach einer
etwas langatmigen Rede über die »reine Quelle des Göttlichen Worts« meint
der Herausgeber aber schließlich doch, dass »einige Schriften der Heyden,
sonderlich Platonis, Senecae, Ciceronis, Aristotelis, &c. zu Excolirung der allen
Menschen eingepflanzten natürlichen Erkänntniß auch etwas beytragen«.

Der zweite neuerworbene Band der Reihe enthält Werke des römischen Fabeldichters Phaedrus: *Phaedri Augusti liberti Fabularum Aesopiarum libri 5: recte tandem captui puerorum accomodati. Oder: deutliche und nach dem Begriff der Jugend endlich recht eingerichtete Erklärung der Aesopischen Fabeln, welche Phaedrus ein freygelassener des Kaysers Augusti in fünf Büchern hinterlassen: Worinnen die Constructiones gewiesen, die lateinische Phrases mit teutschen Redens-Arten erläutet, und die Sachen selbst mit zulänglichen Notis erkläret werden, Nebst einem teutschen und lateinischen Register durch Emanuelem Sincerum* (Frankfurt und Leipzig 1762). Gewidmet ist diese Ausgabe »allein der Jugend, die noch keine Erkänntniß hat von denen Auctoribus Classicis«, wie es in der Vorrede heißt. Einige Jahre zuvor, hatte auch Goethe in seinen Schulheften, den Labores juveniles, mit einer Fabel von Phaedrus Latein geübt.

Von Nikolaus Ludwig von Zinzendorf konnte nun die besondere *Sammlung Einiger von dem Ordinario Fratrum während seines Aufenthalts in den Teutschen Gemeinen von Anno 1755 bis 1757 gehaltenen Kinder-Reden* (Barby: Seminario Theologico, 1758) erworben werden. Es handelt sich um eine wichtige Sammlung von Predigten des Gründers der Herrnhuter Brüder-Unität, die sich in verschiedenen Orten an »sämtliche Kinder« richtet, aber auch an »Knäblein« und »Mägdlein« getrennt. Die Publikation zeigt, dass die Herrnhuter – anders als die in Frankfurt am Main vorherrschende lutherische Orthodoxie – schon kleine Kinder in ihrer Religiosität ernst nahmen. Nicht allein der Rede Jesu an seine Jünger (»Wenn ihr nicht umkehrt und werdet wie die Kinder, werdet ihr nicht in das Himmelreich hineinkommen«) wertete Zinzendorf als Hinweis auf die besondere Rolle der Kinder, er war auch davon überzeugt, dass Kinder vom Heiligen Geist erfüllt waren und den Erwachsenen die göttlichen Geheimnisse weitergeben können. Dazu mussten sich die Kinder in Worten mitteilen können, weshalb sich Zinzendorf – abweichend von den gesellschaftlichen Gepflogenheiten der Zeit – für die Phase der frühesten Kindheit interessierte. Das Buch ist eine wichtige Quelle zu zwei zentralen Aspekten der Brüder-Theologie: die praktische Glaubensvermittlung und die pädagogisch-didaktische Formung der Heranwachsenden. Gerade in seinem letzten Lebensjahrzehnt hielt Zinzendorf häufig und gern Ansprachen an Kinder von drei bis zwölf Jahren. Er beschreibt darin das Ideal der Kindlichkeit als Grundkategorie brüderlicher Frömmigkeit überhaupt. Das herrnhutische Ideal eines Kindes Gottes und eines in Christus geborgenen Lebenswandels wird hier der Vernunftwelt der Aufklärung gegenüber gestellt und berührt sich in mancher Hinsicht mit dem Rousseauschen Ideal von Einfalt und Ursprünglichkeit des Kindes, das erst einige Jahre später im ›Émile‹ (1762) formuliert werden wird. Zinzendorf unterschreibt in dem neu erworbenen Buch die vorgebundene »Zuschrift an die Kinder der Brüder-Gemeine« mit »Euer gern-Kleines Mit-Kind und Brüderlein« und bemerkt zu der Ausgabe:

Ich habe es bey den etlich und achtzig Kinderreden, die nun gedruckt sind, da ich sie hielte, gut gefühlt, daß ich es mit einer Gemeine zu thun hätte; ich rede zu ihnen mit solchem Respect, als wenn ich die wichtigste Gemeinversamlung zu bedienen hätte. – Unsere Kinderanstalten sind Hütten GOttes bey den Menschen.

Vor allem die Mutter-Kind-Beziehung sowie die musikalische Erziehung der Kleinsten, mit Wiegenliedern und Liedern speziell für Kinder, war bei den Herrnhutern besonders ausgeprägt. Auch für die religiöse Erziehung der Kinder in Goethes Elternhaus scheint diese besondere pietistische Sicht auf Kinder prägend gewesen zu sein.

Kinder- und Jugendliteratur der Goethezeit und Romantik

Auch in diesem Jahr konnten wichtige und wegweisende pädagogische Werke des 18. Jahrhunderts angeschafft werden. An gleicher Stelle ist im vergangenen Jahr das ›Neu eröffnete in hundert Sprachen bestehende A.b.c. Buch‹ (Leipzig: Geßner, 1743) vorgestellt worden. Der Verfasser Johann Friedrich Fritz hatte in diesem Lexikon der Weltsprachen 100 fremdsprachige Alphabete und orientalische Schriftzeichen erläutert und abgebildet und neben den europäischen Alphabeten mit ihrer Phonetik und Schriftgeschichte auch Sprachen wie Chinesisch oder Hebräisch, Runen und andere Alphabete vorgestellt. Fünf Jahre später erschien im gleichen Verlag die überarbeitete Ausgabe des Buches, unter dem Titel: *Orientalisch- und occidentalischer Sprachmeister, welcher nicht allein hundert Alphabete nebst ihrer Aussprache, so bey denen meisten europäisch- asiatisch- africanisch- und americanischen Völckern und Nationen gebräuchlich sind, sondern auch das Gebet des Herrn, in 200 Sprachen und Mund-Arten mit derselben Characteren und Lesung, nach einer geographischen Ordnung mittheilet. Aus glaubwürdigen Auctoribus zusammen getragen* (2 Tle. in 1 Bd., Leipzig, Geßner: 1748; Abb. 22). Diese Neuausgabe ist noch ungewöhnlicher als das ABC-Buch von 1743, weil sie noch einen zweiten Teil enthält, der das christliche Vaterunser in 200 Sprachen abdruckt. Der Einleitungstext stammt von Benjamin Schultze (1689–1760), einem christlichen Missionar aus Halle, der im südindischen Madras die erste christliche Mission gegründet hatte. Auch in Goethes Elternhaus war Schultze geschätzt, was mehrere seiner Schriften in Johann Caspar Goethes Bibliothek belegen. Seinem Text folgt eine Vorrede von Fritz, die auf »Leipzig in der Oster-Messe 1748« datiert ist. Darin heißt es:

Gegenwärtiges Buch stellet uns die ersten Anfangs-Gründe von denen Sprachen dererjenigen Länder und Völker vor, welche die klugen Europäer der Handelschafft und anderer Ursachen wegen durchreiset haben. Es wird

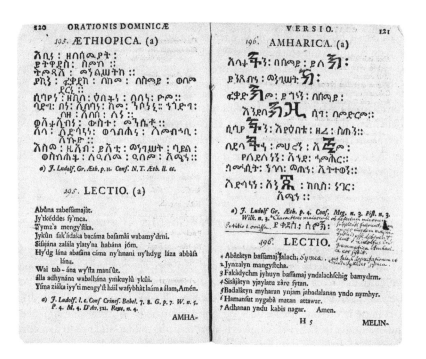

Abb. 22. Johann Friedrich Fritz, Orientalisch- und occidentalischer Sprachmeister,
Leipzig 1748, Alphabet und Vaterunser in aethiopischer
und amaharischer Schrift und Sprache.

dieses Buch in 2. Theile abgetheilet, und in dem erstern nicht nur die Buchstaben nebst denen Bedeutungen und Aussprachen dererjenigen Sprachen
vorgetragen, die man nur hat habhaft werden können; sondern man wird
auch von jedweder Sprache, wo es von nöthen, eine kleine Anmerckung
finden, wo und wieweit solche gesprochen werde.

Das vielseitige Kompendium von Alphabeten und Schriftzeichen, das mit
36 teilweise gefalteten Tafeln versehen ist, sticht durch die Vielzahl an teilweise ausgefallenen Sprachen hervor, darunter etwa Bengalisch, Tartarisch,
Samojedisch, Hottentottisch, Madagassisch u.a. Auch das Vaterunser im zweiten Teil wird in 200 Sprachen dargeboten, darunter allein in acht amerikanischen Sprachen, wie »Mexicana, Pocochica, Caraibica, Savanahica, Virginiana,
Mahogica, Karivica, Guaranica, Brasilica«. Das Vaterunser ist dabei meist in
Originalschrift mit lateinischer Transkription abgedruckt.

Der Quedlinburger Pädagoge Johann Christoph Friedrich GutsMuths (1759–
1839) gehörte zu den wegweisenden Lehrern an der Salzmannschen Erzie-

hungsanstalt in Schnepfenthal. Der Erzieher und Hauslehrer des berühmten Geographen Carl Ritter orientierte sich an den Schriften Basedows und Rousseaus, wurde ab 1785 Lehrer in Schnepfenthal und unterrichtete dort über 50 Jahre lang. Er trat für die Förderung einer natur- und jugendgemäßen Erziehung des Körpers und Geistes durch Leibesübungen ein. In seiner theoretischen Grundlegung knüpft er an die hohe Leibeskultur der Antike an, beruft sich auf die medizinischen Kenntnisse seiner Zeit und verbindet in seiner pädagogischen Intention Nützlichkeitsgesichtspunkte mit moralischen Zielsetzungen. Gleich mehrere seiner Bücher konnten in diesem Jahr dank einer großzügigen Spende aus Mitteln der Marga Coing-Stiftung erworben werden.

GutsMuths war einer der ersten Pädagogen, der turnerische und leichtathletische Übungen systematisch beschrieb und durch schöne Kupfertafeln anschaulich illustrierte. So erschien 1792–1793 das Buch *Gymnastik für die Jugend, enthaltend eine praktische Anweisung zu Leibesübungen. Ein Beitrag zur nöthigsten Verbesserung der körperlichen Erziehung* (Schnepfenthal: Verlag der Buchhandlung der Erziehungsanstalt, 1792–1793). Es enthält hübsche Tafeln zu den Disziplinen Höhensprung, Stabhochsprung, Diskuswurf, Ringen, Schwimmen, Klettern sowie Reiftreiben. 1804 erschien die zweite, stark vermehrte Ausgabe, die ebenfalls angeschafft werden konnte: *Gymnastik für die Jugend, enthaltend eine praktische Anweisung zu Leibesübungen: ein Beytrag zur nöthigsten Verbesserung der körperlichen Erziehung. Zweyte durchaus umgearbeitete und stark vermehrte Ausgabe mit 12 von dem Verf. gezeichneten Tafeln* (Schnepfenthal: Buchhandlung der Erziehungsanstalt, 1804). Sie war mit neuen Abbildungen versehen und führt so die Veränderung des Sports im Zeitalter der Romantik anschaulich vor Augen. Auch den späteren Bestrebungen von Friedrich Ludwig Jahn hatte GutsMuths vorgearbeitet und hätte es eigentlich verdient, als ›Turnvater‹ der Deutschen zu gelten. Zuletzt erschien 1817 sein *Turnbuch für die Söhne des Vaterlandes* (Mit vier Kupfertafeln, Frankfurt am Mayn: bei den Gebrüdern Wilmans, 1817), das die Tradition des klassischen Grundlagenwerkes der modernen Sporterziehung fortschreibt.[69]

Dass GutsMuths Pädagogik des Sports auch ein Exportschlager war und selbst die als »sportsmen« gerühmten Engländer beeinflusste, dokumentiert die englische Ausgabe, die 1800 unter dem Titel *Gymnastics for youth: or a practical guide to healthful and amusing exercises for the use of schools. An essay toward the necessary improvement of education, chiefly as it relates to the body; freely translated from the German of C.G. Salzmann. Ill. with copper plates* (London: printed for J. Johnson; by Bye and Law, 1800) erschien und ebenfalls angeschafft werden konnte (Abb. 23 und 24).

---

69 Vgl. Anneliese Knoop, in: Lexikon der Kinder- und Jugendliteratur, Bd. 1, Weinheim und Basel 1975, S. 514 f.

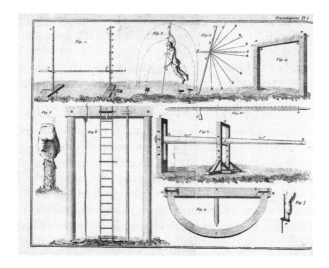

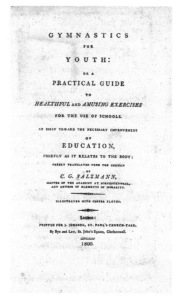

Abb. 23 und 24. Christian Gotthilf Salzmann, Gymnastics for Youth,
London 1800, Frontispiz und Titelseite.

Was die englische Ausgabe besonders interessant macht, ist die Tatsache,
dass sich die Frauenrechtlerin Mary Wollstonecraft, die Mutter von Mary
Shelley, für GutsMuths und Salzmanns Ideen in England stark machte. Im

Land des Fairplay bezeichnete man GutMuths Buch als »a most significant and influential book«, dass »determined many of the ideas on which English gymnastics was based«.

Von gleicher Bedeutung für die Verbreitung der Salzmannschen Erziehungsmethoden in England ist die Übertragung seines ›Moralischen Elementarbuchs‹ ins Englische durch Mary Wollstonecraft. Die Erstausgabe dieser Übersetzung erschien 1790, die zweite Ausgabe des in England und den Vereinigten Staaten erfolgreichen Elementarbuchs erschien im Folgejahr unter dem Titel *Elements of morality, for the use of children : with an introductory address to parents: Translated from the German of the Rev. C.G. Salzmann. Illustrated with fifty copper plates* (In three volumes, London: printed by J. Crowder, for J. Johnson, 1791). Das Buch enthält zahlreiche Kupferstiche, von denen 16 von William Blake nach der Vorlage von Chodowiecki gestochen wurden (Abb. 25 und 26). Die Übersetzung war so erfolgreich, dass der Verleger bis 1805 weitere fünf Auflagen veröffentlichte. Nach eigenen Angaben stieß Wollstonecraft auf Salzmanns Buch, als sie anfing, Deutsch zu lernen. Ihre Übersetzung lehnt sich eng an Salzmann an, auch wenn sie den Text verständlicherweise an die englischen Verhältnisse anpasst. Die verschiedenen Charaktere werden weitgehend umbenannt. Aus Herrmann und seiner Frau Sophie werden Mr. und Mrs. Jones aus Bristol und ihre Kinder Ludwig und Luise werden zu

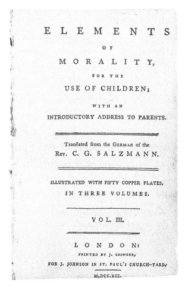

Abb. 25 und 26. Christian Gotthilf Salzmann, Elements of Morality, London 1791, Frontispiz und Titelseite

Charles und Mary. Die übersetzte Erzählung ist zudem fest in der englischen Landschaft verankert. Salzmann bleibt in seiner Geographie eher vage und sagt lediglich, dass die Familie in der Stadt N. in der Nähe eines Flusses lebte. Wollstonecraft wandelt dies in Yorkshire um, und Herr Gutmann wird als Platzanweiser an einer Akademie in Bath beschrieben, dessen Sohn im englischen Text nach Oxford studieren gehen möchte. Auch wenn Wollstonecraft die Geschichte systematisch an einfache englische Verhältnisse anpasst, wird die Bedeutung des deutschen Buches durch ihre Übersetzung nachdrücklich anerkannt – auch wenn deutsche Eigenarten in der Übersetzung heruntergespielt oder eliminiert wurden.

Auch GutsMuths Buch *Spiele zur Übung und Erholung des Körpers und Geistes für die Jugend, ihre Erzieher und alle Freunde unschuldiger Jugendfreuden; mit 1 Titelkupfer und 16 kleinen Rissen gesammelt und praktisch bearbeitet von Gutsmuths* (3., verbesserte Auflage, Schnepfenthal: Buchhandlung der Erziehungsanstalt, 1802) hatte Auswirkungen auf die englische und amerikanische Lebenswelt. In diesem wegweisenden Werk, das er erstmals 1796 gemeinsam mit Johann Christoph Friedrich verfasste, stellt GutMuths eine pädagogisch begründete, auf praktischer Erfahrung aufgebaute Theorie über Zweck, Wesen, erzieherische Wirksamkeit und moralischen Wert des Spielens auf und nimmt dabei teilweise Vorstellungen der Romantik vorweg, in der das Spiel als wesensbestimmend für die kindliche Entwicklung gilt. Auf mehreren Tafeln und im Text des Buches, werden verschiedene Sportarten wie Cricket, Badminton, Golf, Handball, Schach behandelt und dargestellt. Das Werk gilt als das erste pädagogisch fundierte Spielbuch und wurde wegweisend für die pädagogische Spielliteratur. Es enthält 106 Spiele mit genauer Spielanleitung und Beschreibung des pädagogischen Nutzens sowie eine Einleitung »Über den Begriff des Spiels und über den moralischen, politischen und pädagogischen Werth der Spiele; über ihre Wahl, Eigenschaften und Classifikation«. Den Beschreibungen der Spielregeln und des Spielverlaufs werden teilweise historische Exkurse vorausgeschickt, wie etwa über das Ballspiel bei den Griechen und Römern. Die Spiele dienen hier zugleich der Einübung bürgerlicher Tugenden wie Tüchtigkeit, gesittete Geselligkeit und Willensstärke, wie der Ausbildung eines gesunden Körpers. Das Buch war allerdings vorwiegend als Anregung für Eltern und Erzieher gedacht. In Amerika ist das Buch noch heute sehr populär, weil es die ersten gedruckten Regeln für den Nationalsport Baseball enthält.[70]

---

70 GutsMuths beschreibt ein Spiel »Ball mit Freystäten« (englisch Base-ball), in dem zwei Mannschaften gegeneinander antreten, wobei ein Pitcher einen Schlagmann bedient, der drei Schläge hat, um einen Ball ins Spiel zu bringen, bevor er versucht, auf seinem Weg nach Hause die Bases zu umrunden.

Zu den wichtigen Anschauungs- und Elementarbücher zwischen Aufklärung und Romantik gehört ein Werk des Nürnberger Pädagogen Johann Sig-
mund Stoy (1745–1808) mit dem Titel *Bilder-Akademie für die Jugend: Ab-*
bildung und Beschreibung der vornehmsten Gegenstände der jugendlichen
Aufmerksamkeit – aus der biblischen und Profangeschichte, aus dem gemei-
nen Leben, dem Naturreiche und den Berufsgeschäften, aus der heidnischen
Götter- und Alterthums-Lehre, aus den besten Sammlungen guter Fabeln und
moralischer Erzählungen, nebst einem Auszuge aus Herrn Basedows Elemen-
tarwerke. In vier und funfzig Kupfertafeln und zweyen Bänden Erklärung
hrsg. von J S. Stoy, Prof. der Pädagogik in Nürnberg (2 Bde., Nürnberg: Sixi-
schen Schriften; zu finden beim Verfasser, 1784). Die umfangreiche Bildenzyklopädie besteht aus einem querformatigen Foliobildband mit 54 Kupfertafeln, der schon vor einigen Jahren angeschafft werden konnte, und zwei
umfangreichen Textbänden mit diversen Vignetten und insgesamt 1208 Seiten, die nun aus dem Schweizer Antiquariatshandel in unsere Bibliothek
kamen. Die ›Bilder-Akademie‹ erschien zwischen 1780 und 1783 zunächst als
Fortsetzungsfolge in neun Lieferungen zu jeweils sechs Kupfertafeln mit den
dazugehörigen Texterläuterungen. 1784 wurden sie dann zu einem dreibän-
digen Werk zusammengefasst und im Selbstverlag herausgegeben. Stoy, der
Herausgeber, hatte zuerst als Pfarrer gearbeitet, bevor er 1782 nach Nürnberg
zurückkehrte, dort eine »Erziehungsanstalt« gründete und zum Professor der
Pädagogik ernannt wurde. Mit seiner ›Bilder-Akademie‹ entwarf er eine en-
zyklopädische Propädeutik, in der für Kinder und Jugendliche die Ordnung der
Welt in Texten, Bildern und – wie die Forschung zeigte – in einem ordnenden
Behälter umgesetzt wurde.[71] Die 54 Kupfertafeln stammten u.a. von Chodowiecki, Schellenberg und Penzel. Die Tafeln waren jeweils einheitlich in neun
Themenbereiche eingeteilt: 1. »biblische Erzählungen«, 2. »gemeines Leben«,
3. »Profangeschichte«, 4. »aus Basedows Elementarwerk«, 5. »Naturreich«,
6. »Berufsgeschäft«, 7. »Fabel«, 8. »Mythologie«, 9. »moralische Erzählung«.
Während die biblische Darstellung immer im Zentrum jeder Tafel stand,
folgen die anderen Bereiche um das Zentrum herum geordnet jeweils in Bild-
ausschnitten von links nach rechts und von oben nach unten. Stoy schreibt
in seiner Vorrede, sein Buch solle »eine vollständige, und im gewissen Ver-
stande zusammenhängende Bildersammlung seyn – ein Lehr- und Lesebuch,
durch welches die Jugend, auf eine leichte und angenehme Art, richtige Kenntniße von den meisten Gegenständen der Aufmerksamkeit, und Lust zur Er-
kenntniß der übrigen bekommen kann – ein Magazin der vornehmsten Materialien zur Bildung eines gesunden Verstandes und eines edlen Herzens in

---

71 Vgl. Anke te Heesen, Der Weltkasten. Die Geschichte einer Bildenzyklopädie aus
    dem 18. Jahrhundert, Göttingen 1997.

der Jugend« (S. 10). In einem späteren Text präzisiert er die Besonderheit seines Werks:

> Das Wesentliche aber dieses Elementarwerkes, wodurch sich dasselbe von allen andern unterscheidet, ist die Verbindung und Verwandschaft aller Vorstellungen ieder Tafel mit einer Hauptidee, welche gemeiniglich die bey ieder Tafel zum Grund gelegte biblische Geschichte darstellt. Diese Zusammenreihung, Ordnung und Verbindung der Gegenstände ist die Seele des Werks, und schaft bey dem Gebrauche desselben unsäglichen Nutzen. (S. 6)

Freilich ist der innere Zusammenhang der einzelnen Illustrationen auf einer Tafel nicht immer leicht zu fassen und erschließt sich erst durch die zugehörigen Texterläuterungen in den beiden Textbänden. Stoys ›Bilder-Akademie‹ fand eine weite Verbreitung und gehört zu den wichtigsten illustrierten Kinder- und Jugendbüchern des 18. Jahrhunderts.

Ein besonderes Werk in der pädagogischen Literatur des 19. Jahrhunderts stellt Johann Heinrich Pestalozzis erstes Elementarbuch dar, das den Titel trägt: *Buch der Mütter oder Anleitung für Mütter ihre Kinder bemerken und reden zu lehren* (Zürich und Bern, Tübingen: Commission bey Heinrich Geßner und in der J. G. Cotta'schen Buchhandlung, 1803). In dieser Schrift hebt Pestalozzi die besondere Rolle der Mutter als erste und wichtigste Lehrerin ihrer Kinder hervor. Seine These: Die Mutter, nicht der Pädagoge, legt die Grundsteine für spätere Bildung und Entwicklung. Sie ist Vermittlerin zwischen ihrem Kind und der Welt, in der es aufwächst.

Da Sinneseindrücke und ihre Verarbeitung von Geburt an das Leben des Menschen prägen, beginnt auch Pestalozzis Methode unmittelbar bei der Geburt. Die Mütter sollen schon dem Säugling Vokalreihen vorsagen, um sie dann mit verschiedenen Konsonanten zu Silben zu kombinieren. Daraus werden dann später Wörter gebildet, die wiederum zu Gegenständen gehören, die dem Kind gezeigt werden. Das Verfahren gleicht jenem in der Schule, wo man Wortreihen und Sätze so lange wiederholt, bis sie auswendig hergesagt werden können. Nach Pestalozzi führt ein bestimmter Mechanismus dazu, dass sich zwischen Eltern und Kind ein positives affektiv-soziales Verhältnis entwickelt. Die Mutter übt auf das Kind sinnliche Reize wie »pflegen, nähren, es sicherstellen, und es erfreuen« aus, auf die das Kind mit entsprechenden affektiven Reaktionen wie ›lieben‹, ›vertrauen‹, ›danken‹, und ›gehorchen‹ antwortet. Die Urmittel der Elementar- oder Kräftebildung, die zugleich die sinnlichen Reaktionen des Kindes fest an die Ausgangspunkte der normativen Ordnung zu knüpfen vermögen, sind dabei u. a. der menschliche Körper, das Quadrat, die Zahl und die Mutter-Kind-Beziehung.

Der Methodisierung der ersten drei dieser Elementarmittel hat Pestalozzi in Burgdorf jeweils ein Lehrbuch gewidmet. Das ›Buch der Mütter‹ ist eines davon, das sich dem eigenen Körper widmet. Pestalozzi geht davon aus, dass durch die endlose Wiederholung des Zeigens auf ein Körperteil und der Aussprache seines Namens die menschliche Sprachkraft auf die Ordnung der Begriffe festgelegt werde. Sein Buch besteht aus Hunderten verschachtelter Sätze, welche die Mütter bereits ihren Säuglingen und Kleinkindern vorlesen sollen. In Anknüpfung an die Gefühlskräfte des Kindes stellt die sinnliche Mutter-Kind-Beziehung die Basis der sittlich-religiösen Erziehung und der Selbstentwicklung dar. Sind im Umgang zwischen Mutter und Kind die Keime von Liebe, Dank, Vertrauen und Gehorsam durch innere Anschauung belebt worden, so bilden sich daraus die Keime der Bruder- und Menschenliebe, des Gewissens sowie der Pflicht und des Rechts, was sich auf die Beziehung zu Gott überträgt.

Einige Jahrzehnte später sollte der Pestalozzi-Schüler Friedrich Wilhelm August Fröbel (1782–1852) die Idee aufgreifen, dass die sinnliche wie auch die soziale Entwicklung des Kindes von den ersten Lebenswochen an gefördert werden könne. Er veröffentlichte 1840 sein bekanntestes Buch, die ›Mutter- und Koselieder‹, welches die Mütter zu einer Förderung in diesem Sinn anleiten sollte. Für die Vorschule entwarf Fröbel zudem unterschiedliche »Gaben« von pädagogischem Spielzeug, das ebenfalls zum häuslichen Gebrauch durch die Mutter bestimmt war. Aber lange bevor der Pädagoge seine »Gaben« und sein berühmtes Hauptwerk unter dem Titel ›Die Menschenerziehung‹ (1826) vorlegte, publizierte er die kleine Schrift *Durchgreifende dem Deutschen Charakter erschöpfend genügende Erziehung ist das Grund- und Quell-Bedürfniß des Deutschen Volkes: in einzelnen Sätzen entwickelt und besonders den Denkenden unsers Volkes zur Prüfung vorgelegt. Anzeige von einem für den Zweck einer allgemeinen Erziehungs-Anstalt in Keilhau bei Rudolstadt im Thüringischen sich gebildeten Vereine* (Erfurt: Müller, 1821). Diese frühe Schrift Fröbels war bereits 1819 entstanden. Fröbel fasst darin das »Sphäregesetz« nochmals in prägnanten Formulierungen zusammen und erarbeitet daraus das Konzept einer Erziehung des deutschen Volkes. Bereits 1811 entwickelt und aufgeschrieben, ist das »sphärische Gesetz« die Grundlage seiner Pädagogik. Die Hauptaussage lautet, dass in jeder festen Sache ein Hinweis auf ihre Einzelteile enthalten ist und im Gegenzug die Einzelteile immer auf ein Ganzes verweisen. So stehen »alle Dinge und Erscheinungen in der Natur [...] in absoluter Wechselwirkung zueinander und zur absoluten Einheit [...]«, wobei Fröbel unter absoluter Einheit Gott versteht, der die oberste einigende Instanz darstellt, an der sich alles zu orientieren habe.[72] Für Fröbel entsteht daraus eine direkte Folge für die Erziehung. Die Erziehung und der Unterricht,

---

72 Vgl. Helmut Heiland, Die Pädagogik Friedrich Fröbels. Aufsätze zur Fröbelforschung 1969–1989, Hildesheim u.a. 1989 (= Beiträge zur Fröbelforschung 1), S. 164.

bei Kleinkindern auch das betreute Spiel, müssen im Sinne des Sphärengesetzes als »das notwendige Wiederfinden alles Einzelnen und Zerstückten in der Einheit und im Ganzen« verstanden werden. Gerade da, wo sich scheinbar Widerstreitendes vereint ohne sich und die eigene Stimme zu verlieren, da entsteht Anverwandlung, Resonanz. Die Pädagogik Fröbels kennt den Gedanken von »Einheit«, von Lebenseinigung. In der nun erworbenen Schrift heißt es:

> Das Wesen jedes Dinges ist Einheit. Einheit ist das, was Mannigfaltigkeit in sich schließt, das Gemeinsame einer Mannigfaltigkeit. Soll Einheit sich entwickeln, so muss es in, durch und an Entwicklung der Mannigfaltigkeit geschehen. [...] Das Streben nach Einheit, nach Einheit in sich, nach Einheit in Gott, nach Einheit unter sich, ist Eintracht. Das Streben nach ursprünglicher Einheit ist Liebe. In einem gemeinsamen Werke, welche eines das Wesen des Menschen erschöpfende Einheit in fortschreitender Entwicklung dar stellt, fühlt sich das Volk, schaut und erkennt es sich als eine umfassende, würdige, zum Vollkommenen fortschreitende Einheit an. Ein solches Werk kann nur die allgemeine Volkserziehung [...] durch eine dem Wesen der Menschennatur und des Menschengeistes genügend entsprechende Erziehung jedes einzelnen Gliedes des Ganzen sein.

Dieses Programm zur Zeit der Karlsbader Beschlüsse mutet revolutionär und naiv zugleich an. Revolutionär, weil hier auf die politische Sprengkraft Fichtes, des Liberalismus und der Volksbewegung von 1813/1814 verwiesen wird, naiv angesichts der politischen Realität. Bereits 1816 hatte Fröbel seine erste Schule im hessischen Griesheim eröffnet, war dann aber ein Jahr später mit der Schule in das nahe Keilhau übersiedelt. Den preußischen Behörden waren der Mann und dessen »gefährliche« Ideen verdächtig; sie stellten seine Schule unter Beobachtung, so dass immer mehr Eltern ihre Kinder von der Schule nahmen. Als schließlich nur noch sechs Schüler verblieben waren, musste das Institut geschlossen werden. Allerdings hatte Fröbel viele Anhänger – auch in Frankfurt am Main – so dass die Schließung nicht das Ende seiner pädagogischen Laufbahn bedeutete, sondern ihren eigentlichen Anfang markierte.

Ein »Longseller« der Kinderliteratur, den schon Goethe in ›Dichtung und Wahrheit‹ als das beste Kinderbuch bezeichnet, ist der ›Orbis Pictus‹ von Johann Amos Comenius. Der ›Orbis sensualium pictus‹ (Die sichtbare Welt) war ein seit dem 17. Jahrhundert in Europa weit verbreitetes Jugend- und Schulbuch. Die erste zweisprachige lateinisch-deutsche Ausgabe des aus Mähren stammenden Theologen Johann Amos Comenius erschien 1658 in Nürnberg. Das populäre Buch erlebte viele Auflagen mit wenigen Veränderungen und wurde erst im 19. Jahrhundert vollständig umgearbeitet und an die neuen Zeiten angepasst. 1832 erschien die erste Ausgabe der berühmten Neubearbeitung des Comenius durch den Tübinger Lehrer Jacob Eberhard Gailer (1792–1850) mit dreisprachigem Text in Latein, Deutsch und Französisch. Dieser

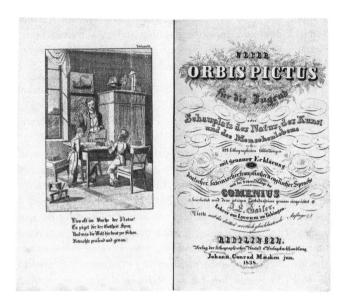

Abb. 27. Jacob Eberhard Gailer, Neuer Orbis Pictus für die Jugend,
4. Aufl., Reutlingen 1838.

›Orbis pictus‹ entwickelte sich zum wichtigsten und erfolgreichsten Kinderbuch des 19. Jahrhunderts, weil sein Autor die Konzeption des Sachbuchs den
Wissensbedürfnisse des 19. Jahrhunderts anpasste. Er zeigt ein gewandeltes
Menschen- und Weltverständnis und bildet damit ein Sach- und Bilderbuch
seiner Zeit. Erworben werden konnte nun die 4. Auflage der Neuausgabe:
Neuer Orbis Pictus für die Jugend oder Schauplatz der Natur, der Kunst und
des Menschenlebens in 322 lithographirten Abbildungen mit genauer Erklä-
rung in deutscher, lateinischer, französischer und englischer Sprache nach der
früheren Anlage des Comenius bearbeitet und dem jetzigen Zeitbedürfnisse
gemäß eingerichtet von J. E. Gailer (4., mit der dritten wörtl. gleichlautende
Auflage, Reutlingen: Mäcken, 1838; Abb. 27). Der ›Neue Orbis Pictus für die
Jugend‹ war zuerst beim Stuttgarter Verlag von F.C. Löflund und Sohn erschienen und enthielt 316 lithographierte Abbildungen mit genauen Erklärungen in deutscher, lateinischer und französischer Sprache. Gailer war zur Zeit
der Veröffentlichung Lehrer an dem Lyceum in Tübingen. Er würdigt zwar
ausführlich die Verdienste von Comenius, verändert aber den Inhalt »dem
Zeitbedürfnisse gemäß« und fügt viele Begriffe, die in den vergangenen fast
200 Jahren wichtig geworden waren neu hinzu. Lithographien, die genauere
Abbildungen ermöglichen, ersetzen nunmehr die Holzschnitte von Comenius.

Der Text ist dreispaltig, so dass Latein, Deutsch und Französisch direkt neben einander stehen. Jeweils zwei Lithographien stehen auf einer Seite übereinander. In seiner »Vorrede zur ersten Auflage« erläutert Gailer, was er durch die Herausgabe dieses ›Neuen Orbis Pictus‹ beabsichtigt:

> Er [Comenius] war der Erste, der die Schüler durch Anschauung zur Erkenntniß zu führen suchte und die Sprachen als Schlüssel zu nützlichen Sachkenntnissen benützte, während vor ihm für Aufhellung des Verstandes höchst wenig geschah, sondern nur das Gedächtniß mit großentheils unnützem Kram angefüllt wurde, statt daß darauf hingearbeitet worden wäre, die Denkkraft der jungen Leute gehörig auszubilden und sie mit Allem, was sie zunächst umgiebt und in ihrem Kreise liegt, bekannt zu machen. […] Ob nun aber seit jener Zeit […] in Beziehung auf das Naturgeschichtliche und auf die Gewerbe große Fortschritte gemacht worden sind, und vorzüglich die deutsche und französische Sprache während dieser Zeit wesentliche Veränderungen erlitten und bedeutende Verbesserungen erfahren haben, so ist das alte Werk nimmer genießbar. […] Was nun die Bearbeitung selbst betrifft, so ist in Beziehung auf die Naturgeschichte ein ziemlich wissenschaftlicher Gang befolgt und darauf Rücksicht genommen worden, daß von Allem das Wissenswürdigste vorkommt. Das Letztere ist auch bei der Beschreibung der Gewerbe der Fall […]. In Hinsicht auf das Lateinische habe ich mir Mühe gegeben, Alles zu vermeiden, was ein an gutes Latein gewöhntes Ohr beleidigen könnte, obgleich für solche Dinge, welche die Römer nicht kannten, viele neulateinische Wörter gewählt werden mußten. Sehr viele mußte ich selbst machen, weil sie nirgends in den Wörterbüchern kommen, wie Steingut, Fayence, Whist, Flötzgebirge etc.

Bereits 1835 erscheint eine wiederum überarbeitete dritte Auflage, die mit der nun erworbenen identisch ist. Diesmal waren die Übersetzungen redigiert und eine neue Weltsprache, die Englische, war hinzugekommen:

> Besonders aber unterscheidet sich die neue Ausgabe durch die nun auch hinzugetretene englische Übersetzung. So sehr ich anfangs dagegen war, weil das Lateinische wegbleiben sollte, was nach meiner aus *erweislichen* Gründen beruhenden Vorliebe für diese Sprache nicht geschehen durfte, so gieng ich um so bereitwilliger in den Plan ein, als mein Herr Verleger sich dahin erklärte, das Lateinische solle in der Art beibehalten werden, daß die drei neuen Sprachen neben einander gestellt, das Lateinische aber den Schluß bilden solle, so daß nun Beider Wünsche erfüllt sind.

In Gailers Neuausgabe werden auch die neuen pädagogischen Ansichten der Zeit ablesbar. Im Kapitel »Schule« heißt es etwa bei Comenius: »Die Schul ist eine Werkstat in welcher die jungen Gemüther zur Tugend geformt werden.« Bei Gailer liest man: »Das ganze Wohl des einzelnen Menschen, ja ganzer

Staaten beruht auf dem ersten Unterricht der Jugend. Daher sind öffentliche Schulen gestiftet worden, wo die jungen Gemüther in allen Dingen unterrichtet und zur Tugend angeleitet werden.« Bei Comenius heißt es: »Etliche [Schüler] schwätzen und erzeigen sich muthwillig und unfleißig: die werden gezüchtigt mit dem Bakel und der Ruthe.« Dagegen Gailer: »Es giebt aber auch solche, welche beständig plaudern und sich muthwillig und unfleissig zeigen, weßwegen sie oft einen Verweis oder eine Strafe erhalten.«

Die Spuren der Aufklärung sind bei Gailer nicht zu übersehen. Das erste Kapitel über Gott entfällt. Dafür liest man unter dem Frontispiz, das einen Lehrer und zwei Schüler zeigt, folgenden Vierzeiler: »Lies oft im Buche der Natur! Es zeiget dir der Gottheit Spur. Und was die Welt dir beut zur Schau, betrachte prüfend und genau!« Der ›Neue Orbis Pictus‹ von Gailer stellt in 320 Abschnitten und Abbildungen die ganze Welt dar und folgt dabei dem Aufbau der Welt von den Grundlagen über Flora und Fauna, den menschlichen Bearbeitungsformen bis zu Geistig-Moralischem. Wiewohl insgesamt noch ständisch-vorindustriell orientiert, wird in einigen Abteilungen dennoch ein aktueller Stand des Wissens wiedergegeben. Vieles an Neuem ist hinzugekommen: Eisenbahn und Elektrisiermaschine, Taucherglocke, Telegraph und Luftpumpe.

Joachim Seng

Verwaltungsbericht

Die *Mitgliederversammlung* fand am 20. Juni 2022 statt. Sie erteilte dem Verwaltungsausschuss aufgrund der vorgelegten Bilanz sowie der Gewinn- und Verlustrechnung Entlastung. Für eine weitere Amtszeit von vier Jahren im Verwaltungsausschuss wurden Frau Dr. Gabriele C. Haid, Frau Dr. Claudia Schmidt-Matthiesen, Prof. Dr. Heinz Drügh und Prof. Dr. Klaus Reichert wiedergewählt. Frau Prof. Hedwig Fassbender, die dem Verwaltungsausschuss seit 2014 angehört hat und die die Reihe »Lied & Lyrik« betreute, scheidet mit dem Auslaufen ihrer Wahlperiode aus.

Dem *Verwaltungsausschuss* gehörten am 31. Dezember 2022 an:

Dr. Burkhard Bastuck, Rechtsanwalt Kanzlei Freshfields Bruckhaus Deringer

Carl-L. von Boehm-Bezing, ehem. Mitglied des Vorstandes der Deutschen Bank AG

Dr. Andreas Dietzel, Rechtsanwalt, ehem. Geschäftsführender Partner von Clifford Chance Deutschland

Prof. Dr. Heinz Drügh, Professor an der Goethe-Universität Frankfurt am Main

Stefan Fautz, Architekt, Mitglied im Familienrat der Firma Merck, Darmstadt

Jo Franzke, Architekt, Frankfurt am Main

Dr. Gabriele C. Haid, Mitglied im Vorstand der Gesellschaft der Freunde der Alten Oper, Frankfurt am Main

Dr. Helmut Häuser, Rechtsanwalt und Notar, Kanzlei Cahn, Häuser und Partner

Hannes Hintermeier, stv. Ressortleiter im Feuilleton der Frankfurter Allgemeinen Zeitung

Prof. Dr. Gerhard Kurz, em. Professor an der Justus-Liebig-Universität Gießen,

Prof. Dr. Christoph Mäckler, Architekt

Friedrich von Metzler, Mitinhaber der Bankhauses B. Metzler seel. Sohn & Co. KGaA

Martin Mosebach, Schriftsteller

Prof. Dr. Klaus Reichert, em. Professor an der Goethe-Universität Frankfurt am Main

Annika Rittmeister-Murjahn, Managerin und Projektleiterin bei der Firma Caparol-Wandfarben

Dr. Claudia Schmidt-Matthiesen, Mitglied des Vorstandes der Deutschen Bank Stiftung

Prof. Dr. Manfred Schubert-Zsilavecz, Vizepräsident der Goethe-Universität Frankfurt am Main

Dr. Klaus-Dieter Stephan, Rechtsanwalt

Selina Stihl, Beirats- und Aufsichtsratsmitglied Firma Stihl

Dr. Rüdiger Volhard, Rechtsanwalt und Notar, Kanzlei Clifford Chance Deutschland

Prof. Dr. Gerd Weiß, ehem. Präsident des Landesamtes für Denkmalpflege in Hessen

Vertreterin der Bundesregierung:

Dr. Nicole Zeddies

Vertreterin des Landes Hessen:

Staatssekretärin Ayse Asar, vertreten durch Dr. Dorothee Lux, Leiterin des Referats für Forschung, Transfer und Gesundheitszentren

Vertreterin der Stadt Frankfurt am Main:

Dr. Ina Hartwig, Kulturdezernentin

Vertreter der Stadtverordnetenversammlung der Stadt Frankfurt am Main:

Christian Becker

Sylvia Momsen

Vorsitzender:

Dr. Andreas Dietzel

Stellvertretende Vorsitzende:

Dr. Gabriele C. Haid

Schatzmeister:

Dr. Helmut Häuser

Stellvertretender Schatzmeister:

Friedrich von Metzler

Dem *Wissenschaftlichen Beirat* gehörten am 31. Dezember 2022 an:

Prof. Dr. Jeremy Adler, King's College London
Prof. Dr. Gottfried Boehm, Universität Basel
Prof. Dr. Nicholas Boyle, Magdalene College Cambridge
Prof. Dr. Gabriella Catalano, Università degli Studi di Roma »Tor Vergata«
Prof. Dr. Elisabeth Décultot, Martin-Luther-Universität Halle-Wittenberg
Prof. Dr. Heinrich Detering, Georg-August-Universität Göttingen
Prof. Dr. Andreas Fahrmeir, Goethe-Universität Frankfurt am Main
Prof. Dr. Fotis Jannidis, Julius-Maximilians-Universität Würzburg
Prof. Dr. Gerhard Kurz, Justus-Liebig-Universität Gießen
Prof. Dr. Klaus Reichert, Goethe-Universität Frankfurt am Main

Ehrenmitglieder:

Carl-L. von Boehm-Bezing
Prof. Dr. Konrad Feilchenfeldt
Amanda Kress

Ewige Mitglieder:

Boeck Stiftung – Dieter und Elisabeth Boeck, Marianne Brunnhöfer, Dr. Andreas Dietzel, Dr. Dirk Ippen, Prof. Dr. Rolf Krebs, Annika Rittmeister-Murjahn, Ursula Sikora, Heinrich Sikora, Prof. Dr. Matthias Steinhart

Im Jahr 2022 waren im Hochstift tätig:

Prof. Dr. Anne Bohnenkamp-Renken	Direktorin
Heike Fritsch	Direktionssekretärin
Dr. Jasmin Behrouzi-Rühl	Direktionsassistenz
Beatrix Humpert M.A.	Direktionsassistenz
Kristina Faber M.A.	Kommunikation und Fundraising
Dr. Dietmar Pravida	Wissenschaftliche Redaktion

Verwaltung

Christian Alberth	Verwaltungsleiter
Sonja Naßhan	Personalsachbearbeiterin
Jens Dichmann	Buchhalter
Camilla Stöppler	Verwaltungsangestellte (Einkauf/Verkauf)
Sigurd Wegner	Verwaltungsangestellter (EDV-Betreuung)
Andreas Crass	Haus-/Museumstechniker
Christian Müller	Hausmeister

Silke Weber M.A.	Deutsches Romantik-Museum
Martina Falkenau	Telefonzentrale
Batuhan Ergün M.A.	Medienbetreuung Romantik-Museum
Danuta Ganswindt[1]	Empfang, Kasse, Museumsladen
Alemseged Gessese	Empfang, Kasse, Museumsladen
Vojislava Mitula	Empfang, Kasse, Museumsladen
Anne Simonetti	Empfang, Kasse, Museumsladen
Martha Gorachek	Hausreinigung
Mirsada Mosenthin	Hausreinigung

Handschriften-Abteilung

Dr. Konrad Heumann	Leiter der Abteilung
Bettina Zimmermann M.A.	Handschriften
Joshua Ramon Enslin M.A.	Digital Humanities
Dr. Anja Heuß	Provenienzforschung
Dr. Katja Kaluga[2]	Hofmannsthal digital, Ausstellungsprojekte
Dr. Olivia Varwig[2]	Hofmannsthal digital
Sonja Gehrisch M.A.[2]	Hofmannsthal digital
Carla Spellerberg	studentische Hilfskraft

Bibliothek

Dr. Joachim Seng	Leiter der Abteilung
Nora Schwarz-Ehrecke	Diplombibliothekarin
Karin Zinn	Bibliotheksassistentin
Waltraud Grabe	Restauratorin und Buchbindemeisterin
Brita Werner	Buchbinderin

Goethe-Haus, Kunstsammlung

Dr. Mareike Hennig	Leiterin der Abteilung
Dr. Nina Sonntag	wissenschaftliche Mitarbeiterin
Dr. Neela Struck[1]	wissenschaftliche Mitarbeiterin
Sonja Gehrisch M.A.	Fotoarchiv
Esther Woldemariam M.A.	Fotoarchiv
Carina Koch B.A.[1]	wissenschaftliche Mitarbeiterin
Dr. Doris Schumacher	Museumspädagogin (Kulturvermittlung)

---

1 Diese Mitarbeiter/innen schieden im Lauf oder am Ende des Jahres 2022 aus.
2 Ab dem 1. März 2022.

Cristina Szilly	Mitarbeiterin Museumspädagogik
Slobodan Adanski	Gästeführer, Museumsaufsicht
Richard Bonert[1, 3]	Gästeführer, Museumsaufsicht
Stefan Burk	Gästeführer, Museumsaufsicht
Babett Frank, Dipl. Troph.	Dienstplanung, Gästeführerin, Museumsaufsicht
Tobias Gutting	Gästeführer, Museumsaufsicht
Ayla Grunert	Gästeführerin, Museumsaufsicht
Frederic Hain	Gästeführer, Museumsaufsicht
Annika Hedderich M.A.	Gästeführerin, Museumsaufsicht
Sibylle Hoffmann-Merz[3]	Gästeführerin, Museumsaufsicht
Rainer Krausch[3]	Gästeführer, Museumsaufsicht
Thorsten Lessing	Gästeführer, Museumsaufsicht
Petra Mayer-Früauff M.A.	Gästeführerin, Museumsaufsicht
Alexandra Sapinikova[1, 3]	Gästeführerin, Museumsaufsicht
Ute Schaldach	Gästeführerin, Museumsaufsicht
Lucia Wunderlich[3]	Gästeführerin, Museumsaufsicht

Redaktion der Brentano-Ausgabe / Romantik-Abteilung

Prof. Dr. Wolfgang Bunzel	Leiter der Abteilung
Dr. Michael Grus[4]	wissenschaftlicher Mitarbeiter
Dr. Holger Schwinn[4]	wissenschaftlicher Mitarbeiter
Niklas Horlebein[1]	wissenschaftliche Hilfskraft
Tristan Logiewa	studentische Hilfskraft
Anna Schmitt[3]	studentische Hilfskraft

Außerdem waren im Laufe des Jahres 2022 folgende Mitarbeiter für den Führungs- und Aufsichtsdienst an Wochenenden, Feiertagen, Abendveranstaltungen und zur Vertretung bei Urlaub und Krankheit tätig: Filiz Al, Suzanne Bohn, Henning Cromm,[2] Gabrijela Falzone,[1] Anna Hofmann, Monika Krusch, Jonas Lange, Katharina Leifgen, Peter Metz, Christopher Rüther, Radojka Savic, Kawa Shamel.

Im Lauf des Jahres 2022 war eine Rückkehr zur wirtschaftlichen Normalität der Vor-Corona-Jahre zu beobachten. Die Besuchszahlen im Goethe-Haus und Romantik-Museum stiegen deutlich, es gab keine Kurzarbeit mehr und nur noch geringfügige Pandemieförderung durch die öffentlichen Zuwendungsgeber (BKM und Stadt Frankfurt mit je 20 000 €). Geöffnet war an sechs Tagen

---

3 Diese Mitarbeiter/innen wurden zu Beginn oder im Lauf des Jahres 2022 neu eingestellt.
4 Diese Mitarbeiter werden aus Spenden- bzw. Fördergeldern finanziert.

in der Woche. Weiterhin konnten fast alle Veranstaltungen wieder in Präsenz stattfinden und die ersten Wechselausstellungen im neuen Romantik-Museum waren sehr gut besucht. Auch außerhalb des öffentlichen Bereichs gab es kaum mehr Einschränkungen in der Arbeit, Dienstreisen waren wieder uneingeschränkt möglich.

Zu Beginn des Jahres wurde der neue Wechselausstellungsbereich eingerichtet und die LED-Wand am Eingang des Romantik-Museums in Betrieb genommen. Vorbereitet wurde die dringend notwendige Dachsanierung des Bestandsgebäudes und die Renovierung der früheren Museumsetage. Eine Untersuchung durch ein Institut für Hochschulplanung ergab einen entsprechenden Bedarf an Arbeitsflächen, der durch den Umbau gedeckt wird. Schließlich wurde der durch die lange Konzentration auf den Bau des neuen Museums entstandene Rückstau an weiteren Instandhaltungsmaßnahmen im Bestandsgebäude, vor allem in der Haustechnik, angegangen.

Christian Alberth

Dank

Über die institutionelle Förderung durch die Bundesrepublik Deutschland, das Land Hessen und die Stadt Frankfurt hinaus erhielt das Freie Deutsche Hochstift auch großzügige und wichtige Unterstützung von Freunden und Förderern. Besonders genannt seien hier:

Adolf Christ Stiftung
Arbeitsgemeinschaft Literarischer
   Gesellschaften
Art Mentor Foundation
AskI
Familie Bartolomai
Die Bundesbeauftragte für Kultur
   und Medien
Clifford Chance Deutschland LLP
Deutscher Bibliotheksverband
Deutsches Zentrum Kulturgutverluste
Dieter und Elisabeth Boeck Stiftung
Faber-Castell
Dr. Hans Feith und Dr. Elisabeth
   Feith Stiftung
Galerie Karsten Greve
Herr Dr. Volker Güldener
Hessische Kulturstiftung
Hessisches Ministerium für Wissen-
   schaft und Kunst

Herr Hans-Jürgen Holzmann
Herr Dr. Dirk Ippen
Erich und Amanda Kress-Stiftung
Kulturfonds Frankfurt RheinMain
Marga Coing-Stiftung
Dr. Marschner Stiftung
Herr Dr. Ralf Robert Murjahn
Rotary Club Frankfurt
Rudolf-August Oetker-Stiftung
Frau Anke Sessler
Sparkassen-Kulturstiftung Hessen-
   Thüringen
Stadt Frankfurt am Main
Stiftung Polytechnische Gesellschaft
Stiftung Preußischer Kulturbesitz
Herr Dr. Klaus-Dieter Stephan
Familie Rüdiger Volhard
Frau Daniela Weber-Rey
Frau Ingeborg Wirth
Willy Robert Pitzer Stiftung

HESSEN

Stadt Frankfurt am Main

Die Beauftragte der Bundesregierung
für Kultur und Medien

Adressen der Verfasser

Prof. Dr. Anne Bohnenkamp, Freies Deutsches Hochstift – Frankfurter Goethe-Haus, Großer Hirschgraben 23–25, 60311 Frankfurt am Main

Univ.-Prof. Dr. Sebastian Donat, Universität Innsbruck, Institut für Vergleichende Literaturwissenschaft, Innrain 52 d, 6020 Innsbruck, Österreich

Prof. Dr. Konrad Feilchenfeldt, Nikolaiplatz 6/IV, 80802 München

Univ.-Prof. Dr. Stephan Grotz, Katholische Privat-Universität Linz, Institut für die Geschichte der Philosophie , Bethlehemstraße 20, 4020 Linz, Österreich

Prof. Dr. Matías Martínez, Bergische Universität Wuppertal, Lehrstuhl für Neuere deutsche Literaturgeschichte, Gaußstraße 20, 42119 Wuppertal

Prof. Dr. Ernst Osterkamp, Heimat 35, 14165 Berlin

Dr. Hermann Patsch, Johann-von-Werth-Straße 5, 80639 München

Prof. Dr. Christoph Perels, Gottfried-Keller-Straße 30, 60431 Frankfurt am Main

Prof. Dr. Helmut Pfotenhauer, Julius-Maximilians-Universität Würzburg, Institut für deutsche Philologie, Am Hubland, 97074 Würzburg

Dr. Patrick Poch, Österreichische Nationalbibliothek, Bildarchiv und Grafiksammlung, Josefsplatz 1, 1015 Wien, Österreich

Dr. Dietmar Pravida, Freies Deutsches Hochstift – Frankfurter Goethe-Haus, Großer Hirschgraben 23–25, 60311 Frankfurt am Main

Dr. Nina Sonntag, Freies Deutsches Hochstift – Frankfurter Goethe-Haus, Großer Hirschgraben 23–25, 60311 Frankfurt am Main

Prof. Dr. Jürgen Trabant, Freie Universität Berlin, Institut für Romanische Philologie , Habelschwerdter Allee 45, 14195 Berlin